한국의 핵안보 프로젝트 2

한국의 핵안보 프로젝트 2
국제사회 설득과 초당적 협력

초판 1쇄 발행 2025년 8월 20일
초판 2쇄 발행 2025년 9월 15일

엮은이 | 한국핵안보전략포럼
지은이 | 노병렬·이창위·심규상·로버트 E. 켈리·이대한·안드레이 란코프
　　　　리소테츠·김홍규·딜런 모틴·이백순·임명수·정한용·최연혁
발행인 | 김은희
발행처 | BN 블루앤노트
등　록 | 제313-2009-201호(2009. 9. 11)
주　소 | 서울시 양천구 남부순환로 48길 1(신월동 163-1) 2층
전　화 | 02)718 - 6258
팩　스 | 02)718 - 6253
E - mail | blue_note23@naver.com

정　가 | 30,000원
ISBN | 979-11-85485-24-9 94390
　　　　979-11-85485-22-5 (세트)

· 잘못된 책은 바꿔 드립니다.

한국핵안보전략포럼 총서 2

한국의 핵안보 프로젝트 2
국제사회 설득과 초당적 협력

한국핵안보전략포럼 엮음

노병렬·이창위·심규상·로버트 E. 켈리·이대한·안드레이 란코프
리소테츠·김홍규·딜런 모틴·이백순·임명수·정한용·최연혁 지음

KOREAN NUCLEAR SECURITY

BN 블루앤노트

추천사

대한민국의 핵 안보 정론을 주도하는 한국핵안보전략포럼이 이번에 한국의 핵안보 프로젝트 총서 제2권을 출간하게 된 것을 축하합니다.

그동안 국내외 최고의 전문가들이 장기간의 토론을 진행한 끝에, 지난 7월 총서 제1권 『한국의 핵안보 프로젝트 1: 당위성과 추진 전략』을 발간하였고, 이번에는 『한국의 핵안보 프로젝트 2: 국제사회 설득과 초당적 협력』이라는 제목으로 총서 제2권을 발간하였습니다.

모두들 아시는 바와 같이 대한민국은 전세계에서 가장 위험한 핵 위협에 직면해 있습니다. 북한은 이미 지난 2017년 11월 핵 무력 완성을 선언했고, 2018년 4월 당 중앙위원회 전원회의에서 핵무기의 소형화, 경량화, 초대형화를 실현하였음을 재확인했습니다. 그 이후 핵탄두 투발 수단인 미사일을 고도화하면서 이제는 한국에 대한 핵 타격을 수시로 공언하고 있습니다.

지난 30여 년간 비핵화 협상을 시도했지만 시간이 갈수록 북한은 핵을 포기하지 않는다는 것이 명확해졌고, 이제는 북한의 비핵화가 요원하다는 것을 인정할 수밖에 없게 되었습니다.

핵무기는 재래식 무기로는 대적할 수 없고 오직 핵 억제력을 통해서만 방어할 수 있습니다. 최근 미국 정치 상황과 국제 전략 균형의 구조적 변화를 목도하면서 그동안 우리를 보호해 온 미국의 핵우산이 과연 언제까지나 신뢰할 수 있는 것인지 의문입니다.

이러한 상황에서 우리의 국가안보를 확보하기 위해서는 핵 자강을 추구하는 길밖에 없습니다. 더 나아가 북한의 비핵화와 한반도의 항구적

평화체제도 핵 자강을 통해서만 가능하며 기울어진 운동장에서는 불가능합니다.

그동안 우리 사회에서는 핵 자강 논의를 금기시하고 심지어 핵 자강을 논의하는 사람들을 핵을 광신하는 이단이라고 비판하기도 하였습니다. 한국핵안보전략포럼의 핵안보 프로젝트 총서들을 통해 이러한 경사된 국가안보 논의의 운동장이 균형된 모습으로 재편되기를 바랍니다.

우리의 핵 자강 안보를 확보하는 데 있어서 가장 어려운 점은 비확산 원칙을 중시하는 국제사회의 반발을 어떻게 설득하고 헤쳐 나갈 수 있는가 하는 것입니다. 이번에 발간하는 한국의 핵안보 프로젝트 총서 제2권은 이러한 문제에 대한 전문가들의 상황 인식과 해결 방안을 집대성한 결과물로서 대한민국의 안보를 위해 고민하는 많은 사람들에게 통찰력을 제공하는 중요한 지침서가 될 것입니다.

핵안보 프로젝트를 이끌어 온 한국핵안보전략포럼의 정성장 대표와 포럼에 참여한 모든 분들의 용기 있는 노력에 경의를 표합니다.

한국핵안보전략포럼 전략고문
전 외교부 차관
안총기

추천사

　대한민국의 가장 시급한 안보 현안은 북한의 날로 심화하는 핵미사일 위협으로부터 어떻게 국가와 국민을 보호할 것인가이다. 북한은 2006년 이래 6차례의 핵실험을 통해 핵 능력을 양적·질적으로 고도화 및 다양화하고 있다. 북한은 미국 본토를 공격하기 위한 대륙간탄도미사일(ICBM)과 은닉성 확보를 위한 핵잠수함 개발에도 열을 올리고 있다. 북한은 핵무기 사용을 법제화하고 공세적인 핵 교리도 개발하여 노골적인 대남 핵 위협을 가하고 있다. 더욱이 최근에는 우크라이나와 전쟁 중인 러시아에 필요한 탄약과 포탄 등 군수물자와 약 14,000명의 병력을 지원해 주고 그 대가로 식량과 에너지는 물론 ICBM과 핵잠수함 개발에 필요한 고급 군사 기술을 이전받은 것으로 알려지고 있다.

　북한의 핵미사일 위협은 이 순간에도 지속적으로 높아지고 있다. 한국은 북한의 이러한 위협에 대응하기 위해 첨단 미사일 개발, 미사일 방어체계 구축 등 자체적인 노력을 강화하고 있다. 그러나 북한의 핵을 재래식 수단으로 방어하는 데는 분명한 한계가 있다.

　한국의 동맹국인 미국은 이러한 북한의 핵 위협으로부터 동맹국을 보호하기 위해 확장억제 전략에 기초한 핵우산을 제공하고 있다. 확장억제란 만약 북한이 핵무기로 한국을 공격해 온다면 미국은 자신의 핵 및 재래식 등 모든 수단을 동원하여 한국을 방어하고 북한에 보복 공격을 하겠다는 전략적 공약(commitment)이다. 공약은 본질상 상대에 대한 신뢰에 기반한다. 적의 공격으로부터 막아 주겠다는 약속은 믿음으로 유지된다는 의미다. 그런데 만약 미국의 특정 행정부의 불가측한 안보 정책으로 인해 그 약속에 대한 믿음이 약해진다면 보호를 받는 쪽은 어떻게 행동할 것인가? 아마도 당연히 자기 스스로 방어하기 위한 대책을 강구하려 할 것이다.

미국의 확장억제에 대한 한국 국민의 신뢰도는 한때 50% 미만으로 떨어진 적이 있다. 그만큼 북한의 핵 위협은 날로 심각해지는데 위기시 미국이 자기 도시를 희생하면서까지 핵으로 정말 동맹국을 지켜줄 것인지에 대한 확신은 약하다는 것을 의미한다. 특히 트럼프 2기 행정부가 들어서면서 미국은 '미국 최우선정책(America First)'에 기초하여 더는 세계 경찰 역할을 하지 않고 미국의 경제적·지정학적 이익만을 우선시하겠다는 입장을 천명함에 따라 아시아뿐 아니라 유럽의 미국 동맹국들도 자강력 확보 움직임을 부산하게 보였다.

이 시기 한국에서는 다양한 핵 자강력 확보 방안이 공론화되었다. 자체 핵무장 옵션부터 농축·재처리 역량을 의미하는 핵잠재력 확보 옵션, 그리고 우선 미국의 전술핵무기라도 당장 다시 갖다 놔야 한다는 주장 등 다양한 옵션이 거론되었다. 그러나 핵 자강력은 그렇게 함부로 쉽게 꺼낼 얘기가 아니다. 그로 인한 엄중한 비용이 따를 수 있기 때문이다. 매우 신중하고 전략적으로 접근해야 할 문제이다.

한국핵안보전략포럼이 한국의 핵 자강력 확보 방안에 관한 총서 2권을 이번에 발간했다. 매우 중요하고 어려운 핵 자강력 확보를 위한 제반 문제, 특히 국제사회의 제재 가능성과 한미동맹에 미치는 영향, 그리고 주요 국가를 상대로 한 설득 논리 등 다각도로 예상되는 문제점에 대해 미리 생각하고 전문가들의 대응 전략을 담았다.

　한국핵안보전략포럼은 군사 분야, 외교 안보 분야, 연구 학자 등 각계의 전문가들이 모여 서로 지혜를 나누고 국가 안보의 미래를 위한 치열한 토론과 연구를 진행하는 모임으로서 총서 시리즈 발간을 통해 전문지식과 실제 경험에 기초하여 국가안보에 관한 전략을 집대성하고 있다. 이번 총서 2권 발간이 단순한 간행물 발간으로 그치는 것이 아니라 미래 세대에게 국가 안보를 위해 생각할 기회를 주고 한마음으로 지혜를 모으는 선한 가이드라인이 되기를 바란다.

전 주스웨덴 대사
이정규

추천사

『한국의 핵안보 프로젝트 2: 국제사회 설득과 초당적 협력』의 발간을 전폭적으로 지지하며, 본 총서가 우리 국가안보 전략의 중심축으로 자리매김하길 기대합니다.

오늘날 대한민국은 유례없는 안보 환경에 직면해 있습니다. 북한은 수십 차례에 걸친 미사일 도발과 전술핵 위협을 지속하며, 실전 배치를 기정사실화하고 있습니다. 이에 더해 국제 질서는 기존의 핵비확산조약(NPT)체제의 기능마저 흔들고 있으며, '핵을 가진 자'와 '갖지 못한 자' 사이의 안보 불균형은 더욱 심화되고 있습니다.

군인의 길을 걸었던 저는 힘을 기반으로 한 억지(deterrence)의 본질을 누구보다도 깊이 체감해 왔습니다. 우리의 생존과 안보를 타국의 의지에 전적으로 의존하는 구조는 이제 한계에 도달했습니다. 외교적 수사나 선언만으로는 국민의 생명과 국가의 존속을 보장할 수 없습니다. 실질적 억제력, 곧 전략적 균형을 확보할 수 있는 독자적 방안이 절실한 시점입니다. 이러한 문제의식 속에서 이번 총서는 단순한 핵무장론이 아니라, 국제사회와의 전략적 설득, 법적 정당성 확보, 동맹과의 신뢰를 훼손하지 않으면서도 우리 스스로의 생존권을 확보하기 위한 구체적 방안을 제시합니다.

이 책은 국제규범과 협약 속에서도 자위적 핵 보유 논리를 어떻게 정교하게 세울 수 있는지를 논리적으로 분석하고 있으며, 우리 사회가 감정과 이념이 아닌 전략과 현실에 기반한 토론을 시작하는 데 필요한, 중요한 이정표가 될 것입니다. 특히, 초당적 협력 없이는 어느 전략도 실행 불가능하다는 점을 강조한 대목은 국가안보의 지속성과 일관성을 위해 반드시 주목해야 할 대목입니다.

　대한민국은 이제 '선택의 기로'에 서 있습니다. 생존을 위한 전략이냐, 현상 유지라는 허상을 좇을 것인가. 미래 세대에게 우리가 어떤 안보 유산을 남길 것인지에 대한 냉철한 결단이 필요한 때입니다. 『한국의 핵안보 프로젝트』 총서가 그러한 결단을 이끄는 나침반 역할을 할 수 있으리라 확신합니다.

　국가안보를 책임졌던 사람으로서, 그리고 한 명의 국민으로서 본 총서를 강력히 추천합니다.

전 육군특전사령관
예비역 중장
전인범

머리말

실패한 과거를 반복하지 말고
한 번도 가보지 않은 길을 개척해야 할 때다

　　냉전사 연구를 주도한 역사학자 존 루이스 개디스(John Lewis Gaddis)는 자신의 저서 『역사의 풍경(The Landscape of History)』에서 과거로부터의 교훈이 중요한 이유를 다음과 같이 멋지게 서술하고 있다: "운전자는 백미러와 사이드미러를 통해 지나온 궤적을 보면서 앞으로 나아간다." 한반도 평화를 위한 교훈을 얻기 위해 굳이 먼 과거까지 거슬러 올라갈 필요는 없다. 지난 한 달만으로도 충분하기 때문이다. 『한국의 핵안보 프로젝트』 총서 제1권의 머리말을 출판사에 제출하고 다시 제2권의 머리말을 제출하기까지 한 달 남짓의 기간이 소요되었는데, 이 기간 여러 교훈을 얻을 수 있는 세 가지 사건이 발생했다. 이들 사건 관련 뉴스를 접하며 떠오른 질문들을 아래에 제시하니 독자들이 스스로 교훈을 찾아가길 바란다.

　　첫째, 6월 13일 갑자기 시작된 이스라엘의 전격적인 공습과 이란의 반격으로 중동 위기가 재점화되었다. 이란의 극초음속 미사일이 세계 최고 수준인 이스라엘의 방공망을 뚫고 텔아비브 도심 한복판에 내리꽂히는 장면은 상당히 충격적이었다. 만약 저 미사일에 전술핵탄두가 탑재되었다면 종심(縱深)이 지극히 짧은 이스라엘에 어떤 일이 벌어졌을까? 이미 50개 이상의 전술핵탄두 및 수천 기의 미사일 뿐만 아니라 러시아의 최첨단 방공무기인 판치르(Pantsir) 도입과 러시아 방공기술의 내재화를 서두르고 있는 북한을 상대로 이스라엘의 '일어서는 사자'와 같은 군사작전이 통할 수 있을까? 또한 미국이 스텔스 전략폭격기 B-2와 핵잠수함을 동원해 최신의 벙커버스터 GBU-57 12발과 토마호크 미사일 30발로 이란 핵시설을 기습타격했다는 뉴스 역시 충격적이었다. 그런데 더욱 충격적인 것은 이란의 3개 핵시설 부지가 크게 파손됐지만 일부는 여전히 건재해 이란이 수개월 내에 다수의 원심분리기 캐스케이드(cascade)를 재가동하여 농축 우라늄 생산을 재개할 수 있을 것으로 전망한다는 라파엘 그로시(Rafael Grossi) 국제원자력기구(IAEA) 사무총장의 발표였다. 언론에서 연일 칭송하는 현무 미사일의 위력을 과연 믿어도 될까?

둘째, 2월 28일 젤렌스키(Volodymyr Zelenskyy) 대통령과의 정상회담 파행 이후 트럼프(Donald Trump) 대통령은 무기지원을 중단한다고 발표했다. 그러나 7월 9일 푸틴(Vladimir Putin) 대통령과의 전화협상이 결렬되자, 그는 독재자의 의사결정처럼 손바닥 뒤집듯 무기지원 재개를 발표했다. 그러나 러시아가 여름 총공세에 나서면서 우크라이나는 더욱 위태롭게 되었고, 언제 다시 무기지원 중단을 발표할지도 모르는 미국만 바라보고 있다. 우크라이나가 1994년의 부다페스트 안전보장 각서에 합의하지 않고 핵무기를 포기하지 않았다면 러시아가 침공할 수 있었을까? 이 상황을 지켜보다가 참전까지 하게 된 북한은 과연 '비핵화'라는 말을 귀담아듣기나 할까? 한국핵안보전략포럼은 지난 4월 10일 서울대 통일평화연구원, 한국정치학회와 <트럼프 2.0 시대 한국의 자체 핵무장 옵션과 여론>이라는 주제로 발표자만 14명이나 되는 대규모 학술회의를 개최했다. 이때 발표된 논문 중 하나는 미국 민주주의와 확장

억제의 신뢰성에 관한 것으로, 한국 성인 1,200명을 대상으로 설문조사 연구를 진행했다. 주목할 만한 발견은 미국 민주주의의 후퇴가 확장억제의 신뢰성 저하와 큰 상관관계를 가진다는 점이다. 그렇다면 우리는 과연 미국 민주주의의 회복탄력성을 믿어도 될까?

셋째, 7월 15일 「동아시아에서 떠오르는 이중 핵 위협(A Rising Nuclear Double Threat in East Asia)」이라는 워게임 보고서가 국내 언론을 통해 기사화되었다. 이 보고서는 두 가지 상황을 상정했다. 하나는 북한의 서해 도발이 확전되면서 북한이 전술핵무기를 사용했을 때이고, 다른 하나는 중국의 대만침공 시점에 북한이 전술핵무기를 사용했을 때이다. 보고서는 두 가지 상황 모두에서 핵전쟁을 우려한 미국이 북한에 핵보복을 하지 않는다고 결론을 내렸다. 곧이어 주한미군을 1만 명 수준으로 감축해야 한다고 주장하는 「미국의 이익에 부합하는 글로벌 군사 태세(Aligning Global Military Posture with U.S. interests)」라는 보고서가 기사화되었다. 이 보고서의 핵심은 대만 유사시 주한미군이 신속히 투입될 수 있어야 하며, 중국과 북한의 선제타격에 노출되지 않도록 주한미군을 감축해서 일본이나 괌으로 재배치해야 한다는 것이다. 그런데 보고서 작성자 중 한 명은 2월 25일 Foreign Affairs에 기고한 논문인 "대만 집착: 미국의 전략은 이길 수 없는 전쟁에 의존해서는 안 된다(The Taiwan Fixation: American Strategy Shouldn't Hinge on an Unwinable War)"에서 제2의 애치슨 라인을 그려야 한다고 주장했다. 이렇게 미국이 북한과의 핵전쟁을 피하거나 대만 및 한국 방어에 주저할 수도 있는 상황에서 미국의 확장억제 공약(commitment)을 믿어도 될까? 전시작전통제권 전환 연기만으로 충분할까?

독자들은 이러한 질문에 대한 실마리를 총서 시리즈 제1권 『한국의 핵안보 프로젝트 1: 당위성과 추진 전략』에서 찾을 수 있을 것이다. 제2권『한국의 핵안보 프로젝트 2: 국제사회 설득과 초당적 협력』은 그러한 실마리를 가지고 국가의 '안'과 '밖'을 설득할 전략을 논의한다. 12장에서 노병렬은 핵무장에 대한 경제제재의 강도와 기간이 핵무장을 시도한 국가마다 상이했음을 발견하고 한국에 대한 경제제재는 우려할 만한 수준이 아니라고 주장한다. 13장에서 이창위는 핵비확산조약(NPT)을 탈퇴하는 방식이 아닌「조약법에 관한 비엔나 협약」에 의거 사정변경을 명분 삼아 '이행정지'를 하는 방식으로 핵무장을 시도하면 국제사회의 경제제재를 피할 수 있다고 주장한다. 14장과 15장에서 심규상은 각각 한국의 핵자강에 반대하거나 우호적인 해외 전문가들의 담론을 분석함으로써 설득해야 하는 대상과 연대해야 할 대상을 식별하고 있다. 16장과 17장에서 켈리(Robert Kelly), 이대한, 란코프(Andrei Lankov)는 미국 설득 방안을, 18장에서 리소테츠(李相哲)는 일본 설득 방안을, 19장에서 김흥규는 중국 설득 방안을, 20장에서 란코프는 러시아 설득 방안을, 21장에서 모틴(Dylan Motin)은 영국과 프랑스 설득 방안을 논의하고 있다. 22장에서 이백순은 핵무장한 한국의 국제적 책임과 기여를 논의한다. 23장에서 심규상은 한국의 여러 기관이 수행한 핵무장 여론조사를 비교, 추적하고 있다. 24장에서 임명수는 한국의 핵자강에 반대하는 국내 전문가들의 주장을 분석하면서 그들의 주장이 상황변화에 맞지 않게 정체되어 있다고 진단한다. 25장에서 정한용은 한국의 핵무장을 위한 전략과 리더십의 사례로 프랑스의 드골(Charles de Gaulle) 대통령을 제시하고 있다. 마지막으로 26장에서 최연혁은 초당적 협력을 위한 정치공조 모델로서 북유럽국가를 소개하고 있다.

영국의 역사학자인 토인비(Arnold J. Toynbee)는 생전 마지막에 "혁명적 변화는 반드시 주변부로부터 온다"라고 말했다. 이번 총서 2권에 담긴 저자들의 주장 역시 한때 한국사회에서 터부시되던 주변부의 소수 담론에 불과했다. 그러나 이제 이 담론은 무시할 수 없을 만큼 강력한 설득력을 얻으며 급격히 부상하고 있다. 머지않아 기존의 안보담론을 대체할 중심부의 주류담론으로 자리매김하게 될 것이다. 그리고 이 책을 손에 든 독자, 전문가, 당국자, 학자, 학생들은 곧 주류담론을 이끌어 갈 새로운 선도 집단이 될 것이다.

이 총서 2권이 발간되기까지 포럼의 집중세미나를 기획해준 편집기획위원회의 정한용 부위원장과 편집 및 교정을 위해 많은 노력과 시간을 할애해 준 이성춘 부위원장 그리고 이수원 박사에게 깊은 감사를 드린다. 또한 바쁘신 와중에도 추천사를 써주신 한국핵안보전략포럼의 안총기 전략고문과 이정규 전 주스웨덴 대사 및 전인범 전 육군특수전사령관께도 감사의 마음을 전한다. 마지막으로 총서 원고를 매우 꼼꼼하게 검토해 주고 책이 신속하게 발간될수 있도록 적극적으로 협조해 주신 블루앤노트의 편집팀에게도 감사드린다.

2025년 7월

한국핵안보전략포럼
대표 정성장
편집기획위원장 김지용

목차

추천사 안총기 | 4
　　　　이정규 | 6
　　　　전인범 | 9
머리말 실패한 과거를 반복하지 말고 한 번도 가보지 않은 길을 개척해야 할 때다 | 11

12장 한국 핵무장이 국제사회의 강력한 제재로 이어질까? / 노병렬　21

1. 핵확산과 반핵확산의 이해　23
2. 미국과 핵확산에 대한 제재　26
3. 핵확산과 국제제재 적용의 한계　32
4. 미국 대응 핵확산의 이중적 적용　38
5. 한국 핵무장에 대한 국제사회의 대응　41

13장 북핵 위기와 NPT 문제의 처리
： 조약의 종료와 이행 정지에 대한 국제법적 평가와 국제정치적 현실 / 이창위　53

1. 서론　55
2. NPT의 구조와 특징　57
3. 조약의 종료와 이행 정지　59
4. 핵무기에 대한 국제법과 국제정치　63
5. 한국의 정책적 선택　67

14장 한국의 핵자강에 반대하는 해외 전문가들 담론 분석 / 심규상   73

1. 미국이 제공하는 확장 억제력의 효과성   76
2. 한미동맹에 대한 미국의 지지 약화   79
3. 국제 사회에서의 고립과 원자력 산업의 타격   81
4. 남북 간 핵 경쟁의 촉발   86
5. 핵무기 도입의 시간과 비용 문제   88

15장 한국의 핵자강에 우호적인 해외 전문가들 담론 분석 / 심규상   95

1. 대중 견제 및 안보비용 분담 차원에서 한국핵 용인   98
2. 확장 억제의 현실적 한계   100
3. 국제 사회의 제재가 갖는 한계   103
4. 자위적 핵무장 결정에 대한 존중   105
5. 요약   107

16장 한국의 자체 핵무장과 미국의 선택 / 로버트 E. 켈리·이대한   111

1. 서론   113
2. 한국 핵무장의 전략적 논리   115
3. 설득: 미국 비확산 진영의 한국 핵무장 반대   126
4. 강압 및 수용: 보호제공국 미국의 옵션   132
5. 결론   138

17장 한국 핵무장과 한미동맹의 미래
: 대미 설득 방안을 중심으로 / 안드레이 란코프   **151**

   1. 미국의 비확산에 대한 태도   155
   2. 확산을 묵인한 전례들: 미국의 논리   157
   3. 미국 내에서 한국의 핵개발을 지지할 수 있는 세력들   159
   4. 미국을 설득할 수 있는 주장 몇 개   162
   5. 결론을 대신하여: 어려운 길, 걸어야 할 길   165

18장 일본의 핵무장 논의는 어디까지 와 있는가? / 리소테츠   **169**

   1. 핵보유 능력 있으나 비핵 선언   171
   2. '비핵 3원칙' 수정과 '신 비핵 3원칙'   175
   3. 핵무장의 최대 장애 요인은 국민 정서   180
   4. 일본의 선택 가능한 핵 억지 능력   182
   5. 한·일 동시 핵무장만이 현실적인 해결책   185

19장 한국의 핵무장에 대한 중국 측 입장과 한국의 전략
: 대중 외교방향 제안과 더불어 / 김흥규   **189**

   1. 서론   191
   2. 중국의 핵무장과 핵정책의 변화   192
   3. 시진핑 시기 중국의 대외정책 변화와 핵 정책   195
   4. 중국의 대한반도 정책과 두 가지 사례   199
   5. 한국의 핵무장에 대한 중국의 대응 추정   206
   6. 결론: 한국의 대응방향   212

20장 한국의 핵무장에 대한 러시아 설득 방안 / 안드레이 란코프　　217

　1. 르상티망(ressentiment)을 바탕으로 하는 오늘날 러시아의 세계관　220
　2. 반미, 반서방, 반민주 의식의 확대　221
　3. 중국과 러시아의 동상이몽(同床異夢)　223
　4. 설득 대상　225
　5. 대러 설득 방안　227

21장 한국의 핵무장에 대한 영국과 프랑스 설득 방안 / 딜런 모틴　　233

　1. 문제 제기　235
　2. 한국의 핵무장에 대한 영국과 프랑스의 수용 가능성　238
　3. 영국과 프랑스 설득 시 강조할 포인트　241
　4. 결론　246

22장 핵무장 이후 한국의 위상과 외교적 과제 / 이백순　　251

　1. 핵무장국의 위상　253
　2. 1970년 이후 핵무장국의 개발 사례　256
　3. 한국의 위상 변화 가능성　263
　4. 핵무장 이후 한국의 외교적 과제　268

23장 한국의 독자적 핵무장 여론 평가 / 심규상　　273

　1. 서론　275
　2. 한국의 독자적 핵무장 지지 여론　277
　3. 국민 vs. 전문가　280
　4. 진보 vs. 보수　285
　5. 결론　290

24장 한국의 핵 자강에 반대하는 국내 전문가들의 담론 분석 / 임명수   **293**

1. 서론   295
2. 한국 핵 자강 반대 담론 분석   297
3. 종합분석 및 평가   318

25장 드골 프랑스 대통령의 핵무장 결단 이유와 대외·대국민 설득 전략 / 정한용   **327**

1. 문제 제기   329
2. 드골의 핵무장 결단 배경 및 이유   332
3. 대외 설득 전략: 미국·독일·소련   344
4. 대국민 설득 전략   363
5. 드골 대통령이 보여준 핵무장의 본질 및 시사점   368

26장 북유럽 국가들의 정치적 공조 모델과 한국적 시사점 / 최연혁   **381**

1. 서론   383
2. 북유럽 국가의 합의 모델별 사례분석   386
3. 결론 및 시사점   415

12장

한국 핵무장이 국제사회의
강력한 제재로 이어질까?

노병렬

1. 핵확산과 반핵확산의 이해

현재 한국에서 확산되고 있는 핵무장론에서 중요하게 논의되지 않고 있는 것은 핵확산에 대한 국제사회의 대응과 영향에 관한 연구다. 핵무장이 개별 국가가 선택할 수 있는 자위권의 영역에 속한다는 것을 알면서도 핵확산이 급속하게 이루어지지 않는 것은 핵확산에 따르는 비용이 크기 때문이라는 요인도 제약으로 작용하고 있다. 핵개발에 들어가는 비용은 이제 단순히 핵개발 자체에 관련한 비용보다 이를 저지하기 위한 국제사회의 대응에 소용되는 비용이 더 중요한 요소가 되었다. 핵비확산조약(NPT: Nuclear Non-proliferation Treaty) 발효 이전부터 국제사회에서 용인된 5개국의 핵보유국가 외의 다른 핵보유국가들, 즉 인도, 파키스탄, 그리고 북한 등은 국제사회의 각종 제재로 인하여 드는 경제적 사회적 비용이 짧게는 몇 년째, 길게는 수십 년째 발생하고 있으며, 그 결과 해당 국가들은 막대한 손실을 감내하고 있다.

핵무기가 개발된 이후 핵확산에 대응하는 방법으로 개별국가나 국제기구 등이 추구하고 있는 전략은 크게 핵비확산(non-proliferation)과 반핵확산(counter-proliferation)으로 구분할 수 있다.[1] 핵비확산은 1970년 NPT가 발효되기 이전에 핵개발을 완료한 5대 핵보유국가는 예외로 인정하고, 새로운 핵확산 자체를 방지하자는 원칙과 전략을 지칭한다. 핵비확산의 목표를 위하여 국제사회는 핵무기개발, 사용, 그리고 확산을 방지하는 모든 활동, 즉 NPT를 중심으로 핵물질통제, 미사일통제 레짐 등의 국제조약이나 기구들의 활동을 포함하는 국제핵비확산레짐 (NPR: Nuclear Non-proliferation Regime)을 구축하고 있다.

핵비확산의 원칙과 목적이 국제적인 차원에서 이루어지는 것과 달리, 반핵확산의 원칙과 전략은 주로 미국에 의하여 주도되고 있다. 반핵확산은 핵비확산이 소극적으로 핵문제를 대처하고 있다는 비판에서 출발하였다. 반핵확산은 미국이 보다 핵확산에 적극적으로 대처하기 위해서는 '외교 행위, 군축, 수출통제, 관련 정보수집 및 분석'등을 포함하는 일체의 활동을 하여야 하며, 핵확산을 시도하고자 하는 국가나 불법 단체들에 대한 선제공격(preemptive strike), 미사일 방어(MD: Missile Defense)체제를 포함한 적극적, 소극적 방어 능력 확충을 통한 방어 및 완화 태세 보강 등을 주요 전략으로 간주하고 있다.

반핵확산은 현재 미국 외교정책의 핵심 전략으로 발전되고 있다. 특히 2002년 발표된 부시 행정부의 대량살상무기에 대한 국가안보전략의 3대 기조의 하나로서 확정된 반핵확산전략은 이미 핵개발을 시작하였거나 시도하려는 국가들에 대하여 철저하게 핵비확산에 복귀하게 하려는 '강압전략(compellent strategy)'도 포함하고 있다. 핵개발을 하는 국가들에 대하여 미국의 목적에 순응하게 하기 위해서는 강력한 군사력을 바탕으로 압박하거나 선제공격을 감행하는 등의 강압적 수단을 동원할 수밖에 없다. 군사력을 동원한 수단은 이라크의 경우에서 나타나듯이 종국적으로 '정권교체(regime change)'를 이루어낸다.

핵무기를 비롯한 대량살상무기의 확산을 방지하고자 하는 미국의 반핵확산전략이 보다 구체화된 것이 '확산안보구상(PSI: Proliferation Security Initiative)'이다. 2003년 부시 대통령에 의하여 천명된 PSI의 원칙은 '가상 적대세력의 무기사용과 확산을 막기 위해서, 이들의 무기 거래를 사전에 차단해야 한다는 예방 행동'이다. 이 예방 행동은 대량살상무기의 국제 거래를 원천 봉쇄하는 모든 행위를 포함하며, 따라서 무력을 동원한 강제성도 포함될 수밖에 없다. 효과적인 예방조치를 위하여 이 구상에 참여하는 국가들은 국내법을 정비하여 PSI의 목적과 활동을 원활하게 지원하여야 하며, 상호 정보교환 및 정보수집을 하여야 한다.[2] 이러한 PSI는 핵확산을 방지하기 위해서 핵개발에 필요한 원료나 기술 등 공급 수단(supply-side)을 제한하는 데에 목적을 두고 있다고 볼 수 있다.

새로운 핵무기의 개발, MD체제의 구축, 확산의 공급 수단 제한, 강력한 군사력을 바탕으로 새로운 핵확산에 대응한다는 미국의 반핵확산은 일견 긍정적인 결과를 내고 있다. 이라크전쟁을 통하여 이라크 핵개발의 가능성을 제거하였고, 외교적 압박과 협상으로 2003년 리비아가 핵개발을 포기하게 하였던 것은 반핵확산의 성과로 간주한다. 하지만 미국의 일방적 힘에 의한 핵확산방지는 러시아와 중국의 반발을 사고 있으며, 특정 국가와의 관계의 친밀도에 따라 미국 반핵확산의 협상과 전략이 다르게 나타나기 때문에 일관성과 형평성의 문제가 제기되고 있다.

미국의 행정부 교체와 같이 4년이나 8년마다 발간되는 핵태세검토보고서(Nuclear Posture Review: NPR)나 미국 국가안보전략(National Security Strategy)의 내용 역시 핵무기에 대한 일관성이 없는 내용을 담고 있다.

과거 오바마행정부는 기존의 미국 행정부와 달리 '핵무기없는 세상(nuclear- weapon-free world)'을 주창하였지만, 구체적인 정책에서는 여전히 핵무기가 미국의 확장억제정책의 근간이라는 내용을 담고 있다.[3] 가장 최근 발간된 2022년도 핵태세검토보고서에도 현재 상황이 과거와는 달리 중국이나 북한의 핵위협이 더 구체화되었기 때문에 동맹국에 대한 확장억제를 더욱 강화하는 것을 강조하고 있다. 그리고 이러한 위협에 대한 맞춤형 핵전략을 구사할 수 있는 핵전력을 유지하여야 한다고 주장한다.[4]

즉 과거부터 현재까지 NPR에서 표방되고 있는 미국 핵정책의 다섯 가지 기본원칙을 보면, 핵무기의 역할을 감소시키고, 핵확산을 방지한다는 대전제를 두고 있지만 안정적인 억제전략을 유지하기 위해서는 효과적인 핵무기체계를 유지하라고 권고하고 있다. 국가안보전략보고서에서도 미국의 군사력이 세계에 미칠 수 있는 수준을 가지고 있어야 한다고 주장하며, 미국 이익을 지키기 위해서는 외교적 협상도 중요하지만, 독자적인 행동도 불사하겠다는 내용이 담겨 있다. 이와 같은 기조는 행정부의 변화와 상관없이 국제핵확산을 저지하는 한편, 미국의 핵우위정책을 지속하는 것이 국가이익에 부합한다는 인식이 일반적인 미국 외교정책의 특성이라는 것을 반영하고 있다.

2. 미국과 핵확산에 대한 제재

1970년 이후 미국은 핵확산의 문제를 핵비확산과 반핵확산의 방법을 통하여 해결하고자 하였다. 하지만 미국의 노력에도 불구하고 제3세계에 의한 수평적 핵확산(horizontal proliferation)[5]은 지속되었고, 미국의 노력은 핵확산에 대한 차별적 대응이라는 비판에 직면해 있다. 미국에 대한 비판은 크게 다음 두 가지 내용으로부터 시작된다.

먼저 현재 NPT를 중심으로 하는 핵비확산레짐이 핵개발과 핵보유에 관한 핵보유국과 비핵보유국간의 불평등한 관계를 영구히 고착시키는 것이라는 점이다.[6] 특히 인도나 파키스탄, 이스라엘 등은 이러한 불평등한 관계가 정리되지 않는 한 핵비확산레짐의 정통성은 상실될 것이라고 주장한다. 그리고 핵비확산레짐의 운영과정에 있어 불평등과 차별에 대한 비판이다. NPT에 의하면, 핵확산은 국제평화와 안정을 위협하는 요소로 간주되어 국제연합이나 국제법 위반으로 제재받을 수 있도록 되어 있다. 하지만 핵확산 금지 내용에 대한 기준, 제재 대상 국가의 결정, 그리고 국제제재의 정도 및 집행에서의 차별과 불평등이 구조적으로 작용하고 있다는 비판이 끊임없이 나오고 있으며, 이는 핵비확산레짐의 정당성을 저해한다.[7]

핵확산에 대한 미국의 차별적 적용은 핵확산이 본격적으로 시작된 1960년대부터 현재에 이르기까지 나타난 핵확산에 대한 군사적 제재를 포함한 경제적 제재의 유형을 조사하면 명확하게 나타난다. 1968년부터 1994년에 이르기까지 핵확산의 국제적 규범이나 원칙을 위반한 국가들에 대한 제재 여부를 조사한 글렌 차페즈(Glenn Chafetz)에 의하면 실제 핵확산을 금지한 국가들에 대한 제재는 해당국가의 정체성에 따라 다르게 적용되었다. 즉 미국을 포함한 자유공동안보체(LSC: liberal security community)에 속한 국가들에 대한 제재는 형식적이거나 미미한 수준에 그치고 있지만 이 국가군에 속하지 않은 위반 국가에 대해서는 지속적이고 강력한 제재를 하고 있다.[8]

자유공동안보체에 속한 국가들을 구분하는 방법은 여러 가지로 설명되고 있는데 무엇보다도 민주주의와 자유, 그리고 인권 보장과 같은 이념적 요소가 국가나 국제사회에 가장 중요하다는 인식을 같이하는 국가들이 자유공동안보체에 속한다고 보았다. 그리고 핵확산금지와 같은 정책을 공조하면서 가지는 동질성의 확보 및 자유와 같은 공통적인 가치를 기반으로 안보협력을 제도화할 수 있는 국가들이 이 체제에 포함된다고 하였다. 이러한 관점에서 본다면 미국의 자유민주주의 제도와 가치를 공유하며, 집단적 안전보장협력체제를 구축하는 유럽의 국가들과 캐나다, 호주, 그리고 일본과 같은 국가들이 자유공동안보체에 들어간다.[9]

차페즈에 의하면 이들 국가들에 대해서는 다소 예외가 있지만 차별적 대응이 적용되고 있다. 즉 핵비확산의 규칙을 위반하였다 하더라도 미국을 포함한 자유공동안보체에 대한 제재는 없거나 미미한 수준이지만 이 체제에 포함되지 않은 국가들에 대한 제재는 어김없이 이루어져 왔다는 것을 발견할 수 있다. 특히 이스라엘, 프랑스 등과 같은 국가들이 위반한 사례에 대해서는 구체적인 제재를 취했던 흔적을 찾을 수 없는 반면, 이라크나 북한, 인도와 파키스탄, 그리고 NPT 가입 이전의 중국에 대해서는 엄격한 제재를 계속하였다.

예를 들어 국제제재가 가해지는 위반 사항 중, 가장 빈번하게 인용되는 국제원자력기구(International Atomic Energy Agency: IAEA)의 핵안전장치 규범 위반과 같은 사항에도 인도, 아르헨티나, 브라질, 이라크, 북한 등 자유공동안보체로 인정되지 않은 국가들에 대해서는 제재가 가해졌지만, 이스라엘이나 프랑스 등에는 제재가 적용되지 않았다. 그리고 미사일 개발과 같은 위반 경우에도 시리아나 북한에 대해서는 제재가 적용되었고, 미국이나 영국, 독일과 스위스 같은 국가들에는 아무런 조치도 국제사회로부터 가해지지 않았다.

다만 이집트 같은 경우에는 자유공동안보체에 포함되지 않으면서도 아르헨티나의 미사일개발에 협력한 것에 대해 아무런 제재가 없었다는 것은 국제법적인 관점보다는 미국과의 관계에서 결정되어 졌다고 볼 수 있다. 즉 1980년대 초반 중동 평화 협상을 유지하는 주요 국가 중 하나인 이집트와의 관계를 고려한 미국의 우호적인 입장에서 나온 것으로 보는 것이 타당하다. 브라질의 핵확산 위반에 대해서도 다른 반응이 나온 것도 1970년대와 80년대 초반 브라질과 아르헨티나의 핵무기개발추진으로 인한 미국과의 관계가 악화되었던 것과 달리 이후 양국가가 핵무기프로그램을 포기한 이후 미국과의 우호적인 관계로 인한 결과라고 볼 수 있다.

냉전 시기의 차별적 대응이 국가정체성에 의한 것이었다면 냉전 이후의 차별적 대응은 미국의 국가이익 변화에 따라 이루어져 왔다고 할 수 있다. 1998년에 있었던 인도와 파키스탄의 핵실험, 그리고 북한과 이라크, 이란의 핵개발 시도에 대한 차별적 대응은 이를 뒷받침하고 있다. 특히 인도와 미국은 2005년 핵협력에 관한 협정을 체결하면서 핵확산금지에 대한 국제적 노력에 역행한다는 비판을 받고 있다.

인도와 파키스탄의 핵실험에 대한 보복으로써 경제제재를 취하였던 미국은 9.11 이후 경제제재를 해제하였으며, 더 나아가 2005년 3월 인도를 방문하여 핵협력에 관한 협정을 체결하였다. 이 협정의 핵심은 민간 핵시설로 분류된 인도의 22개 핵시설 중 14개 시설에 대해 국제사찰을 허가하는 대신 미국은 핵기술과 연료를 공급하며, 나머지 8개 군용 원자로에 대해서도 더 이상 문제 삼지 않기로 하였다.[10]

인도와 미국의 핵협력에 관한 협정체결은 많은 논란을 발생시켰다. 무엇보다도 이 협정으로 인하여 미국의 핵비확산원칙은 예외성을 인정하게 되었고, 이 때문에 NPT 체제의 취약성이 공개적으로 드러났다는 점을 지적할 수 있다.[11] NPT 체제에서 핵보유국가들의 기득권을 인도에게도 인정한 이번 협정으로 인하여, NPT에 가입하지 않은 다른 핵개발국가들이 다시 형평성 문제를 제기하였다. 미국의 이러한 변화는 핵확산에 있어 기술적 통제방법이 더 이상 효과적이지 않다는 것을 자인하는 것이며, 핵공급국그룹(Nuclear Suppliers Group: NSG)과 같은 다자간 국제핵비확산레짐을 통한 핵비확산정책은 실효가 없다는 것을 인정한 것이 된다. 그리고 이미 핵개발을 완료한 국가에 대해서는 핵개발 그 자체를 기정사실화하는 종래의 미국정책과 같은 궤를 보여주고 있다.

다른 한편 이라크의 핵개발은 사실 여부와 상관없이 사담 후세인 대통령이 제거될 만큼의 국내외적 변동을 통하여 무산되었다. 1991년 걸프전쟁이 일어나기 전 이라크는 발전된 핵개발시설을 보유하고 있었으나 전쟁을 통하여 원자력시설이 상당 부분 붕괴되었다. 전쟁 이후 국제연합(United Nations: UN)의 결의에 따라 이라크는 IAEA의 사찰을 받게 되었으며, 사찰 결과에 의혹을 가진 미국에 의하여 또 전쟁을 맞이하게 되었다. 두 차례의 전쟁과 10년 이상 지속된 경제제재 결과, 이라크는 더 이상의 핵개발을 할 수 없는 형편이 되었다. 이라크가 실제 핵무기를 개발하고 있었는지 또는 개발할 능력을 보유하고 있었는지에 대한 사실 여부와 상관없이 진행된 이라크전쟁은 미국의 반핵확산전략이 국가에 따라 어떠한 차별적인 대응을 하고 있는가를 여실히 보여주고 있다.

이라크와 마찬가지로 미국에 의하여 오랜 기간 핵개발 의혹을 사고 있는 이란은 원자력의 평화적 사용이라는 명분을 내세우고 핵개발을 추진하고 있다. 이란은 NPT 회원국으로서 NPT 규정 내에서 나탄즈(Natanz)지역에 실험용 및 상용 우라늄농축 시설을 운영하고 있으며, 아라크(Arak)지역에는 중수 생산공장을 가동하고 있다고 주장한다. 하지만 국제사회의 핵개발에 대한 의혹이 계속되자 이란은 2003년 IAEA와 추가의정서(Additional Protocol)에 대한 서명을 하였고, 2004년

EU 3개국(영국, 프랑스, 독일)과 이란은 실험실 수준의 연구 및 우라늄변환 등 농축준비활동을 포함하여 이란의 '모든 농축관련 활동 및 재처리활동' 중단에 합의하였다.[12]

해결의 기미가 보였던 이란의 핵개발 문제는 2005년 6월 아흐마디네자드(Muhmoud Ahmadinejad) 대통령의 취임과 함께 새로운 국면에 접어들었다. 이란의 핵개발은 침해받을 수 없는 고유 주권임을 강조하는 아흐마디네자드 대통령의 기자회견 이후 이란은 EU와의 협상을 거부하고, 우라늄농축에 착수하였다.[13] 이란의 강경한 대응에 대하여 미국은 지속적으로 외교적 압박을 가하고 있으며, 당시 이란 핵문제를 UN 안보리 이사회에 회부 하는 IAEA 특별이사회의 결의안이 채택되었다.

북한 핵개발에 대한 미국의 반응은 이전 핵확산을 추구하는 국가들에 보여주었던 것과 다른 양상을 보여준다. 1993년 1차 핵위기 시 북한에 대해 보여주었던 클린턴 행정부의 상대적인 유화정책은 9.11 이후 일방주의에 입각한 부시 행정부의 강경한 대응으로 전환되었으며, 이 때문에 북미의 핵위기는 더욱 고조되었다. 특히 부시 행정부 시기 2차에 걸친 핵실험은 북한에 대한 무력 제재까지 미국이 고려하게 하였던 중요한 사건이었다.

하지만 윤석열정부 이전에는 6자회담의 결과나 남북정상회담, 그리고 북미간의 정상회담의 영향으로 북한 핵문제는 대결보다는 협상의 방향으로 전환되었고, 북한 핵확산에 대한 국제제재는 유명무실한 것이 되었다. 다른 국가들과 달리 북한에 대한 미국의 정책이 일관성을 유지하기 어려웠던 것은 크게 두 가지로 설명될 수 있다.

첫째로 한국과 유사하게 미국 행정부의 교체로 인한 대외정책의 변화는 북한에 대한 일관적인 미국의 대응 전략을 유지할 수 없게 하고 있다. 민주당과 공화당이 바라보는 북한 핵문제의 해결 방식이 다르고,

특히 2기 트럼프행정부 등장 이후 미국의 대외정책이 국수주의적으로 바뀐 이상 적극적인 반핵확산 정책을 지속하기에는 미국의 국내외적 상황이 이전과 다르다. 둘째는 북한이 가지고 있는 군사력의 정도가 이전의 핵개발국가들과 확연히 다른 파괴력을 가지고 있어서 군사적 제재와 같은 극단적인 방법을 사용하기에는 한계가 있다는 점이다. 특히 한국의 경우 북한과의 사소한 분쟁도 한국의 국가이익에 치명적인 영향을 미치고, 결국 이는 세계적으로 파급될 것이기 때문에 이를 의식한 제한적인 대응을 고려할 수밖에 없는 것도 미국의 한계라고 할 수 있다.

3. 핵확산과 국제제재 적용의 한계

반핵확산의 다양한 방법 중에서 가장 많이 운영되고 있는 것은 국제제재, 특히 경제제재라고 할 수 있다. 미국은 핵확산을 저지하기 위해서나 이미 발생한 핵확산에 대한 제재의 일환으로써 경제제재를 활용하고 있다. 사실 UN을 비롯한 국제기구나 개별 국가들은 특정 국가가 인권에 대한 침해나 국제법을 위반하였을 때, 그리고 국제 안보나 평화를 저해하는 행위를 감행했을 경우, 그 국가의 주권을 제한하는 일종의 조치를 하고 있다. 핵확산의 경우 NPT에 가입한 국가는 물론이고 가입하지 않은 국가들의 핵개발에 관해서도 국제안보를 저해한다는 명분으로 각종 제재를 가한다. 현재도 이란이나 북한과 같은 핵확산국가들에 대한 국제사회의 제재는 진행되고 있다.

하지만 핵확산 저지를 위한 국제제재의 효용성에 관해서는 논란의 여지가 많다. 사실 국제제재가 효과를 보기 위해서는 무엇보다도 국제법이나 도덕적 관점에서 제재의 정당성이 확보되어야 하며, 국제제재의 효과가 실질적으로 있어야 한다. 그리고 제재에 대하여 국제사회의 참여가 요구되며, 마지막으로 충분한 억지력으로 국제제재가 작동될 수 있도록 제재의 강도가 높아야 한다.[14]

국제제재는 일반적으로 군사적 방법(military punishment)과 경제제재(sanction)라는 두 가지 방법을 주로 사용하고 있다. 하지만 군사적 제재는 파괴력에 비하여 국제사회에서는 통용되는 방법이 아니다. 과거 1981년 이스라엘이 이라크의 오시락 핵발전소를 폭격한 것이나 2003년 미국이 주도하는 연합군에 의하여 이라크에 대한 공격이 핵확산방지라는 명분으로 했지만, 이는 UN이나 국제기구의 승인하에 이루어진 것이 아니라 단독이나 소수 연합 국가의 주도로 이루어졌다.[15]

하지만 군사적 제재가 가장 단기간에 효과를 볼 수 있는 수단임에도 불구하고 국제법적으로나 규범의 관점에서는 비판적인 시각이 존재한다. 그 이유로 무엇보다도 군사 제재의 주체가 단독으로 이루어지는 만큼 제재의 정당성을 확보하기가 어려우며, 핵확산 위반에 대한 사실 판단도 불확실한 정보 때문에 오판할 가능성이 있다. 이스라엘이나 미국의 이라크에 대한 군사적 제재도 이러한 맥락에서 비판받고 있다. 따라서 국제제재를 하는 경우 군사적 방법보다는 경제적 수단을 활용하고 있는 것이 일반적이다.

하지만 경제제재의 다양한 방법에도 불구하고 사실 효용성에 대한 연구결과는 상반되게 나타나고 있다.[16] 경제제재가 특정한 국가의 국제법이나 규범의 위반에 대해 효과적인 제재를 가하기 때문에 효과가 있다고 주장하는 반면, 경제제재가 가지고 있는 근본적인 한계로 인하여 실제 경제제재는 상징적인 역할에 불과하다는 논리도 설득력을 가지고 있다. 이러한 논란이 나오는 것은 무엇보다도 경제재재의 성공 여부를 결정짓는 효과에 대한 검증이 어렵기 때문이다. 예를 들어 북한의 핵확산에 대한 국제사회의 제재가 북한의 경제적 어려움을 가중하여 북한이 핵협상에 참여하였다는 주장도 있는 한편, 오히려 미미한 국제사회의 제재는 북한의 핵개발을 더욱 추진하게 되었다는 설명도 이를 검증할 구체적인 방법이 없다는 데에 한계가 있다.

핵확산의 경우 1974년부터 현재까지 이루어지고 있는 경제제재는 20건에 이르고 있다. 이 중 6건의 사례만 성공적으로 간주 되고 있으며, 나머지 14건의 경우는 일반적으로 실패한 제재로 평가되고 있다.[17] 성공과 실패의 판단기준은 경제제재 이후에 핵확산을 중단하였거나 보류하였을 경우는 성공으로 간주하지만, 경제제재 이후에도 확산 국가의 핵정책이 지속되거나 핵개발이 완료되었다면 제재의 효과는 없는 것으로 판단하였다. 보다 구체적으로 성공의 기준을 구분하면, 제재 대상 국가의 정책이 변화되는 정도, 정권의 교체와 함께 민주화의 진행, 군사모험주의의 좌절, 군사력의 기능장애, 그리고 다른 중요 정책의 변화 등이 이루어진다면 경제제재가 성공하였다고 볼 수 있다.[18] 사실 제재 국가가 기대하는 이러한 모든 목적이 동시에 이루어지는 것은 없으며 제재 대상 국가의 국내외적 상황을 고려하여 제재의 방법이나 정도를 결정하게 된다. 이 과정에서도 물론 제재의 목적이 명확하게 표명되지 않는 것이 일반적이다.

<표 1> HESO 분류에 의한 핵확산에 대한 경제제재, 1974-2010

제재국가 (Sender: S)	제재대상국가 (Target: T)	연도	결과*	국제 협조*	제재 이전 S와 T 국가관계*
캐나다	인도	1974	부분 실패	미약	보통
캐나다	파키스탄	1974	부분 실패	미약	보통
미국, 캐나다	한국	1975	성공	미약	강함
미국	남아공	1975	부분 실패	미약	보통
미국	대만	1976	성공	전무	강함

제재국가 (Sender: S)	제재대상국가 (Target: T)	연도	결과*	국제 협조*	제재 이전 S와 T 국가관계*
캐나다	일본, EC	1977	부분 성공	전무	강함
미국	브라질	1978	부분 실패	전무	보통
미국	아르헨티나	1978	부분 실패	미약	보통
미국	인도	1978	부분 실패	미약	보통
미국	파키스탄	1979	실패	미약	보통
호주	프랑스	1983	실패	전무	강함
미국	이란	1984	부분 실패	전무	적대시
미국, UN	이라크	1990-1	실패	전무	적대시
미국, UN	북한	1993	부분 성공	보통	적대시
미국, UN	북한	1993	실패	보통	적대시
미국, UN**	북한	2006-현재	실패	보통	적대시
러시아	우크라이나	1993	부분 성공	전무	중립
러시아	카자흐스탄	1993	성공	전무	강함
미국	인도	1998	실패	보통	중립
미국**	이란	2009-현재	실패	전무	적대시

* 출처: Scott Helfstein, "Friends Don't Let Friends Proliferate," *Political Science Quarterly*, Vol. 125, No. 2(2010), p. 290.
* 결과는 HESO의 기준에 의하여 1(실패)부터 4(성공)으로, 국제협조는 1(전무)부터 4(확고)까지, 그리고 국가관계는 1(적대시)부터 3(강함)으로 지정하였음.
** 미국의 북한과 이란에 대한 경제제재는 연구자의 판단으로 추가된 것임.

위 <표 1>에서 나타나는 중요한 특징 중의 하나는 성공한 사례와 실패한 사례들의 결과를 결정짓는 중요한 요소가 제재 국가와 제재 대상 국가의 관계에 있다는 것이다. 즉 두 국가의 관계가 우호적이거나 최소한 중립적일 경우 경제제재의 성공이 높게 나타나고 있고, 반대로 적대적인 관계일 경우에는 경제제재의 강도와 상관없이 실패로 귀착되었다.

이와 같은 결과는 학자들의 사례연구에서도 공통으로 나타나고 있는데 그 이유로는 무엇보다도 국가관계가 정치적, 경제적으로 밀접한 관계에 있을수록 제재로 인한 국가의 실질적 이익이 감소할 수 있다는 우려가 제재 대상 국가의 정책변화를 유도하고 있다는 것을 들 수 있다.[19] 우호적인 관계의 국가들이 핵확산에 대한 노력과 제재의 관계에서 비확산의 정책으로 선회한 대표적인 사례는 한국과 대만, 그리고 구소련 연방국가들이다. 1975년 한국이 핵개발을 하기 위한 노력으로 프랑스로부터 재처리설비를 도입하기로 하였으나, 이를 안 미국과 캐나다에 의한 경제제재는 결과적으로 1976년 한국이 핵개발을 포기하게 만든 주요 원인으로 작용하였다. 대만 역시 자체의 핵개발 원료를 확보하고자 하는 노력을 하였지만, 미국의 강력한 제재로 인하여 무산되었다. 이와 같은 사례는 러시아와 카자흐스탄, 그리고 우크라이나와의 관계에서도 나타나고 있다.

다른 한편 인도나 파키스탄, 그리고 북한과 같은 국가의 핵개발과 경제제재의 관계는 무관한 것으로 분석되고 있다. 이들 국가들은 경제제재의 유무나 강도와 상관없이 핵개발을 진행하였고, 국제사회의 제재참여 역시 핵확산의 저지에는 미미하거나 전무한 영향을 미친 것으로 파악되고 있다.[20] 물론 이들 국가들의 핵개발에는 다양한 동기와 원인이 있기에 경제제재와 같은 단일변수로서 제지할 수 없는 한계가 있다고 하더라도 경제제재의 효과에 관해 기본적인 회의감을 가지게 하는 중요 사례로 언급되고 있다.

경제제재의 성공 여부와 함께 문제가 되는 것은 제재 강도와 지속성에 대한 이중적 접근이다. 글렌 차페즈의 연구에서도 나타났듯이 미국이 중심이 되는 국제사회의 핵확산에 대한 제재는 국가의 속성에 따라 다르게 나타나고 있지만, 이보다 더욱 심각한 것은 제재 강도와 지속성에 있다고 볼 수 있다. 호주나 브라질, 그리고 아르헨티나와 같은 국가들의 핵확산 위반 사례에 대해서 미국은 아무런 제재를 취하지 않았고, 특히 이스라엘, 프랑스, 그리고 독일과 같은 미국의 안보 이익과 직결된 국가들에 대해서는 제재의 강도나 기간이 형식적인 것에 불과하였다.

사실 경제제재와 같은 방법은 단기적인 효과보다는 점차적이고 장기적인 효과를 기대하는 외교정책의 한 수단이다. 물론 어떤 연구에서도 분석되었듯이 장기간에 걸친 경제제재가 효과적인 것만은 아니어서 이것이 기대효과를 내기 위해서는 일정 기간이 요구될 수밖에 없다.[21] 더욱이 북한과 같은 폐쇄 국가에 대한 제재는 장기간에 걸친 지속성이 보장되어야 하는데 미국 국내 상황의 변화나 정권의 교체로 인한 정책의 변화는 경제제재의 효과를 저하하는 주된 요인이 되고 있다.

사례연구에서 발견할 수 있는 중요한 사실은 특정 국가들에 대한 미국의 경제제재 기간이 미국과의 관계 정도에 의하여 결정되어 진다는 것이다. 1998년 미국과의 핵협력 협정이 체결되기 전의 인도나 파키스탄, 그리고 최근에 핵무장에 성공했거나 시도 중으로 의심받고 있는 북한, 이란 등에 대해서는 장기적이고 포괄적인 경제제재를 하였지만, 이스라엘, 일본, 그리고 프랑스에 대한 제재는 단기적이거나 가벼운 형태의 제재에 불과했다. 이와 같은 사실은 미국이 같은 핵확산 위반 사례를 두고 국가관계에 따라 차별적 적용을 했다는 것을 입증하여 준다. 따라서 현재의 핵비확산레짐에서의 경제제재는 분명 일정한 정도의 효과가 있다는 것은 인정되지만 실질적으로 제재 자체가 특정 국가의 핵확산을 저지할 만큼의 힘을 발휘하고 있지는 못하며, 더욱이 이의 차별적이고 이중적인 접근은 미국 중심의 핵비확산레짐의 정당성을 위협하는 가장 중요한 결점 요소라고 지적할 수 있다.

4. 미국 대응 핵확산의 이중적 적용

　북한과 이란, 이라크, 그리고 인도나 이스라엘의 핵확산에 대한 미국의 이중적 접근을 설명하기 위해서는 핵비확산체제의 차별적 해석과 적용에 대한 설명 이외에도 미국의 외교정책을 결정하는 외교 이념이나 정치 문화에 대한 이해가 요구된다. 미국외교사를 살피면 그들의 주요 외교정책결정에는 항상 정책 결정자들이 신봉하고 있는 이념과 신념이 자리 잡고 있음을 발견할 수 있기 때문이다.[22] 미국은 건국 초기부터 현재에 이르기까지 행정부의 성향과 무관하게 일관되게 흐르는 미국만의 정치 문화가 모든 영역에서 영향을 끼치고 있으며, 외교 영역도 예외는 아니다. 미국을 '특별한 나라'로 만드는 미국인들의 인식은 독자적 정치 문명을 형성하게 하였으며, 이는 '객관적'일 수 없는 자신의 보편성에 대한 믿음과 우월의식으로 자리 잡고 있다.[23]

　미국의 독자적 정치 문화를 형성하는 다양한 이념 중에서 '미국적 예외주의(American Exceptionalism)'는 가장 핵심적 특성이다. 이는 미국이 다른 국가와는 차별성을 가지며 특별한 의미를 지니고 탄생한 국가라는 신념을 가지고 있음을 의미한다. 이러한 신념은 신대륙으로의 이주 배경, 국가 형성과정, 그리고 국내적 팽창 과정에서 배태된 일종의 종교적 신념과 같은 것으로 선민의식이나 우월적 심리로 표출되었다. 예외주의는 도덕주의, 이상주의의 모습으로 표현되기도 하며, 구원주의(Messianism) 정서와 결합 되어 미국적 가치의 세계화나 인종주의로 변화되어 미국의 제국주의적 팽창의 이념적 동력으로 작동하기도 한다.

　미국의 외교 역사를 살펴보면 그들은 어떠한 정책을 결정할 때 행위의 정당성과 명분을 항시 강조하였다. 특히 제2차 세계대전 이후 국제문제에 간여할 때마다 미국은 국가의 국제정치적 역할에 대한 차별성을 내세웠다. 미국이 다른 국가와의 차별성을 강조할 때 사용하는 것은 '미국적 가치(American value)'라는 항목이다. 미국 건국 후 오늘날까지 그들을 지배하는 이데올로기인 자유주의(liberalism), 공화주의(republicanism), 캘빈주의(Calvinism)에서 공통으로 발견되는 것은 "재산권과 경제적 자유주의 및 경쟁의 가치에 대한 믿음"이다.[24] 이 믿음은 미국 사회를 지배하는 하나의 가치로서 자리 잡고 있으며, 이 가치는 인류가 지향하여야 하는 보편적 가치이자 보편적 덕목(universal virtue)을 의미한다. 특히 캘빈주의에 바탕을 둔 선민의식과 소명 의식을 믿는 미국인들에게 있어 미국은 "특별한 신념을 지닌 특별한 국가(A special state with a special destiny)"로서 "신에 의해서 정해진 숙명(Manifest Destiny)"을 지니고 있다.

'신에 의하여 정해진 숙명'은 '신'으로부터 선택받은 미국인들이 세계의 평화를 구현하는 것을 의미한다. 세계의 악과 부패로부터 인간을 구원하는 미국인들의 소명 의식은 세계를 미국과 미국이 아닌 타자로 구분하며, 이는 '선(good)'과 '악(evil)'의 이분법적 세계로 나누어진다. 따라서 '선'인 미국은 '악'으로부터 세계를 보호하여야 하며 '악'을 응징하여 새로운 기독교 공동체를 이 땅에 구현하는 것이 소명을 다하는 것이라는 믿음을 지니고 있다. 이러한 소명 의식은 '천년왕국'관념과 함께 '대각성(Great Awakening)'의 시대를 거치면서 미국 전역에 파급되었고, 궁극적으로는 현대 미국의 정치와 외교, 사회 등 전반에 나타나고 있는 선민의식의 근원이 되고 있다.[25]

세계를 구원하고자 하는 미국인들의 소명 의식은 미국 대외정책의 이념적 근간이 되고 있다. 미국 건국 이후 나타나는 미국 외교의 방향이 국제관계의 진행에 미국의 개입 범위를 줄이고 대신 미국의 가치를 공고화하는 것에 치중하자는 고립주의(isolationism)와 국제관계에 있어 미국의 지도적 역할 규정과 적극적 국익의 추구를 주창하는 국제주의(internationalism)로 대변될 수 있지만, 어떤 경우에도 '신세계 질서(New World Order)'의 수립은 미국 외교의 가장 중요한 목적이 되고 있다. 냉전 시기를 거쳐 현재에 이르기까지 미국은 '악의 제국(evil empire)'이나 '악의 축(evil axis)'을 모두 제거하여야 하며, 이는 미국의 도덕적 의무이다.[26]

결국 이러한 가치관에 기초하여 정리하면, 핵확산은 미국이 이룩하고자 하는 새로운 세계를 위협하는 중요한 요인이 되고 이는 반드시 저지되어야 한다는 신념을 미국은 가지고 있다고 할 수 있다. 비록 인도나 파키스탄 등이 주장하는 미국의 핵보유 역시 모든 핵확산과 핵개발을 제한하는 NPT 등 국제법이나 조약에 위반된다는 비판을 받고 있지만, 미국은 자국의 핵보유가 세계평화를 유지하기 위한 수단이라는 입장을 견지하는 것도 미국의 정치 문화의 속성에서 기인하였다고 볼 수 있다. 미국은 자신들이 유지하고 있는 자유민주주의체제를 유지하는 국가의 핵확산은 용인될 수 있는 것이지만 미국과 적대적이거나 다른 정치체제를 가지고 있는 국가의 핵확산은 국제정치 체제의 안정성을 저해하는 요소로 간주하고 있다.

이러한 관점에서 보면, 이스라엘의 1981년 이라크의 원자로에 대한 공격, 2007년 시리아 원자력시설에 감행한 공습에 대해서 미국이 크게 국제적인 문제로 비화시키지 않은 이유도 '악의 축'의 일환을 몰아내기 위한 '선의 세력'의 행동으로 간주하기 때문이다. 다른 한편 북한이나 이란, 이라크와 같은 국가들은 '불량국가'이며, 이들 국가의 정치제도나 지도자들은 항상 핵확산이나 미사일개발 등을 통하여 국제평화를 위협하고, 민주주의와 인권에 대한 탄압 때문에 미국은 물리적 강제력을 이용하더라도 이들에 대해 '선제공격', '정권교체', '강압적 무장해제'를 하는 것이 자신들의 의무라고 본다.[27]

기존 핵보유국 중에서도 미국이 문제시하는 것은 러시아와 중국의 핵개발 체제이고, 프랑스나 영국, 심지어 이스라엘의 핵개발에 대해서는 어떠한 감축노력이나 대응체계를 구축하지 않고 있다. 이러한 미국의 핵정책은 미국의 가치를 공유하는 정도에 따라 국가별 정책의 범주가 다르게 나타나는 미국 정치 문화의 특성에서 기인한다고 보아도 무방하다. 같은 맥락에서 핵개발 국가에 대한 미국의 반핵확산도 이해할 수 있다. 즉 인도에 대한 협력관계 구축은 인도가 가지고 있는 정치체제가 민주주의를 유지하고 있다는 점에서 파키스탄의 경우와는 다른 시각에서 나온 것이다. 동북아시아의 핵확산문제에 대한 미국의 대응도 비슷한 양상을 보인다. 핵개발기술이나 핵무기원료생산에 필요한 재처리시설이 국제적 수준에 도달하고 있는 일본의 원자력기술발전에 관한 미국의 관대한 반응은 재처리시설도 갖추고 있지 못하는 한국에 대한 강경한 반핵입장과 대비되고 있다.

5. 한국 핵무장에 대한 국제사회의 대응

핵확산이나 핵무장에 대한 국제사회의 반응을 이해하기 위해서는 냉전의 특수한 상황이나, 미국 국가이익의 변화, 그리고 동맹관계의 정도 등 많은 변수에 대한 설명이 요구된다. 따라서 국제정치의 변화를 현실주의나 이상주의와 같은 단일적 접근방법의 관점에서 본 설명은 나름의 적합성을 가질 수는 있지만 모든 상황에 대한 분석 틀로서는 한계성을 지닐 수밖에 없다. 2차 세계대전 이후의 미국의 핵정책, 특히 반핵확산정책의 실제적 적용은 행정부별로 다양하게 나타나며, 이를 단일한 또는 복합적인 국제정치 이론에 기반하여 설명하기에는 무리가 있다.

한국의 경우, 핵무장을 하기 위해 고려해야 할 사항은 더욱 많을 수밖에 없다. 무엇보다도 핵무장에 대한 국내적 합의의 도출, 국제사회의 제재에 인내할 수 있는 국내 정치 경제 능력에 대한 정확한 판단, 그리고 한미동맹에 미치는 영향과 핵무장 추진 세력에 대한 국내외적 동의는 다른 핵개발 국가들과는 다른 한국만의 특징적인 상황이다. 다만 그동안 금기시되었던 한국의 핵무장 필요성은 지속적인 북한의 핵개발과 위협에 지친 다수의 국민들에 의해 공감대가 형성되고 있다. 특히 트럼프행정부의 등장 이후 나타난 미국의 국수주의적 외교 행태로 인해 한국에서 그간 학계에서 간헐적으로 주장되었던 한국 핵무장의 필요성이 정치계와 일반시민들에게도 알려지게 되었고, 일부 언론에서 제한적인 핵무장과 더불어 미국의 전술핵 재배치도 적극적으로 제기하는 계기가 되었다.

여야를 막론하고 한국의 정치인들은 자위권 확보라는 측면에서 미국의 안보 우산에 전적으로 의존하기보다는 향후 독자적인 핵무장이 필요하다고 강변하고 있다. 미국 전술핵의 한반도 재배치는 한국에서뿐만 아니라 미국에서도 일부 공화당 인사들을 중심으로 논의되고 있다. 하지만 전술핵의 재배치에 관해서는 미국 정부뿐만 아니라 한국 정부에서도 공식적으로 그 효율성이나 가능성에 대해서는 부인하고 있다.

또한 한국의 독자적인 핵무장에 관한 전문가집단과 일반인들의 의식에도 큰 변화가 일어나고 있다. 한국의 주요 연구 및 여론조사기관들이 2024년 현재 조사한 결과에 따르면 한국의 독자적인 핵무기개발을 찬성하는 일반인들의 찬성 여론이 66%에서 72%에 이르고 있으며, 전술핵 재배치에 관해서도 50%에 육박하는 지지를 보여주고 있다. 하지만 한국의 전문가집단에 대한 여론조사는 일반인들과 다르게 34%로 나타나고 있다. 전문가들 사이에서는 핵개발에 따르는 비용과 국제

사회의 제재들을 넘어 실제로 한국이 핵무장을 할 수 있다는 것에 대한 회의론이 더 지배적이다. 하지만 한국의 핵무장에 대한 국제사회의 제재, 특히 미국이 용인한다면 핵무장을 찬성한다는 의견이 60%를 넘고 있다. 이와 같은 여론조사 결과는 한국민들이 북핵에 대해 현실적인 위협으로 느꼈기 때문이라고 조사기관들은 분석하고 있다.[28]

한국 사회에서 나온 또 다른 안보 위협은 소위 '코리아패싱'이라고 지칭되는 한반도 문제에서의 한국 소외현상이다. 특히 2기 트럼프행정부의 등장 이후 나타나는 한반도 문제에 대한 미중 간의 직접적인 해결방안 모색이나 미일 간 강화된 국제협력에서 보이는 한국 소외는 관련 국가들이 부인하고는 있지만 한국민들이 느끼는 '코리아패싱' 체감은 남다를 수밖에 없다. 이와 같은 이유로 한국방위에 대한 독자적인 능력을 증대시키고자 하는 움직임이 한국에서는 나타나고 있으며, 핵무장론 역시 같은 맥락에서 이해할 수 있는 논의라고 할 수 있다.

문제는 안보 불안 요소가 증대되는 국가가 핵무기를 개발할 수 있는 일종의 핵주권을 구체적으로 행사할 수 있는가의 여부이다. 주변 강대국들이 모두 핵보유국이거나 핵개발을 단 순간에 할 수 있는 국가들이라면 한국이 택할 수 있는 안보전략은 어떠한 것인가에 대한 고민은 국가생존전략을 수립한다는 관점에서 대단히 중요한 문제이다.

한국이 핵무기를 개발하기 위해서는 국내외적으로 제기되는 문제들을 해결하지 않고서는 어렵다. 특히 한국과 같은 경제와 안보에서 대외의존도가 높은 국가에서는 핵개발에 따르는 국제제재나 대내적인 합의를 마련하기 전에 핵개발을 감행하기란 쉽지 않다. 그리고 한미동맹이라는 특수성을 감안할 때, 미국의 동의가 없는 한국의 독자적인 핵개발은 거의 불가능에 가깝다는 것이 일반적인 판단이고, 실제 한국은 1970년대에 추진하였던 핵개발이 이러한 이유로 인하여 무산된 적이 있다. 하지만 현재의 한반도 상황의 급변과 미국의 변화된 외교 전략을 고려할 때 한국의 핵무장 가능성은 이전과는 다른 양상을 보여주고 있다.

가장 중요한 문제점은 한국이 독자적인 핵개발을 감행하였을 때 따라오는 국제법이나 국제기구로부터의 제재와 불이익을 감내할 수 있는지의 여부이다. 먼저 한국이 핵개발을 하기 위해서는 핵비확산조약(NPT)으로부터 탈퇴해야 한다. NPT 가입국들은 핵개발과 핵실험을 하지 않는다는 조건에서 IAEA나 다른 국제기구로부터 핵의 평화적 발전에 필요한 기술과 원료를 받고 있기 때문이다. 이를 어겼을 경우 IAEA가 조약의 위반을 국제연합에 통보하게 되고, 경제제재를 포함하는 다양한 제재 방법을 마련한다. 하지만 특정 국가가 자국의 안보 이익을 위하여 NPT를 탈퇴하겠다는 것은 국제법적으로 문제가 되지는 않는다.[29]

문제는 국제법적으로 문제 되지 않는다는 것이 위반에 따른 제재를 면할 수 있다는 것이 아니라는 점이다. 특히 미국을 중심으로 하는 국제사회의 핵확산에 대한 제재구조에 관해서는 많은 문제점이 제기되고 있다. 현재의 국제 핵비확산레짐이 참여국들이 규칙을 위반했을 경우 이의 해석과 제재 방법을 찾는 과정에서 자의적이고 차별적인 결정을 한다는 것이 한 예이다. 이와 같은 차별적 행위가 나오는 것은 핵비확산레짐이 미국을 포함한 자유 선진국가의 이익을 보호하고 증진하는 데에 더 큰 목적을 두고 있기 때문이다.

실제로 왜 미국이 파키스탄에 핵관련 기술을 제공한 중국에는 경제제재를 했지만, 이라크나 리비아 그리고 파키스탄의 핵개발 계획에 기술을 제공한 자유 안보 국가군의 기업들에 대해서는 아무런 제재를 하지 않았는가를 보면 알 수 있다. 더욱이 이 차별적인 제재는 동맹국의 이익에 따라 적용되는 경우가 많다. 파키스탄의 경우 1980년대에는 소련의 군사 위협에 대항하기 위하여 미국은 파키스탄의 핵개발 계획을 의도적으로 방관하였지만, 소련의 아프가니스탄 철수 후에는 파키스탄의 핵개발을 적극적으로 저지시켰다. 이는 더 이상의 미국의 국가이익과 파키스탄의 국가이익이 같을 수가 없었기 때문이었다. 같은 맥락에서 이스라엘의 경우 미국은 어떤 경우에도 이스라엘에 대한 제재를 먼저 제시하거나 취하지 않았다. 또한 미국은 1996년 5월 파키스탄에 고농축우라늄 생산에 필요한 장비를 제공한 중국에 대해서도 별다른 제재를 하지 않았는데 이는 미중 경제 관계가 침해받지 않게 하기 위한 것이라고 분석된다. 즉 현재의 핵비확산레짐은 위반자에 대한 제재나 무력을 행사할 수 있는 법적 제도는 가지고 있으나 이의 실행은 미국과 같은 강대국들에 의한 자의적이고 차별적인 성격을 가지고 있다고 볼 수 있다.

이와 같은 국제제재의 한계와 차별성을 고려하면 한국의 경우, 비록 핵개발을 감행하더라도 그 제재의 내용과 기간이 심각할 정도로 강화되지 않는다는 분석도 나오고 있다. 그 이유로는 무엇보다도 한국은 미국과 민주주의와 자본주의의 가치를 공유하고 있는 자유안보 공동체의 중요한 국가일 뿐만 아니라 경제적으로도 세계 10위권의 국력을 가지고 있어서 한국에 대한 경제제재는 궁극적으로 국제경제에 부정적 영향을 미칠 만큼 파괴력이 있기 때문이라는 것이다. 퍼거슨은 1998년 인도의 핵실험 이후 인도와 미국의 협력관계를 설명하면서 미국은 인도나 한국과 같은 민주주의국가의 핵무장은 미국뿐 아니라 다른 국제사회에 그다지 큰 영향을 미치지 않을 것으로 판단하고 있다.[30]

다른 한편 한국이 핵무장을 감행하였을 때, 미국이 적극적으로 경제제재에 참여하지 않더라도 국제핵비확산을 지지하는 다른 국가들, 특히 중국이나 러시아, 그리고 유럽의 주요 몇 개 국가들만 한국에 경제제재를 해도 한국경제는 회복할 수 없는 지경까지 간다고 주장하는 학자나 전문가들도 많다. 이와 같은 견해는 한미 양 국가의 행정부에서 근무하였거나 경제학자들 사이에서 많이 제기되고 있다. 예를 들면 로버트 아인혼 전 국무부 비확산 특별보좌관이나 빅터 차 교수, 그리고 다수의 한국 학자들은 정도의 차이가 있지만 한국 핵무장 시 미국이나 다른 국가들은 한국에 대한 경제제재를 감행할 수밖에 없으며, 한국은 그 제재를 오래 감내하기가 어려울 것으로 보고 있다.[31]

마지막으로 미국과의 관계에서 나타날 수 있는 것으로 크게는 한미원자력협정의 파기에 따르는 문제와 한미군사동맹의 변화를 생각해 볼 수 있다. 먼저 한국이 핵개발을 하게 된다면 이는 한미 원자력협정을 파기하는 결과를 초래한다. 현재 한국의 핵재처리시설을 허용하지 않은 협정에 대한 비판도 있지만 비핵화라는 큰 목적에서 양 국가가 동의한 이 협정 때문에 한국은 미국으로부터 농축우라늄을 포함한 핵발전용 원료의 수입과 기타 원자력기술의 제공이 중단될 수 있다. 한국의 높은 원전 의존도를 고려하면 이는 한국전력의 원활한 공급 체계에 심각한 문제를 일으킬 수 있다.

하지만 이와 같은 문제에도 불구하고 실제 이러한 상황이 발생해도 당장 한국이 전력공급의 어려움을 겪지 않을 것이라는 주장도 있다. 일부 연구에 따르면, 한국은 이미 최소 3년 이상의 핵원료를 비축해 놓았기에 핵개발과 이에 따른 제재의 일반적 기간을 고려하면 심각한 타격을 주지는 않는다는 관측이다.[32] 물론 이와 같은 견해는 미국이 종국적으로 한국의 핵개발을 용인하는 전제에서 바라본 것이라는 한계가 있다. 한편으론 장기적으로 국제제재가 지속되더라도 한국이 현재 에너지정책의 근간을 변화시키는 정책을 시작하였기에, 과도한 핵발전에 대한 의존도를 줄이고 대체에너지를 개발한다고 한다면 핵원료의 공급 중단이 문제 되기는 어렵다.

한국의 핵개발이 가져올 수 있는 최대의 문제는 한미 정치안보관계의 변화라고 할 수 있다. 비록 북한의 계속되는 핵실험에 대하여 예전 트럼프행정부 1기가 강한 압박과 제재를 통하여 이를 저지하려고 하였고, 이와 같은 맥락에서 한국과 일본의 핵개발을 용인할 수 있을 것이라는 전망이 나왔지만 사실 미국은 이를 묵과하기에는 어려움이 있다. 무엇보다도 미국이 1970년대 이후 계속 유지하여 오고 있는 핵비확산의 국제 기조가 무너지는 결과를 가져오는 것이며, 이는 동북아시아에서 일본과 대만의 핵개발을 유발할 수 있는 도미노효과를 일으킬 것으로 예측되기 때문이다. 또 다른 면에서는 한국의 핵무장은 결과적으로 미국의 확장 억지에 대한 신뢰도가 무너지는 것을 의미하기 때문에, 미국으로서는 설령 한국의 핵개발 필요성을 인정은 하지만 실제 개발에는 반대할 수밖에 없다는 주장이다.[33]

하지만 한국의 핵개발에 대한 미국의 반대는 2기 트럼프행정부의 등장 이후 과거와는 다른 양상을 보여주고 있다. 퍼거슨은 "동북아 지역안보환경 전개상황에 따라 미국은 비밀리에 일본과 한국의 핵무기개발을 환영할 수도 있다. 이러한 태도는 미국의 핵비확산정책에 후폭풍을 불러일으킬 수 있음에도 불구하고, 북한이 핵무력을 발전시키고 주요한 동맹 세력인 한국과 일본이 위험할 경우 미국의 선택지는 매우 제한적일 것이다"라고 주장하였다.[34]

이와 함께 한미간의 경제적, 정치적 관계 역시 한국핵개발에 대한 미국의 사후 용인을 가능하게 만드는 주요 요소이다. 한미는 한국전쟁을 비롯한 베트남전, 그리고 많은 국제분쟁에서의 공동 안보전선을 구축한 역사적 배경과 상호 의존적인 경제 관계가 있기에 미국은 결국 한국의 핵개발을 인정할 것으로 예측된다.

NPT 체제성립 이후 미국의 반핵확산정책은 일차적으로 국가들의 핵확산을 방지하는 데에 초점을 맞추었지만, 이미 발생한 핵확산의 문제는 '기정사실(fait accompli)'로 인정하고 이에 맞는 새로운 정책으로 변화하였던 것이 특징이다. 미국은 1973년 이후의 이스라엘, 1998년 추가 핵실험을 단행하였던 인도와 파키스탄의 경우처럼 핵보유 능력을 입증하였거나, 자위권 차원의 핵보유의 정당성을 인정하고, 미국과의 우호적 관계인 경우는 비록 공식적인 핵보유국으로는 인정하지 않았지만 사실상 핵보유국으로서의 자격을 인정하였다.

    결론적으로 한국의 핵무장은 국제사회의 반발로 인한 국제제재로 연결될 수 있지만 그 영향력은 적다고 볼 수 있고, 특히 가장 우려되는 미국의 반대는 현재 미국의 국내외적 상황을 고려하면 종국적으로 한국의 핵무장을 인정하는 방향으로 선회할 것이다. 다만 그 과정에서 발생하는 한국에서의 이견 충돌이나 대외상황 변화에 취약한 경제활동의 위축과 불안은 감수해야 할 것이다.

주

1 사실 핵비확산과 반핵확산의 주요 내용과 실천은 미국에 의하여 이루어져 왔으며, 미국의 핵확산에 대한 또 다른 전략은 '사후관리(consequence management)' 부분이다. 이 부분은 대체적으로 미국 국내에서 한정적으로 실천되기 때문에 국제적인 차원에서의 핵통제방법에서는 논의를 생략한다.
2 신성호, "확산안보구상(PSI)과 한반도," NSP Report (동아시아연구원, 2005), pp. 5-11.
3 Ralph A. Cossa and Brad Glosserman, "Hope and Plans Torpedoed; Strategies Outlined," *Regional Overview* (July, 2010), p. 9.
4 이성훈, "2022 미 핵태세검토보고서(NPR) 주요 내용 분석과 함의,"『이슈브리프 406』(2022), pp. 4-7.
5 일반적으로 핵보유국가들이 양적이나 질적으로 핵무기의 수준을 높이는 것을 핵의 수직적 확산(vertical proliferation)이라고 하고, 비핵보유국가들에게 나타나는 핵확산을 핵의 수평적 확산(horizontal proliferation)이라고 한다. 현재 국제사회는 핵의 수직적 확산보다 핵의 수평적 확산이 국제사회를 더 불안정하게 만드는 요소라고 보고 있다.
6 NPT 제9조 3항에 의하면 1967년 1월 1일 이전에 핵무기를 제조하고 개발한 국가만을 핵보유국으로 규정히며, 새로운 핵보유국의 추가는 불가능하다. 따라서 미국, 러시아, 영국, 프랑스, 그리고 중국 만이 공식적인 핵보유국으로 인정받고 있다. NPT의 목적이 추가 핵확산의 금지라는 데에 있다면, NPT 하에서는 핵보유국과 비핵국간은 핵개발에 관하여 영속적인 불평등한 관계로 남게 되어 있다.
7 NPT 체제가 불평등하다는 지적은 핵개발과 핵무기보유에 관한 적법성여부에서 출발한다. NPT를 창설한 국가들은 핵개발과 핵보유 자체가 국제법에 위반이라는 입장이지만 사실 핵무기의 사용이 불법이라는 일반적인 견해와 달리 단순한 핵무기의 보유는 사실 국제법에 어긋나지 않는다. 그리고 1977년의 제네바 의정서에서도 핵무기를 포함한 어떠한 형태의 무기제조 자체가 불법이라고는 보지 않고 있다. 문제가 되는 것은 현재 국제조약의 체계에서 각 국가들은 국제법의 '강행규범(peremptory norm)'에 위배되는 사항을 조약으로 체결할 수 없다는 것이다. 이 점에서 NPT가 핵보유국들에게 부여한 특수한 지위는 강행규범에 위반된다는 것이다. NPT의 예외사항에 대하여 일부 학자들은 '지속적 반대(persistent objector)'의 예외 조항으로 합리화시키고 있다. 자세한 내용은 Eric J. G. McFadden, "The Legality of Nuclear Weapons: A Response to Corwin," *Dickinson Journal of International Law 6*, No. 3 (Spring, 1988), pp. 313-342; Stein, Ted L. "The Approach of the Different Drummer: The Principle of the Persistent Objector in International Law," *Harvard International Law*

Journal 26, No. 2 (Spring, 1985), pp. 457-482; Richard L. Williamson, Jr., "Law and the H-Bomb: Strengthening the Nonproliferation Regime to Impede Advanced Proliferation," *Cornell International Law Journal 28*, No. 1 (1995), pp. 71-168 참조. 여기에서는 이 분야에 대한 연구가 이미 많이 다루어졌기에 핵확산금지 레짐에 대한 두 번째 비판, 즉 운영과정에서의 차별적 적용을 중점적으로 다루기로 한다.

8   Glenn Chafetz, "The Political Psychology of the Nuclear Nonproliferation Regime," *The Journal of Politics*, Vol. 57, No.3 (August, 1995) 참조.

9   다른 한편 러셀 레즐리(Russell Leslie)는 차페즈의 자유안보공동체와 같은 맥락에서 '동질의 가치체계를 가진 서구유럽국가군(WLGG: A series of Western like-minded government groupings)'를 제시하였다. 핵문제에 관한 동질의 가치체계를 공유하는 이 국가군은 크게 서구유럽과 기타 국가(The western European and Other Group), 10개 국가로 구성된 비엔나그룹, 그리고 JUSCANZ(일본, 미국, 캐나다, 호주, 뉴질랜드)로 형성되는데 핵확산에 관련된 국제적 문제에 대한 인식과 방법론을 공유하고 있다고 주장한다. 이외에 최근 '신의제연합(NAC: New Agenda Coalition)'으로 분류되는 브라질, 이집트, 멕시코, 뉴질랜드, 남아프리카공화국, 그리고 스웨덴도 WLGG에 속한다고 보고 있다. 레즐리의 이 분류에는 몇 개 국가들은 중복되어있다. 자세한 내용은 Russell Leslie, "The Good Faith Assumption: Different Paradigmatic Approaches to Nonproliferation Issues," *Nonproliferation Review*, Vol. 15, No. 3 (November, 2008), pp. 480-481 참조.

10   이상현, "미국-인도 핵협력과 강대국 신전략구도," 『정세와 정책』 4월호 (2006), p. 6.

11   William C. Potter, "India and the New Look of U.S. Nonproliferation Policy," *Nonproliferation Review*, Vol. 12, No. 2 (July, 2005), pp. 347-350.

12   추가의정서는 '미신고' 핵물질 및 핵활동의 부재까지도 보증하는 것을 목적으로 IAEA는 특정국가의 신고유무에 관계없이 필요하다고 판단되는 각종 정보 및 장소에 대한 접근권, 그리고 검증의 효율성을 기하기 위한 최신기기의 활용권도 부여받고 있다. 1997년에 채택되었다. 이란의 핵활동 및 경과에 대해서는 정은숙, 『이란의 핵문제: 분석과 전망』 (성남: 세종연구소, 2005) 참조.

13   손성환, "이란 핵개발동향과 전망," 『주요국제문제분석』 (2006년 3월 10일), pp. 1-4.

14   Dingli Shen, "Can Sanctions Stop Proliferation?," *The Washington Quarterly*. Vol. 31, No. 3 (Summer, 2008), p. 90.

15   Scott Helfstein, "Friends Don't Let Friends Proliferate," *Political Science Quarterly*, Vol. 125, No. 2 (2010), p. 282.

16   경제제재의 효과에 대해서는 학자들마다 극명한 대립을 하고 있다. 특히 같은 사례를 두고 해석상의 차이에 따라 양립되는 주장이 나오고 있다. 하지만 미국정부

나 국책기관에서 나오는 자료들은 대체적으로 경제제재의 효과에 긍정적인 입장을 표하고 있다. 국제제재의 효과성과 외교정책과의 관계를 다룬 대표적인 연구로는 Rose Gottemoeller, "The Evolution of Sanctions in Practice and Theory," *Survival*, Vol. 49, No. 4 (Winter, 2007-08); Anne C. Miers and T. Clifton Morgan, "Multilateral Sanctions and Foreign Policy Success: Can Too Many Cooks Spoil The Broth?," *International Interactions*, Vol. 28 (2002) 참조.

17 핵확산에 대한 경제제재를 사례로써 연구된 것은 많지 않으나 Gary Clyde Hufbauer, Jeffrey J. Schott, Kimberly Ann Elliott, and Barbara Oerr, *Economic Sanctions Reconsidered, 3rd ed.* (Washington D.C.: Peterson Institute For International Economics, 2009)가 대표적인 연구결과로 간주되고 있다. 이들의 연구결과에 대한 후속 연구물이 계속해서 나오고 있다. 여기에서는 Hufbauer와 저자들(이하 HSEO)이 연구한 1914년부터 2007년까지의 핵확산사례(18건)와 함께 북한에 대한 2008년의 UN경제제재를 포함하여 20건으로 한다.

18 Hufbauer, Gary Clyde. Jeffrey J. Schott, Kimberly Ann Elliott, and Barbara Oerr, *Economic Sanctions Reconsidered, 3rd ed.* (Washington D.C.: Peterson Institute For International Economics, 2009), pp. 52-53.

19 Hufbauer, Gary Clyde. Jeffrey J. Schott, Kimberly Ann Elliott, and Barbara Oerr, *Economic Sanctions Reconsidered* (2009), pp. 163-166; Scott Helfstein, "Friends Don't Let Friends Proliferate" (2010), p. 293; A. Cooper Drury, "Revisiting Economic Sanctions Reconsidered" (1998), p. 502.

20 Scott Helfstein, "Friends Don't Let Friends Proliferate" (2010), p. 293.

21 HSEO의 연구에 의하면 성공한 경제제재의 사례에는 평균적으로 4.4년의 시간이 요구되었다고 밝히고 있다. 하지만 지속적인 경제제재를 하기에 어려운 이유는 제재대상국가보다는 제재국가의 국내상황변화로 인한 것이 주된 원인이라고 하고 있다. Gary Clyde Hufbauer, Jeffrey J. Schott, Kimberly Ann Elliott, and Barbara Oerr, *Economic Sanctions Reconsidered, 3rd ed.* (2009), pp. 171-172.

22 남궁곤, "오바마 행정부 국제주의 외교정책이념의 역사적 유산과 실제,"『국제정치논총』제50집 1호 (2010), pp. 92-93.

23 권용립,『미국의 정치문명』(서울: 삼인, 2003), pp. 36-37.

24 백창재, "미국외교정책의 일방주의의 기반,"『국가전략』제9권 1호 (2003), p. 128.

25 '천년왕국'사상은 본래 묵시록에 기초한 믿음으로 신의 전사들이 악과의 최후의 전쟁에서 승리하여 이 땅에 신성공동체(Holy Community)를 건설한다는 것이다. '대각성'은 1726년부터 1756년까지 약 30년간 지속된 미국의 종교적 부흥 운동이다. 자세한 내용은 권용립,『미국의 정치문명』, pp. 131-133. 참조.

26 백창재, "미국외교정책의 일방주의의 기반," p. 131.

27 Emma Channtt-Avery, "North Korea: U.S. Relations, Nuclear Diplomacy, and International Situation," *CRS Report for Congress* (2011); 장노순, "핵테러와 미국 억지전략의 발전,"『국가전략』제15권 3호 (2009), p. 21. 참조.

28 Cha, Victor, *Breaking Bad: South Korea's Nuclear Option* (Washington D.C.: CSIS, 2024); 이상신 외, 『KINU 통일의식조사 2023: 한국의 자체적 핵보유 가능성과 여론』(서울: 통일연구원, 2024); 박주화, "우리 국민은 왜 자체 핵무장을 선호하는가," 『Online Series』(2024. 8. 22.) 참조.

29 NPT 협정 10조 1항에 의하면 가입국은 그 국가의 주권을 침해할 수 있는 특별한 상황이 발생하면 NPT를 탈퇴할 수 있다고 명시되어 있다.

30 조갑제·김영남, "미국전문가들의 평가: 한일 핵무장 능력은 어마어마하다," http://www.chogabje.com/board/print.asp?c-idx=66547&c-cc=BB (검색일: 2017. 9. 20.).

31 특히 과거 사드때 보여주었던 중국의 단독적인 제재로 인한 한국에 미친 영향을 보더라도 핵무장시 중국이 하는 경제제재는 더욱 심할 것으로 보고 있다. 그리고 비록 한국이 발전용 우라늄을 비축하였다하더라도 제재가 장기화되면 버티기 어려울 것으로 본다. 그리고 중요한 것은 이러한 제재가 본격적으로 시행된다고 할 경우 핵무장에 대한 국민여론 지지도도 급격히 하락할 것으로 조사되었다. 정상미, "한국민의 자체핵무장지지 여론 분석,"『주요국제문제분석 2023-2024』(서울: 국립연구원, 2024) 참조.

32 현재 한국은 우라늄정광을 7개국에서 구입해 4개 업체에서 농축한 것을 들여와 18-24개월 분량의 농축연료를 비축해 놓고 있어서 3년까지는 원자로 가동에 문제가 되지 않는다는 주장이다. 정성장, "북한 핵능력 고도화와 한국의 핵무장 남북대화 문제,"『정책브리핑』No. 2016-24 (2016), p. 15.

33 최강, "핵무장론 파장과 대응방안,"『아산정책연구원』, 2016년 10월 13일.

34 Charles D. Ferguson, "How South Korea Could Acquire and Deploy Nuclear Weapons" (2015); 정성장, "북한 핵능력 고도화와 한국의 핵무장 남북대화 문제," p. 20에서 재인용.

13장

북핵 위기와 NPT 문제의 처리
조약의 종료와 이행 정지에 대한 국제법적 평가와 국제정치적 현실

이창위

1. 서론

북한은 1993년 3월 핵확산 금지와 핵군축에 대한 기본 조약인 '핵비확산조약(NPT)'에서 탈퇴한다고 선언했다가 6월 그 선언을 번복했다. 북한은 2003년 1월 다시 이로부터 탈퇴한다는 성명을 밝혔지만, 2005년 9.19 공동성명으로 조약에의 복귀를 약속했다. 그러나 복귀를 거부한 북한은 2006년 10월부터 2017년 9월까지 6차례의 핵실험을 단행하여 마침내 핵개발에 성공했다. 요컨대 북한은 2003년 1월 NPT에서 탈퇴하여 NPT 체제 밖에서 핵무기 보유국이 되었다.

북한의 NPT 탈퇴 과정은 이 조약의 '존재 이유(raison d'être)'에 대하여 본질적인 의문을 제기한다. 핵무기의 보유국과 비보유국의 차별적 구조 외에, 이 조약은 핵확산 금지에 실패함으로써 국제사회의 불신을 초래했다. 이스라엘이나 인도 또는 파키스탄과 같은 사실상 핵보유국들은 처음부터 이에 가입하지 않아서 조약의 위반 문제가 제기되지 않았다. 그러나 북한의 NPT 탈퇴는 법적·정치적 논란을 증폭시키고, 국제사회에 심각한 갈등과 분란을 가져왔다.

협상에 의한 북한의 비핵화는 사실상 불가능해졌다. 이제는 북핵 위기에 대한 현실적 해법을 모색하지 않으면 안 되는 상황이다. 한국의 북핵에 대한 소극적 방어 태세는 효과적이지 않다. 킬 체인(Kill Chain)이나 한국형 미사일방어체계(KAMD) 또는 대량응징보복체계(KMPR) 등 이른바 '3축 체계'로는 북한의 핵미사일에 제대로 대응할 수 없다. 미사일을 발사 이전에 탐지해서 격퇴하거나, 발사된 미사일을 탐지해서 요격할 수 있는 확률은 아주 제한적이다.

상식적으로 판단하면, 핵무기에 대한 확실한 대응수단은 핵무기뿐이다. 각국이 서로의 핵무기로 '공포의 균형(balance of terror)'을 이룰 때 진정한 억지력이 확보된다. 한국은 '독자적 핵무장'이나 '전술핵 재배치' 또는 '핵무기 공유'를 통해 핵억지 능력을 갖출 수 있다. 그런데 전술핵의 재배치나 핵무기 공유는 미국의 동의가 있어야 실현될 수 있다.

한국의 독자적 핵무장도 마찬가지다. NPT나 국제원자력기구(IAEA)의 규제와 제약도 있고, 한미원자력협정의 제약도 있기 때문이다. 핵개발에 반대하거나 이를 회의적으로 보는 입장에서는 한국이 NPT의 탈퇴에 따른 국제사회의 제재를 극복하기 힘들 것이라고 우려한다. 한국의 핵무장은 일본, 대만, 이란 등의 연쇄적 핵개발을 가져올 것이라고 주장하기도 한다. 국제사회는 그런 이유로 한국의 핵개발을 허용하지 않을 것이라고 한다.

그러나 미국이 한국의 핵무장에 동의하면 사정은 달라진다. NPT 제10조는 당사국의 탈퇴 권리를 명시하고 있기도 하다. 한국은 NPT에서 탈퇴하지 않고, 조약의 '이행 정지'와 같은 국제법적 해법을 통해 국제사회의 제재를 피할 수도 있다. 한국 정부가 국가의 생존을 위한 결단을 내리고 미국을 설득한다면, 북핵 위기의 해결이 불가능하지는 않다. 국제법적 금지와 당위는 국제정치의 맥락과 현실을 고려하여 극복할 수 있다.

그런 시각에서, 이 장에서는 북핵의 '실존적 위협(existential threat)'에 직면한 한국의 위중한 안보 상황을 고려하여, NPT 체제의 법적·정치적 의미와 향후의 전개를 전망하기로 한다. 특히 국제법과 국제정치의 통합적 접근으로 북핵 위기의 진정한 해결을 위한 해법을 제시하기로 한다. 구체적으로, NPT의 구조와 특징, 조약의 탈퇴와 폐기를 포함한 종료 및 이행 정지, 핵무기에 대한 국제법과 국제정치, 한국의 정책적 선택 방안을 살펴본다.

2. NPT의 구조와 특징

전문과 11개 조문으로 구성된 NPT는 핵강대국의 핵무기 보유라는 기득권의 유지와, 핵무기 비보유국의 비핵무장 의무 및 원자력의 평화적 이용을 규범적으로 정한 조약이다. 이러한 비대칭적 권리·의무의 배분은 대표적 대량살상무기인 핵무기의 확산을 방치해서는 안 된다는 국제정치적 합의의 산물이다. 구체적으로, 이 조약은 핵무기의 비확산을 통한 국제평화의 유지라는 핵심적 가치의 실현을 위해 다음과 같은 내용을 규정하고 있다.

첫째, 핵무기 보유국 내지 '핵무기국(Nuclear Weapon State)'은 '핵무기의 비확산'에 대한 의무를 진다. 핵무기국은 여하한 핵무기나 핵폭발장치 또는 그에 대한 관리를 누구에게도 직간접적으로 양도해서는 안 되며, 비핵무기국의 그에 대한 제조나 관리를 원조해서도 안 된다.[1] 이 조약상 핵무기국은 유엔 안보리 상임이사국 5개국을 말한다.[2] 핵무기 비보유국 내지 '비핵무기국(Non Nuclear Weapon State)'은 핵무기나 핵폭발장치 또는 그에 대한 관리를 누구로부터도 양도받아서도 안 되며, 이를 제조하거나 획득해서도 안 되고, 또한 그에 대한 원조를 구해서도 안 된다.³ 양측의 이러한 핵확산 금지 의무를 '수평적 비확산(horizontal non-proliferation)' 의무라 한다. NPT 제1조와 제2조의 핵확산 금지 의무는 미소 양국이 1962년 쿠바 미사일 위기 이후 '부분적 핵실험금지조약(PTBT)'의 체결에 이어서 오랜 협상과정을 통해 합의한 내용이다.

둘째, 핵무기국은 핵군비경쟁의 조속한 중지와 핵군축을 위한 의무 및 전면적 군축에 대한 조약의 체결을 위한 교섭 의무를 진다.⁴ 이는 이른바 핵무기의 '수직적 비확산(vertical non-proliferation)'에 대한 핵무기국의 의무가 되는데, 비핵무기국의 핵확산 금지 의무보다 느슨한 성격을 갖는다는 문제가 있다. NPT는 핵무기국이 갖는 핵무기의 양적 증가와 질적 향상이라는 수직적 비확산과 관련하여 핵무기국의 핵군축에 대한 미온적인 교섭 의무만 규정하고 있을 뿐이다.

셋째, 비핵무기국은, 핵개발의 포기를 담보하기 위하여, 원자력의 평화적 이용이 핵무기 개발로 전용되지 않도록 안전보장조치를 취해야 할 의무를 진다. 비핵무기국은 이를 위하여 국제원자력기구와 '핵안전조치협정(nuclear safeguard agreement)'을 체결하고 핵사찰을 수락해야 한다.⁵ 다만, 이러한 비핵무기국의 핵무기 비확산 의무가 그들의 원자력에 대한 평화적 이용의 권리를 제한하는 것은 아니다. 비핵무기국은 핵무기의 제조, 보유, 획득이 엄격하게 금지되지만, 원자력의 평화적 목적을 위한 연구, 생산 및 이용을 발전시킬 수 있는 불가양의 권리(inalienable right)를 갖는다.

이상과 같은 NPT의 주요한 내용은 핵비확산(nuclear non-proliferation), 핵군축(nuclear disarmament)의 촉진, 원자력의 평화적 이용(peaceful uses of nuclear energy)의 장려라고 요약할 수가 있다. NPT는 이러한 3대 목적(the three main goals)을 달성하기 위한 주요 내용을 본문에 담고, 일종의 집행 기구인 IAEA를 통하여 그것을 실현하고 있다. NPT의 세 가지 목적을 3대 기둥(three pillars)이라고 하는데, NPT 회원국은 5년마다 열리는 재검토회의(review conference)에서도 이를 누차 확인하고 있다.[6] 회원국은 이러한 목적과 원칙을 기준으로 NPT 각 조항을 해석하고 이행한다.

3. 조약의 종료와 이행 정지

가. 조약법에 관한 비엔나협약

조약의 '종료(termination)'는 유효하게 성립·발효한 조약이 국제법상 인정되는 근거에 의해 효력을 상실하는 것을 말한다. 조약의 '탈퇴(withdrawal)'는 '종료'의 한 형태로 볼 수 있다. 다자간조약의 경우, 조약의 '폐기(denunciation)'도 동일한 법적 효력을 갖는 종료 형태가 된다.[7] 다자간조약의 당사국은 탈퇴나 폐기와 같은 종료 의사를 일방적으로 표시함으로써 그 조약을 준수할 의무에서 벗어난다.

조약의 당사국은 그 조약에서 탈퇴할 권리가 있다. 조약은 국내법상의 계약과 마찬가지로 체결자의 자유의사에 의해 성립한다. 따라서 그 운용에 대해서도 당사국이 최종 결정권을 가진다. 조약의 목적상 탈퇴가 인정되지 않는 경우도 있지만, 그러한 조약 탈퇴를 주장하는 국가에 대한 제재는 쉽지 않다. 어느 쪽이든 국가는 자국의 이익을 고려하여 필요한 경우 조약 탈퇴라는 정치적 판단을 내릴 것이다.[8]

1969년 '조약법에 관한 비엔나협약(VCLT: Vienna Convention on the Law of Treaties)'은 조약의 '종료와 이행 정지(termination and suspension of the operation of treaties)'의 내용을 탈퇴나 폐기의 경우를 들어 상세히 기술하고 있다. 그 내용은 조약 규정이나 당사국 합의에 의한 경우와 일방적 의사에 의한 경우로 구분할 수 있다. 비엔나협약은 일방적 종료의 근거로서 '타국의 중대한 조약 위반', '후발적 이행 불능' 및 '사정의 근본적 변경' 등 세 가지를 들고 있다.[9]

비엔나협약 제60조 제2항은 '해당 위반국', '피해 당사국', '일반 당사국'으로 구분하여 서로의 관계에서 중대한 위반으로 인한 조약의 종료나 이행 정지를 규정하고 있다.[10] 제3항은 "이 조의 목적상 조약의 중대한 위반(material breach)이란 다음 각 내용을 말한다. (a) 이 협약에서 인정되지 않는 조약의 이행 거부, (b) 조약의 취지와 목적의 달성에 필수적인 규정의 위반"이라고 '중대한 위반'을 설명하고 있다.

북한이 NPT에서 탈퇴하지 않았다면, 북한의 핵개발은 '이 조의 목적상 중대한 조약의 위반'에 해당한다. 따라서 북한은 '해당 위반국'이 되고, 한국은 직접적인 '피해 당사국'이 된다. 그러나 북한이 NPT를 탈퇴한 후 핵실험을 했기 때문에, 피해국이나 다른 당사국은 북한의 조약 위반을 조약의 종료나 이행 정지 사유로 주장할 수는 없을 것이다.

이제는 북한이 NPT에서 탈퇴했기 때문에, NPT 당사국은 비엔나협약 제62조 '사정 변경' 조항을 적용하여 핵억지력을 강화할 수 있다. 제62조 제3항은 "당사국이 조약 규정에 따라 사정의 근본적 변경을 조약의 종료나 탈퇴의 근거로 원용할 수 있는 경우, 이를 조약의 이행 정지의 근거로도 원용할 수 있다"라고 규정하고 있다. 즉, 조약의 체결 시 당사국이 알았다면 조약을 체결하지 않았을 정도로 중대한 '사정의 근본적 변경(fundamental change of circumstances)'은 조약의 종료나 탈퇴, 이행 정지의 사유로 적용할 수 있다는 것이다.

북한의 핵개발은 NPT 가입 당시의 사정이 근본적으로 변한 것으로서, 바로 이 내용에 해당한다. 한국이 북한의 핵개발을 예상했다면 NPT에 쉽게 가입하지 않았을 것이기 때문이다. 따라서 한국은 북핵 위기를 '사정 변경'이 적용되는 경우라고 주장할 수 있다. 북한은 NPT를 탈퇴하여 조약을 종료시켰지만, 한국은 NPT의 이행을 정지하여 북핵 위기에 대응할 수 있다. 다만 조약의 이행 정지는 주약 적용의 일시적 중단이기 때문에 종료의 경우와 법적 효과가 다르다. 어쨌든 당사국은 '사정 변경'을 이유로 조약을 종료시키거나 이행을 정지할 수 있다.

<표 1> 비엔나협약상 합의에 의하지 않은 조약의 일방적 종료와 이행 정지

조문	원인	효과
제60조	중대한 조약 위반	조약의 상대적 종료 (조약의 종료와 이행 정지의 근거로 원용 가능)
제61조	후발적 이행 불능	
제62조	사정의 근본적 변경	
제63조	외교관계 및 영사관계의 단절	조약의 제한적 종료
제64조	새로운 강행규범의 성립	조약의 절대적 종료

나. NPT 제10조

NPT 제10조는 이 조약의 탈퇴와 관련하여 각 당사국은 "그 주권을 행사함에 있어서 본 조약의 문제와 관련된 비상사태가 자국의 지상 이익을 위태롭게 한다고 판단하는 경우 조약에서 탈퇴할 권리가 있다"라고 명시하고 있다.[11]

즉, 스스로의 판단에 따라 각 당사국이 국익을 위해 NPT로부터의 탈퇴를 결정할 수 있도록 한 것이다. 이 조항의 문구만 해석하면, 각 당사국이 직면한 비상사태를 스스로 결정하는 것은 문제가 되지 않는다. 조약에 가입한 당사국은 당연히 조약의 운용에 대한 해석과 판단을 적극적으로 할 수 있을 것이기 때문이다. 한국의 입장에서는 북한의 핵개발은 명백한 조약상 '비상사태'로서 자국의 '지상이익'을 위태롭게 하는 것이 된다.

또한 이 조항은 탈퇴의 형식적 요건으로 탈퇴의 사전 통보를 규정하고, 이어서 그 내용을 통보하는 기관을 유엔 안전보장이사회(이하 안보리)로 규정하고 있다. 즉, 각 당사국은 "3개월 전에 탈퇴를 모든 당사국과 유엔 안전보장이사회에 통보해야 하며, 그 통보에는 긴급한 상황에 대한 설명이 포함되어야 한다"라고 동 조항 후단에서 규정하고 있다.[12] 탈퇴 전 3개월이라는 통보기간(notice period)을 두는 것은 법적으로나 일반적으로 큰 문제는 없다.

NPT 탈퇴 의사를 안보리에 통보하도록 한 것은 국제정치적 의미와 함의가 작지 않다. 안보리는 회원국의 NPT 탈퇴가 그만큼 국제사회의 평화에 대한 심각한 위협이 된다고 보았다. 이는 핵확산 방지라는 조약의 목적과 취지에도 부합한다. NPT가 인정하는 5대 핵무기 보유국이 모두 안보리 상임이사국이라는 점을 감안하면, 이 규정은 충분히 납득할 수 있는 것이라고 할 수 있다.[13]

유엔헌장은 유엔의 일차적인 목적을 특히 "국제평화와 안전을 유지하고, 이를 위하여 평화에 대한 위협의 방지, 제거 및 침략행위 또는 기타 평화의 파괴를 진압하기 위한 효과적인 집단조치를 취하고, 평화의 파괴로 이어질 수 있는 국제분쟁 또는 사태의 조정과 해결을 평화적 수단에 의해 그리고 정의와 국제법의 원칙에 따라 실현한다"라고 규정하고 있다.[14]

안전보장이사회는 그 목적을 달성하기 위해 중요한 권한을 행사할 수 있다. 즉, 안보리는 평화에 대한 위협, 평화의 파괴 또는 침략행위의 존재를 결정하고, 잠정조치나 비군사적 조치를 권고하고, 나아가 군사적 조치를 취할 것을 결정할 수 있다.[15] 따라서 안보리가 NPT를 탈퇴하려는 국가에 대해 그러한 조치를 취하면, NPT 탈퇴에 대하여 제동이 걸리게 된다.

안보리가 취하는 조치의 결정은 절차적 사항을 제외한 모든 상임이사국 5개국의 찬성이 필요하다.[16] 상임이사국 중 한 국가라도 그러한 제재 조치에 반대하면, 해당 국가의 NPT 탈퇴를 막기 어려워진다. 결국 NPT 탈퇴에 대한 유엔과 국제사회의 제재는 NPT가 인정하는 5대 핵무기 보유국의 합의가 있어야 성립된다.

북한이 NPT를 탈퇴한 것은 북한에 대한 제재가 효율적으로 이루어지지 않았거나 제대로 작동하지 않았기 때문이다. 그 배경에는 유엔의 제재 조치에 반대하거나 소극적으로 임한 중국이 있었다. 만약 중국이 책임 있는 핵보유국으로서 북한의 NPT 탈퇴를 막았다면, 북핵 문제는 지금과 다른 모습으로 전개되었을 것이다.

4. 핵무기에 대한 국제법과 국제정치

가. 핵확산의 방지

1950년대 중반 이미 미국, 소련, 영국은 핵실험에 성공하여 핵보유국이 되었고, 프랑스와 중국은 핵개발에 매진했다. 그런 상황에서, 1958년 유엔총회의 제1위원회에서 아일랜드가 제안한 핵실험 금지와 핵확산 금지 문제가 논의되었다. 이어서 1959년 유엔총회에서 결의 1380이 채택되고, 10개국 군축위원회(TNDC: Ten-Nation Disarmament Committee)가 설립되어 본격적으로 핵무기의 비확산 문제가 다루어졌다.[17]

핵실험 금지 문제는 1963년 '부분적 핵실험 금지조약(PTBT)'으로 어느 정도 해결되었다. 1962년의 쿠바 미사일 위기로 핵전쟁의 위험을 절감한 미소 양국은 '대기권, 우주공간 및 해양에서의 핵실험 금지에 대한 조약(Treaty Banning Nuclear Weapons Test in the Atmosphere, in Outer Space and under Water)'이라는 긴 명칭의 조약에 합의했다. 다만 이 조약에서 지하에서의 핵실험이 금지되지 않아서 '부분적'이라는 접두어가 붙게 되었다. 이를 보완한 '포괄적 핵실험 금지조약(CTBT)'도 1996년 유엔 총회에서 채택되었지만, 아직 발효하지 않고 있다.[18]

이런 경과를 거쳐서 1968년 5월 21일 18개국 군축위원회(ENDC: Eighteen-Nation Disarmament Committee)에서 NPT의 최종안이 채택되었다. 10개국 군축위원회가 확대된 이 위원회는 유엔의 군축회의(CD: Conference on Disarmament)로 발전했다. 전문과 11개 조항으로 구성된 NPT는 전술한 것처럼 핵확산의 금지, 핵군축 및 원자력의 평화적 이용을 핵심 내용으로 하고 있다.[19]

협상 과정에서 가장 치열하게 논의된 쟁점은 미소 양국이 주도하는 핵질서를 인정하면서 비핵무기국의 안전을 담보하는 것이었다. 특히 비핵무기국은 핵공격을 받을 경우 핵무기국이 적극적으로 지원해주고, 또한 핵무기국이 비핵무기국에 핵공격을 하지 않는다고 선언해주기를 원했다. 이른바 전자는 '적극적 안전보장(PSA: Positive Security Assurances)' 문제이고, 후자는 '소극적 안전보장(NSA: Negative Security Assurances)' 문제였다. 그 외에 원자력의 평화적 이용, 핵군축 의무 및 그런 문제에 대한 검증과 준수의 방식이 치열하게 논의되었다.[20]

이렇게 해서 조약은 1968년 7월 1일 각국의 서명이 시작되었고, 1970년 3월 5일에 발효했다. 한국과 북한은 1975년 4월과 1985년 12월 이 조약에 각각 가입했다. 1968년 당시 핵무기를 보유했던 5대 핵강대국 중에서 미국, 영국, 소련 3개국이 우선 조약을 비준했고, 중국과 프랑스는 1992년에 조약상 핵무기국의 지위를 인정받아서 이에 가입했다. 2024년 7월 현재, 191개국이 조약에 가입해 있고, 이스라엘, 인도, 파키스탄, 북한 등 일부 국가만 조약에 가입하지 않거나 탈퇴한 상태이다.[21]

　핵강대국의 정치적 합의로 겨우 출범한 NPT 체제는 발효 후에도 많은 갈등을 겪었다. NPT 재검토회의에서 5대 핵강대국의 핵군축 의무 불이행에 대한 비난의 목소리가 높았다. 특히 미국은 핵무기를 보유하지 않은 회원국들로부터 '포괄적 핵실험 금지조약(CTBT)'의 비준이나 '전략무기감축협정(START)'의 이행 문제와 관련하여 비판을 받았다.[22] 그러나 미국을 비롯한 핵강대국들의 입장은 크게 변하지 않아서, 조약의 구조적 불평등에 대한 갈등은 여전히 가라앉지 않고 있다.

나. 국제법적 당위와 국제정치의 현실

　NPT를 제대로 이해하기 위해서는 먼저 국제법과 국제정치학의 관계를 알아야 한다. 국제법은 국제사회에서 법의 지배가 실현돼야 한다는 전제하에 국제적 사건에 규범을 적용하여 해석하는 접근법이고, 국제정치학 또는 국제관계학은 특정 현상에 대한 정치적 상황이나 맥락을 중시하는 방법론이다. 전자는 사안의 법적 중요성을 주목하지만, 후자는 국제관계에서 실제 사건의 전개와 상호작용 및 영향을 주목한다. 따라서 국제법학자는 조약과 국제관습법의 형성과 해석처럼 좁은 이슈에 관심을 갖고, 국제정치학자는 전쟁과 평화, 경제 및 핵무기와 같은 거대 담론에 대한 이론을 제시하고 발전시킨다.

　NPT를 둘러싼 우리 사회의 논란도 양자의 차이를 이해하고 접근해야 한다. 한국이 NPT 당사국의 지위를 유지한 채 핵개발에 나서면, 그것은 국제법 위반이 되므로 국제사회의 반발과 제재를 피하기 힘들다. 그러나 국가적 생존이 위협받는 상황에서 국제법적 금지 때문에 안보를 포기할 수는 없다. 핵확산의 방지를 위해 핵강대국들이 정치적으로 합의한 조약이 NPT이기 때문에, 당사국은 정치력을 발휘하여 법적 규제를 해결하면 된다. 당사국은 국제법상 한계를 넘어 NPT에서 탈퇴하거나, 조약의 이행 정지와 같은 특단의 조치를 취할 수 있을 것이다.

국제법과 국제정치의 맥락에서, 자위권(right of self-defense)의 행사와 관련해서도 이 문제를 바라볼 수 있다. 국제법상 자위권이란 외국으로부터 위법한 무력공격이나 침해를 당한 국가가 자국의 방어를 위해 상대국에 대하여 무력을 행사할 수 있는 권리를 말한다. 그러한 무력의 행사는 긴급한 것이고 침해의 정도와 균형을 이룰 경우에 국제법상 합법적인 것이 된다. 개인에게 형법상 위법성이 조각되는 정당방위와 유사한 개념이라고 할 수 있다.

현실적으로 국제사회는 주권국가가 병존하는 구조로서 상위의 세계정부나 통치조직이 존재하지 않는다. 국제정치학에서는 이를 자력구제가 작동하는 '무정부 상태(anarchy of the international system)'라고 표현한다. 따라서 국가는 생존이 위협받는 부득이한 경우 스스로의 방어를 위해 자위권을 행사할 수밖에 없다. 자위권은 국제법적으로 인정된 국가의 고유한 권리로서, 유엔헌장 51조와 1996년 국제사법재판소의 '핵무기의 위협·사용의 적법성에 대한 권고적 의견'에서 확인되었다.[23]

더구나 초음속으로 발사되는 대륙간탄도미사일과 핵무기와 같은 대량살상무기(WMD)의 등장을 고려하면, 국가의 존망이 걸린 급박한 경우에 규범적 해석에만 집착하는 것은 무의미한 일이 될 수 있다. 북핵 위기에 대한 논의도 다르지 않다. NPT에 규정된 비확산 의무는 국제법적으로 엄격하게 해석해야 하겠지만, 그 해석에 있어서 국가의 존속이라는 현실적 문제를 감안하지 않으면 안 된다. 그런 맥락에서 보면,

국제법은 '자살협정(suicide pact)'이 아니기 때문에 핵위협에 직면한 국가가 자위권을 예방적으로 행사할 수 있다는 '루이 르네 베레스' 교수의 주장은 설득력이 있고, NPT 문제의 처리에 대하여 시사하는 바가 적지 않다.[24]

5. 한국의 정책적 선택

북핵을 저지하기 위한 국제사회의 공조는 성공하지 못했다. 미국의 역대 정권이 30년 동안 실행한 대북정책은 실패했다. 클린턴 행정부의 '제네바합의(agreed framework)', 부시 행정부의 '6자회담(six-party talks)', 오바마 행정부의 '전략적 인내(strategic patience)' 그리고 트럼프 대통령의 '최대한의 압박 전략(maximum pressure strategy)'까지 미국의 협상 전략은 모두 실패했다.[25] 바이든 행정부의 '조정된 실용적 접근(calibrated practical approach)'도 '전략적 인내'와 마찬가지로 무의미하게 끝났다. 미국과 북한은 싱가포르 정상회담에서 북한의 비핵화에 합의했으나, 그것은 실질적 내용이 없는 형식적 합의로 끝났다. 하노이 회담도 실패했다. 북한은 영변 냉각탑 폭파와 유사한 풍계리 핵실험장 폭파로 제재의 해제를 요구했지만, 미국과 국제사회는 이를 들어주지 않았다.

핵개발에 성공한 북한의 미사일은 이제 미국 본토까지 위협하는 수준에 도달했다. 북한은 핵무기와 미사일을 결코 포기하지 않는다는 입장을 대내외적으로 분명히 밝히고 있다. 북한은 2012년 헌법에 핵보유국의 지위를 명시했고, 2022년 9월 '핵무력정책법'으로 공세적 핵무기 사용의 조건도 법제화했다. 북한은 2023년 12월 남북관계를 '적대적이고 교전 중인 두 국가 관계'로 규정하고, 2024년 10월부터는 유사시 한국에 대한 핵공격도 불사하겠다고 협박하고 있다. 게다가 북한은 대륙간 탄도미사일(ICBM) 외에 핵잠수함까지 완성하겠다고 공언하고 있다. 중국과 러시아도 북한의 핵무장을 방조하고 있다.

러시아와 북한은 2024년 6월 19일 '포괄적 전략 동반자조약(Treaty on Comprehensive Strategic Partnership between Russia and North Korea)'을 체결하여 1961년의 '북소 우호협조 상호원조조약'과 유사한 국방 분야에서의 협조체제를 정비했다.[26] 러시아와 북한 양국이 체결한 조약은 '일방 당사국이 무력공격을 받아 전쟁상태에 놓일 경우, 타방 당사국은 모든 군사적 수단으로 원조한다'고 규정하고 있다.[27] 양국의 조약으로 북핵 문제를 둘러싼 한반도의 안보 지형은 근본적으로 바뀌었다.

따라서 북핵 위기의 극복도 그런 맥락에서 이해하고 판단해야 한다. 북한은 1991년 '한반도 비핵화 공동선언', 1994년 '북미 제네바합의', 2005년 '9.19 공동성명', 2007년 '2.13조치'와 '10.3합의', 2012년 '2.29합의'를 파기했다. 북한이 그렇게 개발한 핵과 미사일로 한국과 일본을 위협하는 상황에서, 한국만 비현실적 정책에 매달려 있을 이유는 없다. 이제는 신냉전 상황에 대한 대비와 함께 현실적인 정책을 실행해야 한다.

NPT 문제에 대해서는 본문에 상술한 국제법적 해법을 적극적으로 검토해야 할 것이다. NPT로부터의 탈퇴나 이행 정지는 효과가 마찬가지이기 때문에, 국제사회의 협조라는 측면에서 정책적 선택을 하면 된다. 일각에서 주장하는 것처럼, NPT 탈퇴나 이행 정지로 한국이 국제사회의 엄청난 반대와 제재에 직면하지는 않을 것이다. 한국의 핵억지 능력의 확보는 어차피 미국의 동의가 전제되어야 가능한데, 미국이 동의하면 그런 문제는 없을 것이다.

강대국들은 특히 군축조약의 폐기를 주장할 때 조약의 이행 정지를 많이 원용한다. 예컨대, 미국은 2019년 2월 1일 러시아의 조약의무 불이행을 근거로 '중거리핵전력조약(INF: Intermediate-Range Nuclear Forces Treaty)'의 이행을 정지한다는 성명을 발표했다. 러시아도 이에 대항하여 3월 4일 조약의 이행을 정지시켰다. 양국의 이행 정지 선언으로 이 조약은 실질적으로 폐기되었다. 러시아는 2007년 12월 12일에도 '유럽재래식무기감축조약(CFE: Treaty on Conventional Armed Forces in Europe)'의 이행을 중단한다고 발표한 바 있다. 당시 그 조약에 탈퇴조항이 있었지만, 러시아는 국제관습법상 조약의 이행 정지를 주장했다.

이러한 강대국들의 군축조약에 대한 실행을 고려하면, 불평등조약인 NPT의 당사국은 필요에 따라 조약에서 탈퇴하거나 그 이행을 정지시킬 수가 있다. 따라서 그에 대한 국제사회의 반대는 법적인 근거나 명분이 약하게 된다. 물론 국제법적인 근거나 당위가 국제정치의 현실 문제에 그대로 해법이 되는 것은 아니다. 그러나 국제법적인 논리로 대외 정책의 타당성을 주장하는 것은 필요하다.[28]

한국의 정책적 선택으로 핵확산의 도미노가 발생할 것이라는 우려도 기우에 지나지 않는다. 한국이 북핵 위기의 극복을 위한 조건부 내지 한시적 핵개발을 주장하면, 국제사회의 반대는 명분이 없어진다. 한국이나 일본처럼 북핵의 직접적인 위협에 노출된 국가는 없다. 미국의 입장에서 볼 때, 한국의 핵개발은 영국이나 프랑스의 경우처럼 '우호적 핵확산(friendly proliferation)'이 되기 때문에 역시 문제가 없다.

2023년 4월 26일 한미 양국이 워싱턴선언으로 미국이 제공하는 확장억제를 강화한 것은 고무적이다. 그러나 독자적 핵억지 능력을 확보하지 않는 한, 한국이 북핵 위기에 능동적으로 대처하기는 쉽지 않다. 한국은 '핵협의그룹(NCG: Nuclear Consultative Group)'의 운용을 통해 적극적 안전보장을 담보하는 체제를 갖추게 됐지만, 미국의 정책적 판단에만 우리의 안보를 맡겨야 한다는 한계는 여전히 존재한다. 트럼프 2기 행정부가 출범한 지금은 강력한 한미동맹으로 확장억제를 강화하는 것이 현실적 방안이지만, 필요하면 독자적 핵억지 능력을 확보할 수 있는 태세를 갖추어야 한다.

주

1 핵비확산조약 제1조.
2 핵비확산조약 제9조.
3 핵비확산조약 제2조.
4 핵비확산조약 제6조.
5 핵비확산조약 제3조.
6 Daniel H. Joyner, *Interpreting the Nuclear Non-Proliferation Treaty* (New York: Oxford University Press, 2011), pp. 37-38.
7 조약법에 관한 비엔나협약 제54조~57조.
8 Malcolm N. Shaw, *International Law (7th edn)* (New York: Cambridge University Press, 2014), pp. 685~686.
9 조약법에 관한 비엔나협약 제60조~62조. 조약 탈퇴와 북한의 NPT 탈퇴 및 북핵 위기 부분은 특히 이창위, "북핵문제와 NPT 체제의 재검토: 핵문제에 관한 국제법과 국제정치의 교차," 『국제법학회논총』 제62권 제3호 (2017) 참조. 최근에 나온 필자의 공저 『기로에 선 북핵 위기: 환상과 현실의 이중주』(서울: 박영사, 2025), 제8장에도 관련 내용이 잘 소개되어 있다.
10 다자간조약에서 한 당사국의 중대한 위반이 있는 경우, (a) 다른 당사국은 만장일치의 합의로 다음과 같은 관계에서 조약의 전부나 일부의 이행을 정지하거나 조약을 종료시킬 수 있다. (i) 다른 당사국과 위반을 한 국가와의 관계 (ii) 모든 당사국 간의 관계, (b) 위반으로 인해 특히 영향을 받는 당사국은 자국과 해당 위반국과의 관계에서 해당 위반을 조약의 전부나 일부의 이행 정지의 근거로 원용할 수 있다. (c) 조약의 성격상 한 당사국의 중대한 위반이 … 모든 당사국의 입장을 근본적으로 변경하는 경우, 해당 위반국 이외의 당사국은 해당 위반을 자국에 대한 조약의 전부나 일부의 이행 정지의 근거로 원용할 수 있다. (제60조 2항)
11 핵비확산조약 제10조 1항.
12 핵비확산조약 제10조 1항.
13 Lewis A Dunn, "The NPT Assessing the Past, Building the Future," *Nonproliferation Review*, Vol. 16, No. 2 (July, 2009), pp. 165-166.
14 유엔헌장 제1조.
15 유엔헌장 제39조, 제40조, 제41조, 제42조.
16 유엔헌장 제27조.
17 10개국은 미국, 영국, 소련, 프랑스, 캐나다, 불가리아, 체코, 폴란드, 이태리,

루마니아로 구성되었다. 중국은 당시 유엔에 대표권이 없었기 때문에 논의에 참가하지 못했다("Treaty on the Non-Proliferation of Nuclear Weapons," *Audiovisual Library of International Law* (New York, 12 June, 1968), https://legal.un.org/avl/ha/tnpt/tnpt.html (검색일: 2024. 7. 1.)).

18 Gro Nystuen and Torbjørn Graff Hugo, "The Nuclear Non-Proliferation Treaty," *Nuclear Weapons under International Law*(edited by Gro Nystuen, Stuart Casey-Maslen, Annie Golden Bersagel) (Cambridge University Press, 2014), pp. 375-376.

19 Daniel H. Joyner, *Interpreting the Nuclear Non-Proliferation Treaty* (Oxford University Prerss, 2011), pp. 37-38.

20 Gro Nystuen and Torbjørn Graff Hugo, op. cit. (2014), pp. 377-378.

21 UNODA, http://disarmament.un.org/treaties/t/npt (검색일: 2020. 9. 1.).

22 Charles J. Moxley Jr., John Burroughs, and Jonathan Granoff, "Nuclear Weapons and Compliance with International Humanitarian Law and the Nuclear Non-Proliferation Treaty," *Fortham International Law Journal*, Vol. 34 (2011), pp. 681-683.

23 "Legality of the Threat or Use of Nuclear Weapons, Advisory Opinion of 8 July 1996," *ICJ Reports 1996* (1996) p. 226, pp. 266-267.

24 International Law Is Not a Suicide Pact(Louis René Beres, "On Assassination as Anticipatory Self Defense: Is it Permissible?," *University of Detroit Mercy Law Review*, Vol. 13 (1992), p. 22).

25 John Bolton, *The Room Where It Happened: A White House Memoir* (Simon & Schuster, 2020), pp. 77-78.

26 "북러 "전쟁상태 처하면 지체없이 군사원조"…조약 전문 공개,"《연합뉴스》, 2024년 6월 20일.

27 포괄적전략동반자조약 제4조.

28 이창위,『북핵 앞에 선 우리의 선택: 핵확산의 60년 역사와 실천적 해법』(파주: 궁리, 2019), pp. 33-34.

14장

한국의 핵자강에
반대하는 해외 전문가들 담론 분석

심규상

최근 한국의 핵자강 논의가 뜨거운 주제로 떠오르고 있다. 북한의 지속적인 핵 위협과 미·중 갈등 격화로 한국의 핵무장 가능성에 대한 논의가 활발히 이루어지고 있다. 이러한 논의는 한국에만 국한되지 않고, 해외 전문가들 사이에서도 중요한 주제로 부상하고 있다. 미국의 확장 억제력과 한국의 핵무장 사이에는 복잡한 전략적 논쟁이 존재한다. 한국의 핵자강을 반대하는 해외 전문가들은 한국의 핵무장이 한반도의 안보를 강화하기보다는 오히려 위험을 증가시킬 수 있다고 주장하며, 미국의 확장 억제력을 선호하는 경향이 있다. 이들은 한국의 핵무장이 북한의 핵 공격 위협에 효과적으로 대응하기보다는 동북아시아의 군사적 긴장을 심화시킬 것이라고 경고한다.

　이러한 복합적인 논의는 한국의 핵무장과 미국의 확장 억제력, 그리고 국제 사회의 반응을 포함한 다각적인 검토를 요구한다. 그래서 한국의 핵무장이 반드시 필요한 것인지, 혹은 무리한 추진으로 많은 피해를 가져올 정책인지 독자들의 이해를 도모하기 위해, 14장과 15장에서는 한국의 핵자강을 둘러싼 반대와 찬성의 해외 전문가들의 담론을 분석하여, 각 주장의 쟁점을 파악하고, 그 논리의 근거와 설득력을 평가하고자 한다.

1. 미국이 제공하는 확장 억제력의 효과성

한국 핵자강에 반대하는 미국 전문가들이 첫 번째로 지적하는 반대의 이유는 한국의 핵무장은 한반도의 안보를 강화하기보다는 오히려 위험을 증가시킬 수 있는 반면, 미국의 확장 억제력이 더 효과적인 전략이라는 것이다. 로버트 아인혼(Robert J. Einhorn)[1]과 데이비드 맥스웰(David S. Maxwell)[2]은 냉전 시기, 미국의 주요 도시들이 소련의 핵 공격 위협에 노출되었음에도 불구하고, NATO 동맹국들이 미국의 확장 억제력을 신뢰했다고 지적한다. 따라서 북한의 ICBM이 고도화된다고 하더라도, 주한미군과 수만 명의 미국 시민이 한국에 거주하고 있는 한, 미국의 전략적 자산과 핵심 전력은 북한의 공격에 단호하게 대응할 것이라고 주장한다. 트럼프 행정부 기간 동안 동맹의 신뢰성이 다소 위협받았을 수도 있지만, 미국 의회가 2018년 이래 발효된 국방수권법(National Defense Authorization Act)에서 한국에서 미군을 철수할 수 있는 대통령의 권한을 제한하는 규정을 포함했기 때문에 미국의 동맹 공약은 여전히 신뢰할 만하다고 강조한다.[3]

한편, 브루스 클링너(Bruce Klingner)[4]는 주한미군의 전술핵 재배치가 군사적으로 의미가 없으며, 한국 내 고정 지하 벙커에 핵무기를 보관하는 것 역시 실질적 효과가 없다고 말한다. 그는 핵무기 배치만으로는 북한의 핵 공격 위협을 제거하는 데 도움이 되지 않을 뿐만 아니라, 한국이 이미 강력한 재래식 무기를 보유하고 있기 때문에 추가적인 핵무기 배치가 전술적 효과를 크게 향상시키지 않을 것이라고 평가한다. 또한, 전시 상황에서 핵무기를 보호하기 위해 일부 군 자원을 할당하는 것은 전술적으로 원하는 시점에 핵무기를 사용하기 어려운 상황을 초래할 수 있다고 지적한다. 피터 헤이스(Peter Hayes)[5] 역시 핵무기가 군사적 이점을 제공하지 않으며, 오히려 북한의 핵 공격 위험을 증가시킬 수 있다고 설명한다. 게다가, 핵무기의 사용은 큰 부수적 피해와 방사능 위험을 초래하며, 현대의 실시간 목표 식별 및 추적 시스템을 갖추지 못한 한국의 독립적인 핵무력은 효과적이지 않다고 주장한다.

그러나 로버트 아인혼과 데이비드 맥스웰이 주장하는 미국의 확장된 억제력이 충분히 신뢰할 만하다는 의견에는 여전히 석연치 않은 부분이 존재한다. 냉전 시기와 현재의 안보 환경은 크게 다르다. 냉전 당시에는 미국과 소련 간의 군사력 균형이 비교적 안정적이었고, 상호확증파괴(MAD: Mutual Assured Destruction)에 입각한 핵전쟁 억제 효과가 명확하게 작용했다. 하지만 오늘날의 한반도 상황은 냉전 시기와 매우 다르다. 북한은 이미 핵무기를 보유하고 있으며, 그들의 핵 능력 및 운반 수단은 지속적으로 고도화되고 있다. 북한이 미국 본토를 공격할 수 있는 능력을 갖춘 상황에서, 미국의 확장된 억제력이 한국을 방어하기 위해 자국 본토가 위험에 빠지는 것을 감수할 것인지에 대해서는 확실한 보장이 존재하지 않는다.

소련의 ICBM 기술이 고도화되고 있는 차에 터진 1956년 수에즈 운하 사건에서, 미국은 소련과의 군사적 대결을 피하기 위해 프랑스와 영국의 철군을 종용했다. 결국, 미국의 압력으로 인해 프랑스와 영국은 군대를 철수하게 되었고, 이러한 상황 속에서 드골은 미국의 외교 정책에 대한 깊은 불신을 가지게 되었다. "미국은 파리를 지키기 위해 뉴욕을 희생할 수 있겠는가?"라는 질문을 던짐으로써 미국의 동맹국으로서의 위치에 대한 회의감을 표현한 드골은 프랑스가 자주적이고 독립적인 억제 전략을 갖추어야 한다고 생각하게 되었고, 이는 그가 핵개발에 나선 주요한 이유 중 하나다.

또한, 한국의 핵개발이 핵 공격을 통한 핵 제거를 목표로 한다면, 브루스 클링너와 피터 헤이스의 지적대로 그 효과는 제한적일 수 있다. 오히려 핵무기보다 재래식 전력과 잘 훈련된 잠수 부대의 운용, 또는 정보 자산과 결합 된 정밀 타격 수단으로 핵시설을 공격하는 것이 더 나을 것이다. 그러나 북핵에 대한 억제 및 비핵화를 위한 협상 수단으로서 한국의 독자적 핵개발이나 미국 전술핵의 재배치를 고려한다면, 그 전략적 효과에 대한 평가는 달라질 수 있다. 한국이 핵을 보유한다는 것은 북한의 군사적 모험주의를 억제할 수 있는 보다 명확한 군사적 신호를 보낼 수 있음을 의미하기 때문이다. 뿐만 아니라, 한국이 지하 벙커에 핵을 보관한다고 하더라도, 그 위치에 대한 기밀 유지 및 사고 방지를 철저히 관리한다면, 그 자체로 북한의 공격 표적이 된다는 주장은 과장된 측면이 있다.

한 가지 주지하고 싶은 사실은, 한국의 독자적 핵보유가 한미동맹 차원에서 제공되는 모든 억제 수단을 배제하거나 한미동맹의 필요성을 부정하는 것이 아니라는 점이다. 오히려 한국의 핵보유는 기존의 억제 수단을 보완하여 한반도 안보에 긍정적 기여할 수 있다. 핵무장은 북한의 군사적 도발을 억제하는 추가적인 수단으로 작용할 수 있으며, 한미 간 협력을 통해 더욱 강력한 다층적 억제 체계를 구축할 수 있다. 이러한 논의는 한국의 안보와 한미동맹의 지속 가능성을 강화하는 방향에서 이루어져야 할 것이다.

2. 한미동맹에 대한 미국의 지지 약화

미국 내 한국 핵자강 반대론자들은 한국의 독자적인 핵무장 추구가 미국의 확장 억제 및 비확산 정책 기조와 상충해 한미동맹을 약화시킬 수 있다고 주장한다. 비핀 나랑(Vipin Narang)[6]과 로버트 아인혼은 한국의 자위력 강화와 미국의 한반도 방어 의지를 의심하게 될 경우, 많은 미국인들이 주한미군 유지의 비용과 위험에 대해 재고할 수 있다고 지적한다. 때문에 미국의 핵 우산 공약이 사라지거나 조건부로 변할 가능성이 있으며, 한국이 스스로 방어할 수 있다는 주장을 하게 될 경우, 미군의 철수 요구가 제기될 수 있다는 것이다.

토비 달튼(Toby Dalton)[7]과 로렌 수킨(Lauren Sukin)[8]은 한국의 핵무기 개발이 미국 내 한미동맹에 대한 여론뿐만 아니라, 공화당과 민주당 양 당에서 큰 반발을 초래할 것이라고 지적한다. 공화당은 한국이 핵을 보유하게 되면 미군을 주둔시킬 이유가 없다고 주장하며 미군의 철수와 동맹의 붕괴를 주장할 수 있고, 민주당은 전 지구적인 비확산 체제에 반하는 한국의 핵 확산을 용납하지 않을 수 있기 때문이다. 그리고 브루스 클링너는 한국의 독자적인 핵개발이 한미 원자력협력 협정 위반이며, 이는 한미 관계를 긴장시킬 수 있다고 설명한다. 미국은 한국이 NPT 서명국으로 남아있기를 원하며, 한국의 핵실험은 미국의 글렌 수정법(Glenn Amendment)[9]을 위반하게 된다는 얘기다. 시그프리드 해커(Siegfried S. Hecker)[10] 역시 한국이 자체 핵무기 체제를 구축할 경우, 미국이 군사 동맹과 경제 파트너십을 종료할 가능성이 크다고 경고한다. 의회의 제재와 무역 악화, 기술 협력 중단이 뒤따를 수 있으며, 이는 한국의 외교와 경제에 중대한 영향을 미칠 수 있다.

반면, 피터 헤이스는 한국 정부가 핵무기 프로그램을 가동하더라도 한미동맹에 직접적인 위협을 줄 가능성은 낮다고 분석한다. 그럼에도 불구하고 미국이 독자적으로 한국을 외부 무역, 금융, 투자 파트너로부터 고립시키기 위해 강력한 금융 제재를 사용할 가능성은 배제할 수 없음을 주지한다.

그러나 한국의 독자적인 핵무장 추구가 미국의 확장 억제 및 비확산 정책과 상충하며 한미동맹을 약화시킬 수 있다는 주장에는 몇 가지 반박이 가능하다. 첫째, 한국의 핵무기 개발이 미국의 확장 억제 공약을 재검토하게 만들 수 있지만, 이는 오히려 한미동맹의 재조정과 강화를 촉진할 수 있다. 한국의 핵무장 추구가 미국의 동맹 의지를 의심하게 만든다는 주장은 동맹국의 방어 능력 강화를 통해 동맹의 전략적 신뢰성을 높일 수 있는 기회로 작용할 수 있다.

둘째, 한국의 핵무장은 미국의 확장 억제 공약을 강화하는 데 기여할 수 있으며, 인도-태평양 지역에서 중국을 견제하고자 하는 미국의 국방 전략을 직접적으로 보조할 수 있다. 미국은 강하지만, 동맹국과의 안보 협력 없이는 효과적인 아시아 전략을 수행할 수 없다. 따라서 인도-태평양 전략에서 한국이 맡고자 하는 새로운 역할과, 핵자강을 통한 부담의 분배(burden sharing)가 가져올 이점을 들어 충분히 설득할 수 있는 여지가 있는 것이다.

셋째, 토비 달튼과 로렌 수킨이 지적한 미국 내 양당의 반발은 충분히 가능한 일이지만, 2024년 11월 대선을 앞두고 공화당과 민주당이 발표한 당 강령에는 큰 변화가 있었다. 공화당은 2020년 대선 당시 대북 정책 목표로 '완전하고 검증 가능하며 비가역적인 비핵화(the complete, verifiable, and irreversible dismantling)'를 명시했었으나 이를 삭제했고, 민주당은 2020년 당시 비핵화를 장기 목표로 상정하고 이를 달성하기 위한 지속적인 외교적 노력을 기울이겠다는 표현을 삭제했다. 이는 북한의 핵을 기정사실화하고 이를 관리하기 위한 대북 전략을 수립하고자 하는 제스처로 보여지며, 동시에 한국의 핵자강이 양당의 원칙적인 입장과 결코 배치되지 않는다는 것을 의미할 수 있다. 이러한 변화를 기회로 삼아, 오히려 핵자강이 반영된 형태의 장기적인 한미동맹이 안보 전략을 협의할 가능성도 함께 존재한다.

끝으로, 브루스 클링너가 지적한 한미 원자력 협력 협정의 위반 및 글렌 수정법에 따른 제재는 한국의 핵무기 개발에 따른 잠재적 문제를 지적하고 있으나, 이러한 제재는 국제 사회와의 협력을 통해 조정할 수 있으며, 한국의 핵무기 개발이 미국의 국제적 입지를 악화시키는 것이 아니라 한미동맹의 전략적 지위와 대중국 대응력을 강화할 수 있음을 설득하여 제재의 수위 및 기간을 줄일 가능성도 존재한다. 결국 핵개발을 추진 함에 있어 가장 중요한 것은 세련된 외교적 접근인 것이다.

3. 국제 사회에서의 고립과 원자력 산업의 타격

로버트 아인혼, 비핀 나랑, 브루스 클링너, 프레드 플라이츠(Frederick H. Fleitz, Jr.),[11] 안톤 흘로프코프(Anton Khlopkov),[12] 시그프리드 해커 등은 미국 행정부가 전략적으로 중요한 동맹국으로서 한국이 핵개발에 나서도 관계를 유지할 가능성은 있지만, 향후 모든 행정부가 이를 계속 지원할 것이라는 보장은 없으며, 제재가 완화되더라도 한국은 여전히 국제 사회에서 고립되고 처벌을 받을 수 있다고 주장한다.

이들은 한국의 NPT 탈퇴와 핵무기 추구가 전 세계 핵 비확산 체제에 큰 피해를 줄 수 있다고 경고한다. 한국의 NPT 탈퇴는 일본 등 다른 국가들이 이를 본받아 핵 도미노 현상을 일으킬 수 있으며, 한국이 핵무기를 확보하게 되면 조약을 탈퇴한 최초의 존경받는 민주 국가가 될 것이므로, 다른 국가들의 비확산 의지가 크게 약화될 위험이 있기 때문이다. 이러한 상황에서 UN 안전보장이사회(UN Security Council)가 나서서 제재를 가할 수 있으며, 이렇게 될 경우, 핵공급그룹(NSG: Nuclear Suppliers Group)에 의해 민수용 원자력 발전에 필요한 핵융합 물질 공급이 제한되거나 반환될 가능성이 있다고 경고한다. 그 결과, 원자력 연료 비축량이 고갈되어 원자력 발전소 운영이 중단될 수 있으며, 한국의 국내 전기 공급 및 민수용 원자로 수출길이 차질을 빚을 수 있다.

또한, 이들은 러시아와 중국이 제재를 더욱 적극적으로 주도할 것으로 보았다. 안톤 흘로프코프는 러시아의 역할에 초점을 맞추며, 한국이 IAEA 요구 사항을 준수하지 않거나 NPT에서 탈퇴를 결정한다면, 러시아가 이를 유엔 안전보장이사회로 이관해 제재 결의안을 지지할 가능성이 크다고 지적한다. 한국은 농축 우라늄 수입의 1/3을 러시아에 의존하고 있으며, 러시아가 건설 중인 이집트 엘 다바 원자력 발전소에 한국수력원자력이 약 20억 달러 상당의 장비를 공급할 예정이나, 이것이 취소될 수 있고, 2020~2030년 장기 계약으로 구매한 5억 달러 규모의 러시아산 농축 우라늄 선적도 중단될 수 있다. 그러나 러시아는 이미 북한의 핵을 지지하며, 미사일 기술을 위시한 다양한 분야의 군사 지원을 지속적으로 이어나가고 있다. 이미 이러한 행태가 UN 안전보장이사회의 결의를 위반한 것이므로, 결의 위반국이 주도하는 제재가 얼마나 큰 효과를 보일지에 대해서는 의문이 든다.

다른 전문가들은 중국이 한국의 핵무장을 미국 동맹들의 대중 봉쇄 전략의 일환으로 보고 적극적인 대응에 나설 것으로 예상한다. 한국이 핵개발을 북핵에 대응하는 자구책으로 설명하더라도, 일본의 핵무장 도미노가 예상될 경우, 중국은 사드(THAAD) 체계 도입 때보다 더 거친 보복을 가할 수 있다고 경고한다. 중국과 러시아는 독자적인 제재와 UN에서의 비난 외에도 G20, 상하이협력기구, BRICS와 같은 주요 국제회의를 통해 지속적으로 한국을 고립시킬 수도 있다.

그동안 국제 사회의 제재는 전 지구적인 비확산 레짐을 유지하는 주된 메커니즘으로 기능해왔다. 그러나 이러한 제재가 모두 국가에 동일하게 적용된 것은 아니다. 미국의 우방국과 적대국에 대한 제재와 대응을 비교해 보면, 제재의 강도와 지속성이 국가의 지정학적 중요성과 국제 정치적 이해관계에 따라 크게 달라졌음을 알 수 있다.

미국의 우방국인 프랑스, 영국, 이스라엘의 경우, 이들 국가가 핵무기를 개발했음에도 불구하고 제재가 심각하게 부과되거나 지속되지 않았다. 프랑스와 영국은 미국과의 긴밀한 동맹 관계 덕분에 핵무기를 개발하면서도 큰 국제적 제재를 받지 않았고, 이스라엘의 경우에도 공식적으로 핵보유를 인정하지 않으면서도 암묵적인 용인을 받았다. 이들 국가는 핵무기를 통해 자국의 안보를 강화하면서도 국제 사회에서의 지위와 영향력을 유지할 수 있었다.

반면, 미국의 적대국인 이란과 북한은 핵무기 개발과 관련하여 강도 높은 국제 제재에 직면했다. 이들 국가는 경제적, 외교적 고립을 경험했고, 제재로 인해 심각한 경제적 어려움을 겪었다. 그러나 이러한 제재도 완전히 일관적이지는 않았다. 이란은 2015년 핵협정을 통해 일시적으로 제재가 완화되었으며, 북한 역시 간헐적으로 국제 사회의 인도적 지원을 받았다.

인도와 파키스탄의 사례는 국제 사회의 제재가 얼마나 유연하게 적용되는지를 잘 보여준다. 인도는 1974년 최초의 핵실험 이후 제재를 받았지만, 시간이 지나면서 미국과의 관계 개선을 통해 2006년 인도-미국 원자력 협정을 체결하며 사실상 제재에서 벗어났다. 파키스탄도

1998년 핵실험 후 제재를 받았지만, 2001년 9·11 테러 이후 미국의 대테러 동맹국으로서 중요한 역할을 하면서 제재가 완화되고, 군사적, 경제적 지원을 받았다. 이들 사례를 통해 볼 때, 국제 사회의 제재는 국가의 지정학적 중요성과 국제 정치적 이해관계에 따라 다르게 적용되어 왔다. 제재는 비확산 레짐을 유지하는 데 중요한 도구이지만, 그 효과와 지속성은 각국의 전략적 지위와 상황에 따라 달라질 수밖에 없다. 이는 비확산 정책이 국제 정치의 현실 속에서 정치적, 전략적 이해관계에 따라 유연하게 적용된다는 점을 잘 보여준다.

한국의 NPT 탈퇴와 핵무기 보유 추구가 전 세계 핵 비확산 체제에 큰 피해를 줄 것이라는 주장은 과장된 측면이 있다. 한반도 핵도미노의 주도적 역할을 한 것은 북한이다. 한국의 핵무장을 위한 NPT 탈퇴는 북한의 지속적인 핵 위협에 대한 자구책으로 정당화될 수 있으며, 이 경우 국제 사회는 한국의 안보 상황을 고려해 유연하게 접근할 여지를 가질 수 있다.

또한, 일본 등 다른 국가들이 한국의 선례를 따를 것이라는 주장은 지나친 가정에 기반한 것이다. 각국의 핵무장 결정은 개별 국가의 안보 환경, 경제적 이해관계, 국제적 지위 등을 종합적으로 고려한 결과이다. 그러므로 한국의 사례가 자동적으로 다른 국가들에 동일한 영향을 미칠 것이라는 단순한 전제는 현실적이지 않다. 특히 일본은 원폭 피해 경험과 후쿠시마 사태로 인해 핵 기피 여론이 지배적이며, 자위적인 목적으로 핵개발을 추진하더라도 심각한 반대 여론에 부딪힐 가능성이 크다.

1978년, 덩샤오핑(鄧小平)은 대만이 핵무기를 개발할 경우 중국이 즉각 무력으로 대응하겠다고 경고했다. 이어 1995년, 리텅후이(李登輝) 총통이 핵무기 개발 가능성을 검토하겠다고 밝히자, 중국은 대만이 핵개발에 착수할 경우 인민해방군이 즉각적으로 무력을 사용할 것이라고 다시 한번 강하게 경고했다. 이러한 맥락에서 대만은 핵개발 시 중국의 직접적인 침공 가능성을 감안해야 하며, 핵무장 시 도미노 효과를 유발할 가능성은 낮다고 볼 수 있다.

로버트 아인혼이 사우디아라비아와 터키를 잠재적인 핵개발 국가로 본 점은 이해할 수 있으나, 사우디아라비아는 서유 수출에 크게 의존하고 있어 수출 제재의 위험을 감수하기 어렵다. 터키는 이스라엘과 이란의 핵 문제, 쿠르드족 분리주의, 시리아 내전 등을 이유로 핵개발을 고려할 수 있지만, NPT를 통한 자구책으로서의 정당화는 직접적인 핵 위협의 부재로 인해 설득력이 떨어진다. 또한, NATO 및 미국의 안보 보장과 유럽 국가들과의 경제적 협력이 중요한 상황에서 이스라엘의 핵을 위협으로 상정하여 핵무장을 선택한다면 심각한 제재에 직면할 수 있다.

러시아와 중국이 한국의 핵무장에 대해 즉각적으로 강경 제재를 주도할 가능성은 제한적이다. 두 나라 모두 한반도에서의 핵 문제에 대해 복잡한 이해관계를 가지고 있으며, 한국의 핵무장에 대해 지나치게 강경한 제재를 가할 경우, 한국과의 경제적, 외교적 관계를 고려할 때 부담이 클 수 있다. 특히 러시아는 경제적 이익을 위해 한국과의 협력 관계를 유지할 가능성이 높으며, 중국도 한반도의 불안정을 원하지 않기 때문에 한국과의 갈등을 극단으로 몰고 가지 않을 것이다. 만약 러시아와 중국의 한국을 고립시키려는 시도가 있을 경우, 미국과 서방 국가들이 이에 반대할 가능성이 높아, 한국이 국제 사회에서 완전히 고립될 가능성은 낮다.

한국의 핵무장이 민수용 원자력 발전에 미칠 부정적 영향에 대해서는 국제 사회와의 협력을 통해 최소화할 수 있는 방안이 존재한다. 한국은 이미 높은 수준의 원자력 기술 역량을 보유하고 있으며, 민수용

원자력 발전을 지속하기 위한 다양한 대안을 모색할 수 있다. 국제 사회와의 협의를 통해 제재의 수위를 조정하고, 한국의 핵무장이 글로벌 안보에 기여할 수 있는 방향으로 설득할 수 있다면, 이러한 부정적 영향은 극복할 수 있을 것이다. 또한, 충청도와 강원도 향로봉 일대의 우라늄 광상(鑛床)을 개발하여 프랑스와 같은 방식으로 상당 기간동안 원자력 연료를 확보하는 방안도 고려할 수 있다.

4. 남북 간 핵 경쟁의 촉발

한국의 핵자강에 반대하는 해외 전문가들은 이 전략이 실질적인 효과를 거두기보다는 오히려 북한의 핵 역량 강화를 유도하고 남북 간 핵 경쟁을 촉발할 것이라고 우려하고 있다. 시그프리드 해커는 한국의 핵무기 개발이 북한의 핵무기 보유를 정당화하는 결과를 초래할 수 있다고 설명한다. 한국이 핵무장을 추진할 경우, 북한의 핵무기 개발을 정당화하는 전환점이 될 수 있다는 것이다.

로버트 아인혼은 한국의 핵무기 확보가 한반도의 불안정성을 높이고, 북한이 협상에 동의하기보다는 오히려 핵 역량을 강화할 가능성을 지적한다. 한국의 핵무기는 북한의 핵무기 사용을 억제하기에는 부족하며, 대규모 무력 충돌로 확대될 수 있는 도발을 막기 어렵다는 점을 강조한다. 또한, 선제적 군사 전략의 채택이 우발적인 핵 충돌 가능성을 높일 수 있다고 경고한다. 제니 타운 역시 핵무장으로 세계가 더 안전해지지 않는다고 주장하며, 인도와 파키스탄의 사례를 들어 핵무장 이후 두 국가가 오히려 더 과감하게 행동하게 되었다고 지적한다. 이는 핵무기가 억제력으로 작용하기보다는 위험을 증가시킬 수 있음을 시사한다.

한편, 토비 달튼은 한반도의 안보 문제가 남북 간 군사 능력의 균형이 아니라, 한미동맹을 통한 한국의 비대칭적 역량에 기인한다고 말한다. 북한은 한국의 핵보유와 무관하게 위협을 증가시킬 것이므로, 한국의 핵자강이 상황을 해결하기보다는 오히려 악화시킬 가능성이 있다고 경고하는 것이다.

그러나 한국의 핵자강이 북한의 핵 역량 강화를 유도할 것이라는 주장은 단기적 시각에 기반한 것이다. 한국의 핵무장 결정은 북한의 핵 위협에 대한 전략적 대응이며, 한반도의 군사적 균형을 유지하고자 하는 것이다. 비핵화를 위한 다자 혹은 양자적 회담의 가능성이 사라진 오늘날, 오히려 이를 통해 국제 사회가 한국의 안보 상황을 이해하고 적절한 협력과 조정이 이루어질 가능성도 존재한다. 북한이 한국의 핵무장을 이유로 핵 역량을 강화하는 대신, 한국의 핵자강이 북한의 협상 테이블 복귀를 촉진할 수도 있는 것이다.

핵개발을 추진해 온 국가 중에서 한국만큼 비확산 체제에 기여하고 안정된 민주주의를 구축해 온 나라는 없다. 한국은 비확산 체제의 핵심 원칙을 지키며 핵무기 개발을 피한 대신, 국제 사회와 협력하여 평화적 핵 이용의 모범을 보여왔다. 한국의 경우, 원자력 발전을 통한 에너지 자립을 추구하면서도 핵무기 개발을 지양하며, 핵무기 비확산에 적극적으로 기여해 왔다. 한국은 NPT의 회원국으로서, 핵무기 비확산과 평화적 핵 이용의 원칙을 준수하며 국제 사회의 신뢰를 얻었다.

또한, 안정된 민주주의와 강력한 법치 국가로서, 핵무장과 같은 결정적인 안보 정책에 대해 신중하게 접근하며 민주적 절차와 논의를 통해 정책을 결정해 왔다. 한국의 핵무장 결정이 북한의 핵무기 보유를 정당화할 수도 있겠지만, 동시에 국제 사회와의 협력을 통해 핵 비확산의 원칙을 강화하고, 북한의 핵 프로그램에 대한 강력한 제재와 외교적 해결 수단을 구축하고자 하는 것이다. 한국의 핵자강은 비확산 체제를 위협하기보다는 오히려 국제적 협력을 통해 새로운 안보 환경을 구축하는 기회로 작용할 수 있다.

5. 핵무기 도입의 시간과 비용 문제

로버트 아인혼과 시그프리드 해커는 한국이 대규모 민간 핵에너지 프로그램을 운영하고 있지만, 핵무기를 생산할 수 있는 특수 시설이 부족하다고 지적한다. 한국은 플루토늄을 생산하기 위해 우라늄을 확보해야 하고, 이를 농축하기 위한 대규모 시설을 구축해야 한다. 보다 구체적으로, 민간 원자로를 플루토늄 연료를 생산하기 위해 재사용하거나, 사용후핵연료로부터 핵물질을 분리·회수하는 시설(pyroprocessing)이 필요하고, 고농축 우라늄을 제조하기 위해서는 원심분리기 시설을 건설해야 한다.

시그프리드 해커는 특히 핵연료 생산과정에 최소 2년이 소요될 것이며, 장기적인 억제력 보유를 위해서는 설계를 증명하고 지속적으로 핵무기를 제작할 수 있는 추가적인 전용 핵무기 생산 시설이 필요하다고 말한다. 여기에 핵탄두를 운반 수단에 통합시키는 연구 과정 및 지휘 통제 구조가 개발되어야 하기 때문에, 이 과정이 그렇게 빨리 이루어질 수 없을 뿐 아니라, 이 기간만큼 한반도 주변국 및 국내에서의 지속적인 반발을 견뎌야 함을 강조한다. 이와 더불어, 브루스 클링너는 한국이 핵무기를 개발하는 경우, 이를 위한 상당한 재정 자원이 필요함을 지적한다. 때문에 핵개발을 하는 것보다는 현재 미국이 제공 중인 확장 억제와 더불어, 국방 개혁안 2.0과 전시작전권 전환을 위한 계획에 명시된 재래식 전력 요구 사항의 증대가 오히려 더 효율적일 수 있다고 말한다.

핵무기 개발의 어려움과 비용 문제는 사실이나, 이를 극복할 수 있는 기술적, 전략적 해결책들은 있다. 한국이 민간 핵에너지 프로그램을 운영하는 점은 핵무기 개발을 위한 잠재적 기반을 제공하며, 필요한 기술적 시설과 인프라 구축에 필요한 시간을 단축할 수 있다. 특히, 플루토늄 생산과 관련된 기술이 일부 구비되어 있으며, 이를 적절히 활용하여 핵무기 생산에 필요한 기술적 장벽을 낮출 수 있을 것이다. 원심분리기 시설이나 파이로프로세싱 기술은 국제적으로 입증된 기술로, 이들 기술을 확보하고 발전시키는 것은 가능하다. 뿐만 아니라, 장인순 전 한국원자력연구원 원장이 "핵무기 개발은 원자력발전소의 건설과 운영보다 오히려 더 단순하고 낮은 수준의 기술만으로도 가능하다"라고 지적한 점을 고려할 때, 반대론자들이 제기하는 개발 비용에 대한 우려는 과도하게 부풀려진 측면이 있다.

<표 1> 한국 핵자강에 비우호적 해외 전문가 담론과 반박

주장		반박
미국의 확장 억제력	미국의 확장 억제력이 더 효과적	미국이 자국 본토에 대한 위험 감수하며 핵 억제를 제공할 것인지에 대한 보장 불확실
	한국의 핵 보유는 시설 타격 등의 위험 초래	한국의 핵보유는 북한의 군사적 모험주의 억제에 명확한 신호가 될 수 있으며 기밀 유지 통해 핵 시설에 대한 공격 예방 가능
미국의 지지 약화	미국의 확장 억제 및 비확산 정책과 상충	한미동맹의 재조정과 강화를 촉진하여 미국의 확장 억제 및 인도·태평양 전략을 보조하는 비확산 정책에 기여
	주한미군 유지에 대한 미국의 지지 약화	2024년 미 대선에 앞서 공화당과 민주당의 당강령 변화는 북한 핵문제를 관리하기 위한 새로운 대북 전략 수립 가능성 내포
	미국과의 군사 동맹과 경제 파트너십 종료 가능	미국의 외교와 경제에 미치는 영향 최소화할 수 있는 조정 방안 마련하여 예방 가능

주장		반박
국제 고립과 원자력 산업	국제 비확산 체제에 큰 피해를 줄 것	한국 핵무장은 북한 핵위협에 대한 자구책이며 국제 사회는 한국의 안보 상황을 고려해 유연하게 접근 가능
	핵무장 도미노	유력한 잠재적 핵추진 국가인 일본은 원폭피해 경험과 후쿠시마 사태로 핵 개발에 대한 반대 여론 강함
	중, 러 주도로 국제 사회에서 고립 및 제재	한국과의 경제적, 외교적 관계를 고려할 때 러시아와 중국이 즉각적으로 강경 제재를 주도할 가능성 낮음
	민수용 원자력 발전 및 수출에 부정적 영향	한국의 원자력 기술 경쟁력은 여전히 매력적이며 국제 사회와의 협력 통해 부적정 영향 최소화할 수 있음
	UN 안전보장이사회로부터 제재	외교적 노력 통해 미국과 서방 국가들이 이에 반대하도록 유도해 국제 사회에서 완전히 고립되는 것 예방 가능
남북 간 핵 경쟁	남북 간 핵 경쟁 촉발	한국 핵무장 결정은 북한 핵 위협에 대한 전략적 대응이며 군사적 균형 유지 위한 방안
	북한의 핵 보유를 정당화	북한의 핵 보유로 한국의 핵 보유가 정당화된 것이며 북한의 행동에 대한 국제 사회의 경각심 제고
	북한의 협상 의지를 약화	한국의 핵이 충분한 억제력을 제공한다면 북한의 협상 테이블 복귀 촉진 동력 제공
	한반도의 안보 문제는 남북한 군사 균형이 아닌 한미동맹의 비대칭적 역량에서 기인	한국의 핵 자강과 한미동맹은 북한의 비대칭적 위협에 대응하는 방식
핵무기 도입 시간과 비용	핵무기 생산 시설 부족	한국의 민간 핵에너지 프로그램이 핵 개발의 잠재적 기반
	핵연료 생산 기간 및 기술	핵무기 개발은 원자력 발전소 운영보다 낮은 수준의 기술 요구, 필요한 기술(원심분리기, 파이로프로세싱 등) 확보 및 발전 가능

또한, 핵무기 개발의 비용과 자원 문제 탓에 핵자강이 국방 개혁이나 재래식 군사력 강화와 대체 관계에 있는 것으로 제시되기도 하지만, 핵무기가 제공하는 전략적 억제력과 군사적 지렛대는 재래식 전력만으로 대체하기 어려운 부분이 있다. 오히려 북한의 핵 위협에 대응하기

위한 단기적인 군사력 강화와 장기적인 억제력 보유는 상호 보완적인 전략일 수 있다. 이는 이미 케네디 행정부 이래 미군에 도입된 유연반응전략과 같은 맥락이며, 핵을 개발하면서 재래식 전력을 포기하는 나라는 없다.

한국이 독자적으로 핵무기를 보유함으로써 얻을 수 있는 전략적 자립성과 북핵에 대한 직접적인 억제 효과는 무시할 수 없는 요소이다. 물론, 한미동맹 차원에서 제공되는 확장 억제와의 공조 및 그에 발맞춘 재래식 전력 강화는 여전히 중요하기에, 개발 과정에서 미국을 비롯한 우방국 및 주변국들의 지지를 이끌어내기 위한 외교적 노력은 필수적이다. 이는 다른 장에서 잘 설명되고 있다.

결론적으로, 핵무기 개발과 관련된 시간과 비용의 문제는 충분히 고려되어야 하지만, 이는 단기적인 문제일 수 있으며, 한국의 핵무기 개발을 통해 얻을 수 있는 전략적 유연성과 군사적 옵션은 장기적으로 큰 이점을 제공할 수 있다. 한국이 핵무기 개발을 통해 북한의 군사적 도발을 억제하고 한반도의 안보 환경을 안정화할 수 있다면, 비용과 시간이 걸리더라도 핵무기 개발이 장기적인 안보 강화에 기여할 수 있는 가능성을 간과해서는 안될 것이다.

이상에서 살펴본 한국의 핵자강에 반대하는 해외 전문가들의 주장은 <표 1>과 같이 요약할 수 있다. 이들의 주장은 크게 다섯가지이다. 첫째, 냉전 시기의 사례를 기반으로 미국의 확장 억제력이 효과적이라는 주장이다. 둘째, 독자적 핵보유는 미국의 확장 억제 및 비확산 정책과 충돌하여 한미동맹을 약화시킬 위험이 있다. 셋째, 국제 사회에서의 고립과 한국 원자력 산업의 피해 가능성이다. 넷째, 한국의 핵무장은 북한의 핵 능력을 정당화하거나 핵 경쟁을 촉진해 한반도의 불안정을 초래할 위험이 있다는 점이다. 다섯째, 핵무기 개발에는 막대한 시간과 비용이 소요되며, 한국은 핵무기를 생산할 특수 시설이 부족하다는 점이 문제로 제기된다. 이러한 의견들은 한국이 독자적 핵보유를 추진하려면 외교적, 기술적, 군사적, 정치적 기반을 사전에 철저히 준비해야 함을 시사한다. 국제사회와의 외교적 협의를 통해 고립을 최소화하고, 핵무기 생산과 운용에 필요한 기술과 자원을 확보해야 하며, 군사적 역량을 강화해 핵 억제력을 실질적으로 증대시킬 필요가 있다. 아울러 국내 정치적 합의와 국민적 지지를 바탕으로 안정적인 정책 환경을 조성해야만, 핵보유의 전략적 효과를 극대화하면서도 부작용을 최소화할 수 있을 것이다.

주

1. 로버트 J. 아인혼은 브루킹스 연구소(Brookings Institution)의 외교 정책 프로그램 내 보안, 전략 및 기술 센터의 선임 연구원이며, 미국 외교협회(CFR: Council on Foreign Relations)와 국제전략문제연구소(IISS: International Institute for Strategic Studies)의 회원이다. 2013년 브루킹스 연구소에 합류하기 전, 그는 미국 국무부에서 오랜 경력을 쌓았으며, 최근에는 비확산 및 군비 통제 특별 보좌관(2009~2013)으로 재직했다. 2001년부터 2009년까지 그는 전략국제연구센터(CSIS: Center for Strategic and International Studies)의 수석 고문으로 활동했다. 그는 또한 비확산 담당 차관보(1999~2001)와 정치-군사 문제 담당 부차관보(1992~1999)로 근무했으며, 국무부 정책 기획 스태프(1986~1992) 및 미국 군비 통제 및 군축 기구에서 다양한 직책(1972~1986)을 역임했다.

2. 데이비드 S. 맥스웰은 한국, 일본, 독일, 필리핀, 미국 본토(CONUS)에서 지휘 및 참모 임무를 수행한 미국 육군 특수부대(US Army Special Forces) 대령 출신으로, 현재 조지타운 대학교 국제학부(the School of Foreign Service)에 소속된 안보 연구 센터(Center for Security Studies) 부소장이다. 그는 미국 국방참모대학(National War College)에서 군사학 교수로 활동했다.

3. 트럼프 대통령의 2번째 임기가 시작되기 직전인 2024년 12월에 발효된 2025년 회계연도 국방수권법안에 대해서는 논쟁의 여지가 있다. 주한 미군 규모를 유지하며, 미국의 모든 방위 역량을 동원해 한국에 확장억제를 보장한다는 표현은 이전에 발효된 법안과 같이 유지되었으나, 주한미군 감축 제한 조문이 포함되지 않았기 때문이다. 이 조문은 트럼프 대통령의 주한미군 감축 계획을 저지하기 위해 2020년, 2021년 회계연도 법안에 포함이 되었으나, 주한미군 감축의사가 없던 바이든 대통령의 임기기간부터 빠져있었다.

4. 브루스 클링너는 헤리티지 재단(the Heritage Foundation) 아시아 연구센터의 동북아 전담 분석 선임연구원이다. 그는 20년간 미국 CIA(Central Intelligence Agency) 및 DIA(Defense Intelligence Agency)에서 한국 담당 분석관으로 근무했다.

5. 피터 헤이스는 호주 시드니 대학(Sydney University) 국제보안연구센터(Center for International Security Studies)의 명예 교수이자, 캘리포니아 버클리 소재 Nautilus Institute for Security and Sustainability의 소장이다.

6. 비핀 나랑은 MIT의 핵 안보 및 정치학 프랭크 스탠턴(Frank Stanton) 교수이자 MIT 안보 연구 프로그램(Security Studies Program)의 회원이다. 그는 2022년 3월부터 2024년 8월까지 미국 국방부 우주 정책 담당 수석 부차관보(Principal Deputy Assistant Secretary of Defense) 및 우주 정책 담당 대행 차관보(Acting Assistant Secretary of Defense)로 재직하며 핵, 우주, 미사일 방어 및 사이버 정책 설계에 관여했다.

7   토비 달튼은 카네기 국제평화재단(Carnegie Endowment)의 핵정책 프로그램 선임 연구원 및 공동 소장이다. 그는 비확산 및 원자력 에너지 전문가로서 지역 안보 문제와 글로벌 핵 질서의 변화에 대해 연구 및 저술을 해오고 있다.

8   로렌 수킨은 런던 정경대학(London School of Economics and Political Science, LSE)의 국제관계학 조교수이다. LSE의 미국 센터(Centre for United States) 및 스탠퍼드 대학교의 국제안보협력센터(CISAC: Center for International Security and Cooperation), 카네기 국제평화재단 핵정책 프로그램, 프라하 찰스 대학교 평화연구센터(Charles University's Peace Research Centre)에서 연구 펠로우로 활동하고 있다.

9   글렌 수정법은 기존의 무기수출통제법(AECA: Arms Export Control Act)을 1994년에 일부 수정한 것으로, 공식 핵보유국이 아닌 나라의 핵실험이 확인되면, 미국 대통령에게 각종 지원과 차관, 교역을 금지하는 결정을 내릴 수 있는 권한을 부여하고 있다. 또한 대통령은 특정 사안별로 의회에 대해서 법적용의 유보를 요구할 수도 있다. 이 법안에 따라 지난 1998년 핵실험을 단행한 파키스탄과 인도가 미국의 경제제재를 받기도 했다.

10 시그프리드 해커는 스탠퍼드 대학교의 경영과학 및 공학과 명예 연구 교수이며, 프리먼 스폴리 국제연구소(the Freeman Spogli Institute for International Studies, FSI)의 명예 선임 연구원이다. 그는 2007년부터 2012년까지 CISAC의 공동 소장을 역임했다. 1986년부터 1997년까지 로스알라모스 국립 연구소(the Los Alamos National Laboratory)의 제5대 소장으로 재직했으며, 플루토늄 과학, 글로벌 위협 감소, 핵 안보 분야를 연구하고 있다.

11 프레드 H. 플라이트는 2022년 1월부터 미국 우선주의정책연구소(the America First Policy Institute Center for American Security)의 부소장이다. 그는 도널드 트럼프 행정부에서 2018년 5월부터 10월까지 국가안전보장회의 비서실장 및 총괄 비서로 근무했으며, 25년간 CIA, DIA, 국무부, 미 하원 정보위원회에서 재직했다.

12 안톤 홀로프코프는 에너지 및 안보 연구 센터(CENESS: Center for Energy and Security Studies)의 소장이며, 러시아 연방 안전보장회의 자문위원회의 위원이다. 또한, 그는 유엔 사무총장의 군축 문제 자문위원회 위원이며, 모스크바 비확산 회의의 회장이다.

15장

한국의 핵자강에
우호적인 해외 전문가들 담론 분석

심규상

14장에서는 한국의 핵자강에 반대하는 해외 전문가들의 담론을 쟁점별로 소개하고, 그 논리의 근거와 설득력을 평가하였다. 전 장에서 소개한 전문가들은 한국 핵자강 논의를 기존 전략의 관성 속에서 한국의 현상 변경이 초래할 위험에 초점을 맞췄다. 그러나 이 장에서 소개되는 전문가들은 한국의 핵자강 주장을 현재 진행 중인 안보 상황의 변화에 대응하여 보다 나은 균형을 모색하는 과정에서 도출된 정책적 의견으로 바라본다. 북한의 핵무장과 미사일 개발로 한국에 대한 군사적 위협이 심화되고, 미국의 확장억제에 대한 신뢰성에 의문이 제기되고 있다. 그리고 역내 안보 역학 변화에 따라 미국과 동맹국 간에 비용 분담과 역할 조정 논의가 이루어지고 있는 상황 속에서 한국이 둘 수 있는 중대한 한 수로 한국의 자체 핵무장을 고려하고 있다.

1. 대중 견제 및 안보비용 분담 차원에서 한국핵 용인

핵자강을 지지하는 전문가들은 모든 핵개발 시도가 반드시 절망적인 제재에 직면하지는 않았다는 점에 주목하고 있다. 찰스 퍼거슨(Charles D. Ferguson),[1] 로버트 켈리(Robert E. Kelly),[2] 대릴 프레스(Daryl G. Press)[3] 등은 미국이 수십 년 동안 NPT를 지지해 왔음에도 불구하고 영국, 프랑스, 이스라엘, 인도, 파키스탄 등의 핵무장을 묵인했던 이유를 살펴보면 한국의 핵무기 보유가 용인될 방법을 찾을 수 있다고 말한다. 그들에 따르면, 한국이 미국의 역내 안보 전략에 보완적인 역할을 하고, 미국과 우호적인 관계를 유지하며, 합리적인 국가 운영과 안정된 민주정치를 이루고 있다는 점이 미국의 묵인을 이끌어 낼 중요한 요소가 될 수 있다는 것이다.

영국과 프랑스의 핵무장은 냉전기 유럽의 안보를 유지하기 위한 보완적 억제력을 제공하며 동맹 간의 부담을 분담하는 데 기여했다. 마찬가지로, 한국의 핵자강은 미국의 인도-태평양 전략과 대중국 전략에서 비슷한 역할을 할 수 있다. 특히 중국의 부상을 억제하고 북핵, 대만, 남중국해와 같은 역내 안보 문제에서 억제력을 강화할 수 있을 것이다. 만약 중국, 러시아, 북한이 핵무기를 자유롭게 증강하는 상황에서 미국의 동맹만이 NPT를 준수한다면, 이는 일방적인 군축을 초래하고 미국의 현상 유지 비용만 증가시킬 뿐이다. 또한, 한국의 핵개발은 중국이 북한 비핵화 협상에 더 적극적으로 개입하도록 유도하여, 한반도 비핵화라는 미국의 목표 달성에 기여할 수 있다.

한국은 미국의 동맹국이자 세계적으로 가장 잘 관리된 핵에너지 프로그램을 보유한 민주주의 국가이다. 이러한 한국이 북한에 대해 충동적으로 핵 선제공격을 감행할 가능성은 낮다. 한국의 핵개발은 방어적 목적에서 비롯된 것으로 중국, 러시아, 북한이 먼저 핵무기를 보유하여 이미 지역적 군비 경쟁이 촉발된 상황에서 이루어질 것이다. 중국과 러시아는 핵 축소 의무를 이행할 의사가 없으며, 북한은 핵무기 보유량을 한국이 위협을 느끼지 않을 수준까지 감소시키는 협정을 체결할 의향이 없다. 따라서 동맹국들이 방어적 목적으로 핵무장을 추진하는 것은 미국으로서도 이해할 수 있는 상황이며, 이로인해 영국, 프랑스, 이스라엘의 핵무장이 묵인되었다는 것이 이들의 주장이다. 인도와 파키스탄의 경우에도 미국과의 양자 관계 개선과 정치적 안정, 그리고 지정학적 변화가 복합적으로 작용하자 미국은 이들을 제재 대상에서 면제시켰다.

로버트 켈리는 동맹국 간의 부담 분담이 오랫동안 미국 외교 정책의 목표였다고 지적하며, 발전되고 안정적인 민주주의 동맹이 타당한 이유로 핵개발을 원하고 그에 필요한 역량을 갖추고 있다면, 전략적 책임을 나누는 것도 문제가 되지 않는다고 강조한다. 이러한 부담 분담의 관점에서 한국의 핵개발과 전술핵 재배치는 미국의 보수주의자들 사이에서 우호적인 반응을 얻고 있는 추세이다. 더그 밴도우(Doug Bandow)[4]는 한국의 핵무장이 최선책은 아닐 수 있어도, 미국의 도시를 희생하지 않으면서 전략적 이익을 얻을 수 있는 방법이라고 평가했다. 엘브리지 콜비(Elbridge A. Colby)[5]는 동맹국이 자국 방어에 더 많은 책임을 질 수 있도록 미국 정부가 지원해야 한다고 제언한다. 그는 미국이 북한과 전쟁을 치른 이후 중국과 전쟁을 치른다면 승리를 확신할 수 없을 것이기에, 한국이 대북 억제에 더 큰 책임을 가져야 한다며, 전시작전통제권 조기 이양, 한반도 유사시 미군의 대규모 증원에 대한 방위공약 수정, 한국의 핵무장을 포함한 다양한 억제 수단을 강구할 것을 제안했다.[6] 비슷한 맥락에서 미 상원 군사위원회 간사인 로저 위커(Roger Wicker) 의원은 한반도에 전술핵을 재배치하고 나토식 핵공유 논의를 해야 한다고 주장하고 있으며, 미 상원 외교위원회 공화당 간사인 짐 리시(James E. Risch) 의원 또한 동맹을 안심시키기 위해 동아시아에 핵을 재배치해야 한다고 제안했다.

2. 확장 억제의 현실적 한계

한국의 핵자강 반대론자들은 미국이 약속한 확장 억제의 효과에 대해 꾸준히 강조하며, 한국의 핵자강은 오히려 비용만을 초래할 뿐 효과적이지 못하다고 비판한다. 그러나 반 잭슨(Van Jackson)[7]은 미국의 확장 억제가 핵 공격을 억제하는 특정 상황에서는 효과적일 수 있지만, 한반도와 같이 국지적인 도발이나 저강도 갈등 상황에서는 그 한계가 명확하게 드러난다고 지적한다. 그는 한국 내에서 확장 억제에 대한 신뢰가 약화 된 계기로 천안함 폭침과 연평도 포격 도발 사건을 들었다.

당시 미국 정부는 한국의 보복 공격을 막기 위해 자제를 촉구했는데, 이는 실질적인 억제력을 제공하기보다는 동맹국에 의한 전쟁 연루를 피하려는 선택이었다. 이러한 미국의 대응은 한국 내에서 확장 억제 약속에 대한 신뢰를 약화시켰고, 그 결과 한국 내에서는 미국의 핵무기 재배치를 요구하는 목소리가 커졌다. 그러나 1991년 이후 철수한 핵무기를 미국이 재배치할 계획이 없다는 사실이 알려지자, 한국의 정치인들은 자국의 안보를 위해 독립적인 방어 능력, 즉 자체 핵무기 개발을 고려하게 되었다고 잭슨은 주장한다. 그는 또한 확장 억제 약속의 효과가 시간이 지남에 따라 점점 줄어들 가능성이 있다고 경고한다.

로버트 켈리는 한반도에서 상호확증파괴(MAD: Mutually Assured

Destruction)가 남북한 간의 강력한 억제력을 형성할 수 있는 중요한 개념이라고 강조한다. MAD는 두 적대적인 핵 보유국이 대규모 보복의 위협 때문에 서로를 직접적으로 공격하지 못하는 상태, 즉 '차가운 평화'를 유지할 수 있다는 가정에 기반한다. 이 개념을 한반도에 적용하면, 북한이 핵무기로 한국을 위협하는 상황에서 한국도 자체적인 핵무기를 보유함으로써 강력한 상호 억제 구조를 구축할 수 있다.

특히 북한이 미국 본토를 타격할 수 있는 능력을 보유하게 된 상황에서, '샌프란시스코를 서울을 위해 희생할 것인가'라는 질문이 미국 내에서 활발하게 논의되고 있다. 이는 북한이 한국을 공격하면서 동시에 미국을 핵 공격으로 위협할 경우, 미국이 과연 실제로 전쟁에 참전할지에 대한 불확실성을 제기한다. 켈리는 냉전 시기 소련이 ICBM으로 미국을 위협했을 때, 영국과 프랑스가 미국의 억제 공약을 신뢰하지 못하고 자체 핵무기를 개발하게 된 사례를 언급하며, 이러한 불안감이 현재 한국과 일본에서도 나타나고 있다고 설명한다.

그는 또한 트럼프 1기 행정부 시기에 전통적인 동맹 관계보다는 중국의 시진핑 주석이나 북한의 김정은과 같은 독재자들과의 개인적 관계를 더 중시했던 점을 주목하며, 트럼프의 2기 집권 기간 동안 한미동맹이 붕괴될 가능성이나, 미일 안보 조약의 파기 가능성까지 언급했던 점을 지적한다. 켈리는 이러한 맥락에서 최근 한국 내에서 핵무장에 대한 지지가 상승한 이유를 설명한다.

이러한 상황에서, 중국은 북한을 제지하기 위한 진지한 조치를 취하지 않고 있으며, 북한 역시 비핵화에 대한 진지한 협상 의지를 보이지 않고 있다. 또한 한국이 느끼는 안보 위협을 충분히 완화할 만큼의 핵감축도 요원한 것이 현실이다. 앨리슨 후커(Allison Hooker)[8]는 오늘날의 상황적 조건이 한국의 핵개발을 유도한다고 분석했으며, 빅터 차(Victor

Cha)[9]는 트럼프 재집권 시 한국의 자체 핵무장이 현실화될 수 있다고 경고한다. 이는 미국의 정책 변화가 한국의 핵무장 논의에 직접적인 영향을 미친다는 점을 지적한 것이다.

또한 맥스 부트(Max Boot)[10]와 크리스토퍼 밀러(Christopher C. Miller)[11] 역시 신중한 입장을 견지하면서도 한국의 핵무장 결정이 한국 정부 자체의 판단에 달려 있다고 주장한다. 이들은 한국의 핵무장 논의가 국제 사회의 반발과 제재를 동반할 가능성이 있어 신중하고 전략적인 접근이 필요하지만, 결코 비합리적인 주장은 아니라는 점을 강조한다. 이러한 관점에서 에이드리언 루이스(Adrian Lewis)[12]도 북핵을 억제하기 위한 한국의 자체적 핵개발 필요성을 인정하면서 단계적인 접근이 필요하다고 지적한다.

미국의 확장 억제에 대한 신뢰가 약화 됨에 따라, 한국 내에서 독립적인 방어 능력에 대한 요구가 점점 더 커지고 있다. 미국은 한국에 대한 방어 공약을 유지하기 위해 많은 외교적 노력을 기울이고 있지만, 현실적으로 이러한 노력이 한국의 안보 불안을 완전히 해소하지는 못하고 있다. 특히 북한의 군사적 도발과 저강도 갈등이 지속되고 있으며, 탄도미사일 기술이 점차 고도화되고 있는 상황에서 한국은 미국의 확장 억제가 항상 실질적으로 기능할 것이라는 확신을 갖기 어려운 것이다.

더불어 트럼프 행정부의 외교 정책 변화는 한국의 안보 환경에 새로운 불확실성을 초래했다. 트럼프가 세 번이나 대선의 유력 후보로 참가할 만큼 그의 미국 우선주의에 입각한 외교 안보 정책에 대한 지지도가 여전히 높다는 점을 고려할 때, 한국의 핵무장은 신중하게 접근해야 할 사안임에도 불구하고 합리적인 사고에 기반하고 있다.

3. 국제 사회의 제재가 갖는 한계

한국의 핵자강에 대한 반대론자들은 한국의 자체적 핵무장이 가져올 국제 사회의 제재 및 그로 인한 정치, 경제적인 피해를 지적한다. 그러나 찰스 퍼거슨은 한국이 미국, 프랑스, 일본 등과 긴밀한 핵 산업 협력 관계를 유지하고 있다는 점을 들어, 이들 국가들이 제재를 강력히 추진하지 않을 가능성이 높으며, 다른 나라들을 설득할 수도 있다고 주장한다. 퍼거슨에 따르면, 이러한 국가들은 한국과의 핵 산업 협력을 통해 경제적, 기술적 이익을 얻고 있다. 예를 들어 한국은 아랍에미리트에 핵 기술을 수출하고 있고 체코에는 수출 예정인데 이 과정에서 여러 협력국이 이익을 보고 있다. 따라서 한국에 대한 강력한 제재가 시행된다면, 이들 국가 역시 경제적 손실을 피할 수 없을 것이다. 또한, 이들 국가들과 한국의 협력 관계는 미국을 중심축으로 한 우방 관계에 기반하고 있어, 만약 미국이 한국을 묵인하거나 지지한다면, 한국의 입장을 설득하는 데 큰 어려움이 없을 수 있다.

대릴 프레스는 국제 사회의 제재 가능성에 대해 충분히 염려하되, 외교적 방법으로 이를 해결하는 것이 가능하다고 지적한다. 예를 들어, 북한의 핵 포기 결정 및 실질적인 이행, 북한의 NPT 재가입, 북한 정권의 붕괴, 한반도의 통일과 같은 상황에서 핵위협이 종식되면 한국의 핵무장을 해제하고 NPT로 복귀하겠다는 약속을 통해 핵자강에 대한 지지를 얻고 제재를 피할 수 있을 것이라는 것이다.

라몬 파체코 파르도(Ramon Pacheco Pardo)[13]는 1992년 이후 한국이 비핵화 공동 선언을 성실히 이행해왔지만 북한은 그 반대로 움직이고 있다고 강조한다. 그는 이러한 북한의 위협이 한국의 NPT 탈퇴 결정을 도덕적, 법률적 차원에서 정당화할 수 있다고 지적한다. 그리고 그는 한국이 핵무기 개발 능력 여부보다 핵자강의 이득이 비용보다 클지를 고려해야 한다고 주장하며, 이때의 비용이 반대론자들이 주장하는 것보다 훨씬 적을 것이라고 설명한다.

또한 파르도는 북한과 이란이 가장 혹독한 제재를 받은 사례일 뿐, 한국의 안보 환경이 이들과는 다르다고 지적한다. 그는 이스라엘의 비공식 핵개발 사례를 들어, 한국이 이스라엘처럼 다른 나라들의 핵실험 자료를 활용하여 비공식적으로 핵무장에 성공할 경우, 평판 비용과 제재로부터 받을 타격을 최소화할 수 있을 것이라고 주장한다. 이스라엘이 제재 없이 공개적인 핵실험을 자제하면서도 핵무기를 보유하고 있는 것으로 널리 인정받은 사례를 통해, 한국도 비공식적인 방법으로 핵무장을 하면서 국제 사회의 비판을 줄일 수 있다는 것이다.

국제 사회의 제재는 다수 국가들의 광범위한 합의를 필요로 한다. 그러나 제재 대상국과의 긴밀한 협력 관계 탓에, 제재를 주도할 수 있는 국가의 이익이 침해된다고 판단될 경우, 제재의 합의는 결코 쉬운 결정이 아니게 된다. 이는 북한이나 이란과 같은 국가들과 비교했을 때, 한국의 핵보유가 상대적으로 더 많은 지지를 받을 수 있다는 것을 의미하며, 결국 제재의 수준이 이들 두 국가와는 다를 수 밖에 없는 것이다.

또한, 제재의 실질적인 실행 및 참여 역시 국가의 정치적 의지와 관련이 깊다. 중국이나 러시아와 같은 국가들이 제재를 시행하기로 결정하더라도, 실제 제재 조치가 시행되는 과정에서 경제적 이해관계나 국제 정치적 압력이 작용할 수 있다. 특히, 한미 동맹과 같은 중요한 동맹 관계는 한국의 안보를 보장하는 데 있어 큰 역할을 하며, 이러한 동맹이 유지되는 한 한국에 대한 제재의 효율성은 제한적일 수 있다.

뿐만 아니라 우크라이나 전쟁 이후 한국은 러시아에 대한 농축우라늄 의존도를 낮추기 위해 2024년 9월에 미국 핵연료 공급사와 계약을 맺어 러시아 주도의 제재로부터 상대적으로 자유로워졌다. 사드 배치 이후 중국이 가했던 제재는 한국에게 일종의 백신으로 작용하기도 했다. 해당 사건 이후, 한국은 꾸준히 공급망의 다변화를 추진해 왔고, 중국의 제재로부터 완전한 면역을 달성하지는 못했음에도 중국이 취할 수 있는 제재의 수단을 다소 경감할 수 있도록 준비해왔다.

4. 자위적 핵무장 결정에 대한 존중

앞서 살펴본 것과 같이 국제 사회의 제재는 현실적으로 제한적일 수 있다. 한편, 이와 더불어 자체 핵무장이라는 한국의 조치가 자위적인 목적에서 비롯되었기 때문에, 해당 결정이 존중받아야 한다는 규범적인 근거 역시 존재한다. NPT 제10조는 비상사태가 자국의 지상 이익을 위태롭게 하고 있을 때 조약으로부터 탈퇴할 수 있는 권리를 국가에 부여한다고 명시하고 있다. 대릴 프레스는 북한의 불법적인 핵무기 개발과 핵 도발이 이 조약에서 말하는 탈퇴의 조건을 충족하고 있다고 제안한다. 북한이 세계에서 유일하게 불법적으로 핵무기를 보유하고 한국을 상대로 계속해서 핵도발을 하고 있다는 사실은 비상사태에 해당하며, 잠재적인 핵 공격을 저지하는 것은 한국의 지상 이익을 보호하기 위한 행위로 해석될 수 있다.

대릴 프레스는 미국이 자국 본토에 대한 보복 위험을 감수하면서 한국을 위해 북한에 핵 보복 공격을 할 수 있는가에 대한 문제가 발생한 이후부터 신뢰를 잃어가고 있다고 지적한다. 그는 이 문제가 지속적으로 한미 동맹의 신뢰성을 시험하게 될 것이라고 말하며, 미국이 한미

동맹을 중요하게 여긴다고 해도 궁극적으로 자국의 안보와 생존이 우선시될 수밖에 없다고 강조한다. 만약 미국이 한국을 방어하기 위해 미국의 일부 도시와 국민을 희생해야 한다면, 이는 미국 외교의 목표인 자국의 안보, 번영, 자유와 상충될 수 있으며, 북한의 미사일 기술이 고도화된 상황에서는 현실적인 옵션이 되기 어렵다는 것이다.

또한 그는 한국이 미국에게 주한미군 기지에 핵무기를 재배치하도록 요청할 수 있지만, 이 조치가 문제를 근본적으로 해결하지 못할 것이라고 주장한다. 미국의 핵무기는 대통령의 승인이 없으면 사용되지 않도록 잠금장치가 되어 있어, 한반도에 배치되더라도 실제로 핵무기가 사용되는 것은 상황 발생 이후의 정치적 결정에 달려있다. 전술핵의 재배치조차도 미국이 한미 동맹을 중요하게 여긴다는 상징적 의미로서 기능할 뿐, 북한의 핵공격에 대한 실질적 대응책으로는 부족할 수 있다는 것이다.

핵자강에 대한 논의는 한국의 국가 안전과 직결되는 문제이며, 자위적 차원에서의 핵개발이 한국의 생존을 위한 정당한 선택이라는 주장을 뒷받침할 수 있다. 특히, 북한의 지속적인 군사적 위협이 존재하는 상황에서 한국이 자체적인 핵무장을 통해 국가 안보를 확보하려는 의지는 이해할 만하다. 이러한 관점에서 볼 때, 한국의 핵자강 결정은 단순한 군비 경쟁이 아니라 생존을 위한 필수적인 억제 수단으로 자리매김할 수 있다. 따라서 한국의 결정은 국제 사회에서의 비난이나 제재를 넘어서, 자국의 안보와 생존을 위한 정당한 권리로 인정받아야 한다.

때문에, 한국의 핵무장 결정이 자위적 목적에서 기인한 만큼, 국제 사회가 이러한 맥락을 이해하고 한국의 권리를 존중하도록 유도할 필요가 있다. 핵무장이 자위적이고 합법적인 행위로 인정받기 위해서는 한국이 향후 국제 사회와의 대화 및 협력에 적극적으로 나서는 것이 중요하다. 이를 통해 한국은 핵무장 결정의 정당성을 높이는 동시에, 국제 사회와의 긴밀한 협력을 통해 안정적인 안보 환경을 구축할 수 있는 길을 모색할 수 있다. 이러한 접근은 한국이 국제 사회에서의 신뢰를 구축하고, 자국의 안보를 보호하는 데 중요한 역할을 할 것이다.

5. 요약

요컨대, 한국의 핵자강을 지지하는 해외전문가들의 의견은 크게 네 가지로 요약할 수 있다. 첫째, 한국의 핵무장은 미국의 용인을 받을 가능성이 있다. 동맹 간의 부담 분담의 차원에서 한국의 핵자강이 미국의 인도-태평양 전략에서 보완적인 역할을 수행하고, 안정된 민주국가이자 강력한 동맹국으로서 미국의 안보 비용을 분담할 수 있음을 설득한다면 미국 정계로부터 큰 반발을 사지 않을 수 있다는 것이다.

둘째, 미국이 제공하는 확장 억제에는 현실적인 한계가 존재한다. 반대론자들의 의견과 달리, 국지적 도발이 잦은 한반도의 안보 상황에서 확장 억제는 그 한계가 드러난다. 한국의 군사적 대응이 확전을 일으킬 수 있기에, 미국은 국지적 도발 상황에서 늘 한국 정부에 자제를 요청해 왔다. 이는 오히려 한국 내 미국의 억제 공약에 대한 신뢰를 약화시켰고, 자체적인 핵무기 개발에 대한 필요성을 환기시켰다.

셋째, 핵무장에 따른 국제 사회의 제재에는 한계가 존재한다. 한국이 미국, 프랑스, 일본과 긴밀한 핵 산업 협력을 유지하고 있어 이들 국가가 강력한 제재를 추진할 가능성이 낮다. 또한, 북한의 핵 포기와 같은 조건이 충족되면 한국의 핵무장 해제를 이행하겠다는 국제적인 공약을 만들어 외교적으로 주변국을 설득한다면, 제재의 수위를 조절할 수도 있을 것이다. 한국이 이스라엘처럼 비공식적으로 핵무장을 추진한다면, 개발 기간 동안 직면해야 할 국제 사회의 비판을 피해갈 수도 있다.

끝으로, 한국의 자체적 핵무장은 자위적인 목적에서 비롯된 것이므로, 해당 결정이 존중받아야 한다. 북한의 불법적 핵무기 개발이 NPT 제10조에서 규정한 탈퇴 조건을 충족하며, 미국의 핵우산 공약의 신뢰성이 떨어진다는 점은 자위적인 목적에서의 핵보유를 정당화하고 이를 통해 핵무장 결정에 대한 국제 사회의 존중 및 용인을 얻어낼 수 있다.

결론적으로, 한국의 핵무장 논의는 단순히 기술적이고 정치적인 차원을 넘어 국제 안보의 패러다임 전환을 요구하는 중대한 문제로 자리잡고 있다. 북한의 지속적인 핵개발과 군사적 도발, 그리고 국제 사회의 변화하는 안보 환경등으로 인해 한국의 자체적 핵무장은 자위적 선택으로 고려될 수 있으며, 이는 정당한 이유가 있는 만큼 국제 사회의 이해를 얼마든지 구할 수 있을 것이다. 한국의 핵무장이 가져올 수 있는 제재와 정치적 비용은 복합적이지만, 이를 넘어서는 국가의 생존과 안전을 위한 선택이라는 점에서, 한국은 그 방향성을 신중하게 결정해야 한다. 이러한 과정에서 국제 사회의 지지를 이끌어낼 수 있는 외교적 노력 또한 동시에 필요할 것이다.

주

1. 찰스 D. 퍼거슨은 전미과학공학의학한림원(NASEM: National Academies of Sciences, Engineering, and Medicine)의 핵 및 방사선 연구 위원회와 화학 과학 및 기술 위원회의 선임 이사이다. 그는 2010년부터 2017년까지 미국과학자연맹(Federation of American Scientists)의 회장을 역임했다.
2. 로버트 E. 켈리는 미국의 정치학자로 현재 부산대학교의 교수로 재직하고 있다. 그는 미국외교정책, 한반도-미국관계를 연구하고 있다.
3. 대릴 G. 프레스는 다트머스 대학교의 교수이며, 다트머스 국제안보 이니셔티브(the Dartmouth Initiative of Global Security)의 책임자이다. 1994년부터 2015년까지 RAND 연구소에서 컨설턴트로 근무했다. Strategic Forces Bootcamp의 공동창립자이며, 국무부 외교사료 자문위원으로 2018년부터 2019년까지 활동한 바 있다. 주 연구분야는 미국외교정책, 억제 전략, 그리고 미래 전쟁이다.
4. 더그 밴도우는 케이토 연구소(the Cato Institute)의 선임연구원이다. 그는 레이건 행정부에서 대통령 특별보좌관을 역임했다.
5. 엘브리지 A. 콜비는 2017년부터 2018년까지 국방부 전략군개발 부차관보로 근무했다. 그는 2018년 6월부터 신미국안보센터(CNAS: Center for a New American Security)의 국방 프로그램 책임자를 역임하고 있다.
6. 강계만. "트럼프 안보보좌관 후보 "미군 韓주둔 불필요…인질로 뒤선 안돼"," 《매일경제》, 2024년 5월 8일, https://www.mk.co.kr/news/world/11010390.
7. 반 잭슨은 뉴질랜드 빅토리아 대학교 국제관계학 교수이다. 그는 워싱턴 소재 국제정책연구소(the Center for International Policy), 캐나다 아시아 재단(the Asia Pacific Foundation of Canada), 웰링턴 전략연구소(the Centre for Strategic Studies in Wellington, New Zealand), 그리고 핵비확산과 군축을 위한 아시아-태평양 리더십 네트워크(the Asia-Pacific Leadership Network for Nuclear Non-Proliferation & Disarmament)에서 선임연구원으로 활동하고 있다. 그는 2009년부터 2014년까지 국방장관실에서 아시아-태평양 전략 및 정책 고문을 역임했다. 한편, 그는 미국 공군에서 한국어 통역사로 복무한 바 있다.
8. 앨리슨 후커는 미국세계전략(American Global Strategies)의 부회장이다. 그녀는 국가안보회의(NSC)에서 6년여 근무하며, 아시아 선임 국장 및 대통령 특별 보좌관, 한반도 선임 국장 및 대통령 특별 보좌관을 역임했다. 또한 2001년부터 2014년까지 미 국무부 정보연구국에서 북한 관련 선임 분석가로 일했다. 2013-2014년 동안에는 미국외교협회(CFR: Council on Foreign Relations)에서 연구원으로 선정되어 한국의 통일 정책에 대해 연구했다.
9. 빅터 차는 조지타운 대학교 교수이며, 국제전략연구센터(CSIS: Center For Strategic and International Studies)의 한국 석좌이다. 2004년 12월부터 2007년

5월까지 국가안전보장회의(NSC)에서 아시아 담당국장을 역임했다. 2006년에는 북핵 6자회담 미국 차석대표로 참석한 바 있다.

10 맥스 부트는 미국외교협회 국가안보연구 선임연구원이며, 워싱턴포스트(Washington Post)의 칼럼니스트이자 CNN의 국제문제 분석가이다.

11 크리스토퍼 C. 밀러(Christopher C. Miller)는 2020년 11월 9일부터 2021년 1월 20일까지 미국 국방부 장관 대행을 역임했다. 장관 대행을 역임하기 이전에는 미국 육군 특전부대 대령 출신으로 국가 대테러 국장을 맡은 바 있다.

12 애이드리언 루이스는 캔자스 대학교의 교수이다. 한국, 파나마, 독일 등지에서 근무한 바 있는 군 장교 출신으로 미 육군사관학교, UC 버클리 대학교, 해군 참모대학 등에서 재직했다.

13 라몬 파체코 파르도는 영국 킹스 칼리지 런던의 교수이며, 벨기에 브뤼셀 자유 대학교의 KF-VUB(the Korea Foundation and Vrije Universiteit Brussel Joint Initiative) 한국 석좌이기도 하다. CSIS에서 한국 석좌 겸임 연구원과 아태 안보 협력 이사회 EU 위원으로도 활동하고 있다.

16장

한국의 자체 핵무장과
미국의 선택

로버트 E. 켈리·이대한

본 글은 『국가전략』제30권 4호(통권 제110호)에 게재된 논문을 수정·보완한 것입니다.

1. 서론

최근 들어 한국에서 자체 핵무장에 대한 논의가 부상하고 있다.[1] 반면 미국은 한국의 핵무장에 대해 강한 반대 입장을 견지하고 있다. 본 장에서는 미국이 오직 강압(coercion)만을 통해 한국의 핵무장 추구를 저지할 수 있다고 판단한다. 그러나 한국의 핵무장론 이면에 존재하는 안보적 우려는 타당하며, 미국의 반론은 근거가 빈약하다고 본다. 반대 진영의 논리적 결함은 사실상 미국에게 동맹국을 강압하는 선택지만을 남긴다. 보호제공국-피보호국(patron-client)[2] 속성을 가진 한미동맹은 매우 비대칭적 특성을 가지고 있다. 따라서 미국은 한국의 핵무장 의지를 단념시키기 위해 위협을 가하며, 이미 1970년대에 그러한 접근법을 채택한 바 있다. 하지만 본 장은 친미 민주국가를 대상으로 한 미국의 강압적인 비확산 정책이 이중적이라고 비판한다. 또한 일방적인 강압 대신 동맹국의 주권적 결정을 존중하는 것이 미국의 국익에 부합한다고 주장한다. 이어서 한국이 핵무장을 선택할 경우, 미국은 이를 수용

(accommodation)할 것을 고려해야 한다고 역설한다.

본 연구는 미국 동맹국의 핵무장 추구를 국제관계학의 측면에서 설명한 선행연구[3]를 뒤잇는다. 비확산 담론에 따르면, 처음에 미국은 동맹국들의 핵무장을 만류하기 위한 설득을 시도하지만, 실패할 경우 압박을 가한다. 젠 게르조이(Gene Gerzhoy)는 이를 "동맹 강압(alliance coercion)"으로 정의했다.[4] 이러한 관점은 동맹국들의 핵무장 시도를 3단계로 설명한다고 볼 수 있다. 먼저, 악화되는 역내 안보적 우려로 인해 동맹국 내에서 핵무장 논의가 시작된다. 이에 오랜 비확산 기조에 기반하여 핵무장 논의를 잠재우려는 미국의 설득 노력이 뒤따른다. 그리고 설득이 실패할 경우 동맹국을 강압하는데, 주로 안보적, 경제적 비대칭성을 지렛대로 활용한다. 다만 이러한 강압 대신 동맹국의 핵무기를 수용하는 방법도 있다. 본 장에서는 미국과 한국이 그러한 수순으로 나아갈 것임을 논하고자 한다.

후술할 내용은 세 가지 측면에서 이 논의를 다룬다. 첫째, 한국의 핵무장론을 견인하는 두 가지 쟁점으로 1) 동맹에 대한 신뢰성(credibility) 감소, 2) 방기(abandonment)에 대한 두려움을 설명한다. 이 쟁점들은 2017년 이후 한국 안보 상황의 악화를 반영하며, 적성국의 핵위협에 노출된 동맹국이 갖는 전략적 불안감을 드러낸다. 둘째, 동맹국의 핵무장에 대해 제기된 반론들은 대부분 비확산 진영이 주도하고 있으며, 한국에 적용하기에는 모두 논거가 빈약하다고 강조한다. 셋째, 미국은 핵무장으로 기우는 한국을 저지하기 위해 결국 강압적 대응을 선택하게 된다고 본다. 그러나 강압은 중국에 인접한 국가로서 잠재적 가치가 높은 한국 내에서 미국의 이중성 논란과 국내 반발(backlash)을 야기한다.

이어서 한국 핵무장에 대한 논쟁을 다루며, 관련 사례로서 1) 확전

우려로 인한 소극적 우크라이나 지원, 2) 트럼프 재집권에 따른 우크라이나 포기 가능성을 든다. 이를 통해 한국의 유사시에도 비슷한 상황이 발생할 수 있음을 논증한다. 또한 핵무장론에 대한 비확산 진영의 네 가지 반론과 '설득 후 강압 반응(persuasion-then-coercion response)'을 소개한다. 그러나 비확산 진영의 빈약한 논리로 인해 설득은 실패하고, 결국 미국은 강압을 고려한다고 주장한다. 미국이 이러한 강압 전략을 한국에 적용한 사례와 그에 수반되었던 반발도 다룬다. 마지막으로 강압의 대안으로서 수용을 제시하고, 핵무장 이후 한국의 모습에 대한 전망을 간략히 제기한다. 결론에서는 적정 수준의 한국 핵무장을 미국이 저지하거나 강압할 필요가 없다고 제언한다.

2. 한국 핵무장의 전략적 논리

국제관계학에서는 국가가 핵무기에 관심을 갖는 근거로서 안보 문제를 꼽는다.[5] 이에 따르면 한국이 전략적으로 자체 핵무장을 고려해야 할 두 가지 근거가 존재한다. 적성국의 핵무기 보유는 보호제공국의 안전보장 공약 신뢰성을 훼손하고,[6] 보호제공국은 피보호국을 포기할 수 있다는 점이다.[7] 이는 모두 2017년 이후의 한국에도 분명히 적용 가능한 근거이기도 하다.

가. 신뢰성 문제: 북한 대륙간탄도미사일의 대(對)한국 안전보장 약화

2017년 북한이 미국 본토를 사정권에 둔 대륙간탄도미사일(ICBM: Intercontinental Ballistic Missile)을 시험 발사한 이후로, 대(對) 한국 방어 공약의 이행은 더 이상 온전히 신뢰할 수 없게 되었다. 핵무기에 대한 샤를 드골(Charles de Gaulle) 프랑스 대통령의 관심은 당시 유럽에서 영국 등에 의해 촉발된 핵무장 경쟁과 맞물렸다. 그리고 드골은 1960년대 소련의 핵 위협에 직면한 상황에서 미국 주도 확장 억제의 신뢰성을 우려하여 핵무장을 결심했다. 한국의 핵무장에 관한 여러 선행 연구에서도 이를 반복적으로 거론하고 있다.[8] 한미 상호방위조약에 따르면 유사시 개입을 위해서는 양국 의회의 승인을 거쳐야 하는데, 미국 의회의 참전 승인이 무조건적으로 보장될 것이라 낙관하기 어렵다. 멀리 떨어진 타국을 위해 미국이 적의 핵공격 위험을 부담하면서까지 전쟁을 수행하는 것은 현실적으로 어렵다. 따라서 백악관은 핵전쟁으로 비화할 수 있는 일련의 행동을 망설일 가능성이 높다. 동맹국 간 구속력을 갖춘 안보 공약이라 할지라도, 타국을 대신한 핵전쟁에 반대하는 국내 정치적 제약을 극복할 수 없을 것이기 때문이다.

적성국의 핵 보복 위험이 존재한다면, 어떠한 미국 대통령도 자국민들에게 동맹국에 대한 방어 의무 이행을 설득하기 어려울 것이다.[9] 그리고 전통적으로 전력 면에서 열세인 북한이 핵무기를 선제적으로 사용할 수 있다.[10] 열세인 군사력과 한반도의 짧은 지리적 종심을 극복하기 위해 북한은 오히려 우월국가를 대상으로 한 핵무기 사용을 고민할 수밖에 없기 때문이다.[11] 한미동맹은 유사시 북한의 상당수 핵자산을 최대한 무력화할 것이므로, 북한은 핵 타격력의 상실보다 개전 초기 핵무기 사용을 선호할 것이다. 따라서 북한의 핵무기 사용 문턱이 러시아나 중국보다 낮을 것이므로,[12] 한국에 대한 방어 공약은 미국이 타국에 보장하는 것보다 더 많은 위험 요소가 존재한다. 실현 가능한 북한의 선제 핵공격 위협에 직면한 상황에서 절대적인 동맹국 방어는 미국에 쉽지 않은 선택이다.

미국의 이익에 큰 도움이 되지 않는 피보호국의 분쟁은 안전보장 문제를 악화시키는 경향이 있다. 냉전기에는 서유럽이 오늘날의 한국보다 미국의 안보에 더 큰 중요성을 지녔음에도, 드골은 미국의 이반을 두려워했다. 한국은 미국 본토에서 멀리 떨어져 있는 중견국으로, 한국을 잃는 것이 미국의 안보를 직접적으로 약화시키지는 않는다. 탈냉전(Post-Cold War) 이후 미국이 누리는 한국의 지정학적 효용성은 중국과의 인접한 위치에서 비롯된다. 잠재적 미중 갈등을 고려했을 때, 미국이 한국을 방어하기 위해 어느 수준까지 적의 핵공격 위험을 감수할지는 불확실하다. 우크라이나 역시 러시아와의 전쟁에서 패배하더라도 당장 미국 본토를 위협하지 않는 먼 국가이므로, 한국과 비슷한 상황에 처할 수 있다. 우크라이나와 핵보유국 간의 전쟁에서 미국이 주저하는 모습은 핵무기를 가진 북한과의 충돌에서도 비슷한 신중함이 나타날 수 있음을 시사한다.

이러한 동맹 무력화 논리는 상대의 핵 위협에 근거하고 있다.[13] 국제관계 이론에서는 적의 핵 보복 가능성에 직면했을 때 초래되는 확장억제의 신뢰성 저하를 폭넓게 다루어 왔다.[14] 북한은 이를 확실하게 인지하고 있는 것으로 보인다. 북한은 법 개정을 통해 지위를 핵보유국으로 정의했고, 적국 대상 핵공격의 기준을 모호하게 제시하여 핵무기 사용 문턱(threshold)을 낮추었다. 이를 통해 미국의 동맹국을 대상으로 이미 선제 핵공격이 가능하다는 자신감을 내비쳤고, 유사시 핵공격 또는 대미 위협을 가하기 위한 법적 근거와 명분을 만들었다. 그러므로 북한의 핵 위협은 결코 과장(bluffing)이 아니라고 할 수 있다.[15] 즉, 북한은 한미동맹에 대한 직접적인 핵 위협으로 미국과 한국을 갈라놓기 위해 ICBM을 개발한 것이다.

미국 정부 인사들이 한미동맹을 '철통같다(ironclad)'[16]고 꾸준히 표현하는 이유도 여기에 있다. 이들은 유사시 확장 억제를 비롯한 자국의 안보 공약이 흔들릴 수 있다는 점에 동의하지 않는다. 그러나 미국은 북한과의 위기 상황에서 미군 기지나 자국 본토에 대한 핵공격을 우려해 보복을 주저할 것이다. 린지 그레이엄(Lindsey Graham) 미 상원의원은 북한이 2017년에 처음으로 미국 본토를 직접 위협할 ICBM 실험을 강행하였을 때 이러한 역학을 정확히 파악한 바 있다.[17]

> 김정은을 막기 위한 전쟁이 일어난다면 그 전쟁은 해당 지역에서 일어날 것이다. 수천 명의 희생자는 거기서 발생할 것이다. 그들은 우리 땅에서 죽지 않을 것이다. 트럼프는 그것이 도발적으로 들릴 수도 있지만 사실 그렇지만은 않을 것이라고 나에게 말했다... 미국 대통령의 우선순위는 어디에 있을까? 미국 국민들에게 있다.

그레이엄 의원의 국익 기반 사고는 직관적이다. 현실주의자들이 오랫동안 주장한 것처럼,[18] 그러한 사고는 현대 국가 체제에 깊이 자리한 자국중심주의와 부합한다. 테러와의 전쟁 당시 "우리는 해당 지역에서 적들과 싸울 것이므로 미국 내에서 맞설 필요가 없다"라는 조지 W. 부시(George W. Bush) 대통령의 발언은 그레이엄 의원과 비슷한 정서를 드러낸다.[19]

존 아이켄베리(John Ikenberry)가 말한 자유주의적 국제주의(liberal internationalism)[20]는 동맹 내에서 행해지는 자국중심적 행동을 설명하지 못한다. 이타성(selflessness)에 기반한 그의 관점은 유사시 동맹국을 위한 미국의 무조건적 핵 보복을 장담할 수 없는 것이다. 확장 억제는 동맹국 대리 보복에 따를 비용을 미국이 부담하는 것을 의미하는데, 미국 본토에 대한 핵공격 위험은 섣불리 감당하기 어렵다. 핵전쟁으로 비화되는 결과에 직면할 때, 한미 양국은 상호 간의 안보적 확약과 상관없이 친(親)동맹 국제주의(internationalism)가 아닌 자국중심주의를 택할 가능성이 높다. 한반도에서의 전쟁은 이제 핵전쟁으로 발전할 수 있기에, 미국의 안보 공약에 대한 전적인 의존은 위험도가 크다.

이에 따라 발생하는 신뢰성 문제는 동맹 포기 가능성을 줄이기 위해 미국에 더 구체적인 방어 공약을 요구하는 양상으로 이어진다.[21] 일례로 1970년대 한국의 첫 핵무장 시도가 미국으로 하여금 더 확실한 안전보장을 제공하게 한 전례가 있다.[22] 이러한 양상은 미국으로부터 더 나은 확약을 얻어내기 위해 한국 대통령이 자체 핵무장 가능성을 언급한 것과, 미국의 핵무기 운용 계획에 대한 한국의 참여 권리를 요구한 부분에서도 관찰된다. 미국은 2023년 '워싱턴 선언(Washington Declaration)'과 한미 '핵 협의 그룹(NCG: Nuclear Consultative Group)' 신설을 통해 동맹국의 그러한 요구에 부응하려 했다. 과거 서독이 핵무장 옵션 추구를 중단함으로써 미국으로부터 얻어낸 결과도 비슷했다.[23] 결국 서독은 나토(NATO: North Atlantic Treaty Organization)를 통해 미국의 전술 핵무기로 자국 안전을 보장받는 핵공유(nuclear sharing) 모델의 수혜국이 되었다.

그러나 동맹국에 확신을 심어주거나 유사시 행동 계획을 공유한다고 해도, 미국 헌법상 대통령이 갖는 전쟁 수행에 관한 최종 결정권을 능가할 수는 없다. 북한의 핵 보복을 우려하는 미국은 관여를 주저하거나, 한국을 부분적으로 또는 완전히 포기할 수 있다.[24] 또한 한국은 서독과 달리 미국의 전술 핵무기 재배치를 얻어내지 못했다. 이는 한미 간 핵 협의를 강화하는 대신 핵비확산조약(NPT: Non-proliferation Treaty) 준수를 확약시킨 워싱턴 선언에서 드러난다. 이 선언에 대해 한국과 미국은 상반된 해석을 내놓았다.[25] 바이든 대통령은 자신만이 핵무기를 운용할 권한이 있음을 재차 강조한 반면, 윤 대통령은 한미동맹이 '핵 기반 동맹'이라고 주장했다. 워싱턴 선언 이후 한국은 동맹 내에서의 '핵 공유(nuclear sharing)'를 언급했지만, 미국은 해당 용어의 사용을 지양했다.[26]

이에 랜드(RAND) 연구소와 아산정책연구원의 공동 보고서는 전술핵무기 재배치를 통해 미국의 후퇴 가능성에 대한 우려를 불식시키자는 절충안을 제시했다.[27] 그러나 북한의 대량살상무기(WMD: Weapons of Mass Destruction)가 계속 개선되고 있으며 이를 지속하려는 김정은의 의지는 이어지고 있다.[28] 게다가 미국이 자국 핵무기를 소유, 접수, 철수할 권한을 변함없이 보유하므로 한미 간의 균열이 나타날 수 있다.

동맹 내 핵무기 지휘통제를 둘러싼 이러한 해석 상의 갈등은 미국의 안보 공약에 있어 한미 양국이 더 이견을 보일 수 있음을 암시한다. 이는 양국 마찰의 이면에 있는 북핵 문제가 가속화 중이기 때문이다. 안보적 우려를 둘러싼 동맹 간 이견 충돌은 전술한 서독의 사례에서 드러났다.[29] 미국이 나토와의 핵공유를 결정하기 전부터 독일은 프랑스와 공동으로 핵무기를 구매 또는 개발하려 했고, 이에 미국은 나토 탈퇴 위협으로 맞섰다. 양국의 이러한 핵무장 논쟁은 20년 동안 지속되었다. 결국 서독은 미국의 전술 핵무기 공유를 얻었으므로 일견 한국과 다르다고 볼 수 있으나, 두 국가는 공통적으로 상대 핵보유국과 인접한 최전방 분단국 사례이다.

북한이 핵무기로 미국 본토를 공격할 수 있게 되었으므로,[30] 한국은 미국의 방기 가능성에 대해 점점 공개적으로 우려하게 될 것이다. 그러므로 한국은 자체 핵무장에 대한 미국의 승인 또는 강화된 안전보장을 요구할 것으로 예상된다.[31] 그러나 미국이 한국을 아무리 안심시키려 하더라도 근본적 불안감을 불식시키기는 어렵다. 미국 대통령은 동맹의 공동 이익보다 국익을 우선시하여 행동할 것이기 때문이다. 결국 적국의 핵 보복 가능성으로 인해 미국이 핵전쟁 수행을 주저할 수 있다는 불안감은 해소되지 않는다. 이에 한국은 미국의 확약에 전혀 만족하지 못하고 워싱턴에 항상 더 많은 것을 요구하게 된다.[32] 그런데 2017년 이후 북한의 대미 핵 위협 가능성은 신뢰할 만한 수준의 방어 의지를 동맹국에 전달하는 것을 어렵게 하고 있다.[33] 따라서 한국은 북핵 문제를 과장이 아닌 실존적 위협으로 받아들이고 있다.

비핵국가로서 더 확실한 안전보장을 원하는 한국의 요구는 핵전쟁과 같은 위험 시나리오에서 행동의 자유를 원하는 미국과 충돌할 것이다. 이러한 동맹 내 갈등은 북핵 위협이 악화될수록 고질적 문제가 될 것이다. 한국 내 핵무장론 진영이 제기한 전망처럼,[34] 결국 시간이 지날수록 북한의 핵무기 위협이 증가하면서 안보 갈등이 동맹 간 논의를 잠식할 것으로 보인다. 이 경우 어느 쪽도 타협안에 만족하기 어려울 것이다. 워싱턴 선언이 한국의 핵 불안감을 해소하지 못하고 덮어둔 것처럼, 한미 고위급 회담에서는 서로 상반된 입장을 드러낼 것이다. 미국은 유연한 대응 전략을 고수하려 할 것이고, 한국은 미국을 보다 구체적인 확약에 묶어두려 할 가능성이 높다. 결과적으로 미국과 서독의 사례처럼 한미동맹 전체가 위협받는 심각한 상황이 전개될 수 있다.

그러한 상황이 도래하였을 때, 강압에 따른 한국 내에서의 반발과 미국의 이중성 논란을 발생시키지 않는 가장 쉬운 방법은 전략적으로 가치 있는 양국 관계를 정상화하는 것이다. 이러한 정상화는 직접적인 대북 핵 억제력을 모색하려는 한국의 NPT 탈퇴 용인을 의미한다.[35]

나. 방기 위협: 한국의 핵무장과 트럼프계 공화당의 무관심

보호제공국의 동맹 방기는 국제관계 이론에서 널리 다루어진 이슈이며, 한미 관계에서는 수십 년 만에 처음으로 우려되는 쟁점이다. 1970년대 후반 지미 카터(Jimmy Carter) 대통령은 주한미군 감축을 모색했지만, 그 이후 복원된 한미 관계는 굳건했다. 그러나 트럼프가 방기의 문제를 다시 부상시켰다. 미국이 한국과의 관계를 훼손한다면, 한국은 분명히 NPT에서 탈퇴할 것이다.

한국의 핵무장론에 대한 미국 내 반대 진영에는 비확산 및 국제주의를 지지하는 전통적인 외교정책 집단이 있다. 바이든 행정부의 정책도 이를 내포하고 있다.[36] 그러나 트럼프 집권 이후 이러한 국제주의에 대한 미국 내 합의가 존재하지 않는다.[37] 공화당은 동맹을 경시하고 권위주의에 치우치면서 일방적인 '미국 우선주의'를 지지하고 있다.[38] 트럼프 이후에도 그와 유사한 '트럼프주의(Trumpism)' 공화당 후보가 당선되면, 미국은 더 이상 한국의 행동을 신경쓰지 않을 가능성이 존재한다.[39] 이에 한국의 핵무장에 대한 미국의 반대는 급격히 줄어들 것으로 예상된다. 트럼프주의에 경도된 공화당 내에서 유럽과의 안보 협력에 대한 무관심은 뚜렷이 드러나고 있으며, 러시아-우크라이나 전쟁 지원에 대해서도 반대 의사를 표하고 있다. 트럼프가 지배한 공화당은 미국의 나토 참여까지 문제삼고 있다.[40]

트럼프 1기 집권 당시의 미국은 전통적인 동맹국보다 시진핑(Xi Jinping) 주석, 김정은 국무위원장 등 역내 독재자와의 개인적 관계에 훨씬 더 관심을 기울였다. 트럼프는 김 위원장에게 공개적으로 호감을 표한 바 있고, 시 주석의 홍콩 및 신장 위구르 자치구 탄압에 반대하지 않는다는 신호를 보냈다. 또한 재선 시 한미동맹을 "폭파(blow up)"하겠다는 의지를 밝혔고,⁴¹ 미일 안보 조약 파기까지 암시했다.⁴² 동시에 나토 탈퇴 옵션까지 검토 중인 것으로 보인다.⁴³ 러시아의 전쟁 개전 이후 대선 유세 중인 트럼프가 나토를 탈퇴하겠다고 위협하자, 한국은 미국의 동맹 방기 가능성을 공개적으로 언급하였다.⁴⁴ 그리고 트럼프 측 관계자들은 주한미군의 철수 또는 감축을 노골적으로 전망하고 있다.⁴⁵

트럼프의 경쟁 후보들은 그의 미국 우선주의 정책을 크게 비판하지 않았고, 여론조사에서는 유권자들이 자국 중심 일방주의에 동의하는 것으로 나타났다.⁴⁶ 그리고 현재 공화당 내 트럼프주의는 트럼프를 정치적으로 생존시켰다. 그렇다면 앞으로 공화당계 대통령이 선출될 때마다 미국의 대(對)동맹 안보 공약에 대한 의구심이 생길 것으로 예상된다.

트럼프는 한국을 NPT에 묶어둔 워싱턴 선언의 소멸과 자체 핵무장론 확대를 불러올 것으로 보인다. 트럼프의 예측 불가능성과 한국에 대한 비호감은 전술한 안보 공약의 신뢰성 문제를 비약적으로 증폭시킬 것이다. 그리고 공화당 후보의 당선은 트럼프식 방기를 우려하는 한국이 핵무장에 나설 합리적 기회로 작용할 수 있다. 전통적으로 핵무장에 대해 양가적 태도를 보였던 한국 내 진보 진영도 이러한 가능성을 받아들이고 있다.⁴⁷

다. 북한의 학습 사례: 러시아-우크라이나 전쟁

진행 중인 러시아-우크라이나 전쟁은 전술한 동맹 공약 이행과 방기의 역학이 실제로 작동하고 있음을 보여준다. 한국은 미국의 동맹국인 반면 우크라이나는 서방 진영의 파트너 국가이므로,⁴⁸ 한미동맹의 결속이 더 강하다고 볼 수 있다. 따라서 미국은 한반도 유사시 우크라이나 전쟁보다 더 적극적으로 대응할 가능성도 일부 존재한다. 하지만 안보 측면에서 한국과 우크라이나는 구조적 유사성을 띠고 있다. 러시아의 핵 위협은 3차 세계대전을 피하려는 서방의 우크라이나 지원을 소극적이게 만들었고,[49] 트럼프는 우크라이나에 대한 미국의 지원을 중단할 가능성이 높다. 한국과 우크라이나는 모두 중견국이며, 이들이 연루된 전쟁은 미국 본토 안전에 직접적인 영향을 미치지 않는다. 따라서 미국은 한반도 유사시에도 핵 보복을 망설일 수 있다. 다시 말해 미국이 이 중견국들을 위해 얼마나 핵 확전(nuclear escalation) 위험을 감수할 것인지 확실치 않다.

나토가 우크라이나에 대한 직접 개입 여부를 함구하는 현상은 북한과 같은 약소국에게 완성된 핵무기의 진가를 보여주었다. 적국이 선제 타격(first strike) 능력을 확보하면 우방국을 대신해 전쟁에 개입하려는 미국의 의지가 필연적으로 줄어든다는 것이다. 미국의 지나친 개입은 미국 영토에 대한 적성국의 보복성 핵 공격을 유발할 수 있기 때문이다.

블라디미르 푸틴(Vladimir Putin) 대통령은 핵전쟁으로의 확전 위협을 통해 나토의 적극적 우크라이나 전쟁 개입을 성공적으로 저지했다. 서방 전문가들은 전쟁 초기 확전을 우려하며 나토가 우크라이나의 비행금지구역 설정 요청을 거부해야 한다고 주장했다.[50] 마찬가지로 서방은 러시아의 확전 유도에 대한 두려움 때문에 탱크, 전투기, 장거리 포 등 살상 무기의 우크라이나 이전을 경계했고,[51] 나토의 무기 전달은 제한되었다.

이러한 불안감 고조로 인해 서구권은 대(對)우크라이나 지원의 적절한 수준에 대해 격론을 벌이고 있다. 우크라이나는 서방의 전폭적 지원 없이 사실상 홀로 전쟁을 치르면서 부분적으로 방기되었음을 체감하고 있다.[52] 우크라이나 지지자들은 러시아의 핵무기가 서방의 지원을 과도하게 억제하고 있음을 공개적으로 비판했다.[53] 북한은 이 전쟁 사례를 통해 대량살상무기 활용에 있어 유의미한 교훈을 학습하였다고 추론할 수 있다. 한반도 유사시 핵전쟁 확전에 대한 우려를 증폭시킴으로써 미국의 안보적 지원 제한 및 억제를 꾀할 수 있다는 점이다.

중요한 점은 한국에 대한 미국의 안전보장이 상호방위조약으로 공식화되어 있으나, 나토는 우크라이나에 대한 안전을 약속하지 않았다는 것이다.[54] 일견 미국은 우크라이나보다 한국을 돕기 위해 핵 보복 위험을 더 감수할 수도 있을 것이다. 그러나 이제 한국이 해당 조약을 온전히 신뢰하기는 어렵다. 한미 상호방위 조약이 체결될 당시에는 북한이 제한적인 재래식 무기만을 갖추었고, 미 본토를 타격할 역량이 없었다. 하지만 지금은 미국 대상 북한의 핵공격이 가능한 상황이며, 이는 매우 중대한 변화이다.

전후 미국의 동맹국 중 44%가 미국의 안전보장 공약에도 불구하고 자체 핵무장을 고려했다.[55] 주된 이유는 공통적으로 미국이 안보 공약을 지키지 않거나 포기할 것을 우려했기 때문이었다. 비핵국가로서 갖는 한국의 안보 불안감도 이와 다르지 않으며, 한반도 안보 지형의 변화를 인지한 이후 비슷한 심리가 관찰되고 있다. 2024년 여론조사에 따르면, 응답자의 절반 이하인 46.8%만이 미국이 유사시 한국을 위해 본토 타격 위험을 감수하고 핵 보복을 할 것이라고 보았다.[56] 이는 미국의 확장 억제가 한국인들의 핵무장 욕구를 더 이상 억누르지 못한다는 의미이다. 또한 과거에 비해 자국중심주의 또는 비개입주의(non-interventionism) 성향을 더욱 드러내는 미국의 최근 움직임과도 무관하지 않다.

냉전 시기 영국과 프랑스는 안전보장을 제공하겠다는 미국의 확답에도 불구하고 자체 핵무기를 보유했다. 드골은 존 케네디(John F. Kennedy) 대통령에게 유럽을 대신해 미국 도시를 위험에 빠뜨릴 것인지 의문을 던졌다. 케네디는 이를 거절했는데,[57] 역내 전쟁은 해당 지역에서 진행되어야 한다는 자국중심적 논리에 기반한 것으로 보인다. 미국이 한국을 위해 핵전쟁을 감수할 의사를 전달하더라도, 북한의 ICBM과 트럼프로 인해 높아진 위험은 한국의 기존 안보 인식을 바꾸기에 충분하다.[58] 즉, 보호제공국이 동맹 방어 공약을 어길 가능성이 조금이라도 존재하면 피보호국의 전략적 계산에 영향을 미친다.[59]

보호 대상이 자국인지 타국인지에 따라 핵무기 사용은 완전히 다른 성격의 문제가 된다. 핵보유국이 비핵 동맹국에 제공하는 확장 억제는 자국 영토를 지키겠다는 것과 동일한 수준의 신뢰성을 줄 수 없다. 핵무기 사용 가능성을 암시함으로써 적의 공격을 억제하는 동시에 동맹국에게 확장 억제의 확실성을 납득시키는 것은 매우 어렵다. 실제로 미국 대통령이 동맹국을 위해 자국 영토에 대한 보복 위험을 감수할 것인지에 대해서 일부 전직 미국 정부 관계자들이 거의 확실하게 아니라고 답했다.[60] 즉, 자국의 영토가 비핵 동맹국과 대립하는 적성 핵보유국의 보복에 노출될 경우, 해당 동맹국을 위해 핵전쟁을 감수할지에 대한 의구심은 확장 억제에 대한 불안감으로 이어진다.[61]

3. 설득: 미국 비확산 진영의 한국 핵무장 반대

비확산 진영에서는 미국이 핵무장을 원하는 동맹국들을 강압하기 전에 설득을 시도할 것으로 본다. 이러한 주장은 대부분 핵확산의 위험성을 강조한다. 핵무장에 대한 미국의 우려는 오랜 비확산 기조를 더 선호하게 한다.[62] 따라서 이 장에서는 비확산 진영의 네 가지 우려를 먼저 언급하고, 이에 대한 반론을 제기한다.[63] 첫째, 비확산론은 한국의 NPT 탈퇴와 핵무장이 NPT 체제를 약화시킬 것이라 주장한다. 둘째, 한국 핵무기의 관리 미흡 가능성을 제기한다. 셋째, 한국의 NPT 탈퇴와 핵무장은 역내 핵확산을 촉발할 것으로 본다. 넷째, 핵무기에 대한 한국의 관심이 북한의 군비 통제를 방해할 것으로 예상한다.

가. 한국의 NPT 탈퇴와 비확산 체제 약화

한 국가의 핵무장이 비확산 체제 전반을 약화시킬 것이라는 주장은 흔히 관찰되는 의견이다.[64] 이러한 시각은 세계가 핵무기 없는 '글로벌 제로(Global Zero)'를 향해 나아가야 한다는 지향점을 제시한다.[65] 특히 NPT를 탈퇴하는 것이 자유민주주의 국가인 한국에게 치명타가 될 것으로 본다. 민주국가는 국제 규범을 수용하고 따르는 경향이 있기 때문이다.

그러나 비확산 체제가 국가들의 핵무기 개발을 막는다는 증거는 거의 없다.[66] 한국의 NPT 탈퇴가 비확산 체제를 심각하게 훼손한다거나 타국의 핵무장을 조장할 것이라는 주장은 상당한 논쟁의 여지가 있다. 한국은 NPT 제10조에 따라 합법적으로 해당 조약을 탈퇴할 수 있으나,[67] 탈퇴 즉시 핵무기를 만들지는 않을 것이다. 핵무장은 북한과 중국의 대응에 맞추어 진행될 것이고,[68] 그 국가들이 핵능력 증강을 멈춘다면 중단할 가능성이 높다. 북한의 NPT 탈퇴 자체가 해당 조약을 무력화시킨 것은 아니었다. 그리고 한반도 비핵화를 위해 한국이 행한 30년 간의 노력은 북한의 기만 전술에 주기적으로 좌절되었다. 그동안 이어졌던 그러한 노력이 NPT 탈퇴의 합당한 근거로서 작용한다.[69]

완성된 핵 프로그램을 포기한 사례는 지역 내 안보 위협이 사라진 남아프리카공화국이 유일하며, 대체로 국가는 이미 보유한 핵무기를 내려놓지 않는다. 한국이 NPT와 전세계 비핵화 목표를 존중하는 동안 중국, 러시아, 북한은 그들의 의지대로 행동한다면, 한국으로의 '강압적 핵확산(coercive nuclear escalation)'으로 이어질 것이다. 일부 국회의원들이 NPT 탈퇴에 따른 제재 위험을 감수할 수 있다는 의지를 드러냈듯이,[70] 자국을 취약하게 하는 규범을 위해 안보를 희생하는 것은 극히 비현실적이라 할 것이다. 미국 역시 한국에 요구하고 있는 핵불균형을 영구적으로 용납하지 않을 것이 분명하다.

이것이 사실상 미국의 입장이라고 볼 수 있다.[71] 확장 억제의 신뢰성이 점차 약해지고 있으므로, 워싱턴의 한국 핵무장 반대는 사실상 한국을 북한과 중국의 핵 강압에 노출시키는 것이다. 일부 국가들에게만 이익을 가져다주는 규범을 위해 자국 안보를 위험에 처하게 하는 것은 어떤 국가에게도 요구하기 어렵다. 이는 전술한 바와 같이 고질적인 한미동맹의 위기를 조장하게 된다.[72]

나. 무책임한 핵무기 관리 가능성

또 다른 비확산 진영의 우려는 복잡하고 위험한 핵무기의 유지에 관한 문제이다.[73] 이 진영은 핵무기가 많아질수록 분실 및 도난, 과학자의 사익 추구를 위한 핵확산, 이념 또는 여타의 이유에 의한 군 간부의 핵무기 발사 및 지휘통제 체계 붕괴, 체르노빌과 같은 치명적인 원자력 사고 가능성 등이 높아진다고 주장한다. 특히 스콧 세이건(Scott Sagan)은 신규 핵보유국이 핵무기 관리에 무책임할 수 있다는 점을 언급했다.[74] 절차와 안전에 관한 우려는 심각하게 고려되어야 할 사안이나, 전술한 우려들은 한국에 해당하는 문제가 아니다. 이러한 주장을 통해 비확산 진영은 '글로벌 제로'를 지향점으로 내세우지만, 그러한 결과로 이어질 가능성은 거의 없다.

핵무기의 지속가능성을 고려한다면 투명성, 열린 언론, 입법부의 견제, 군에 대한 문민 통제, 합리적인 법과 제도를 갖춘 민주국가가 비민주적 국가보다 핵무기에 더 책임감을 가진다.[75] 세이건식 논리에서는 한국의 핵무기 보유를 반대할 근거가 없다. 한국은 이미 오랫동안 민수용 원자력 발전소를 안전하게 잘 관리한 경험을 갖춘 국가이다.

특히 한국이 ▲상대국에 대한 선제 핵공격 ▲압둘 카디르 칸(Abdul Qadir Khan) 박사와 북한이 채택한 방식을 통한 핵확산 ▲테러리스트 및 불량국가 대상 핵무기 판매 ▲핵무기 분실 ▲핵무기 안전에 관한 무모한 행동 등을 실행할 가능성은 매우 낮다. 영국, 프랑스, 이스라엘도 그러한 움직임을 보인 적이 없으며, 파키스탄과 인도는 책임 있는 핵보유국으로 남아있다. 핵무기를 보유한 독재 정권조차 상술한 문제들에 대해 주의를 기울인다.[76] 따라서 절제된 외교정책 경험을 갖춘 민주국가인 한국은 모범적 핵보유국이 될 수 있다고 보는 것이 타당하다.[77]

다. 동아시아 핵 도미노 현상 촉발

한국의 핵무장이 동아시아 군비 경쟁을 악화시킬 수 있다는 불안감이 일반적이다.[78] 비확산 진영은 한 국가의 핵무기 보유가 타국의 핵무장을 연쇄적으로 부추기는 '반응적 확산(reactive proliferation)'에 대해 우려하며, 이것이 핵 비확산 체제를 약화시킬 수 있다고 본다.[79]

그러나 이러한 우려는 한국 주변의 독재 국가들에 대한 것이며, 기우에 불과하다. 역내 권위주의 국가들은 이미 핵무기를 보유하고 있으며 이를 질적, 양적으로 증강하고 있다. 러시아와 북한도 일상적으로 핵 위협을 가하는 상황이다. 북한은 1992년 이후 구속력 없는 여러 합의를 통해 핵무기를 보유하지 않겠다는 의사를 거듭했지만 결국 핵무장을 감행했다. 현재 북한은 ICBM과 수십 개의 핵탄두를 보유한 상태이다. 그러므로 동아시아 내 권위주의 국가로의 핵 도미노는 예방 가능한 성격의 것이 아닌 이미 발생한 현상으로 보아야 할 것이다.

오히려 역내 민주국가들 사이에서 핵확산이 발생할 가능성은 일부 존재한다. 한일 관계의 긴장을 고려한다면 한국의 핵무장에 따라 일본이 핵무기를 확보할 수도 있을 것이다. 그러나 다른 찬성론자의 주장처럼, 이러한 우려는 과장되었을 수 있다.[80] 북한의 핵무기 보유가 일본의 핵무장을 불러오지 않았다면, 한국의 핵무장이 일본을 부추길 가능성은 높지 않다. 그리고 한국은 NPT를 탈퇴하되 핵무장을 즉시 추진하지는 않을 것으로 예상된다. 일본과 한국은 모두 미국의 오랜 동맹국이다. 핵무장한 한일 양국이 서로에게 핵 위협을 가한다면 미국이 큰 가치를 부여하고 있는 동맹 관계를 깨뜨릴 수 있다. 따라서 나토가 핵계획 그룹(NPG: Nuclear Planning Group)을 통해 회원국들을 조정하는 것처럼, 핵보유 동맹국이 만들 핵 교리(doctrine)는 미국과의 연합 방위 태세에 통합될 가능성이 높다. 또한 친서방 국가인 한국의 NPT 탈퇴 여부는 대만 안보와 관계가 없으므로, 대만이 한국에 대항하여 핵무장을 할 가능성도 낮다. 또한 대만의 정책 결정권자들은 핵무장 시 중국을 크게 자극할 것임을 인지하고 있다.[81] 그러므로 연쇄적 핵무장은 매우 드물다고 할 수 있다.[82]

라. 한국의 NPT 탈퇴와 북한 비핵화 의지 약화

전술한 미국 내 세 가지 반대 논리는 수평적 핵확산(horizontal proliferation)[83]에 초점을 맞추고 있다. 물론 핵무기에 대한 한국의 관심이 북한의 수직적 핵확산(vertical proliferation)[84]을 촉진하거나,[85] 북한과의 잠재적 합의를 방해할 수도 있을 것이다.[86] 이러한 전개가 불가능하다고 단정하기는 어려우나 그 가능성은 희박하다. 북한은 한국의 행동과는 상관없이 핵, 미사일 역량을 발전시키겠다는 의지가 확고해 보인다. 1기 트럼프 행정부 시기에 진행된 한국, 미국과의 핵협상 과정에서도 대량살상무기 제한에 대해서는 협상 의지가 전혀 없음을 드러냈다. 그러므로 오히려 한국의 핵무장은 북한이 선의를 갖고 협상을 재개하도록 자극하거나, 중국이 역내 친미 핵보유국의 등장을 우려하여 북한을 협상에 나서도록 종용하는 결과를 가져올 수 있다.

북한의 핵, 미사일 개발은 김정은의 지도 하에 끊임없이 진행되어 왔다.[87] 북한은 주기적으로 호전적인 방식을 통해 핵 위협을 말하고 있으며,[88] 트럼프 행정부와의 대미 외교에서 핵무기에 관한 합의를 제안하지도 않았다. 오히려 김정은은 앞으로 더 많은 대량살상무기 개발이 이어질 것이라고 공언했고,[89] 북한의 핵 사용 문턱은 이미 낮아졌다.[90] 이를 통해 북한은 비핵화가 불가능하다는 점을 전세계에 반복적으로 말해왔다.[91] 북핵 사태 발생 이후로도 한국이 30년 동안 자체 핵무장을 단념하였지만 북의 이러한 행동을 막지 못했다.

사실 이는 예상된 수순이라고 볼 수 있다. 핵무기는 북한에게 탁월한 억제력으로서 기능하고 있다. 그리고 상당한 열세인 재래식 군사력에서 한미동맹과의 불균형을 상쇄하는 데에 도움이 되고 있다. 북한의 이러한 전략적 계산은 한국 내에서 본격적인 핵무장 논의가 시작되기 전부터 존재했다. 따라서 수십 년 간의 핵 협상이 실패하였기에 새 합의가 단기간에 도출될 가능성은 매우 낮다. 그러므로 한국의 NPT 탈퇴가 현재의 교착 상태를 극복할 수 있을 것으로 보인다.

김정은과 트럼프, 문재인 전 대통령 간의 협상 결과는 전술한 내용을 잘 드러내고 있다.[92] 2018년부터 2020년까지 북한은 미국, 한국과의 균형 잡힌 합의를 이끌어낼 수 있는 가장 유리한 기회를 얻었지만 이를 놓쳤다. 고위급 탈북자가 북한이 비핵화하지 않을 것임을 거듭 말했듯이,[93] 김정은이 발표한 대량살상무기 증강 계획은 북핵 문제가 악화일로(惡化一路)에 들어섰음을 시사한다.

4. 강압 및 수용: 보호제공국 미국의 옵션

비확산 진영은 미국이 설득을 통한 핵무장 만류에 실패할 경우 강압 옵션을 사용할 수 있다고 보았다. 보호제공국-피보호국 특성을 지닌 한미동맹은 미국에게 한국을 간접적으로 위협할 수 있는 지렛대(leverage)를 제공한다.[94] 이 맥락에서 한미 관계는 불균형적이다. 따라서 핵무장에 대한 고려가 계속되면 미국은 한국을 비용적 측면에서 위협할 수 있다.[95] 그러나 일방적인 강압은 동맹국의 반발을 초래할 뿐만 아니라, 미국이 추구해야 할 관계 설정 방향에도 어긋난다. 이러한 문제로 인해 미국은 핵무장 의사를 가진 협력국들을 종종 수용했고, 인도와 파키스탄이 가장 최근 사례에 해당한다. 따라서 앞으로도 국내에서 핵무장 논의가 지속되어 미국이 반복적으로 한국을 압박할 경우, 강압 전략을 그대로 고수할 것인지는 불분명하다. 그러므로 본 장에서는 강압과 수용이라는 두 선택지를 다루고, 미국의 수용에 따라 한국이 선택할 수 있는 핵무장 경로에 대해 설명한다.

가. 대(對) 동맹 강압

한국의 안보와 경제에 있어 미국의 역할이 크다는 점을 고려할 때, 워싱턴은 한국의 핵무장 결정에 대해 비공식적으로 거부권을 행사할 가능성이 높다.[96] 비확산 진영에서는 미국의 압박이 동맹국 핵무장에 있어 결정적 요인이라고 하였다.[97] 특히 1970년대의 한국과 같이 핵무장을 원했던 동맹국이 시장 접근 제한 조치[98]에 취약한 경우, 미국의 제재 위협이 암묵적으로 성공했다.[99] 즉, 피보호국이 군사적으로 취약하고 차선으로 선택할 동맹국이 부족할 경우, 보호제공국은 핵무장에 따를 동맹 파기 비용을 제시하여 피보호국을 위협할 수 있다.[100]

한국은 이러한 강압적 비확산에 취약한 국가이다. 또한 3개의 독재 핵보유국과 인접한 최전방 국가이면서도 민주국가이다. 따라서 권위주의적 보호제공국으로의 편승이 제한되고, 미국은 한국의 주요 수출 시장이다. 그러므로 미국의 위협 선택지에는 경제 제재 및 시장 접근 제한, 한반도 내 미군 감축 또는 철수, 핵 물질을 수입하는 원천인 핵공급국 그룹(NSG: Nuclear Suppliers Group)에의 접근 차단, 각종 비자 취득 요건 강화 등이 있다. 한미동맹에 대한 전국민의 폭넓은 지지를 고려할 때, 한국의 정책 결정권자들은 이러한 비용을 감수하지 않을 가능성이 높다.[101]

그러나 강압은 그 자체로 문제를 야기한다. 피보호국은 자국이 종속 상태임을 자각하여 불만이 생길 것이고, 이는 보호제공국의 반발을 다시 부르게 된다. 이에 피보호국은 보호제공국에 기지 또는 영공 접근 등의 재협의를 요구할 수 있다. 또한 우방 강대국의 강압을 관찰한 동맹국 내 반미 세력은 자국의 안보적 우려에 대해 확신을 갖는다.[102] 그러므로 피보호국이 지정학적 가치를 지닌 국가라면, 해당 국가를 고립시키는 것은 위험할 수 있다. 미국은 큰 틀에서의 전략적 관계가 중요할 경우, 핵무장 시도 국가를 강압하는 데에 신중을 기한다.[103] 이는 미국이 지금까지 인도의 핵무기에 대해 침묵을 지킨 이유로 직결된다. 인도는 중국에 대항할 수 있는 중요한 잠재적 협력국이기 때문이다.

미국은 자유주의 진영의 패권국으로 정의되며,[104] 이러한 인식은 전통적인 워싱턴의 외교 정책 그룹에서도 관찰된다. 미국의 '국가 안보 전략(National Security Strategy)' 문서는 "규칙 기반 질서(rule-based order)"를 언급하면서 "강압 및 억압과 비자유적 국제 질서 모델(coercion, repression, and an illiberal model of international order)"을 거부하고 있다.[105] 바이든 대통령도 미국을 "자유, 독립, 민족자결 세계의 등대(a beacon to the world of freedom, independence, self-determination)"라고 칭한 바 있다.[106]

공언한 내용을 이행하고 우방국들이 미국에 대해 갖는 신뢰성을 보장하기 위해, 워싱턴은 오랜 동맹국과의 관계에서 강압 대신 협의, 조정, 존중에 무게를 둘 필요가 있다. 현실적 관점에서 보면, 공언한 내용에 모순되는 행위를 한다면 선도국가로서 미국이 가진 리더십(leadership)의 명분을 약화시킬 수 있다. 이미 민주주의 진영 내 미국의 동맹국은 핵 문제에 있어 "부적절한"[107] 이중성에 직면했다. 실제로 이러한 핵 이중성은 대미 신뢰도 저하 문제를 불러왔고, 여러 민주국가의 적극적인 미국 지지를 단념시키고 있다. 많은 국가들이 워싱턴의 동맹 강압 사례와 이중성을 목격하였기에, 민주주의 국가라고 해서 반드시 미국과 가까운 관계를 유지하지 않으며, 상당수는 비동맹(non-alignment) 노선을 유지하고 있다.

미국은 과거에 한국을 상대로 강압 전략을 사용하였다. 이미 1970년대에 압박을 통해 오히려 한국의 핵무장 욕구를 강화시켰고,[108] 2023

년에도 비슷한 강압이 이루어진 것으로 보인다. 워싱턴 선언 이후 한국 정부 관계자들이 자체 핵무장에 대한 언급을 갑자기 중단한 점이 이를 암시한다. 2022-2023년 미국이 한국에 가한 경제 제재 위협과 한국의 NSG 접촉 제한 가능성을 언급한 점에서도 알 수 있다.[109] 그리고 워싱턴 선언이 한국을 NPT에 구속하는 데에 성공했음에도 불구하고, 해당 선언은 미국의 조치가 강압적이고 부적절했다는 인식과 거센 반발을 초래했다.

워싱턴 선언에 대한 한국의 반응은 여야를 막론하고 매우 양면적이었다. 선언에서는 표면적으로 강압이 아닌 설득의 언어가 사용되었고, 오랜 동맹 관계와 비확산에 대한 공동의 약속을 언급했다. 그러나 한국에서는 미국이 상당히 작은 대가를 지불하고 한국의 NPT 결속을 얻어냈다는 비판적 시각이 팽배했다.[110] 주요 보수 언론은 워싱턴 선언을 통해 한국에 채워진 '핵 족쇄(nuclear shackles)'에 반발하며 한국 정부가 자국 주권을 포기했다고 비판했다.[111] 진보 진영은 해당 선언을 낳은 2023년 한미 정상회담을 한국에게 실질적 이득이 없는 미국의 공작(manipulation)으로 해석했다.[112] 이러한 반발과 이중성에 대한 논란은 한국의 전략적 자율성을 원하고, 미국 주도의 중국 봉쇄 참여를 꺼리는 진보 세력의 오랜 불안감과도 연결되어 있다.[113]

또한 워싱턴 선언에도 불구하고 자체 핵무장에 대한 한국의 관심이 동일한 수준이므로 미국은 한국을 다시 강압해야 할 것으로 보인다. 핵무장론을 견인하는 문제인 동맹의 안전보장과 방기에 대한 우려는 커지고 있다. 북한의 대량살상무기 확대는 분명하고, 트럼프주의가 공화당을 장악하고 있다. 이에 미국은 핵무장을 논하는 한국을 다시 위협할 수 있을 것이다. 그러나 합당한 안보적 우려와 달라진 안보 상황을 논하는 주요 우방국을 주기적으로 위협하는 것은 여러 비용과 동맹국

소외를 가중시킬 위험이 있다. 친미 성향의 한국 보수 세력도 이미 워싱턴 선언에 대해 비판적인 입장을 가진 상황이다.

아이켄베리는 자유주의가 국가를 국제 규범과 규칙 하에 놓이게 하므로 미국의 힘에도 제한이 존재한다고 보았다. 이 관점을 적용하면 미국과 동맹국 간 관계에서는 입장이 다르더라도 일방적 지배(domination)보다 주권 존중, 조정, 수용, 리더십의 강압적 사용 자제 및 호혜적 동맹관계 추구가 중요하다고 할 수 있다. 1991년 필리핀 상원의회가 미 해군의 수비크 만(Subic Bay) 임차 연장을 부결시켰으나 미국은 동맹국의 그러한 결정을 존중했다. 1966년 프랑스가 자국 주권을 위해 북대서양조약 제13조[114]에 기반해 결정한 나토 탈퇴도 수용되었다. 따라서 한국의 핵무장 이슈에서도 양국은 갈등보다 화합을 꾀하는 것이 바람직하다. 그리고 한미동맹과 집단안보 체제인 나토의 성공이 상호 존중 및 동맹국 입장 수용의 결과물이었음을 인식해야 한다. 다시 말해 한국이 타당한 핵무장 근거를 가지고 있다면, 미국은 강압 대신 수용을 고려해야 할 것이다.

나. 수용: 한국의 핵무장 진행 경로

반(反)핵확산 기조로 인해 비확산 진영에서는 동맹국 핵무장 수용에 대한 논의가 발전되지 않았다. 이는 동맹국들의 정책 결정을 방해하는 미국의 이중적 행위가 해당 학계에서 집중적으로 다루어지지 않는 이유이기도 하다. 한국의 핵무장론을 미국이 수용하는 데에는 두 가지 논거가 중요하다. 우선, 지정학적으로 미국이 중국과의 전면 대결을 선택한다면 한국의 일탈적 선택을 용인할 수 있다는 점이다. 그리고 한국은 제한적 수준의 핵무기 보유를 원하므로, 미국이 한국의 결정을 수용하더라도 큰 핵확산 위험이 초래되지 않을 것이라는 점이다.

특히 지정학적 측면에서 협력국과의 전략적 관계가 중요할 때 해당 국가의 핵무장이 수용되었다.[115] 미국은 영국, 프랑스, 이스라엘, 인도, 파키스탄의 핵무장을 용인하는 것을 반기지 않았지만, 그러한 마지못한 수용은 중요한 관계를 유지하기 위한 타협(compromise)이었다. 미국은 공공연한 비밀이었던 이스라엘의 핵개발에 대해 심각한 압박을 가한 적이 없으며, 인도와 파키스탄의 핵무장에 가해졌던 제재는 3년이 지나지 않아 해제되었다.[116] 따라서 국제정치적 가치를 지닌 피보호 동맹국들은 강압에 저항할 여지가 있음이 인정되고 있다.[117]

본문은 이전 장에서 한국은 지리적으로 떨어져 있어 미 본토 안보에 직접적인 영향을 미치지 않는 중견국이라고 주장했다. 그러나 장기적으로 미국이 중국과의 경쟁을 추구한다면 역내 협력국으로서 한국이 갖는 지정학적 가치는 상승할 것으로 예상된다. 한국이 핵무장을 강행할 경우, 워싱턴은 미중 전략 경쟁에서 한국을 끌어들이기 위해 이를 수용할 것으로 보는 시각이 이미 존재한다.[118] 중국에 점점 강경해지는 미국의 태도는 향후 한국이 워싱턴 선언을 재검토할 정치적 공간이 생길 것임을 시사한다.

핵무장을 용인한 대가로 핵확산이 발생할 것이라는 미국의 우려는 한국의 제한적 핵무기 보유로 인해 줄어들 수 있다. 한국은 적법하게 NPT를 탈퇴할 것이고, 핵무기 개발은 공개적일 것으로 예상된다.[119] 물론 초기에는 '핵잠재력(nuclear latency)'에 초점을 맞출 것이며, 최종적으로 한국이 갖출 중소규모의 핵무기는 북한과 핵균형을 이루면 동결될 것이다. 이어서 한국이 수립할 핵 교리는 미국의 전략과 통합될 것으로 보인다. 결국 한국은 공공연히 핵무장에 나서야 할 것으로 예상되므로 이스라엘, 파키스탄의 비밀 핵개발 사례는 적용될 수 없다. 따라서 한국의 핵무장을 용인하는 것은 미국 입장에서도 정치적으로 크게 우려할 만한 점이 아니라고 할 수 있다.

한국의 핵전력(nuclear forces)은 중소규모일 가능성이 높다. 한국의 핵무장은 상호확증파괴(MAD: Mutual Assured Destruction)와 안정적인 핵 억제력을 달성하는 데에 그 목적이 있다. 따라서 한국은 전략 폭격기를 비롯한 대규모 핵전력까지 보유할 필요가 없을 것으로 예상된다.[120] 즉, 북한의 핵무기 보유 수량이 적고 반격 능력이 제한적인 한, 한국은 전술 핵무기, 고위력(high-yield) 핵무기, 다탄두 ICBM 등이 필요하지 않을 것이다. 그렇다면 한국은 적의 선제 핵공격을 극복하기 위한 적정 규모의 핵탄두, 중거리 탄도미사일(MRBM: Medium-range Ballistic Missile)을 탑재한 일부 전략핵잠수함(SSBN), 빠른 수중 기동성을 갖춘 공격핵잠수함(SSN), 이미 보유한 이동식발사대(TEL: Transporter Erector Launcher)로 충분할 것이다. 이렇듯 자위권(self-defensive right) 행사 차원에서 보유할 한국의 핵무기는 선제 타격을 위한 자산이 아니다. 따라서 북한과 중국의 핵 강압을 억제할 만큼 보유하되, 충분한 생존성(survivability)을 확보하는 것이 중요하다.[121]

5. 결론

본문은 미국이 한국의 핵무장을 수용하거나, 포기하도록 강압해야 하는 상황에 직면해 있다고 보았다. 워싱턴 선언에도 불구하고, 이러한 선택을 강요받는 미국의 딜레마는 북핵과 트럼프주의의 위협으로 인해 계속될 것으로 보인다. 민주주의 동맹국을 반복적으로 강압하는 행위는 그 부적절성 때문에 많은 문제를 초래한다. 미국의 공식 문서는 동맹국의 결정을 존중 및 수용하는 것이 동맹 발전에 이로운 방향임을 암시하고 있다.

미국이 국제 규범을 온전히 수호하려 했다면, 비확산 체제 출범 이후 생겨난 사실상의(de facto) 핵보유국들을 계속 강압해야 했다. 그러나 모순적으로 해당 국가들의 핵무장이 용인되면서, 핵 문제는 강압과 수용이 공존하는 복합성을 지니게 되었다. 미국은 한국의 핵무장론을 막기 위해 계속 강압을 선택할 수도 있을 것이다. 다만 미국이 일방적인 위협만 일삼는다면, 핵무기 위협에 놓인 동맹국의 안보 불안감을 경시하는 것으로 보일 소지가 있다. 우방국의 결정을 수용할 역량이 있으며 비슷한 선례가 있음에도 불구하고 강압만을 고수하는 것은 이중적이다. 따라서 강압 전략은 장기적으로 한국에 통하기 어려울 것으로 보인다.

우방 주권국가에 대한 강압은 권위주의 강대국이 일삼는 행동 방식이므로, 미국은 동맹국들의 안보 조치를 제한하려는 무제한적 강압을 지양할 필요가 있다. 갈등 대신 전략적 결합을 선택함으로써 동맹국의 주권 존중, 협의 및 조정, 결정 수용을 전제로 한 호혜적 관계를 유지해야 한다.

본문은 우방국 핵무장에 대한 미국의 설득 시도와 강압에 한계가 있음을 주장했다. 미국은 보호제공국으로서 피보호국인 한국의 안보적 우려를 억누를 것이 아니라, 우방국에 대한 선의를 갖고 해결해야 한다.[122] 그리고 한국 핵무장 논의를 건설적, 전략적으로 이어가기 위해서는 동맹국에 대한 미국의 존중과 수용이 필요하다. 물론 워싱턴이 노골적이고 공개적인 위협을 통해 한국 내 핵무장론을 없앨 수도 있을 것이다. 그러나 핵확산에 반대하는 미국의 위협은 비공개 트랙 I, II 대화와 제재 가능성 언급을 통해 이미 우회적으로 전해지고 있다.[123] 이러한 제재는 미국의 정치적 편의에 의해 면제될 수 있으며,[124] 그러한 방향이 한미동맹의 발전에 바람직하다.

미국의 간접적 의사전달 방식은 비확산과 세계 리더십 사이에서 양자택일을 피하려는 정책적 노력이다. 하지만 이는 엄연히 민주주의 패권국이 상대적으로 약한 동맹국의 결정을 방해하는 행위이고, 그것이 부적절하다는 점을 자인하는 것이다. 현실주의 관점[125]이 말한 것과 달리 미국이 수정주의적 패권 도전을 꾀하는 중국과 차별화된다면, 미국은 동맹국의 주권적 선택에 동의하지 않더라도 그것을 인정하는 것이 바람직하다. 미국의 동맹국 중 한국만큼 자체 핵무장을 고려할 만한 정치적, 안보적 당위성을 가진 국가는 없다. 그리고 한국의 핵무장은 미중 경쟁 시기에 놓인 미국에게 유의미한 전략적 도움과 안보 분담(burden sharing)을 제공할 것이다.

한국은 수십 년 동안 선의에 기반하여 비핵국가 지위를 유지하며 한반도 비핵화를 위해 노력해왔다. 그러나 한국의 인내와 핵무장 단념 노력은 북한의 기만과 속임수에 부딪혔다. 이에 따라 진행된 한국 내 핵무장 논쟁은 방어적 성격을 띠고 있다. 북한의 끊임없는 핵능력 증강이 자체 핵무장론을 촉발했지만, 구속력 있는 핵 합의를 이룬다면 한국은 핵무장 옵션을 포기할 것이 확실하다. 실제로 NPT 탈퇴 등과 같은 중간 단계 조치는 권위주의 진영이 북한 비핵화에 타협하도록 유도하기 위함이다. 한반도 비핵화에 대한 한국의 선호는 분명하고 일관적이다. 그러므로 국내에서의 핵무장 논의를 발생시킨 책임은 한국의 핵무장론자들이 아니라 핵무기 증강을 자제하지 않은 권위주의 진영에 있다.

한국은 세계 질서에 잘 편입된 국가이므로 공세적 의도를 가지고 있지 않다. 러시아와 중국은 한국의 핵무장을 근거 삼아 우크라이나, 대만에 대한 수정주의적 행동을 정당화할 수 없다. 한국의 자체 핵무장은 국가적 위신 또는 이익 추구 목적의 핵확산을 위한 것이 아니다. 한국이 가진 안보적 우려는 방어적이고 실제적이므로, 생존 가능한 중소 규모의 핵무기만 필요할 것으로 예상된다. 그리고 이는 NPT 탈퇴 등의 움직임으로도 북한과 중국의 핵군축 및 비핵화 조치를 이끌어내지 못했을 때 이루어질 것이다. 따라서 우방 초강대국은 주요 동맹국의 타당한 안보적 조치를 강압적으로 제한하지 않아야 한다.

주

1 학계에서의 논의는 다음 연구 참조: Min-Hyung Kim, "Under What Conditions Would South Korea Go Nuclear?," *Pacific Focus*, Vol. 28, No. 3 (2023), pp. 409-431; Jennifer Lind and Daryl Press, "Five Futures for a Troubled Alliance," *Korean Journal of Defense Analysis*, Vol. 33, No. 3 (2021), pp. 357-380; "South Korea's Nuclear Debate," *Washington Quarterly*, Vol. 46, No. 2 (2023), pp. 109-160; "A Nuclear South Korea?," *Global Asia* Vol. 18, No. 1 (2023), pp. 6-61. 전문 매체에서의 논의는 다음 연구 참조: Duyeon Kim, "How to Keep South Korea from Going Nuclear," *Bulletin of Atomic Scientists* (March 1, 2020); Lauren Sukin, "How Bad would a Nuclear-Armed South Korea Be?," *Bulletin of the Atomic Scientists* (October 21, 2021); Lauren Sukin and Toby Dalton, "Why South Korea Shouldn't Build its Own Nuclear Weapons," *War on the Rocks* (October 26, 2021); Seong-Chang Cheong, "The Case for South Korea to Go Nuclear," *The Diplomat* (October 22, 2022); Siegfried Hecker, "Disastrous Downsides of South Korea Building Nuclear Weapons," *38 North* (January 20, 2023); Robert Kelly, "South Korea's Nuclear Fears Haven't Gone Away," *Foreign Policy* (June 9, 2023); Robert Kelly, "Why the US can Get Away with Bullying its Friends," *Foreign Affairs* Vol. 102, No. 2 (2022a), pp. 131-143; Robert Kelly, "East Asia's Nuclear Debates are Their Own," *Foreign Policy* (Fall, 2022), pp. 14-17; Daehan Lee, "Is South Korean Nuclear Proliferation Inevitable?," *The National Interest* (July 18, 2022a); Daehan Lee, "The Case for a South Korean Nuclear Bomb," *The National Interest* (September 22, 2022).

2 본문에서는 보호제공국을 미국, 피보호국을 한국으로 정의한다.

3 Etel Solingen, *Nuclear Logics* (Princeton: Princeton University Press, 2007); Nicholas Miller, "Secret Success of Nonproliferation Sanctions," *International Organization*, Vol. 68, No. 4 (2014), pp. 913-944; Nicholas Miller, *Stopping the Bomb* (Ithaca: Cornell University Press, 2018); Gene Gerzhoy, "Alliance Coercion and Nuclear Restraint: How the United States Thwarted West Germany's Nuclear Ambitions," *International Security*, Vol. 39, No. 4 (2015), pp. 91-129; Rebecca Gibbons, *Hegemon's Tool Kit: US Leadership and the Politics of the Nuclear Nonproliferation Regime* (Ithaca: Cornell University Press, 2022).

4 Gene Gerzhoy (2015).

5 Scott Sagan, "Why Do States Build Nuclear Weapons?," *International Security*, Vol. 21, No. 3 (1997), pp. 54-86; Scott Sagan and Kenneth Waltz, *The Spread*

of *Nuclear Weapons* (New York: Norton, 2012); Nicholas Miller (2014); Gene Gerzhoy (2015, 2018); Etel Solingen (2015); Kier Lieber and Daryl Press, *The Myth of the Nuclear Revolution* (Ithaca: Cornell University Press, 2020).

6   Scott Sagan (1997); Gene Gerzhoy (2015); Stephen Walt, "It's Time to Fold America's Nuclear Umbrella," *Foreign Policy* (March 23, 2021).

7   Stephen Walt, *Origin of Alliances* (Ithaca: Cornell University Press, 1987); Victor Cha, "Abandonment, Entrapment, and Neoclassical Realism in Asia: United States, Japan, and Korea," *International Studies Quarterly*, Vol. 44, No. 2 (2000), pp. 261-291; Gene Gerzhoy (2015).

8   Lind and Press (2020); Daehan Lee, "The Case for a South Korean Nuclear Bomb," *The National Interest* (September 22, 2022); Seong-Chang Cheong, "The Case for South Korea to Go Nuclear," *The Diplomat* (October 22, 2022); Robert Kelly, "East Asia's Nuclear Debates are Their Own," *Foreign Policy* (2022), pp. 14-17; Robert Kelly, "South Korea's Nuclear Fears Haven't Gone Away," *Foreign Policy* (June 9, 2023); Jina Kim, "Washington Declaration Fails to Address Seoul's Nuclear Concerns," *East Asia Forum* (July 29, 2023).

9   본 문단은 제니퍼 린드(Jennifer Lind) 다트머스대학교 교수와의 논의에 기반하여 작성되었다.

10 Robert Kelly, "Why North Korea May Use Nuclear Weapons First," *Bulletin of Atomic Scientists* (November 21, 2023).

11 Hyeongpil Ham and Jaehak Lee, "North Korea's Nuclear Decision-Making and Plausible Scenarios," *The Korean Journal of Defense Analysis*, Vol. 25, No. 3 (2013), pp. 399-413.

12 Adam Mount and Jung-sup Kim, "North Korea's Tactical Nuclear Threshold is Frighteningly Low," *Foreign Policy* (December 8, 2022).

13 Gene Gerzhoy (2015); Kier Lieber and Daryl Press, "Why States Won't Give Nuclear Weapons to Terrorists," *International Security*, Vol. 38, No. 1 (2013), pp. 80-104.

14 Thomas Schelling, *Strategy of Conflict* (Cambridge: Harvard University Press, 1960); Sagan and Waltz (2012); Kier Lieber and Daryl Press, *The Myth of the Nuclear Revolution* (Ithaca: Cornell University Press, 2020).

15 Robert Kelly (2023).

16 해당 용어를 검색하면 미국 정부 관계자들이 한미동맹을 '철통같다'고 표현한 많은 기록이 존재한다. https://www.google.com/search?q=US+South+korea+alliance+iron+clad&newwindow=1&sxsrf=ALiCzsYrWhPbutHbgGSx1zXl1yR2PK7C8g%3A1670230672465&ei=kLKNY6KMHIapoASjh72IDw&ved=0ahUKEwiiLOPjuL7AhWGFIgKHaNDD_EQ4dUDCA8&uact=5&oq=US+South+korea+alliance+iron+clad&gs_lcp=Cgxnd3Mtd2l6LXNlcnAQAzIKCCEQwwQ

QChCgAToKCAAQRxDWBBCwAzoFCAAQogQ6BAgjECdKBAhBGABKBAh
GGABQ0gdYzkJgtkVoBXABeACAAd8BiAGxEJIBBjIuMTQuMZgBAKABAcg
BCMABAQ&sclient=gws-wiz-serp (검색일: 2025. 6. 21.).

17　Uri Friedman, "Lindsey Graham Reveals the Dark Calculus of Striking North Korea," *The Atlantic* (August 1, 2017).

18　Stephen Walt, *The Hell of Good Intentions: America's Foreign Policy Elite and the Decline of U.S. Primacy* (New York: Farrar Straus, 2018); John Mearsheimer, "Bound to Fail: Rise and Fall of the Liberal International Order," *International Security*, Vol. 43, No. 4 (2019), pp. 7-50; Patrick Porter, *False Promise of Liberal Order* (Cambridge: Polity Press, 2020).

19　George W. Bush, "President Bush Addresses the 89th Annual National Convention of the American Legion," *White House* (August 28, 2007).

20　John Ikenberry, *World Safe for Democracy: Liberal Internationalism and the Crises of Global Order* (New Haven: Yale University Press, 2020).

21　Min-Hyung Kim (2023), pp. 409-431.

22　Etel Solingen (2007).

23　Gene Gerzhoy (2015).

24　Daryl Press, "South Korea's Nuclear Choices," 세종연구소 주최 2022 한미핵전략포럼 발표 논문 (2022. 12. 17.).

25　Jina Kim (2023).

26　Hyoeng-Cheol Shin, "Biden Puts Breaks on Calls for Independent Nukes by Conservatives in S. Korea," *Hankyoreh* (April 28, 2023); Sang-Hun Choe, "After Warmth from Biden, South Korea's Leader Faces a Different Tune at Home," *New York Times* (April 29, 2023).

27　Bruce Bennett, Kang Choi, Cortez Cooper, Bruce Bechtol, Myong-Hyun Go, Gregory Jones, Du-Hyeogn Cha, and Uk Yang, "Options for Strengthening ROK Nuclear Assurance," *RAND* (October 29, 2023).

28　Du-Hyeogn Cha, "Analysis on North Korea's Eighth Korean Worker's Party Congress," *The Asan Institute for Policy Studies* (March 17, 2021); Adam Mount and Jung-sup Kim (2022).

29　Gene Gerzhoy (2015).

30　Joon-Ha Park, "US won't Abandon Alliance with Seoul over North Korean Nukes: ROK Defense Chief," *NK News* (February 23, 2024).

31　Adam Mount, "Exceeding the US-ROK Nuclear Assurance Agenda," 세종연구소 주최 2022 한미핵전략포럼 발표 논문 (2022. 12. 17.); Bennett and Choi et al (2023); In-Bum Chun, "Time for Decisive Action to Tackle North Korea

Issue," *Korea Times* (February 26, 2024).

32 Christy Lee, "Declaration May Not Ease S. Korea's Concern over US Nuclear Commitment," *VOA News* (April 28, 2023); Jina Kim (2023); Andrew Yeo, "Can South Korea Trust the United States?," *Washington Quarterly*, Vol. 46, No. 2 (2023), pp. 109-125.

33 Min-Hyung Kim (2023).

34 In-bum Chun (2024).

35 Stephen Walt, "It's Time to Fold America's Nuclear Umbrella," *Foreign Policy* (March 23, 2021).

36 White House, "National Security Strategy" (October 12, 2022), at https://www.whitehouse.gov/wp-content/uploads/2022/10/Biden-Harris-Administrations-National-Security-Strategy-10.2022.pdf (검색일: 2024. 3. 15.); Joseph Biden, "Remarks by President Biden on the United States' Response to Hamas's Terrorist Attacks," *White House* (October 20, 2023).

37 Alexander Cooley and Daniel Nexon, *Exit from Hegemony* (New York: Oxford University Press, 2020).

38 Alexander Cooley and Daniel Nexon (2020).

39 송진원, "빅터 차 "트럼프, 韓핵무장 신경안쓸 것...주한미군 철수 가능성"," 《연합뉴스》, 2024년 3월 19일; Haye-Ah Lee, "Trump said He didn't Like Dealing with Moon, that S. Koreans were 'Terrible'," *Yonhap News* (July 17, 2020).

40 Max Bergmann, "A More European NATO," *Foreign Affairs* (March 21, 2024).

41 Duk-Kun Byun, "Trump says He will 'Blow Up' Korea-U.S. Alliance if Re-Elected," *Yonhap News* (July 14, 2021).

42 Julian Ryall, "Trump's Complaints over Japan Security Treaty," *South China Morning Post* (June 27, 2019).

43 Asawin Suebsaeng and Adam Rawnsley, "Trump Plots to Pull Out of NATO," *Rolling Stone* (October 23, 2023).

44 Joon-Ha Park, "US won't Abandon Alliance with Seoul over North Korean Nukes: ROK Defense Chief," *NK News* (February 23, 2024).

45 Dong-A Daily, "Time to Prepare for Possible Chaos on the Korean Peninsula," (March 18, 2024).

46 Dina Smeltz and Craig Kafura, "Majority of Trump Voters Prefer the United States Stay Out of World Affairs," *Chicago Council on Global Affairs* (February 16, 2024).

47 Hankyoreh, "Increasingly Dangerous Risk of Trump," (February 14, 2024).

48 U.S. Department of Defense, "2-Year Anniversary of Ukraine Defense

Contact Group Comes With Billions in New Aid" (April 26, 2024), at https://www.defense.gov/News/News-Stories/Article/Article/3758274/2-year-anniversary-of-ukraine-defense-contact-group-comes-with-billions-in-new/ (검색일: 2024. 11. 5.); NATO, "NATO Security Assistance and Training for Ukraine" (July 11, 2024), at https://shape.nato.int/news-archive/2024/nato-security-assistance-and-training-ukraine-nsatu-is-assisting-ukraine (검색일: 2024. 11. 5.).

49 Stephen Walt, "The Perpetually Irrational Ukraine Debate," *Foreign Policy* (November 29, 2022); Dan Altman, "The West Worries Too Much about Escalation in Ukraine," *Foreign Affairs* (July 12, 2022); Lianna Fix and Michael Kimmage, "Will the West Abandon Ukraine?," *Foreign Affairs* (September 12, 2023).

50 Brian Finucane and Olga Oliker, "Zelensky Wants a No-Fly Zone. NATO Is Right to Say No," *New York Times* (March 25, 2022); Eric Levitz, "Terrible Case for a No-Fly Zone in Ukraine," *New York* (March 8, 2024).

51 Jacek Tarociński and Andrzej Wilk, "Arms Deliveries to Ukraine: Crossing the Red Lines," *Centre for Eastern Studies* (June 9, 2023).

52 Lianna Fix and Michael Kimmage (2023); "Ukrainian Foreign Minister Slams Germany over Refusal to Provide Tanks," *Radio Free Europe* (September 13, 2022); Beven Hurly, "Biden Loses Temper during Call with Zelensky over Military Aid," *Independent* (October 31, 2022).

53 Dan Altman (2022); Anne Applebaum, "Fear of Nuclear War has Warped the West's Ukraine Strategy," *The Atlantic* (November 7, 2022).

54 Matthew Fuhrman and Todd Sechser, "Signaling Alliance Commitments: Hand-Tying and Sunk Costs in Extended Nuclear Deterrence," *American Journal of Political Science* Vol. 58, No. 4 (2014), pp. 919-935.

55 Gene Gerzhoy (2015).

56 The Asan Institute for Policy Studies, "South Koreans and Their Neighbors 2024" (May 16, 2024).

57 Foreign Relations of the United States, "Document 30. Volume XIV. 1961-1963: Berlin Crisis, 1961-1962," (1961) at https://history.state.gov/historicaldocuments/frus1961-63v14/d30 (검색일: 2024. 3. 19.).

58 Thomas Schelling (1960); Gene Gerzhoy (2015).

59 Gene Gerzhoy (2015).

60 Stephen Walt (2021).

61 Gene Gerzhoy (2015).

62 Etel Solingen (2007); Scott Sagan, "A Call for Global Nuclear Disarmament,"

Nature, Vol. 487 (2012), pp. 30-32; Scott Sagan and Kenneth Waltz (2012); Nicholas Miller, *Stopping the Bomb* (Ithaca: Cornell University Press, 2018); Rebecca Gibbons (2022).

63 본 장은 로버트 아인혼(Robert Einhorn) 브루킹스연구소(Brookings Institute) 선임연구위원과의 논의에 기반하여 작성되었다.

64 Nicholas Miller (2018).

65 Scott Sagan (2012).

66 Etel Solingen (2007); Scott Sagan and Kenneth Waltz (2012); Alexandra Debs and Nuno Monteiro, *Nuclear Politics* (New York: Cambridge University Press, 2014).

67 Seong-chang Cheong (2022).

68 Seong-chang Cheong (2022).

69 Min-Hyung Kim (2023).

70 노선웅, "輿 북핵특위 "北 핵실험시 NPT탈퇴·한시적 핵무장 등 제안키로"," 《뉴스1》, 2022년 11월 14일; 박기문, "북한 7차 핵실험, 위기이자 핵무장 자주국방의 새로운 기회," 《한국방송뉴스》, 2022년 11월 13일.

71 Daryl Press (2022).

72 본 문단은 대릴 프레스(Daryl Press) 다트머스대학교 교수와의 논의에 기반하여 작성되었다.

73 Scott Sagan and Kenneth Waltz (2012).

74 Scott Sagan and Kenneth Waltz (2012).

75 Etel Solingen (2007); Hans Born, Bates Gill, and Heiner Haenggi (eds.), *Governing the Bomb* (Stockholm: SIPRI Press, 2010); Scott Sagan and Kenneth Waltz (2012).

76 Kier Lieber and Daryl Press (2013).

77 Ramon Pacheco Pardo, *South Korea's Grand Strategy* (New York: Columbia University Press, 2023).

78 Thomas Shugart and Van Jackson, "Who's to Blame for Asia's Arms Race?," *Foreign Affairs* (December 1, 2021); Julian Spencer-Churchill, "Embrace the Arms Race in Asia," *War on the Rocks* (December 10, 2021).

79 Robert Einhorn, "Should South Korea Acquire Nuclear Weapons?," 세종연구소 주최 2022 한미핵전략포럼 발표 논문 (2022. 12. 17.).

80 Min-Hyung Kim (2023).

81 본 문단은 2022년 11월에 복수의 타이베이 대표부 관계자로부터 직접 들은 내용에 기반하여 작성되었다.

82 Alexandra Debs and Nuno Monteiro (2014).

83 수평적 핵확산은 비핵국가들이 핵무기를 보유하는 현상을 일컫는다.

84 수직적 핵확산은 기존 핵보유국들이 핵무기를 양적, 질적으로 늘리는 현상을 일컫는다.

85 Lauren Sukin, "How Bad Would a Nuclear-Armed South Korea Be?," *Bulletin of the Atomic Scientists* (October 21, 2021); Robert Einhorn (2022).

86 Mayumi Fukushima, "Time to Shelve Denuclearization and Negotiate a Halt to North Korea's ICBM Program," *War on the Rocks* (April 14, 2022).

87 Min-Hyung Kim (2023).

88 Min-Hyung Kim (2023).

89 Du-Hyeogn Cha (2021).

90 Adam Mount and Jung-sup Kim (2022).

91 Du-Hyeogn Cha (2021).

92 Robert Kelly and Arius Derr, "North Korea's Missed Opportunity," *Korean Journal of Defense Analysis*, Vol. 33, No. 1 (2021), pp. 23-42.

93 Hyun-Ju Ock, " 'North Korea's CVID Impossible' Says Former NK Diplomat," *Korea Herald* (May 14, 2024).

94 Nicholas Miller 2018; Robert Kelly and Paul Poast, "Why the US can Get Away with Bullying its Friends," *Foreign Affairs*, Vol. 101, No. 2 (2022), pp. 131-143.

95 Adam Mount (2022).

96 Jennifer Lind and Daryl Press, "Five Futures for a Troubled Alliance," *Korean Journal of Defense Analysis*, Vol. 33-3 (2021), pp. 357-380; Ramon Pacheco Pardo (2023).

97 Etel Solingen (2007); Gene Gerzhoy (2015); Nicholas Miller (2018); Rebecca Gibbons (2022).

98 비확산 진영의 주된 논거인 국제 제재를 지칭한다.

99 Nicholas Miller (2018).

100 Gene Gerzhoy (2015).

101 James Kim, Chungku Kang, and Geon-Hee Ham, "South Korean Public Opinion on ROK-US Bilateral Ties," *The Asan Institute for Policy Studies* (May 31, 2022).

102 Alexander Cooley and Daniel Nexon, "Structural Dynamics of the US Overseas Basing Network," *Perspectives on Politics*, Vol. 11, No. 4 (2013), pp. 1034-1050.

103 Etel Solingen (2007).

104 John Ikenberry (2020).

105 White House (2022).

106 Joseph Biden (2023).

107 James March and Johan Olsen, "Logic of Appropriateness," in Robert Goodin, *Oxford Handbook of Political Science* (New York: Oxford University Press, 2011), pp. 478-497.

108 Nicholas Miller (2014).

109 Robert Einhorn (2022).

110 Hyo-Jin Lee, "Washington Declaration Means US Rejection of Nuclear-Armed S. Korea," *Korea Times* (April 28, 2023); Sung-Yoon Chung, "Washington Declaration," *Korean Institute for National Unification* (May 3, 2023); Jina Kim (2023); Yulgok Kim, "It's Time to Revise the ROK-U.S. Nuclear Agreement," *The National Interest* (November 24, 2023); Siung-Lac Wi, "What the Washington Declaration Means," *JoongAng Daily* (May 10, 2023).

111 Chosun Ilbo, "Nuclear Deal with U.S. Tightens Korea's Shackles," (April 27, 2023).

112 Hyeong-Choel Shin, "Experts Predict Strong Backlash to S. Korean President's 'Enemies or Allies' Diplomacy," *Hankyoreh* (May 1, 2023); Je-Hun Lee, "Washington Declaration is the Product of Mutual Distrust between S. Korea and US," *Hankyoreh* (May 3, 2023); Bon-Young Lee, "In Vying to be the US Favorite Ally, S. Korea has become its Subcontractor," *Hankyoreh* (May 12, 2023).

113 David Kang, 2017, *American Grand Strategy and East Asian Security in the Twenty-First Century* (New York: Cambridge University Press, 2017); Jaewoo Choo, *Conservative and Progressives' Stances on China and Impact on South Korea-China Relations, in Marco Milani ed., Korea Paradox* (New York: Routledge, 2019), pp. 88-105.

114 북대서양조약 제13조는 해당 조약이 발효된 지 20년 후부터 가맹국이 탈퇴할 권리를 보장하고 있다. 가맹국은 미국 정부에 이를 통지한 시점으로부터 1년 후 나토에서 탈퇴할 수 있다(원문: After the Treaty has been in force for twenty years, any Party may cease to be a Party one year after its notice of denunciation has been given to the Government of the United States of America, which will inform the Governments of the other Parties of the deposit of each notice of denunciation).

115 Etel Solingen (2007).

116 Alex Wagner, "Bush Waives Nuclear-Related Sanctions," *Arms Control Association* (2021).

117 Gene Gerzhoy (2015).

118 Robert Einhorn (2022).

119 본 문단은 핵무장론자인 세종연구소 정성장 부소장 직무대행과의 대담에 기반하여 작성된 것이다.

120 Scott Sagan and Kenneth Waltz (2012); Gene Gerzhoy (2015).

121 Scott Sagan and Kenneth Waltz (2012); Kier Lieber and Daryl Press (2020).

122 Robert Kelly (2022).

123 Nicholas Miller (2014).

124 Alex Wagner (2001).

125 John Mearsheimer (2019); Patrick Porter (2020).

17장

한국 핵무장과 한미동맹의 미래
대미 설득 방안을 중심으로

안드레이 란코프

일극 국제 질서가 위기에 빠진 것은 분명하다. 아마 그 변화를 초래하는 역사의 경향은 미국을 비롯한 서방 국가들 즉 선진 민주 국가들이 세계 경제에서 차지하는 비율이 계속 감소하고 있는 것을 보면 알 수 있다. 세계은행 통계에 의하면 냉전 종식 직후인 1993년 기준으로 미국과 EU의 GDP는 세계 GDP에서 52.4%를 차지했는데, 2023년에 그 비율은 40.9%까지 내려갔고 하향세는 계속되고 있다.[1]

1990년대 소련 붕괴와 옛 공산권 지역의 민주화가 준 인상 때문에, 서방의 전문가 및 분석가들은 세계가 민주화 시대에 불가역적으로 접어들었다고 주장했다. 당시의 기대와 착각을 제일 잘 대표하는 저서는 프랜시스 후쿠야마(Francis Fukuyama)의 『역사의 종말』이다.[2] 권위주의에 미래가 없고 그것의 붕괴가 시간 문제라는 의견은 1990년대 말에 상식처럼 보였다. 2000년대 초 미국의 대외정책을 결정한 신보수파는 세계의 민주화를 통해 미국의 안전을 절대화시키고, 전쟁이 없는 세계의 유토피아를 현실로 만들 꿈까지 꾸었다. 하지만 역설적으로 그들의 이러한 기대는 수많은 위기를 초래했으며 미국과 서방의 영향력을 많이

축소시켰다.[3]

　오늘날 세계에서 미국에 도전하려는 세력이 등장하였다. 그들 가운데 중국과 러시아와 같은 국가도 있으며, IS와 같은 비국가 행위자도 있다. 이들 세력은 옛날보다 미국 군사력과 경제력에 대해 공포도 덜 가지고 있다. 이와 같은 상황에서 수많은 나라들은 미국이 국제 질서를 옛날처럼 잘 관리하지 못하고 있기 때문에 핵무기를 개발할 시나리오를 궁리하기 시작하였다. 특히 한국은 빠른 속도로 성장하는 북핵의 도전에 직면한 나라이므로, 핵무기를 개발할 이유가 충분히 있다.

　하지만 한국이 믿을 만한 억제 수단을 얻기 위해서는 한 가지 전제 조건이 있다. 그것은 미국의 긍정적인 태도이다. 미국이 한국의 핵 프로그램을 허용한다면 제일 좋을 것이며, 공개적으로 허용하지 않는 경우라도 열심히 반대하지 않을 경우에만 한국은 핵 개발이 가능할 것이다. 미국이 한국의 핵 개발을 방지하기 위해 압박을 가하기 시작한다면 한국 핵 프로젝트의 성공은 불가능하거나 매우 어려울 것이다.

　그래서 한국이 독자적인 핵억제 수단 개발을 결정한다면, 미국이 반대하지 않도록 하는 것이 가장 중요한 외교의 목적 중 하나가 될 것이다. 제일 바람직한 시나리오는 미국이 한국의 핵개발을 공개적으로 허용하는 것이다. 그러나 주지하는 바와 같이 이러한 시나리오는 가능성이 높지 않아서, 미국이 열심히 반대하지 않는 경우 역시 한국 측이 수용할 수 있는 시나리오이다.

　예를 들면 미국이 한국의 핵 개발에 대해 불만을 표시하기 위해서 상징적인 제스처를 취하지만, 사실상 한국 경제에 심한 타격을 주지 않을 제재를 실시하는 것은 한국 측이 수용할 수 있는 시나리오이다. 그리고 한국이 핵개발을 시도하기 위한 또 하나의 전제 조건은 핵물질의 획득이다. 원자력 발전소가 많은 나라에서 핵물질을 얻기 위한 제일 합리주의적 방법은 연료봉의 가공 방법이다. 그러나 잘 알려진 바와 같이 한국은 현 단계에서 미국과의 원자력협정 때문에 연료봉을 가공할 방법이 없다. 그래서 한국은 핵개발을 시작할 때 미국 측이 연료봉 가공에 대한 태도를 바꾸도록 해야 한다. 이러한 변화는 미국이 한국의 핵개발을 허용한다는 것을 의미하지 않더라도, 어느 정도 이러한 시나리오를 반대하지 않는다는 것을 의미할 것이다.

1. 미국의 비확산에 대한 태도

미국은 전통적으로 핵확산을 자신의 안전에 대한 심한 도전으로 여겨왔다. 미국 국무부의 구조를 보면 국제 안보를 담당하는 부서의 공식 명칭은 '국제안보국'이 아니라 '국제 안보 및 비확산국(Bureau of International Security and Non-proliferation)'인데, 이는 우연이 아니다. 미국 외교관과 국무부 대변인은 계속 미국이 핵확산을 반대한다는 공식 입장을 강조할 뿐만 아니라 현대 세계에서 비확산 체제 유지는 갈수록 더욱 중요해지는 것이라고 주장하고 있다. 예를 들면 2023년 7월에 미국 국무부의 성명을 보면 다음과 같은 주장이 있다.

> 우리가 오늘날 직면한 도전들은 NPT가 대체 불가한 세계 비확산 체제의 기반으로 남아 있다는 것을 상기시킨다.[4]

1968년 체결된 NPT(핵비확산조약)에 의해서 미국은 다섯 개의 "합법적인" 핵보유국 중 하나이며, 제일 강력한 핵보유국이다. 미국 정치 엘리트 계층과 전문가 대부분은 핵확산이 세계의 불안정화를 가져올 수도 있고, 미국이 매우 바람직하게 생각하는 국제무역과 교류를 많이 파괴할 수 있는 시나리오라고 생각했다.

물론 미국에서 핵확산을 반대하지 않아도 된다는 목소리도 없지 않았다. 하지만 그들 대부분은 결정권자들보다 정치 엘리트 계층에 제한적인 영향만 미칠 수 있는 학자나 독립적인 분석가, 평론가들이었다. 그 사람들은 주로 현실주의 이론을 지지하는 국제관계학자들이다. 대표적인 인물은 1970년대 말부터 핵확산에 대한 공포가 과장된 것이라고 주장하기 시작한 케네스 왈츠(Kenneth Waltz)이다.[5] 뿐만 아니라 오늘날 현실주의 학파의 대부로 볼 수 있는 존 미어샤이머(John Mearsheimer) 역시 같은 경향이 없지 않다.

존 미어샤이머는 1990년대 초 소련의 붕괴 직후 유럽의 안전을 보장하기 위해 "유럽에서 제한적이며 조심스럽게 관리되는 핵무기의 확산(limited and carefully managed proliferation of nuclear weapons in Europe)을 환영해야 한다"라는 것을 주장한 적이 있다.[6] 당시에 그의 주장은 이상하게 보였지만 오늘날 우크라이나 전쟁 때문에 생긴 유럽의 상황을 감안하면, 35년 전의 그의 제안은 근거가 있었을 수도 있다고 생각된다. 그래도 비확산 원칙의 절대성에 의심을 갖는 사람들이 미국에서 주변적인 역할을 한다는 점을 기억해야 한다.

미국 내의 한국 핵개발에 긍정적인 태도를 잠재적으로 취할 세력과 협력할 때, 한 가지 기묘한 역설이 있다. 사실 그들 대부분은 한국 안보의 기반인 한미동맹을 어느 정도 반대하고, 극한의 경우 한국을 포기해도 된다고 믿는 사람들이다. 그래서 미국 엘리트 계층에서 그 사람들의 영향력이 커진다면, 한국 안보는 보다 더 큰 도전에 직면할 것이다. 그렇지만 역설적이게도 그 사람들 대부분이 동시에 한국 핵자강을 지지한다면, 그들의 영향력의 증가가 가져올 역효과를 많이 완화할 수 있을 것이다.

2. 확산을 묵인한 전례들: 미국의 논리

미국은 핵확산을 절대적으로 반대한다고 주장하지만 이것은 미국의 진짜 정책과 약간 거리가 있다. 왜냐하면 지난 수십년 동안 미국은 핵 비확산 체제를 위반한 나라들의 핵개발을 묵인한 적이 있기 때문이다. 이러한 묵인의 배경을 살펴보면, 미국 정치 및 외교 엘리트들의 사고방식을 어느 정도 이해할 수 있을 뿐만 아니라, 그들을 설득하기 위한 가치 있는 논리를 개발할 수도 있다.

주지하는 바와 같이 1968년 NPT 체결 이후 세계에서 핵확산 체제를 위반하는 문제 국가는 적어도 4개 있었다. 이들 국가는 이스라엘, 인도, 파키스탄 그리고 북한이다. 뿐만 아니라 이란, 시리아, 리비아, 이라크 등은 핵무기 개발 프로그램을 가지고 있지만 여러 이유 때문에 완성하지 못했다.[7] 남아공은 핵을 개발하다가 1990년대 초 필요가 없다고 판단해서 자발적으로 포기했다.[8] 물론 북한을 제외한 이들 국가는 원래도 NPT에 가입한 적이 없다.

미국은 이스라엘, 인도 그리고 파키스탄의 핵개발을 사실상 인정했다. 이스라엘의 경우 미국은 핵개발에 눈을 감았고, 오늘날까지 자신을 핵보유국으로 인정하지 않은 이스라엘은 미국을 비롯한 서방 국가들에게 핵보유국으로 인정되지 않고 있다. 이와 같은 태도는 이스라엘 당국이 지켜 온 불투명성 때문에 생겼다는 지적이 많다.[9] 불투명성도 중요한 역할을 할 때가 있지만 미국과 이스라엘과의 관계는 너무 가까워서, 미국 측이 이 나라의 핵무장에 눈을 감을 이유가 많았다.

인도와 파키스탄의 경우 이들 국가가 핵실험을 한 다음에 미국이 이들 나라를 대상으로 제재를 부과하였다. 하지만 이들에 대한 제재는 비교적 약했고 거의 처음부터 유명무실했으며, 결국 사실상 해제되었다. 1990년대 말 미국은 인도와 파키스탄을 겨냥하는 제재를 실시하기 시작했을 때, 이들 국가를 정말 압박할 의지가 있었는지 의심스럽고, 오늘날 입장에서 양국의 핵개발 상황에 영향을 미치기 위한 조치라기보다 체면 때문에 취한 조치처럼 볼 수도 있다.[10]

한국이 미국을 설득할 전략을 가지려면 제일 먼저 이들 전례를 분석해야 한다. 미국이 이스라엘, 인도, 파키스탄의 핵보유를 사실상 인정했을 때, 이들 국가들의 공통점은 무엇일까?

첫째로 이들 국가의 핵무기는 미국과 미국 동맹국을 직접적으로 위협하는 무기가 아니었다. 이들 국가는 모두 핵개발을 결정했을 때 핵무기로 억제하려는 대상 국가들이 어디인지, 누구든지 쉽게 알 수 있었다. 이스라엘은 핵무기를 이용하여 인구가 이스라엘보다 훨씬 많은 이웃 아랍국가들을 억제하려 했다. 인도와 파키스탄은 1947년 독립 선언 때부터 해결하지 못하여서 여러 번 분쟁이 계속되어 온 영토 문제 때문에 서로 억제할 필요가 있었다.

둘째로 미국은 이스라엘과 인도가 제3국으로 핵기술과 핵물질을 이전할 가능성이 없다는 것을 잘 알았다. 파키스탄은 그렇지 않았지만, 인도와 이스라엘은 핵을 개발한 다음에 미국과 관계가 좋지 않은 나라로 핵기술이 넘어갈 가능성이 없었다.

셋째로, 이스라엘의 경우, 이 나라의 핵무장은 객관적으로 미국에 대한 압박을 어느 정도 줄이는 것이었다. 물론 현 상황에서 이스라엘은 자신의 생존을 위협하는 이웃 나라들의 침공에 직면할 가능성이 별로 없지만, 장기적으로 말하면 이러한 가능성이 매우 낮지만 존재한다. 이러한 최악의 시나리오의 경우 미국이 이스라엘을 보호하려 한다면 압박을 많이 느끼고 위험한 중동전쟁에 원치 않게 끌려들어 갈 수도 있었다. 하지만 핵보유국이 된 이스라엘은 치명적인 타격을 받을 때 자신의 생존을 보호하는 절대적인 억제 수단이 있어, 미국은 이러한 가설적인 위협을 회피할 가능성이 있다.

3. 미국 내에서 한국의 핵개발을 지지할 수 있는 세력들

트럼프의 두 차례 당선과 그에 대한 높은 지지율이 잘 보여주듯, 최근에 미국에서는 고립주의 사상이 빠르게 확산하고 있다. 특히 도널드 트럼프의 등장 이후, 미국 공화당은 이와 같은 고립주의 세계관의 온상이 되어 버렸다.

미국 정치 역사를 보면, 미국 사람들의 세계관에서 고립주의 원칙의 뿌리가 깊다는 것을 알 수 있다.[11] 최근에 고립주의가 고조되기 시작한 이유도 분명하다. 2000년대 초 공화당의 대외정책을 거의 독점했던 신보수파는 극한 개입주의를 신봉했다. 그들은 미국의 경제력과 군사력으로 세계를 바꾸고 개선할 수 있다고 믿었다. 그런데 이러한 노력의 결과는 적어도 수조 달러의 낭비였으며 나쁜 경우에는 개입 지역에서의 불안정한 상황의 첨예화였다. 특히 2021년의 아프가니스탄에서의 혼란스러운 철수는 보수파의 개입주의 실패를 잘 보여주는 사건이었다.

그 때문에 트럼프뿐만 아니라 부통령 후보인 J.D.밴스를 비롯한 그의 측근들은 고립주의를 많이 강조하고 동맹관계에 대해 의심을 많이 표시했다. 밴스 상원의원은 부통령 후보로 지명을 받았을 때, 바람직한 미국의 대외정책에 대해 다음과 같이 묘사했다. "우리는 세계 평화에 관한 짐을 동맹과 평등하게 나누어 가질 것이다. 미국 납세자들의 후함을 배신하는 민족들은 이제부터 무임승차를 받지 않을 것이다."[12] 47대

대통령을 선출하는 미 대선 당시 여론 조사가 잘 보여주듯 공화당 지지자들, 특히 이른바 마가(MAGA)라고 불리는 트럼프 지지자들은 미국이 기타 나라의 정치에 간섭하지 않고, 국제 문제에 덜 참가해야 한다고 생각한다. 2023년 Chicago Council Survey에 의하면, 50년만에 처음으로 공화당 지지자 절반 이상이 미국이 국제 문제에 참가하지 말아야 한다고 말했다.[13]

또한 이 신고립주의 경향이 강한 공화당 정치인들은 새로운 상황에서 한국을 옛날처럼 보호하기 어렵다는 주장까지 공개적으로 하기 시작했다. 엘브리지 콜비(Elbridge A. Colby)는 북한이 다시 남침할 경우 미국이 한국을 보호할 의지의 유무에 대해서 자신의 의심을 표시하였다.[14] 콜비는 "미국이 자국 도시들을 희생하면서까지 한국을 북한 핵공격에서 보호하지는 않을 것이기 때문에 바이든 행정부의 확장억제 조치가 충분하지 않다"라고 지적했다.[15] 콜비는 확장억제에 대해 매우 합리주의적인 의심을 표시했을 뿐만 아니라 건설적인 제안도 했는데, 그는 "주한미군을 중국 견제에 활용하는 대신, 한국의 자체 핵무장을 고려할 필요가 있다"라고 말했다.[16] 이러한 주장을 했을 때 콜비는 독립적인 연구자였지만, 트럼프 행정부에서 그는 국방부 정책차관이 되었다.

콜비의 주장은 예외적인 것이 아니다. 최근에 미국 정치 엘리트에서 한국의 핵보유를 고려할 때가 왔다는 주장이 나오기 시작했다. 그러나 이 주장은 압도적으로 트럼프와 가까운 공화당 지지자들의 목소리이다. 예를 들면 전 국가안전보장회의 아시아 담당인 앨리슨 후커는 2024년 6월 21일, 웨비나에서 "우리는 한국이 자체 핵무장을 향해 계속해서 나아가고 있으며 어쩌면 더 빠른 속도로 나아간다는 사실을 배제할 수 없다. 그리고 우리가 미국에서는 [한미] 동맹을 중심으로 이 변화에 대해서 어떻게 생각해야 할지 고려할 때가 왔다"라고 말했다.[17] 후커 역시 이러한 말을 했을 때 공직에 있지 않았으나, 그 역시 트럼프 행정부에서 국무부 정무차관이 되었다.

한국 입장에서, 이러한 미국의 고립주의는 동맹을 약화시키는 단점이 있지만 장점도 없지 않다. 고립주의자들에게 한국의 핵무장은 합리적인 결정으로 환영해야 하는 소식이다. 한국의 핵자강 세력은 미국 고립주의자들을 동맹 세력으로 볼 수도 있다.

한국의 핵자강 세력은 미국에 또 하나의 동맹 세력이 있다. 이 동맹 세력은 이미 언급한 학자들이다. 케네스 왈츠(Kenneth Waltz)가 비확산의 절대성에 대해 자신의 의심을 표시했을 때부터 국제관계 이론가들 가운데 일정한 조건에 맞는 핵확산을 허용해야 한다는 주장이 있다. 예를 들면 카토 연구소의 선임연구원 더그 밴도우(Doug Bandow)는 이러한 입장을 오래전부터 자주 표시한다.[18] 그리고 다트머스 대학의 제니퍼 린드(Jennifer Lind)도 얼마 전부터 같은 의견을 적극적으로 표시하고 있다.[19]

물론 미국 고립주의를 과대 평가하지 말아야 한다. 공화당에서도 고립주의자들은 여전히 소수이다. 트럼프의 등장 덕분에 그들은 최근에 예외적으로 많은 영향력을 얻었지만, 여전히 비주류 정치 세력으로 남아 있다는 것을 잊어버리면 안 된다. 비확산을 의심하는 학자들도 주류에 완전히 없는 것은 아니지만, 소수이다. 또한 학계와 정치계가 매우 가까운 미국에서도 학자 대부분은 정치 결정권자들에게 직접적인 영향보다 간접적인 영향만 줄 수 있다.

그래도 미국 新고립주의자들도, IR(국제 관계학) 학자들 일부도 미국에서 한국의 핵무장 필요성을 소개하기 위해 중요한 중개인이 될 수 있다. 그들은 미국의 엘리트 계층에 접근하는 후문 역할을 할 수도 있다.

4. 미국을 설득할 수 있는 주장 몇 개

미국에 한국 핵무장의 합리성과 필요성을 강조할 때, 어떤 주장을 이용할 수 있을까? 이러한 주장들을 논의할 때 회피해야 하는 부분이 하나 있다. 한국의 특징 중 하나로, 자신 입장의 합당성과 논리성, 정당성을 굳게 믿으면 파트너도 한국 측의 논리를 인정할 것으로 오해하는 경향이 있다. 문제는 국제사회는 무정부 상태인데, 참가자들은 기타 입장의 논리성과 합당성을 마음속에서 인정한다고 해도 결정을 내릴 이유는 본국의 국가 이익뿐이라는 것이다. 그래서 외국을 설득하기 위해서, 한국이라는 멀고 먼 나라가 핵을 개발할 이유가 있다는 것을 보여주는 것보다, 설득 대상의 나라에게도 한국이 핵을 개발한다면 얻을 게 많다는 것을 강조해야 한다.

물론 한국 외교관들은 2016~17년부터 대륙간탄도미사일과 전술핵을 많이 강조하기 시작한 북핵 프로그램이 완전히 새로운 위협이 된 것을 주장할 이유와 필요가 있다. 이러한 상황에서 한국도 자신의 안전을 확보하기 위해 핵무기를 개발할 필요가 있다고 주장할 수도 있다. 하지만 미국이든 다른 기타 외국이든 이와 같은 주장 때문에 한국의 입장을 자동적으로 받아들일 것이라는 착각을 포기해야 한다.

그러면 미국 측의 이해를 얻을 수 있는 주장들에는 무엇이 있을까?

가. 핵무장한 한국은 미국을 위협하지 않을 것이다

첫째, 핵무장한 한국은 미국을 위협하지 않을 뿐만 아니라 미국의 동맹국가를 위협하지 않을 것임을 강조해야 한다. 물론 한국이 미국을 위협하는 시나리오는 B급 영화에서도 믿을 만한 줄거리가 될 수 없다. 하지만 미국 측은 한국이 핵을 개발한다면 미국의 동맹국을 위협할 수 있다고 생각할 수도 있다. 미국 입장에서 제일 중요한 걱정은 한국의 대일본 정책이다. 현 단계에서 한일 관계는 쉽지 않지만, 전쟁을 일으킬 수 있는 관계처럼은 보이지 않는다. 그러나 한국에서 수많은 사람들은 일본이 여전히 위험한 이웃 나라라고 생각하며, 반일 민족주의를 국내에서 지지를 얻기 위한 도구로 많이 이용하고, 제2차 일본 침략에 대해 우려감이 없지 않다는 것은 공공연한 비밀이다. 그 때문에 미국은 어느 정도 신경을 쓸 수도 있다.

    이와 같은 우려감을 줄이기 위한 제일 좋은 방법은 한국이 처음부터 양적으로도 질적으로도 제한이 많은 핵무기를 만든다는 것을 강조해야 한다. 한국의 핵개발 프로그램은 처음부터 방위적인 성격을 가진다는 것뿐만 아니라 앞으로도 이러한 성격을 유지한다는 것을 강조할 필요가 있다. 한국이 핵무장화에 성공할 경우 핵무기를 필요한 수량만 만들고, 북한의 대남 침공을 예방하기 위한 기능밖에 없다는 것을 강조해야 한다.

나. 한국의 핵무장은 미국의 군사적 부담을 줄일 것이다

    둘째, 한국 핵은 미국의 군사적 부담을 줄이는 것이라고 설명해야 한다. 지금 미국은 한국을 지키기 위해 많은 투자를 할 수밖에 없다. 물론 한국도 방위비를 지불하고 있으나, 그래도 한반도 방위는 미국에게 큰 부담이 된다. 하지만 한국이 독립적인 핵억지력을 가지게 된다면, 미국은 대한민국 군사 지원의 규모를 많이 줄여도 된다. 미군의 완전 철수는 안 되지만, 한반도에서 군사 기능보다 행정적, 상징적인 기능을 가진 병력만 남아 있으면 충분할 것이다. 이것은 고립주의 경향이 심한 미국 일부 엘리트 계층이 수용할 수 있는 주장이다.

다. 한국의 핵무장은 미국에 대한 군사 위협을 완화시킬 것이다

셋째, 한국의 핵무장은 미국에 대한 군사 위협을 완화시킨다는 것을 강조해야 한다. 이것이 제일 효과적인 주장이다. 제2차 한국전쟁이 발발한다면 서울을 보호하기 위해 나선 미국의 LA나 샌프란시스코가 심각한 위협에 직면하는 사태가 발생할 수도 있다. 상술한 바와 같이 이것은 미국 고립주의자들의 악몽이다. 하지만 한국이 핵무기를 개발한다면 미국은 이와 같은 위협에 직면하지 않을 것이다. 제일 먼저 북한은 핵보유국이 된 한국을 침공할 의지를 가지지 못할 것이다. 그 때문에 북한의 핵무기들이 미국의 도시들을 위협할 수 있는 상황이 발생하지 않을 것이다. 또한 이러한 위기가 발생할 경우에도 미국은 핵공격을 받을 위험성이 많이 사라질 것이다. 억제 능력은 대부분 한국 측의 책임이 될 것이다.

라. 한국의 핵무장은 핵확산의 위협을 높이지 않을 것이다

넷째, 한국의 핵무장은 핵확산의 위협을 향상시키는 것이 아니다. 선진 민주 국가이며 국제사회의 책임적인 일원인 한국은 파키스탄이나 북한과 달리 제3국으로 핵기술이나 핵물질을 이전할 가능성이 없는 나라이다. 한국에서는 중앙정부의 통제력이 충분해 핵기술이나 핵물질 유출이 불가능할 것이다. 세계적 수준으로 소득이 높은 나라인 한국은 돈을 벌기 위해서 이러한 핵기술 이전과 같은 모험을 할 필요가 조금도 없다. 그리고 한국은 이슬람 원리주의처럼 현존 세계 질서를 위협하는 사상을 지지하는 나라가 아니다.

5. 결론을 대신하여: 어려운 길, 걸어야 할 길

갈수록 한국의 핵 개발 필요성이 높아지고 있다. 물론 북한과의 외교적 타협으로 북한의 핵개발 수준을 동결하거나 줄이는 시나리오가 불가능한 것은 아니지만, 이 바람직한 시나리오가 현실이 될 가능성은 높지 않아 보인다. 그러나 미국의 공개적이거나 암묵적인 허용 없이 한국의 핵무기 개발은 어려울 것이다. 기술적으로 한국은 미국의 허락 없이도 핵개발을 할 수 있으나, 이러한 정책이 불가피하게 야기할 경제적 부담과 정치적 혼란은 한국 국민 대부분이 받아들이지 못할 것이므로, 이 시나리오는 실현 가능성이 유감스럽게도 높지 않다.

한편 미국에서는 지금도 핵확산에 대한 공포가 너무 심해 미국 엘리트 계층의 생각을 하루 아침에 바꾸기는 불가능할 것이다. 한국의 핵개발을 위한 외교 기반을 만들기는 오랜 시간이 걸리는 과정으로 보아야 한다. 물론 미국이 한국의 핵무기 보유를 묵인할 가능성은 '고립주의 경향이 심한 공화당 정권' 때 훨씬 높다. 그러나 도널드 트럼프가 47대 대통령으로 재선되었지만 이 기회를 이용할 수 있을지 매우 의심스럽다. 그 이유는 미국 여론에 영향을 미쳐 그들의 입장을 바꾸기 위해서는, 트럼프의 임기보다 긴 기간이 필요하기 때문이다. 그래도 시작할 때가 왔다. 설득의 기본 대상은 공화당 엘리트 및 현실주의 이론을 지지하는 국제관계 학자들이지만 다른 세력도 무시하면 안 된다.

한국의 핵보유를 위해 해결해야 할 과제는 또 있다. 한국 사회에서 핵 보유 구상이 정치화되는 것을 회피해야 하는 것이다. 좋든 싫든 핵

보유가 국내 정치에서 보수파의 프로젝트, 보수파의 소유물이 된다면 성공할 희망조차 없을 것이다. 외교적 준비도, 기술적 준비도 비교적 긴 시간을 필요로 하는데, 한국 역사가 보여주듯이 한국에서 정권 교체는 수많은 경우 국내 정책뿐만 아니라 대외정책의 유턴을 가져올 수 있다. 그래서 보수파는 자신의 임기 동안 이 프로젝트를 현실화할 시간이 부족하기 때문에, 진보파가 당선되고 이 프로젝트를 사악한 보수파의 아이디어로 본다면, 핵보유 프로젝트는 무산될 것이다. 물론 반대로 진보파만 핵 프로젝트를 독점한다면, 똑같은 결과가 있을 것이다.

한국의 갈 길이 멀 수도 있고, 어려울 수도 있다. 하지만 한반도 상황이 갑자기 좋아지지 않는다면, 이 길 이외의 대안이 보이지 않는다.

주

1 The World Bank Open Data at https://data.worldbank.org (검색일: 2025. 6. 24.).
2 Fukuyama, Francis, *The end of history and the last man* (New York: Free Press, 1992).
3 남궁곤, 『네오콘 프로젝트』 (서울: 사회평론사, 2005).
4 Miller, Matthew, "The United States Reaffirms Commitment to the Treaty on the Non-Proliferation of Nuclear Weapons," *The US Department of State Spokesperson Press Statement* (July 31, 2023) at https://2021-2025.state.gov/the-united-states-reaffirms-commitment-to-the-treaty-on-the-non-proliferation-of-nuclear-weapons/ (검색일 : 2025. 6. 24.).
5 Waltz, Kenneth, "The Spread of Nuclear Weapons: More May Be Better," *Adelphi Articles* 171 (1981).
6 Mearsheimer, John, "Back to the Future: Instability in Europe after the Cold War," *International Security* 15-1 (January, 1990), p. 556 at https://doi.org/10.2307/2538981 (검색일: 2025. 6. 24.).
7 Arms Control Association, "Nuclear Weapons: Who Has What at a Glance," *Arms Control Association* (January 1, 2025) at https://www.armscontrol.org/factsheets/nuclear-weapons-who-has-what-glance (검색일: 2025. 6. 24.).
8 Burgess, Stephen, "South Africa's Nuclear Weapons Policies," *The Nonproliferation Review* 13-3 (November 2006), pp. 519-526 at https://doi.org/10.1080/10736700601071587 (검색일: 2025. 6. 24.).
9 Cohen, Avner, "Israel's Nuclear Opacity/Exemption: Should the World Continue to Support it?: A Policy Statement Prepared for the British House of Lords" by Avner Cohen, Professor of Nonproliferation Studies, The Middlebury Institute of International Studies at Monterey, California, USA at https://committees.parliament.uk/writtenevidence/100021/pdf/ (검색일: 2025. 6. 24.)
10 Weiss, Leonard, "U.S.-India Nuclear Cooperation: Better Later than Sooner," *Nonproliferation Review* 14-3, (September, 2007) at https://doi.org/10.1080/10736700701611738 (검색일: 2025. 6. 24.).
11 미국 고립주의 역사에 대한 최신 소개는: Charles Kupchan, *Isolationism* (New York; London: Oxford University Press, 2020).
12 Lauren, Fedor and James Politi, JD Vance Proclaims 'America First' as

Republicans Embrace Economic Populism, *Financial Times* (July 18, 2024) at https://www.ft.com/content/1882d80c-4835-4397-b91f-5218156c3269 (검색일: 2025. 6. 24.).

13 Smeltz, Dina and Craig Kafura, "Majority of Trump Republicans Prefer the United States Stay Out of World Affairs, Public Opinion Survey," *The Chicago Council on Global Affairs* (February 16, 2024) at https://globalaffairs.org/sites/default/files/2024-02/GOP%20US%20Role%202023%20CCS.pdf (검색일: 2025. 6. 24.).

14 강태화, "트럼프 외교안보 최측근 '한국 자체 핵무장 고려해야'," 《중앙일보》, 2024년 4월 26일.

15 김동현, "트럼프 안보보좌관후보 '미군 韓주둔 불필요인질로 둬선 안돼," 《연합뉴스》, 2024년 8월 5일 at https://www.yna.co.kr/view/AKR20240507082700071 (검색일: 2025. 6. 24.).

16 강태화, "트럼프 외교안보 최측근 '한국 자체 핵무장 고려해야'," 《중앙일보》, 2024년 4월 26일.

17 Yonhap, "Deepening NK-Russia Ties May Drive Seoul in Direction of Nuclear Option: Ex-Trump Official," *Korea Times* (June 22, 2024) at https://www.koreatimes.co.kr/www/nation/2024/08/205_377175.html (검색일: 2025. 6. 24.).

18 Bandow, Doug, "Washington Might Let South Korea Have the Bomb," *Foreign Policy blog* (January 17, 2023) at https://foreignpolicy.com/2023/01/17/us-south-korea-nuclear-weapons-denuclearization/ (검색일: 2025. 6. 24.).

19 Lind, Jennifer and Daryl Press, "South Korea's Nuclear Options," *Foreign Affairs blog* (April 19, 2023) at https://www.foreignaffairs.com/print/node/1130278 (검색일: 2025. 6. 24.); Lind, Jennifer and Daryl Press, "Should South Korea Build Its Own Nuclear Bomb?" *The Washington Post* (July 10, 2021) at https://www.washingtonpost.com/outlook/should-south-korea-go-nuclear/2021/10/07/a40bb400-2628-11ec-8d53-67cfb452aa60_story.html (검색일: 2025. 6. 24.).

18장

일본의 핵무장 논의는
어디까지 와 있는가?

리소테츠

이 장은 일본의 핵억지 능력 보유에 관한 논의 과정을 중심으로 다루고 있다. 이는 한국의 독자적 핵억지력 보유 문제 논의에 유용한 참고가 될 것이다. 사실, 일본에서도 제2차 세계대전 종료 후 지금까지 독자적 핵억지력에 대한 연구와 논의가 간간히 진행되어 왔다. '일본은 왜 독자적인 핵억지력을 보유해야 하는가?', '핵억지력 보유가 법적으로 문제가 없는가?', '핵무장의 장애 요인은 무엇인가?'라는 질문들에 대해 일본도 고민해 왔고 지금은 현실적인 문제로 대두되고 있다.

1. 핵보유 능력 있으나 비핵 선언

일본 공안조사청에서 35년간 러시아, 중국, 북한에 관한 정보수집 분석을 총괄하는 조사 제2부장을 역임한 스가누마 미츠히로(菅沼光弘)는 2023년에 발간한 저서 『일본의 핵무장 시론』[1]에서 "우크라이나 전쟁이 일어나기 전까지만 하여도 일본에서는 독자적 핵무장은 물론 핵에 대해 언급하거나 상상하는 것조차 금기 사항처럼 여겨져 왔다"라고 적고 있다. 핵은 "만들지도 않으며 가지지도 않으며 들여오지도 않는다"는 '비핵 3원칙'에 핵에 관해서는 "논의하지도 않으며 생각하지도 않는다"라는 원칙이 더해진 '비핵 5원칙'이 암묵적으로 일본의 국가관처럼 널리 정착되어 있었기 때문이다.

그러나 제2차 세계대전 이후 일본이 일관되게 비핵 5원칙을 견지해 온 것은 아니다. 비핵 3원칙을 발표하여 노벨 평화상까지 받은 사토 에이사쿠(佐藤栄作) 내각총리조차 재임 중에 미 정부 관계자와의 만남에서 핵보유에 관심을 보이는 발언을 여러 번 했던 것으로 알려지고 있다.[2] 그리고 1964년 12월 사토 수상은 주일 미국대사 에드윈 라이샤워(Edwin Oldfather Reischauer)를 만난 자리에서 '타인이 핵을 가진다면 나도 핵을 가져야 된다는 것은 상식이지 않은가?'라고 말했었다.

일본 보수 논단의 대표적인 논객으로 알려진 나카니시 테루마사(中西輝政) 전 교토대학 대학원 교수에 의하면 사토 수상 외에도 요시다 시게루(吉田茂), 하토야마 이치로(鳩山一郎), 기시 노부스케(岸信介), 이케다 하야토(池田勇人)와 같은 역대 수상들 모두 핵무장 가능성에 대해 심각히 고민했었다.[3] 그들은 미국 대통령과의 정상회담에서 "중국이 핵무장을 하면 일본은 반드시 핵무장을 할 것"이라고 말했다고 한다. 이런 발언을 들을 때마다 당시의 미국 대통령은 "일본은 핵무장보다 해야 할 일들이 따로 있지 않냐?"라고 정면 대응은 피하는듯한 발언을 했다는 것이다.

일본의 핵무장 논의에 관한 연구에서 선구적인 논문을 다수 발표한 구로사키 아키라(黒崎輝) 후쿠시마 대학 교수에 의하면 1964년 11월 사토 에이사쿠가 수상에 취임하였을 때 일본 정부의 정책은 이미 '비핵'으로 가닥을 잡고 있었으나 정책 방향을 재고하지 않으면 안 되었는데 그 배경에는 1964년 10월 중국의 핵실험 성공이 있었다. 이에 따라 일본 주변의 정치적·전략적인 환경이 크게 변화하고 있었다. 1970년까지 일미 안전보장조약의 고정 기간인 10년 기한이 다가오고 있었기에 핵억지능력에 대해 다시 생각해 보지 않으면 안 되는 현실적인 문제가 대두되었기 때문이었다. 또 내각조사실과 같은 정부 부처에서는 비핵 정책을 추진하고는 있지만 "핵억지력에 대해 아무것도 하지 않고 무위무책으로 일관할 수 없다"라는 생각을 가지고 있었다.

이러한 배경하에 1967년 내각조사실이 주축이 되어 극비리에 국제정치학자와 과학자 10여 명을 모아 핵무장과 관련된 기술적인 문제 및 조직적, 재정적인 관점에서 일본이 독자적인 핵전력을 보유할 필요가 있는지, 그 가능성은 어느 정도인지에 대한 연구를 시작했다. 그 후 내각조사실의 연구 성과를 정리한 "일본의 핵 정책에 관한 기초적인 연구"(1차 보고서)라는 제하의 보고서가 정부 핵심 관계자들에게 배포된 것은 1968년 9월이었다. 결론은 일본이 플루토늄탄을 제조하는 것은 그리 어려운 일이 아니지만 당시(1960년 중후반) 상황에서 핵을 가지려면 조직면에서 그리고 재정적인 면에서 난제가 적지 않다고 지적했다.

보고서가 작성될 1968년 당시 일본은 도카이무라(東海村) 원자로에서 나오는 사용 후 핵연료봉에 포함된 플루토늄을 재처리할 수 있는 능력이 없지만 재처리 시설은 일본 독자적인 힘으로도 수년 내에 건설할 수 있다고 연구자들은 보았다. 그런데 문제는 일본이 50년대 후반에 미국, 영국, 캐나다와 맺은 원자력협정이었다. 원자로나 핵연료, 핵물질을 군사 목적에 사용하지 않는다고 약속하고 사찰을 보장하는 '보장조치'에도 서명했기 때문이었다. 그 후 '보장조치'는 국제원자력기구(IAEA)로 이관되어 일본의 독자적 핵무장은 더욱 어려워진 것처럼 보였다.

그러나 같은 시기 미국 정부는 '일본이 정치적 문제를 고려하지 않는다면 1971년까지는 현재 원자로 보장조치의 규정을 어기지 않고도 해마다 10발 내지 30발의 핵병기를 제조할 수 있다'고 평가했다.[4]

미국 정부의 보고서 내용을 요약하면 일본이 도카이무라에 별도 실험용 원자로를 건설하고 필요한 원료는 보장조치에 저촉되지 않는 일본산 혹은 수입 천연 우라늄을 사용할 수 있다는 것이었다. 또 일본에는 이미 핵폭탄 100발을 만들 수 있는 우라늄을 가지고 있다고도 평가했다. 이러한 보고서 등을 종합해 보면 일본은 60년대에 이미 잠재적 핵무장 능력을 가지고 있었으며 필요시 핵무장이 가능한 조건들을 준비하고 있었음을 알 수 있다.

사토 에이사쿠 정부가 핵보유를 추구하지 않고 미국의 핵억지력에 의존하기로 결심하고 ① 비핵 3원칙, ② 핵군축, ③ 핵에너지의 평화적 이용, ④ 미국의 핵억지력에 의존한다는 핵정책 4개 원칙을 발표한 것은 내각조사실 1차 보고서가 완성되기 전인 1968년 1월이다. 내각조사실의 검토와는 별도로 일본 정부가 이런 정책을 천명한 원인은 일본 국민의 반핵 감정을 고려, 정치적으로 핵문제에 대해 일단 결론을 내고 잠재적 핵능력 보유에 관해서는 계속 검토해 나가는 전략을 펼치기로 했던 것으로 보인다.

사토 에이사쿠 내각이 핵비확산조약(NPT)에 서명한 것은 1970년 2월이며, 1976년 6월에는 조약을 비준하기에 이르는데 앞서 언급한 구로사키씨의 주장에 의하면 일본 정부가 잠재적인 핵무장 능력의 보유를 명시적으로 부정한 것은 아니었다. NPT에 서명한 후에도 일본 외무성 고위급 간부가 극비리에 서독 외무성 관계자들을 초청해 핵보유 가능성에 대해 깊이 논의했다는 사실은 2010년에 와서야 알려졌다. 당시 외무성 사무차관이었던 무라타 료헤이(村田良平)가 일본방송공사(NHK)에 이런 사실을 실토했기 때문이다.

내각조사실은 1차 보고서를 낸 후에도 일본의 핵억지능력에 대한 검토를 계속했지만 결과적으로 '일본이 핵을 보유할 능력은 있지만 그렇게 하지 않겠다고 국내외에 선언하는 것이 득책'이라는 결론에 이르렀다고 한다.

2. '비핵 3원칙' 수정과 '신 비핵 3원칙'

60년대부터 70년대까지의 내각조사실과 외무성, 방위청이 관여한 핵 억지능력에 관한 연구 조사 프로젝트를 제외하면 그 후 일본에서 핵에 관한 논의, 특히 독자적인 핵능력 보유에 관한 논의는 공론화되지 않았고 거의 봉인 상태에 있었다고 할 수 있다.

그런데 일본은 국가의 자립과 자존을 확보해야 하며 이를 위해서는 핵무장이 필요하고 징병제 도입, 센카쿠의 실질적인 지배가 필요하다고 주장해 온 저명한 평론가 니시베 스스무(西部進)는 2007년에 출간한 저서 『핵무장론 -당연한 얘기를 한번 해보려고 한다』에서 핵논의의 봉인 상태는 우리에게 '사고 정지상태'를 강요하는 것과 다를 바 없다고 비판하면서 일본의 핵무장에 대해 정부의 방침과는 다른 주장을 펼치고 있다.

일본인들이 함구하고 있는 여러 가지 민감한 문제에 거리낌 없이 일석을 투척하는 것으로 유명했던 고 니시베에 따르면 일본인들은 세계 유일의 핵피폭 국민이라고 한탄하기도 하고 자랑하기까지 하는 이상한 정신상태를 가지고 있다고 지적하며 "마치 일본의 저명한 관광지 닛코 도쇼궁의 원숭이들처럼 '보지도 않고 듣지도 않고 말하지도 않는' 상태에 빠져 있다"라고 신랄하게 비판했다. 그리고 니시베는 "핵 전문가도 아닌 내가 핵무장론 얘기를 꺼낸 이유는 일본에 만연하고 있는 위선적인 평화주의 때문이며 전문가를 자처하는 자들이 입을 닫고 있기 때문"이라고 말하기도 했다.[5]

그 후 핵무장론이 사회적 이슈로 대두하고 일본에서도 '혼네(솔직하게)'를 표출하는 전문가들이 나타나기 시작한 것은 북한이 제 마음대로 핵비확산조약 탈퇴를 선언하고 노골적으로 핵개발에 매진했고 핵의 평화적 이용을 전면에 내세우면서 다른 한편으로는 핵능력 획득을 획책하는 이란과 같은 국가가 나타났기 때문이었다.[6] 다만 이 시기의 일본의 여론은 오오타 마사가츠(『일미 '핵' 동맹 - 원폭, 핵우산, 후쿠시마』의 저자)와 같은 핵억지력 보유보다는 핵에 대한 부정 경계 여론을 펴는 식자들이 압도적이었다고 할 수 있다.

그 후 핵 억지력에 대해 본격적으로 논의가 시작된 것은 러시아의 우크라이나 침공 이후라고 할 수 있다.

일본의 대표적인 '비핵 3원칙' 수정론자인 전 일본 국가안전보장국 차장 가네하라 노부가츠(兼原信克) 사사카와 평화재단 상무이사는 "핵병기에 대해 혼네(本音: 솔직하게)로 얘기해보자"라는 제하의 대담집[7]에서 당장 핵억지력에 대해 심중히 검토하지 않으면 안 되는 이유에 대해 "지금 미중 핵 대치 시대가 오고 있다. 미국에서는 중러 두 핵 대국을 어떻게 상대해야 하는가에 대한 열띤 논의가 시작되었다. 미국의 핵우산에 의존하는 일본으로서는 남의 일이 아니다"라고 지적하며 공상적인 핵 논의에 종지부를 찍을 필요가 있다고 주장한다.

가네하라 노부가츠에 의하면 인류 역사상 유일하게 핵 피해를 경험한 일본에서는 '한쪽에는 핵 비확산론 및 핵 폐지론이 있고 또 한쪽에는 미국으로부터 어떻게 하면 더 완전한 핵우산을 보장받을 수 있을까를 생각하는 안보 외교 전문가들의 세계가 있는데 이 두 그룹은 의견을 부딪쳐 보려고도 하지 않는 상황이다.

가네하라와 같이 '혼네'로 핵문제를 고민하지 않으면 안 된다는 생각을 가진 제네바 군축회의 일본 정부 대표부 대표를 지낸 다카미자와 노부시게(高見澤将林) 전 방위성 관료[8]를 중심으로 하는 핵억지력을 주장하는 전문가들은 핵 문제를 둘러싼 현 상황과 일본의 대응에 대해 다음과 같이 분석하고 있다.

핵무기를 가지고 있는 나라들 가운데 미국과 러시아는 핵군축에는 응할 가능성이 있다. 왜냐하면 충분할 정도로 핵무기를 가지고 있기 때문이다. 하지만 군사력 증강에 열을 올리고 있는 중국이 현 수준에서 핵능력 증강을 멈출 리는 없다. 중국은 일본을 타깃으로 하는 중거리 탄도 미사일을 대량으로 실전 배치해 놓은 상황이다. 중거리 탄도미사일을 전혀 배치하지도 보유도 하지 않고 있는 일본과 중국 사이에는 현저한 비대칭이 존재하는 것이다. 그래서 일본은 이른 시일 내에 핵억지력을 보유해야 하며 그렇게 하려면 실효성 있는 선택 가능한 방법들을 검토해야 하는데 일본 정부는 이러한 검토를 하기는커녕 핵억지력 의논을 공론화하려는 의지조차 보이지 않는다고 비판한다.[9]

가네하라 등이 위와 같은 위기감을 표출한 데는 '현재의 세계적인 안보 상황은 핵확산을 억지할 수 없는 상태'로 보고 있기 때문이라고 할 수 있다. 이들은 현재 인도와 파키스탄, 이스라엘과 북한이 핵비확산조약 체제와 상관없이 핵병기를 가지고 있는 상황에서 일본이 핵보유가 불가능하다면 그 외 가능성에 대해서라도 적극 검토하지 않으면 안 되는 현실을 직시하고 있다고도 할 수 있다.

또 지금 핵 억지 능력에 대해 심각히 고민하지 않으면 안 되는 이유는 세계가 크게 변하고 있기 때문이라고 그 이유를 설명하기도 한다. 다카미자와의 분석을 요약[10]하면 다음과 같다.

첫째 세계가 다극화되어 지금까지 미국과 러시아를 중심으로 한 핵 논의는 의미를 가지지 못하게 되었다. 미국과 러시아 사이에는 역사적으로 서로 상대해 본 경험이 있고 검증시스템도 갖추고 있다. 즉 상대방을 어느 정도 믿어야 할지 하는 감각이 있다. 미국과 러시아는 일본의 가부키처럼 무대에서 대립을 연기하면서도 물밑에서는 서로 상대방의 혼네를 확인해 왔다. 즉 지금까지 세계는 핵문제에 있어서 서로 '암묵적 인지'가 가능했는데 다극화된 세계에서는 그럴 수 없게 되었다.

둘째, 네트워크의 영향이 크게 확대되어 있다. 이런 기술적 환경의 변화가 핵억지력의 구조에 영향을 미치고 있고 불확실성을 증폭시키고 있다. 지금까지는 '확전 사다리(사태가 확전되어 갈 때 상대방이 어떠한 대응을 해올지를 추측하는 단계)'를 서로 공유할 수 있었기 때문에 상대방이 어떠한 조치를 취하면 이쪽도 이런 조치를 취하면 되는, 서로 알고 싸웠는데 지금은 본질적으로 다른 사태가 동시다발적으로 일어나고 그런 사태가 네트워크를 통해 가속화되는 경향을 보인다.

셋째, 핵병기와 통상(재래식) 병기와의 경계가 모호해지고 있다. 또 분쟁 형태도 무엇으로 규정해야 될지 그 경계가 모호해졌다. 통상 병기와 핵병기와의 관계, 전쟁과 분쟁사태와의 관계 등이 복잡하게 얽혀 있고 거기에 사이버 공간에서의 공격, 방해 공작 등이 더해져 병기 운용 체계가 이전하고는 달라졌다.

네 번째는 중국의 부상, 특히 군사력 증강이 세계에 주는 영향이고 다섯 번째는 지금까지는 핵전쟁을 억지 해오는 데 성공했지만, 러시아의 우크라이나 침공 후 핵 억지를 가능케 하는 '억지력'이 약화하였다는 것이다.

이러한 세계와 주변 환경의 변화에 일본은 어떻게 대응해야 하는가의 문제는 당연히 검토되어야 하는데 가네하라와 같은 일본의 핵억지력 보유를 주장하는 식자들이 잠정적으로 도달한 결론은 '비핵 3원칙'을 약간 수정하여야 한다는 것으로 보인다.

가네하라는 최근 일본의 보수계 신문 산케이신문(産經新聞)에 기고한 칼럼에서 '비핵 3원칙' 대신 '신 비핵 3원칙'을 제안하고 있다. '핵을 보유하지 않으며 만들지 않으며, 중국이 쏠 수 없게 하다'는 원칙인데 가네하라가 왜 신 비핵 3원칙에 중국의 핵억지를 끼워 넣었느냐에 대해서는 칼럼에서 이렇게 적고 있다.

가령 대만 유사 상태가 발생했을 때 미·중 양국은 서로 상대방을 향해 전략핵을 대량으로 사용하는 상황을 회피하기 위해 적당한 시점에서 정전 협의를 시작하게 될 것이다. 그렇게 되면 통상병력과 전술핵 병기에서 우위에 있는 중국이 신속하게 현재 상황을 변경하기 위해 정전을 제안할 것인데 그렇게 되면 결과적으로 파괴되는 것은 대만과 동맹국(일본, 한국)이 될 것이다. 그때 파괴당한 동맹국들은 평화 회복의 희생양이 될 것이다. 그렇게 되면 동맹국의 대미 이반이 일어날 것은 자명하다.[11]

또한 대만 유사 상태와 상관없이 중국이 중거리 핵미사일을 일본에 쏜다고 공갈 협박하면 현재 미국이 가지고 있는 전술 핵병기로 대응하기에는 역부족이라고 할 수밖에 없다. 가네하라에 의하면 이러한 핵미사일의 갭을 메우기 위해 미국에서는 공격핵잠수함에도 중거리 핵미사일 탑재가 논의되고 있다.

트럼프 제2기 정권에서는 핵 탑재 원자력 잠수함의 일본 기항 문제가 재연될 것이며 그때는 일본이 미국의 핵반입을 승인해야 할 것이다. 즉 '비핵 3원칙'의 하나는 포기해야 하는 결단이 필요한데 이는 중국과 같은 나라들이 일본에 핵을 쏘지 못하게 하기 위함이라고 설명하고 있다.

즉 가네하라와 같은 일본의 비핵 3원칙 수정론자들은 전면 수정이 아니라 현실적으로 가능한 부분부터 실현해 나가려고 하고 있음을 알 수 있다. 하지만 일본이 '핵우산'이라는 세글자를 국가 존망의 위기를 극복하는 수단으로 여긴다면 이는 너무나도 무책임하다는 의식도 동시에 가지고 있다.

3. 핵무장의 최대 장애 요인은 국민 정서

스가누마 미츠히로(菅沼光弘)는 『일본의 핵무장 시론』에서 "러시아와 우크라이나 전쟁 그 자체는 대단히 불행한 일이지만 일본인들에게 핵무장의 현실을 인식시키는 호기였던 것만은 사실이다. 핵을 포기한 우크라이나가 핵 대국인 러시아의 침공을 당하게 된 사실은 너무도 무거운 교훈이 되었다"[12]라고 밝혔다.

스가누마에 따르면 애당초 일본의 비핵 3원칙은 일종의 슬로건에 지니지 않았고 법적인 구속력도 없다고 주장한다. 일본의 핵무장은 헌법에 부합하는 것이냐 아니냐의 문제는 국회에서도 간간이 논의되어 왔다.

1957년 5월 당시 기시노부스케 내각총리대신은 참의원 예산위원회에서 "핵병기라고 하는 이름이 붙으면 헌법위반이라고 하는데 헌법 해석론적으로는 정확한 주장이 아니다"(2017년 9월 17일 자 《케이신문》)라고 말한 적이 있다. 그리고 1973년 3월에는 다나카 가쿠에(田中角栄) 당시 내각총리가 참의원(参議院) 예산위원회에서 핵보유가 합헌인가 위헌인가에 대한 질의에 "지금까지 정부가 통일된 견해로 말할 수 있는 것은 자위라고 하는 정당한 목적을 달성하는 한도 내에서의 핵병기라면 이를 보유하는 것은 헌법에 위배되지 않는다는 것이 종래로부터 정부가 취하고 있는 입장"이라고 답변했다.

그 후 1978년 3월 후쿠다 다케오(福田赳夫) 총리는 국회에서 "가령 핵비확산조약에서 일본이 탈퇴한다고 해도 조약상 준수 의무가 있는 것은 아니기 때문에 간접적 의미에서 헌법98조 문제가 발생하는 것은 아니다. 그러나 헌법 9조 문제는 남아있다. 헌법 전체이 사상으로 보았을 때 전수방위적 의미에서 나는 핵병기를 보유할 수 있다고 생각한다. 다만 별도의 법리에 의해 또 별도의 정책에 의해 그렇게 되고 있지는 않다"라고 대답했다.

2002년 5월 관방부장관이었던 아베신조(安倍晋三) 국회 의원(당시)은 국회에서 "자위를 위한 필요 최소한도를 넘어서지 않는 한 그것이 핵병기든 통상 병기든 상관없이 이를 보유하는 것은 헌법이 금지하는 바가 아니다"라고 말했다.

즉 일본 역대 정부의 핵능력에 대한 기본 인식은 핵보유가 자위를 위한 목적이면 법적으로는 문제가 없다는 것으로 해석된다.

2006년 북한이 첫 번째 핵실험을 감행한 후 일본에서도 국민의 안전보장 문제에 관한 관심이 뜨거워졌고 헌법개정을 공약으로 내건 아베(신조)내각이 탄생했는데 이 시기에는 외국에서도 일본의 핵무장을 당연시하는 주장이 제기되었다. 2007년 1월 일본에서 방영된 '워싱턴 리포트'(테레비 도쿄가 방영)에 등장한 헨리 키신저(Henry Alfred Kissinger)는 어디까지나 개인적인 견해이기는 하나 "일본은 이미 핵병기 개발에 착수했다고 생각한다"라고 말했다. 키신저는 일본 기자의 질문에 답하는 형식으로 진행된 인터뷰에서"미국은 금후 일정한 시기 동안 일본을 방위해 주겠지만 아무리 우방국이고 동맹국이라고 해도 (일본처럼) 다른 나라에 안전을 의지한다는 것은 있을 수 없는 일이다. 일본은 이제부터 군사력을 증강할 것이다. 10년 이내에 일본은 군사대국으로 될 것이다"

라고 말했다.

아사히신문(朝日新聞)은 프랑스의 저명한 저널리스트이며 역사학자인 엠마뉘엘 토드(Emmanuel Todd)와의 인터뷰 기사를 실었는데(2006년 10월 30일 자 기사), 토드는 일본의 핵무장을 권장하는 주장을 펼쳤다. 토드는 "핵병기는 편재(偏在)되어 있는 것(일부 강대국들만 보유하고 있는 상황)이 오히려 무서운 것이다. 히로시마, 나가사키의 비극은 미국만이 핵을 가지고 있었기 때문에 일어났다. 미소 냉전 시기에 핵은 사용되지 않았다. 인도 파키스탄은 쌍방이 핵을 소유해서 평화 협상의 테이블에 앉았던 것이다. 동아시아에서도 중국만이 핵을 가지고 있으면 안정될 수 없다. 일본도 핵을 가지면 된다"고 말했다. 이어서 그는 "핵병기는 안전을 위한 피난소, 핵을 가지고 있으면 군사동맹에서 해방되어 자유로울 수 있으며 전쟁에 휩쓸릴 위험도 작아진다"라고도 주장했다.

이러한 주장을 일본의 진보 미디어를 자처하는 아사히신문이 내보낸 이유는 그때까지만 해도 일본인은 텔레비전이나 신문 지면에 솔직하게 핵무장론을 펼치기 어려운 상황이었기 때문에 외부 인사의 의견을 빌려온 측면도 있다고 봐야 할 것이다.

4. 일본의 선택 가능한 핵 억지 능력

지금까지 전개한 일본의 핵에 관한 논의를 정리해 보면 핵 억지 능력으로 세 가지 선택지를 생각하고 있음을 알 수 있다.

첫째, 일본의 독자적인 핵보유론이다. 일본이 독자적으로 핵을 개발하고 독자적으로 핵을 운용해야 된다는 주장인데 그 바탕에는 지나친 대미 의존은 위험하다는 생각이 깔려 있다. 즉 군사적 측면에서도 일본은 자립할 수 있어야 된다는 생각이다. 하지만 경제적 측면에서 일본이 독자 핵보유로 인해 야기되는 문제를 극복할 수 있겠느냐는 회의적인 시각이 지배적이다.

외부에서 일본 극우 세력의 대표주자로 인식되고 있는 이시하라 신타로 도쿄도 전 지사는 "핵병기가 없으면 일본 외교는 점점 빈약해질 수밖에 없다. 그러니까 (핵무기를) 한발이라도 가지면 된다. 일본이 무슨 일을 저지를지 모른다는 불안감이 생기면 세계는 일본의 주장에 귀를 기울일 것이다"(1971년 7월 19일 자 《아사히신문》)라고 말했다. 현재 이런 주장을 옹호하는 전문가나 일반인들도 적지 않은 것은 사실이다.

하지만 일본이 미국의 핵우산에 국가의 운명을 맡기지 않아도 될 핵억지 능력을 보유하기에는 현실적으로 여러 가지 어려운 문제가 있다.

비핵 3원칙을 포함해 일본 정부가 대내외적으로 표방해 왔던 평화정책을 완전히 바꿔야 하는 어려움이 있고 현실적으로 핵비확산조약에서 탈퇴했을 때 야기되는 여러 가지 문제를 극복해야 한다. 외교적으로는 더 이상 핵보유국을 늘리지 않으려고 핵비확산조약에 가맹한 190개 나라도 그렇거니와 일본이 핵무장을 할 경우 그 사정권에 들어가는 나라들(한국, 중국, 러시아, 북한 등)의 반발이 클 것이므로, 정치, 경제적으로 고립될 가능성이 크다. 그런 위험을 무릅쓰고 독자적인 핵무장을 선택한다면 먼저 미국을 설득할 필요가 있다.

둘째. 미국 핵의 일본 배치론이다. 미국이 일본에 전술핵을 배치하고 중국, 러시아를 견제하기 위해서는 INF 조약(중거리 핵전력 조약: Intermediate-Range Nuclear Forces Treaty)을 파기해야 하는데 이는 전 세계로부터 미국이 냉전 시기로 되돌아가려고 한다고 비난받을 수도 있다. 그런 여론을 무시하고 미국이 일본에 핵무기를 배치한다고 해도 발사 권한이 미국에 있는 이상 지금의 '핵우산'과 다를 바가 없다.

셋째, 일미 공동 핵보유론이다. 평시에는 미군이 핵병기를 관리하면서 미국과 일본이 함께 핵병기 사용과 관리 훈련을 실시하며, 유사시 미국이 일본에 핵병기를 제공하는 방식인데 이는 미국이 나토 가맹국에 제공하는 핵 억지 능력과 동일한 방식이다. 다만 일본이 이 방법을 채택하기 위해서는 비핵 3원칙을 폐기할 필요가 있다. 비핵 3원칙을 폐기한다고 해도 법적으로 문제가 될 일은 없다.

그런데 나토 방식이 완전한 안전장치가 되는 것은 아니다. 나토와 미국의 핵공유는 어디까지나 전술핵 병기의 운용에 국한되며 그 목적은 핵 투하 수단 확보에 있을 뿐 핵병기 공여가 아니기 때문에 일본이 필요로 하는 핵억지 능력 구축과는 다르다. 나토 방식도 핵사용의 최종 결단은 핵병기 소유국에 있기 때문이다.

그래서 제일 현실적인 방법은 미국의 '철통같은 안보' 약속을 믿고 미국의 '핵우산'에 의존하는 것이다. 그런데 북한의 실질적인 핵병기 보유, 중국의 핵무장력 증강, 그리고 러시아의 제국주의적인 야욕을 목도한 일본인들은 현재 미국의 '핵우산'에만 의존할 수 없음을 깨닫고 있는 듯하다.

왜냐하면 '핵우산이란 미군의 어느 핵미사일을 말하는 것이며 그것이 어디에 어느 정도 배치되어 있는가?' 그리고 '중국의 어디를 겨냥하고 있으며 그것으로 중국의 핵전력 사용을 억지할 수 있는가?' 또 '일본이 핵 공격을 받았을 때 미국은 즉각 핵으로 반격할 것인가?', '일본이 핵으로 인해 파괴된 상황에서 정전 협의를 하지 않고 꼭 핵으로 반격(보복)해준다는 보증이 있는가?'[13] 이런 문제를 심각히 받아들인다면 독자적 핵억지 능력의 보유가 최선의 선택임은 말할 것도 없다.

5. 한·일 동시 핵무장만이 현실적인 해결책

일본은 핵을 보유할 수 있는 능력이 있고 일부이기는 하지만 정치 지도자들의 의지가 있으며 법적으로도 문제가 없다. 문제는 국민적 합의를 도출할 수 있느냐이다. 즉 일본이 독자적인 핵 억지 능력 보유의 최대 장애 요인은 일반 국민의 핵에 대한 거부감 즉 국민 정서라고 할 수 있다.

이런 상황을 타파하고 핵무장의 당위성을 일본인들에게 인식시키려면 '비핵 3원칙'과 같은 누구나 수긍할 수 있는 새로운 정책을 내놓을 필요가 있다. 그 열쇠는 한국이 가지고 있다고 할 수 있다. 한국이 독자적 핵보유국이 되면 동아시아에서 유일하게 일본만 핵병기를 보유하지 않은 나라가 된다. 필자는 그러한 상황을 염두에 두고 "일본만이 비핵국으로 남아도 정말로 괜찮은 것인가?"라고 신문을 통해 공개적으로 질의한 적이 있다.[14] 요지는 한국의 독자적인 핵무장과 일본의 핵무장을 현실적으로 가능하게 할 수 있는 방법은 양국이 동시에 핵을 보유해야 한다는 주장이었다.

그러기 위해서 한국과 일본이 같이 '핵보유 3원칙(核保有3原則)'을 제시하면 어떻겠는가? "핵은 일정 기간, 일정 개수(북한이 보유하고 있는 기간 동안, 북한과 같은 개수)만 보유하며, 북한이 핵을 폐기하면 한국과 일본도 핵을 폐기하며, 핵은 평화 유지 목적의 억지력으로만 보유한다"라는 원칙이다.

주

1   스가누마 미츠히로(菅沼光弘),『일본의 핵무장 시론』(도쿄: 清談社, 2023), p. 45.
2   구로사키 태루(黒崎輝), "일본 핵무장 연구는 무엇이었나(1968) - 미국정부의 견해와 비교 시각에서(米国政府の分析との比較の視点から),"『국제정치』제182호 (2015년 11월), pp. 125-139.
3   나카니시 테루마사(中西輝政) 편저,『일본 핵무장의 논점 - 국가 존립의 위기를 살아남는 길(日本核武裝の論点 国家存立の危機を生き抜く道)』(도쿄: PHP신서, 2006), pp. 40-41.
4   60년대 중반부터 미국에서는 일본의 핵무장 능력에 관한 연구가 진행된 것으로 알려진다. 구로사키 아키라에 의하면 그 배경에는 일본의 보수 정치인들 특히 사토 에이사쿠와 같은 정치인들이 핵 보유에 관해 관심을 가지고 있다는 정보를 가지고 있었기 때문이다. 일본의 핵무장 가능성에 대한 평가는 미국무성 톰슨(Llewellyn E. Thompson)을 위원장으로 하는 핵병기능력위원회(톰슨위원회로도 불린다)안에 설치된 일본 소위원회였는데 1965년 6월에 최종보고서가 제출되었다.
5   니시베 스스무(西部進),『핵무장론 - 당연한 얘기를 해보려고 한다』(도쿄: 講談社, 2007) 등. 이 내용은 니시베의 저서『핵무장론』의 서문, 그리고 텔레비전방송에서 했던 발언을 요약한 것이다.
6   오타 마사가츠(太田昌克),『일미 '핵'동맹 - 원폭, 핵우산, 후쿠시마』(도쿄: 岩波新書, 2014), pp. 157-159.
7   가네하라 노부가츠(兼原信克) 외 3명의 대담집『핵병기에 대해 솔직하게 얘기해 보자(核兵器について本音で話そう)』(도쿄: 新潮社親書, 2022년 3월)는 일본 내각관방장관보 겸 2014년에 새로 발족한 일본 국가안전보장국 차장이었던 가네하라 노부가츠가 중심이 되어 다카미자와 노부시게(高見澤将林) 제네바 군축회의 일본 정부 대표부 대사, 반쇼 고이치로(番匠幸一郎) 일본 국가안전보장국 고문, 오오타 마사가츠(太田昌克) 교토통신 편집위원 겸 논설위원이 희망적인 핵 논의에 종지부를 찍자는 취지로 진행된 대담을 정리한 책이다.
8   『핵병기에 대해 솔직하게 얘기해 보자』의 공동 저자의 한사람.
9   위의 책, p. 19.
10 위의 책, pp. 19-22.
11 가네하라 노부가츠, "신 비핵 3원칙을 책정해야,"《산케이신문》칼럼(정론), 2024년 7월 18일.
12 스가누마 미츠히로 (2023), p. 45.

13 가네하라 노부가츠, "신 비핵 3원칙을 책정해야,"《산케이신문》칼럼(정론), 2024년 7월 18일.

14 리소데츠, "일본만 비핵국이어도 정말 괜찮은가,"《산케이신문》칼럼(정론), 2024년 3월 8일.

19장

한국의 핵무장에 대한
중국 측 입장과 한국의 전략

대중 외교방향 제안과 더불어

김흥규

1. 서론

"한국이 핵무장을 추진한다면 중국의 반응은 어떠할까?"라는 질문이 이 글의 우선적인 문제의식이다. 그 다음 질문은 "이러한 중국에 대해 한국은 어떻게 대응해야 하는가?"이다. 이 질문들에 답하기 위해서는 중국의 핵무장과 핵정책, 중국의 대외정책, 중국의 대한반도 정책 등을 종합적으로 검토하여야 한다. 원용할 수 있는 가장 가까운 사례들로는 21세기 북한의 핵무장 과정과 2016년 한국 박근혜 정부가 중국의 전략적 이익에 반하여 사드 배치를 결정하였을 때, 중국의 반응을 참고하는 것이다. 한국의 핵무장은 엄밀한 의미에서 상기의 두 사안과는 다를 수 있다. 그럼에도 이 사안들은 한국이 핵무장 시 고려해야 할 주요 변수들과 긴밀히 얽혀 있어 조심스럽지만 추론을 해볼 필요가 있다.

한반도는 오랫동안 동아시아 지역 안보 역학의 중심이 되어왔다. 북한의 핵 능력 발전과 한국의 핵무기 개발 가능성 증가는 중국의 전략적 이익과 비확산 입장에 중대한 도전을 제기하고 있다. 북한과 관련된 전략적 딜레마가 심화됨에 따라, 중국은 북한 비핵화 목표와 지역 안정, 영향력 유지를 균형 있게 조정해야 하는 갈림길에 서 있다. 추가로 우리가 고민해야 할 요인은 트럼프 행정부의 재등장 이후 새로운 단계의 미중관계 전개와 중국의 대응이라는 변수이다. 한국의 핵무장에 대한 중국의 입장은 기존의 안정적인 미중관계와는 달리, 새로이 구성될 미중관계의 하위변수로 작용할 개연성이 더 커졌기 때문이다. 본고는 변화하는 전략적 환경과 중국의 정책 우선순위를 고려하여 한국의 핵무장에 대한 중국의 잠재적 입장을 탐구한다.

2. 중국의 핵무장과 핵정책의 변화[1]

중국은 한국전쟁 중인 1950년 및 1953년 미국의 핵사용 위협에 직면하였다. 그 후 1955년 3월 제1차 양안위기와 1958년 자2차 양안 위기시에도 미국의 핵사용 위협을 받았다. 사안마다 계속되는 미국의 핵공격 위협을 받으면서 중국 지도부는 대미 억제를 위해서는 핵무기 보유가 필수적이라는 결론을 갖게 되었다. 이런 상황에서 중국은 1955년 봄 "1956~67년 과학기술발전 장기계획 요강"을 제정하면서 핵무기를 개발할 것을 결정하였다. 중소관계의 악화로 핵무기 개발을 지원하기로 한 소련이 협정을 파기하자 중국은 1960년 "596공정"이라는 독자 핵무기 개발에 나섰다.[2] 즉, 중국의 핵무장은 당시 세계 초강대국인 미국과 소련과의 관계가 동시에 악화되고 안보가 크게 위협받는 상황에서 자구책으로서 핵무장을 적극 추진하였다. 중국은 결국 1964년 10월 16일 제1차 핵실험에 성공함으로써 세계 5번째 핵보유국이 되었다. 그리고 핵미사일 개발, 수소탄 개발, 장거리 탄도미사일 개발에 잇달아 성공하였다.

1960~70년대 당시 중국의 핵 역량은 미국이나 소련에 비해 크게 열세인 상황이었다. 중국은 핵무기의 수량도 많지 않은 상황에서 제2차 핵타격능력을 보유하지 못하였다. 이러한 현실조건에서 중국은 핵무장을 통한 억지 전략보다는 비핵전력을 위주로 하는 인민전쟁 전략을 강조하였고, 어떠한 경우에도 핵무기를 먼저 사용하는 일은 없을 것이라는 선제 타격 불가방침을 천명하였다. 그리고 중국은 핵무장을 핵무기 강국의 위협과 독점에 대응하기 위한 불가피한 조치였다는 점을 강조하였다. 궁극적으로는 전 세계적인 차원의 핵 폐기, 비핵지대에 대한 핵사용 금지, 강대국들만의 핵무기 독점을 금지해야 한다는 입장을 강조하였다.

1980년대 들어 중국은 개혁개방 정책을 국가 전략의 최우선 순위로 설정하면서 대규모의 감군과 함께, 군사비 증가를 억제하였다. 대신 핵미사일 역량을 제고함으로써 군부의 불만과 안보의 공백을 상쇄하려 하였다. 중국은 기존의 핵전략을 최소억지(minimum deterrence) 전략으로 변경하였다 이는 상대방의 1차 공격이후에도 상대방에 대한 핵반격 능력을 보유한다는 것을 전제하였다. 1988년에 잠수함 발사 핵탄두(SLBM) 실험에 성공하였고, 또 중성자탄 실험에도 성공하였다. 중국은 『2000년 중국의 국방』이라는 백서를 통해 "억지"를 위한 핵전략 개념을 공식화하였다.[3]

중국의 핵전략 변화는 기존 강대국들의 핵독점에 반대하고, 핵확산을 지지했던 태도가 수정되었음을 의미하였다.[4] 중국은 1984년에 핵군비 경쟁에 참여하지 않을 것이며, 동시에 핵확산에도 찬성하지 않을 것임을 처음으로 천명하였다. 국제원자력기구(IAEA)에도 가입하였고, 자신들의 민간 핵시설에 대한 사찰과 감독을 받는데 동의하였다. 그후 중국은 1990년대 들어 본격적으로 핵무기 통제 및 핵무기 감축을 목적으로 하는 국제체제에 편입하기 시작하였다.[5] 1992년에 핵비확산조약(NPT)에 가입하였고, 이후 차례로 포괄적 핵실험 금지조약(1996), 핵물질 및 장비 수출을 제한하는 쟁거위원회(1997)에 가입하였고, 대량살상무기로 전용이 가능한 물질을 통제하는 바세나르 협정에 대해서도 긍정적인 대화채널을 마련(1998)하였다.

중국은 1997년 핵물질 수출관리통제조례를 제정하여 제1조에 핵무기 확산을 방지한다는 입장을 분명히 하면서 타국의 핵무기 개발을 도와주지 않는다는 원칙을 분명히 하였다.[6] 동시에 핵물질 수출 3원칙도 천명하였다. 핵물질은 평화적 목적으로 사용하며, 국제원자력 기구의 감독을 수용하고, 중국을 거쳐 제3국으로 수출하는 것에 동의하지 않는다는 내용이다. 2002년에는 화학·생물학무기·미사일 등과 관련한 수출 통제를 위한 국내법규체제를 포괄적으로 정비하였다.[7] 이처럼 중국은 개혁개방이후 서구 강대국과의 관계를 중시하면서 기존 국제 체제의 규범과 협약들을 수용하는 방향으로 정책을 전환하였다.

2018년부터 미중 전략경쟁이 격화되면서, 1980년대 이후 근 40여 년간 지속된 중국의 핵정책은 재차 변화의 조짐을 보이고 있다. 미중 간의 전략적 대립은 중국 군부의 영향력을 대폭 강화시켰고, 안보를 강조하는 북경, 산시출신 지도자들의 입김과 경제에 안보적 요소를 고려하는 입장들을 크게 강화시켰다. 미중 전략경쟁의 상황에서 미중 양국은 상호 2차 핵타격능력은 물론이고, 상대의 핵보복을 상쇄할 역량을 확보하기 위한 경쟁이 불가피할 전망이다. 최근 미 국방부 평가에 따르면 중국은 미국과 군비경쟁을 강화하면서 핵무기 수량을 2025년의 350여 기 수준에서 2030년까지 1,000여 기, 2035년까지 1,500여 기 수준으로 급격히 증가시키려는 계획을 가진 것으로 알려지고 있다.[8] 이는 중국이 기존의 "최소억지" 전략에서 "최대 억지 및 제2차 핵보복 능력확보" 전략으로 전환한다는 것을 의미한다. 게다가 인공위성, 양자분야, 우주항공 분야에서의 치열한 미중 경쟁은 상대방의 핵 역량을 상쇄하려는 노력과 결부되어 있다. 다만, 이 경우에도 중국은 기존의 핵 강국들이 누리는 핵독점이나 핵비확산 체제를 약화시킬 생각은 없어 보인다. 중국은 이념을 강조했던 1960년대의 혁명국가가 아니라, 이미 강국중심의 국제체제에서 이 지위를 향유하는 현실주의적 국가가 되어 있다.

3. 시진핑 시기 중국의 대외정책 변화와 핵 정책

가. 중국의 대외정책 변화

중국의 대외정책은 후진타오 시기까지 세계 최대의 개발도상국이라는 국가 정체성에 입각해 있었다. 경제발전이 최고의 국가 목표였고, 외교와 안보 정책은 이러한 목표에 종속되었다. 미국과의 우호적인 관계 유지나 주변국들과의 안정성 유지는 중국 외교안보 정책의 핵심이었다. 그러나 2013년 시진핑 국가 주석이 집권하면서 중국은 강대국 정체성으로 전환하였다. 경제, 군사, 외교 영역에서 그에 걸 맞는 역량과 영향력을 갖추려 노력하기 시작했다.[9]

중국은 더 이상 자신의 역량을 숨기고 미래를 도모하는 도광양회(韜光養晦)식의 외교가 아니라, 적극적으로 자신들의 국익을 주장하는 적극적인 유소작위(有所作爲)식 외교를 추진하였다. 이제는 국제적 영향력을 적극 확대하면서 미국과 전략경쟁에 주저없이 나서는 돌돌핍인(咄咄逼人)의 외교를 구사하고 있다. 중국은 미국과의 관계를 위계구조로서가 아니라 동등한 관계를 설정하고, 상호 이해를 존중하자는 새로운 강대국 관계를 제안하였다. 세계는 더 이상 미국 패권주의가 주도할 수 없으며, 미국과 중국이 함께 나누자는 제안도 공공연하게 제기하였다.

중국의 새로운 대외전략의 맥락을 이해하려면, 전 외교부 부부장이자 시진핑 외교의 설정에 중요한 역할을 했다고 알려지는 푸잉의 3질서론을 살펴 볼 필요가 있다. 그에 따르면 중국은 현 국제질서를 세계질서(미국과 서방중심), 국제질서(UN 중심), 글로벌질서(신흥안보)로 구분한다.[10] 세계질서는 극복의 대상, UN 체제를 중심으로 하는 규범과 국제질서는 존중 속에 개혁, 글로벌 질서는 협력 속 주도노력으로 설정하였다. 한반도의 비핵화는 미국 중심의 세계질서를 약화시키면서, UN 중심의 국제질서는 유지한다는 중국 외교의 원칙과 맞물려있다.

나. 핵정책의 변화

미국과의 전략적 경쟁에 대해 시진핑은 이미 2019년 중앙당교 연설에서 미중 전략경쟁이 장기전이 될 것이라는 인식을 드러낸 바 있다.[11] 중국은 미국의 군사적 압박 극복 및 양안 통일을 위해서 미국을 압박할 수 있는 새로운 군사적 역량을 갖추고자 하였다. 미국의 항모가 중국 근해에 접근할 수 없도록, 둥펑 21과 26과 같은 중거리 극초음속 대함 탄도미사일을 배치하였다. 미중 군사적 대치에서 가장 핵심적인 군사영역이 핵무기라 할 수 있다. 중국은 더 이상 최소억지 전략에 머물지 않고 대량보복과 상호 확증파괴 역량을 지닌 최대억지 전략으로 전환하고 있다고 보여진다. 이러한 핵역량의 강화는 중국의 주변이 러시아, 파키스탄, 인도, 북한 등 실제적인 핵보유국으로 둘러쌓인 환경에서 중국에게 전략적인 이점을 가져다준다.

다. 핵 비확산체제와 중국의 역할

한국의 핵무장에 대한 중국의 잠재적 대응을 이해하려면, 한반도에서의 비확산 및 비핵화에 대한 중국의 역사적 입장을 검토하는 것이 필수적이다. 중국의 비확산 정책은 1949년 이후 여러 단계로 진화해왔다. 초기에는 군사력 증강을 통해 자국의 안보를 강화하는 데 초점을 맞추었으나, 1980년대 이후 경제 성장과 국제적 위상 강화에 중점을 두면서 비확산에 대한 적극적인 참여로 전환하였다.

중국은 제2차 북핵위기 이후 일관되게 비핵화된 한반도를 지지해왔으며, 국제 비확산 체제의 옹호자가 되었다. 중국은 핵비확산조약(NPT)의 서명국이자 유엔 안전보장이사회 상임이사국으로서 글로벌 비확산 노력을 지지했다. UN 중심의 국제질서를 옹호하는 중국의 입장에서 북한의 핵·미사일 개발은 핵비확산이라는 국제 규범을 어긴 것이고, 따라서 유엔제재 대상이다. 중국의 핵비확산 정책은 국제 규범과 조화를 이루며, 대량살상무기(WMD)의 확산을 억제하고자 하는 글로벌 노력의 일환으로 자리 잡았다.

비핵화된 한반도에 대한 중국의 전략적 관심은 지역 안정과 안보에 대한 열망에 뿌리를 두고 있다. 핵무장한 북한은 중국 국경에 직접적인 위협이 될 뿐만 아니라 동아시아의 안보 역학을 근본적으로 변화시킬 수 있는 지역적 군비 경쟁을 촉발할 위험이 있다. 또한, 한반도에 핵무기가 존재하면 군사적 긴장과 갈등 가능성이 증가하여 중국의 경제 및 전략적 이익에 심각한 결과를 초래할 수 있다. 이러한 이유로 중국은 북한의 비핵화를 중요한 외교적 목표로 삼고 있다.

중국은 또한 북한의 핵무장이 동아시아 지역 전체에 불안정성을 가져올 수 있다고 우려한다. 북한의 핵 개발이 지속될 경우 일본, 한국 등 다른 국가들도 핵무기를 추구할 가능성이 높아지며, 이는 지역 내 군비 경쟁을 촉발할 수 있다. 이러한 상황은 중국의 안보 이익에 직접적인 영향을 미칠 수 있으며, 경제적 협력과 외교적 관계에도 부정적인 영향을 미칠 수 있다.

북한의 핵 프로그램은 다양한 단계에서 진전을 이루어왔다.[12] 초기 단계에서는 기초적인 핵무기 개발에 집중하였으나, 최근에는 대륙간 탄도미사일(ICBM) 개발과 같은 고도화된 기술로 확장되고 있다. 이러한 역량의 확대는 북한이 미국 본토를 포함한 다양한 목표물을 타격할 수 있는 능력을 갖추게 하며, 동아시아뿐만 아니라 전 세계적인 안보 문제로 부상하게 하였다. 북한의 핵역량 확보는 중국의 국익에 반해 행동할 역량이 그만큼 증대되었다는 의미이기도 하다. 중국은 이러한 북한의 핵역량 발전이 자국의 안보에 미치는 영향을 면밀히 검토하고 있으며, 이에 대한 대응 전략을 모색하고 있다.

라. 러시아의 영향력 증가

러시아의 북한에 대한 영향력 증가는 중국의 전략적 계산을 더욱 복잡하게 만든다. 러시아의 영향력이 커짐에 따라, 중국이 북한의 행동을 조정할 수 있는 능력이 감소할 수 있다. 이러한 힘의 균형 변화는 중국이 핵 문제를 다루는 옵션을 제한할 수 있으며, 한반도 접근 방식을 재평가하도록 강요할 수 있다. 러시아와의 협력 또는 경쟁 구도에서 중국은 북한 문제를 해결하는 데 있어 새로운 전략적 고려사항을 반영해야 한다.[13]

러시아는 최근 2023년 9월 푸틴-김정은 정상회담이후 북러 동맹이라 할 정도로 북한과 경제적, 군사적 협력을 강화하고 있다. 러시아의 부인에도 불구하고 북한군의 우크라이나 파병설은 2022년부터 이미 제기되었다.[14] 북한군의 우크라이나 전선 파병은 2024년 실제 확인되었다. 북러 동맹의 강화는 러시아가 동아시아에서의 영향력을 확대할 근거가 된다고 볼 수 있다. 러시아의 이러한 움직임은 북한 문제를 해결하는 데 있어서 중국의 전략적 옵션을 제한한다. 중국은 이제 북한 문제를 해결하기 위해서는 러시아와의 협력을 더 필요로 하게 되었다.

4. 중국의 대한반도 정책과 두 가지 사례

가. 중국의 대 한반도 정책

중국은 개혁과 개방시기 한반도의 안정과 평화를 유지하여 중국의 주변 지역을 안정화시키는 정책을 가장 중시해 온 것으로 평가된다. 중국의 대 한반도 정책은 안정을 유지하고, 전쟁을 방지하고, 통일과 같은 현상변경 시도를 방지하는 것이었다. 이는 개혁과 개방정책에 집중하고, 중국에 대응하는 한미일 군사 협력의 빌미를 주지 않으며, 동시에 불필요하게 미국과 충돌관계로 얽혀드는 것을 방지하고자 한 것이었다. 중국은 1990년대 말이나 20세기 초에는 군사·경제적으로 우세한 한미의 공세성을 억제하는 데 초점이 가 있었다. 북한이 2006년 제1차 핵실험을 단행할 때까지만 해도 이러한 인식이 중국의 주를 이루었다.[15] 북한의 핵은 방어용이었고 협상용이란 인식이었다.

그러나 북한의 핵보유 의지가 분명해지자, 중국은 북한의 핵보유를 억제하고자 하는 정책을 추진하였다. 한반도 안정과 평화, 비핵화, 대화를 통한 문제 해결이 중국의 대한반도 정책 3원칙이 되었다. 북한이 대담한 4~5차 핵실험을 단행하자 시진핑은 한 때 비핵화를 이들 3대 원칙의 전면에 내세운 적도 있었다. 동시에 한반도의 평화통일을 제4의 원칙으로 할 것인가를 놓고 중국 조야가 논쟁했다.[16] 2017년 9월 3일 북한이 제6차 핵실험을 단행하자 중국은 군사연습을 빙자하면서 압록강변에 전차부대를 동원하여 노골적으로 북한을 압박하였다.[17] 중국내에서는 북한 급변 및 김정은 체제의 변경까지 논의하기도 하였다.[18] 이러한 중국의 강력한 대북 압박은 북한이 2018년 초부터 문재인 정부의 대북 유화정책에 적극 호응한 하나의 주요한 외부 요인이 되었다.

한국에서 윤석열 정부의 친미, 친일 정책이 본격적으로 추진되면서 한중관계는 급격히 얼어붙었다. 중국의 입장에서는 이러한 새로운 냉전의 기류에 직면하여 북한 비핵화를 본격 추진할 동력을 상실하였다. 물론 북한의 강력한 핵보유 의지 역시 고려되었을 것이다. 다른 한편으로는 미중 관계에서 중국은 주요한 대미 레버리지 하나를 잃은 것이다.

시진핑 3기 중국의 대한반도 정책은 3防, 2穩, 1聯으로 요약할 수 있다.[19] 시진핑 정부는 사드 분쟁 때와 유사하게 윤석열 정부와 대한민국을 분리하여 대응한다는 기조를 정했다. 전자는 압박하고 관리하며, 후자는 보다 장기적인 관점에서 기반을 강화해 나간다는 것이다. 우선, 3防은 ① 한반도 군사충돌, ② 한반도 비핵화 정책 후퇴, ③ 한반도 냉전의 장이 되는 것을 방지한다는 것이다. 다음으로 2穩은 ① 북중 정국을 안정시켜, 북한의 새로운 핵실험 방지, ② 한중관계를 안정시켜 윤석열 정부의 미국편향을 방지한다는 것이다. 마지막으로 1聯은 한반도 문제는 결국 미중관계와 연계되어 있다는 인식이다. 특히 1聯은 추후 한국이 핵무장을 추진했을 때, 중국의 대응 수위를 결정할 주요한 외부 조건으로 인식된다.

나. 북한 핵실험과 UN제재

제2차 북핵위기가 발생하면서 중국은 한반도 비핵화의 중요성을 거듭 강조하면서도 독자적인 역량보다는 다자간 방식을 통해 이를 달성하려 하였다. 중국, 북한, 한국, 미국, 일본, 러시아가 참여한 6자 회담은 핵 문제에 대한 외교적 해결을 찾기 위한 중국의 대표적인 다자무대 참여사례였다. 비록 회담은 2009년 이후 중단되었지만, 중국은 대화와 협상을 통한 평화적 해결을 지속적으로 추진해왔다. 이 회담에서 중국은 중재자 역할을 수행하며, 평화적 비핵화 방안을 모색하려 노력했다. 이는 중국이 국제 비확산 체제에서 핵심적인 역할을 수행하고자 하는 의지를 보여주는 사례이기도 하였다.

2000년대 들어 발생한 제2차 북핵위기는 중국이 이미 강대국으로서 세계 핵질서와 핵비확산 체제를 수용한 이후 발생한 사안이다.[20] 중국은 북한의 핵개발은 물론이고, 핵물질과 기술이 외부로 유출되는 것에도 명백한 반대의 입장을 표명하였다. 물론 그렇다고 해서 중국이 북한의 핵개발에 대한 책임에서 전적으로 자유로울 수는 없었다. 중국은 1990년대 파키스탄과 이란의 핵개발 관련 분야를 지원하였다. 1994년 봄 파키스탄의 칸 박사가 북한을 방문한 바 있고, 1995년 북한 최광 인민무력부장이 파키스탄을 방문하였다. 이때, 북한의 미사일 기술과 파키스탄의 우라늄 농축 기술의 교환이 이뤄졌을 것으로 보인다. 중국이 국제 핵확산 방지 체제에 가입하기 전이기는 하지만 1990년대 이전 북한의 과학자들은 종종 중국의 간쑤성 란저우 원자력 단지를 견학한 바 있다. 그리고 중국의 기업들은 기회가 닿는대로 북한에 불법적으로 전용이 가능한 핵·미사일 관련 물질과 물자들을 판매한 것으로 보인다.

중국은 북핵 제2차 위기가 발생했을 때만 해도, 북한의 핵개발 노력을 위중하게 평가하지는 않았던 것으로 보인다. 따라서, 중국은 북한에 대한 직접적인 압박보다는 6자 회담과 같은 다자적인 틀 안에서 해결하려 하였다. 중국의 불편한 개입 비용은 최소화하면서, 이를 계기로 다자외교에서 본격적으로 중국의 역할과 영향력을 확대하는 계기로 삼으려 하였다.

중국이 북핵문제를 점차 심각하게 인식한 것은 2006년 10월 9일 북한이 중국의 강력한 반대와 경고에도 불구하고 제1차 핵실험을 단행하면서부터였다. 당시 중국은 외교부 성명을 통해 "제멋대로"라는 표현을 써 가면서까지 북한을 비난하였고, "결단코 반대"한다는 입장을 공개적으로 천명하였다. 그럼에도 북한에 대한 제재에는 적극적이지 않았다. 당시 중국은 북핵 실험을 북한의 핵보유 의지로서 높게 평가하기보다는 북한의 미국에 대한 협상카드로서 인식하였다.

중국이 북한의 강력한 핵보유 의지를 확인한 것은 북한이 2009년 5월 25일 제2차 핵실험을 단행했을 때이다. 중국은 북한의 추가적인 핵실험을 막고자 2009년 1월 당대 당 관계를 총괄하는 왕자루이 대외연락부장을 파견하여 설득하려 하였다. 북한의 핵보유는 중국의 핵심 전략이익을 손상시키며, 추가적인 핵실험에 반대한다는 입장을 분명히 표명하였다. 그럼에도 북한은 핵실험을 단행했다. 당시 중국 국가주석 후진타오는 격노했다고 알려졌다. 차기 지도자인 시진핑도 공개적으로 북한의 핵실험을 비난하였다. 중국은 추가적인 대북 제재에 찬성하였고,[21] 미국과도 북한 사태에 대한 1.5트랙 차원의 논의를 시작하였다.

북한은 이후에도 추가적으로 4차례의 핵실험을 단행하였다. 중국은 이때마다 북한의 핵실험에 반대하였고, UN 대북제재를 강화하는 데 동의하였다. 특히 북한이 2016년 4~5차 핵실험을 단행한 직후, 중국은 자발적으로 2017년 2월 북한에 대한 석유제품 수출을 중단하고,

북한으로부터 섬유 수입 역시 금지했다. 중국은 북한의 4차 핵실험이후 UN제재에 적극적이었고, UN제재 이행 보고서를 제출한 77개국(총수는 193개국)중 하나였다. 중국은 현재까지 러시아와는 달리 UN이 부과한 북한제재 체제를 부인하지 않고 있다. 이는 2024년 북중 간에 발생하였던 긴장관계의 주요한 요인이다.

중국은 북한이 핵개발을 추진하는 기간 내내 한반도 비핵화를 자신들의 주요 한반도 정책 목표로 설정하였다. 중국의 한반도 비핵화론 목표에는 주한 미군을 포함한 한국군의 비핵화 유지도 포함되어 있다. 그러나 중국은 북한의 비핵화보다는 북한 정권의 안정과 유지, 한반도에서의 안정과 평화가 더 우선적인 목표였던 것으로 보인다. 중국은 북한 정권을 무너뜨려 비핵화의 목표를 달성할 수도 있는 역량이 존재하였고, 또 실제 이를 위협하기도 하였다. 그러나 실제 행태는 북한의 비핵화에 반대하기는 하지만, 지나치게 과도한 개입을 통해 단기적인 목적을 달성하기보다는 보다 중장기적인 목표와 다면적인 전략적 이해를 동시에 추진한 것으로 평가된다. 이러한 중국의 태도는 추후 한국이 핵개발을 시도했을 때, 유사한 대응을 할 것으로 보여 주목된다.

다. 사드 사태

2016년 한국의 사드(THAAD) 배치 결정은 한중 관계에 심각한 갈등을 초래했다. 중국 정부는 이 결정을 단순한 방어적 조치가 아닌 자국 안보에 대한 중대한 위협으로 인식하였다. 당시 중국의 입장은 크게 세 가지 측면에서 살펴볼 수 있다. 첫째, 안보적 측면에서 중국은 사드 체계, 특히 X-밴드 레이더의 감시 능력을 우려하였다. 둘째, 지역 전략 균형의 관점에서 중국은 사드 배치가 미국의 아시아-태평양 지역 미사일

방어(MD) 시스템 구축의 일환이라고 보았다. 셋째, 경제·외교적 측면에서 중국은 사드 배치가 양국 관계에 미칠 부정적 영향을 경고하였다.

중국의 초기 대응은 다음과 같이 전개되었다. 우선 외교적으로, 중국은 지속적으로 한국과 미국에 사드 배치 철회를 요구했다. 시진핑 주석은 여러 정상회담에서 이 문제를 제기했으며, 외교부 역시 수시로 성명을 발표하며 반대 입장을 표명했다. 군사적으로는 사드에 대응할 수 있는 능력 강화에 나섰다. 중국은 사드에 대응하기 위해 전략무기 개발에 박차를 가하고 있는 것으로 알려져 있다. 경제적 대응도 이어졌다. 중국은 한국 기업에 대한 규제를 강화하고, 한국 관광 상품 판매를 제한했다. 특히 사드 부지를 제공한 롯데그룹에 대해서는 중국 내 매장 대부분을 폐쇄 조치했다. 이러한 조치들로 인해 한국의 대중국 수출과 중국인 관광객 수가 크게 감소했다.

중국의 사드 대응 전략은 시간이 지나면서 변화를 보였다. 초기의 강경 대응에서 점차 유연한 태도로 선회한 것이다. 2017년 10월 한중 양국은 이른바 '3불(不) 합의'를 통해 사드 갈등 해소의 실마리를 마련했다. 중국의 입장에서 사드 문제는 단순히 한중 양국 간의 문제가 아니라 동북아 지역 전체의 전략적 균형과 관련된 사안이다. 중국 전문가들은 사드 배치가 중국의 전략적 억지력을 약화시키고 지역 군비 경쟁을 촉발할 수 있다고 주장하고 있다. 이는 중국이 사드를 보다 큰 지정학적 맥락에서 바라보고 있음을 시사한다.

중국은 사드 문제를 해결하기 위해 다각도의 접근을 시도하고 있다. 외교적으로는 한국과의 대화를 지속하면서도, 국제사회에서 자국의 입장을 적극적으로 피력하고 있다. 군사적으로는 자체 방어 능력 강화에 주력하고 있으며, 경제적으로는 보복 조치의 강도를 조절하면서 한중 경제 협력의 중요성을 강조하고 있다.

한편, 중국은 사드 문제를 북핵 문제와 연계하여 접근하고 있다. 중국 외교부 대변인 루캉(陸慷)은 한국의 사드 배치 결정에 강력히 비판하면서 "한반도 비핵화와 평화 체제 구축이 사드 문제 해결의 근본적인 방안"이라고 주장했다.[22] 이는 중국이 북핵 문제 해결을 통해 사드 배치의 명분을 없애려는 전략을 취하고 있음을 보여준다.

중국의 사드 대응은 '다자주의' 원칙과도 연계되어 있다. 중국은 사드 문제를 양자 간 갈등이 아닌 지역 전체의 문제로 프레임을 설정하려 노력하고 있다. 중국은 아세안지역안보포럼(ARF) 등 다자간 협의체에서 지속적으로 사드 문제를 제기하였다. 중국 외교부 대변인 화춘잉은 "사드 문제는 지역 전체의 안보와 직결되는 사안"이라고 강조했다.

중국은 사드 문제를 러시아와의 전략적 협력을 강화하는 계기로도 활용하였다. 중국과 러시아는 공동으로 사드 배치에 반대하는 성명을 여러 차례 발표했다. 중국 외교부 대변인 화춘잉은 "중러 양국은 사드 문제에 대해 같은 입장을 가지고 있으며, 긴밀히 협력하고 있다"라고 밝혔다. 이는 중국이 사드 문제를 통해 러시아와의 전략적 협력을 강화하고, 미국의 영향력 확대를 견제하려는 의도를 보여준다.[23]

중국의 사드 대응은 '경제와 안보의 연계' 전략의 일환으로도 볼 수 있다. 중국은 경제적 수단을 통해 안보 목표를 달성하려는 데 주저하지 않는다. 중국은 이러한 정경합일 정책을 21세기 초 한국에 대한 '마늘파동'을 일으켰고, 그리고 미중 전략경쟁 시기 '노르웨이', '호주', '필리핀' 등에도 주저없이 적용했다. 중국과의 갈등은 필연적으로 경제적 압박이 온다는 전제를 가질 수 밖에 없다.

결론적으로, 중국의 사드에 대한 입장은 단순한 군사적 대응을 넘어 복잡하고 다면적인 전략적 고려를 반영하고 있다. 중국은 사드 문제를 자국의 핵심 이익, 지역 전략 균형, 미중 관계, 한중 관계 등 다양한 차원에서 접근하고 있다. 이는 중국이 사드 문제를 단순한 양자 간 갈등이 아닌, 동북아 지역 전체의 전략적 구도와 연계된 중대한 안보 사안으로 인식하고 있음을 보여준다.

단, 중국도 사드 문제로 인해 한중 관계가 과도하게 악화되는 것을 원치 않았다는 점에 주목할 필요가 있다. 중국은 한국과의 경제적, 문화적 교류의 중요성을 인식하고 있으며, 한반도에서의 영향력 유지를 위해서도 한국과의 관계 개선이 필요하다고 판단하고 있다. 향후 중국의 사드 대응은 '원칙적 반대'와 '실용적 접근'이 공존하는 형태를 보였다. 중국은 사드 배치에 대한 근본적인 반대 입장을 유지하면서도, 한중 관계의 전반적인 발전을 위해 유연한 태도를 유지했다. 이는 중국이 사드 문제를 둘러싼 전략적 딜레마를 관리하면서, 자국의 이익을 최대화하려는 노력의 일환으로 볼 수 있다.

5. 한국의 핵무장에 대한 중국의 대응 추정

중국내 한국의 핵무장 가능성에 대해 우려가 커지고 있다. 최근 북한의 지속적인 핵개발과 군사적 위협, 미국의 확장 억제에 대한 신뢰부족, 윤석열 정부의 냉전적 정책이 강화되면서 한국의 실제 핵무장 가능성이 커지고 있기 때문이다. 중국은 한국이 핵무기를 단기간에 개발할 기술적 역량은 충분하다고 인식하고 있다.[24] 더구나 2023년 1월 11일 윤석열 대통령은 한국이 미국의 전술핵무기를 재배치하거나 독자적인 핵무장을 추진할 가능성을 처음 언급한 바 있다.[25]

중국은 한국의 핵무장에 대해 확고히 반대한다는 입장이다. 중국은 전통적으로 한반도의 비핵화를 지지해 왔다. 중국의 공식 입장은 모든 국가가 핵무기를 포기하고 비핵화 조치를 추진하는 것이다. 이는 중국이 오랫동안 강조해 온 '평화적 발전' 및 '협력적 안보' 원칙과도 일치한다. 한국이 핵무장을 추진하는 것은 이러한 중국의 기본 원칙에 대한 도전으로 받아들여질 수 있다. 중국은 한국의 핵무장이 동북아시아의 안보 구조에 불안정을 초래할 것으로 보고 있으며, 이는 결국 자국의 안보에도 위협이 될 수 있다는 우려를 갖고 있다. 중국은 한반도 및 동북아에서 핵군비 경쟁이 촉발될 가능성을 크게 경계하고 있다.[26] 중국 입장에서는 한국이 이미 한미동맹을 바탕으로 안보적 우위를 누리고 있다. 재래전 능력에서 우세한 한국의 핵무장은 한반도의 균형을 해치고 정세를 더욱 불안정하게 한다는 인식이다. 아울러 동북아 핵무장 도미노에 의한 대만의 핵무장 가능성에 대해서도 극도로 민감하다. 2005년 제정된 중국의 반국가분열법은 대만의 핵무장이 중국의 군사적 공격을 촉발하는 핵심 요인중 하나로 지정하고 있다.

최근 2022~24년 3년간 한국의 핵무장과 관련하여 게재된 중국내 논문과 기사 8편을 분석해보면, 한국 핵무장의 불가피성을 평가한 진궈씨안의 글을 제외하고는 모두 한국의 핵무장에 대해 부정적이다.[27] 그중 2편은 미국의 반대로 한국의 핵무장이 불가능하다는 논지였고,[28] 다른 글들은 한국의 핵무장이 중국의 안보이해에 부정적이라는 입장을 밝혔다.[29]

이는 한국의 핵무장에 대해 중국의 묵인이나 지지를 이끌어 내는 일이 결코 쉽지 않다는 것을 말해준다. 그러나 상황여하에 따라서는 전적으로 불가능한 일도 아니다. 중국의 기존 행태를 보건데, 한국이 중국에 노골적인 적대적 태도를 취하지 않는다면, 중국이 한국의 핵무장에 직접적인 군사행동을 취할 개연성은 대단히 적다. 일단, 중국은 유엔을 중심으로 작동하는 국제체제의 유지를 지지한다. 따라서 핵비확산조약

(NPT) 체제를 지지한다. 그러나 역사적으로 중국의 핵무장 배경이 국제적인 안보 불안에서 출발하였다는 것을 상기하는 것이 중요하다.

중국은 한국전쟁이후 한반도의 안정은 중국의 국익과 불가분의 관계라는 입장을 유지해 왔다. 그리고 그 안정은 군사적 균형을 통해 달성된다. 이념적 각도에서 바라보면 중국이 북한의 입장을 지원하는 것은 당연해 보인다. 그러나 현실주의 정치 입장에서 분석하면, 북한과 한국 사이의 군사적 균형을 유지하는 것이 안정을 위한 필수 요건이다. 중국은 탈냉전시기 군사적으로 불리한 북한이 핵무장을 시도하는 것은 한국에 대한 공세용이라기보다는 한국과의 체제경쟁에서 열세라는 불안감과 흡수통일 위협을 방지하고자 하는 방어적 의도라고 판단했다. 북한은 실제 한국을 통일할 재래식 군사력이 크게 불충분한 상태라는 판단이다. 중국은 대신 북한의 강력한 요청에도 불구하고 북한의 재래식 군사력을 확충할 군수지원을 해주지 않고 있다. 이러한 중국의 상황 인식은 과거 한국의 핵무장에 대해 부정적인 태도를 취하게 하였다.

중국의 입장에서는 북한의 핵위협이 실재화되면서 현상변경을 추구하고, 한국이 이에 대응하면서 자체 핵무장을 추진한다면 보다 복잡한 문제에 직면한다. 중국은 전통적으로 모든 형태의 핵 확산에 반대해 왔지만, 북한은 물론 한국을 포함한 개별 국가들의 정당한 안보 우려도 인정하고 있다. 북한의 핵무장과 공세적 전략의 전개가 한국의 안보를 위협한다면, 중국도 한국의 비핵화를 유지하기 위한 강력한 억제정책을 채택하기 어려울 전망이다. 북한은 이미 핵무장의 완성을 성공한 상태이고, 2023년 헌법을 수정하여 핵무력의 고도화를 설정해 논 상황이다. 최근 바뀐 북한의 핵전략은 선제공격도 용인하는 것으로 보인다. 이에 따라 현재, 한국 내에서 핵무장에 대한 지지 여론은 비등하고, 트럼프 등장이후 미국의 자국 우선 정책이 노골화되면서 미국의 핵확장

억제에 대한 불신감이 더욱 확산되고 있다. 이러한 상황을 고려할 때, 중국은 아마도 한국이 핵무장을 할 개연성이 크다고 판단할 것이다. 이는 중국의 비확산 정책에 새로운 도전과제를 제기한다.

한국의 핵무장은 동아시아의 안보 환경을 급격히 변화시킬 수 있다. 한국이 핵무기를 개발하면 일본 등 다른 국가들도 핵무기 개발을 추진할 가능성이 높아진다. 이는 지역 내 군비 경쟁을 촉발할 수 있다. 특히 대만의 핵무장 가능성은 중국의 가장 큰 우려 사안일 것이다. 미중 전략경쟁 시대에 미국과 동맹관계인 한국의 핵무장은 중국의 안보 이익에 직접 위협을 줄 수 있으며, 핵심이익과 결부될 수도 있다. 경제적 협력과 외교적 관계에도 부정적인 영향을 미칠 수 있다. 이러한 상황은 중국의 비확산 정책과 지역 안정 유지라는 정책 목표에 커다란 부담을 준다.

한국의 핵무장에 대한 중국의 잠재적 대응을 평가하자면, UN과 비확산 체제를 중시하는 중국은 당연히 반대의 입장을 취할 것이다. 특히 미중 간의 전략경쟁이 심화되면 될수록, 한국의 친미정책이 강화되면 될수록, 중국의 한국 핵무장에 대한 부정적인 인식과 반대의 강도도 강화될 것이다. 정치·경제·국제제도적 측면에서의 압박은 물론이고, 군사적인 압박 역시 만만치 않을 것이다. 그러나 이미 언급한 바대로 북한의 핵무장이 현상변경을 추구하기 위한 것이고, 실재 한국의 안보를 위협한다고 중국이 판단한다면, 중국은 한국의 핵무장에 강력한 반대 입장을 취하지는 못할 것이다. 중국은 오히려 한국의 핵무장에 대해 수동적으로 반대하거나 심지어 용인할 개연성도 존재한다.

2024년 11월 시진핑 주석이 미국 바이든 대통령과의 회담에서 중국의 다른 사안들과 더불어 한반도에서 군사적 충돌이나 혼돈이 발생하는 것은 중국의 전략적 안보와 핵심이익을 위협하는 것이라 규정하였다.[30] 여기서 주목할 것은 한반도의 안정을 중국의 핵심이익과 연계했다는 사실이다. 이는 중국이 어떠한 형태로도 한반도 현상변경을 용인하기 않겠다는 강력한 경고이다. 동시에 한반도의 안정을 추진하는 중국의 전통적 방식이 군사적 균형이란 것을 고려할 때 시사하는 바가 크다. 현재 한반도의 군사적 균형은 북한의 핵개발과 트럼프의 미국중심 외교안보 정책으로 인해 북한 측에 유리하게 기울고 있다. 중국은 북한이 한국과의 관계를 전시상태로 규정하고, 한국은 주적이라고 명백히 선언했음에도 불구하고, 한국과의 관계 강화 정책을 노골적으로 추구하고 있다. 이러한 중국의 태도는 의미심장하다.

다음 몇 가지를 상기할 필요가 있다. 첫째, 중국은 역사적으로 주변국의 핵보유 자체를 억제하기 위해 무력을 사용하지 않았다. 대표적인 것이 북한 경우이다. 둘째, 원칙적인 측면에서는 반대하지만 실용적인 해석과 접근 역시 포기하지 않았다. 셋째, 중국은 궁극적으로 관계를 정상화하는 데 관심이 있다. 이러한 태도를 고려하면서 다음의 가능성을 생각해 볼 수 있다.

우선, 전통적 대응을 넘어 새로운 접근법의 채택이다. 미국의 동북아 지역에 대한 개입 수준이 약화되고, 동 지역의 국가들은 중국과의 관계 재설정은 물론이고 심화되는 전략적 딜레마와 직면하게 된다. 이 경우, 한국의 잠재적 핵무장에 대한 중국의 대응은 비확산에 대한 전통적 입장보다 더 미묘할 가능성이 크다. 중국은 비핵화된 한반도를 선호하겠지만, 새로운 현실을 고려하여 접근 방식을 조정해야 할 수도 있다. 중국의 전통적 대응은 강력한 외교적 압력과 경제적 제재를 통한 억제였다. 한국의 입장에서는 우리의 핵무장이 미국의 영향력에서 벗어나 보다 유연하고 독자적인 외교안보 전략을 추진할 수 있는 조건이 된다는 점을 주장할 수 있다. 동시에 한일 간의 미묘한 경쟁 관계가 중국의 입장에서는 동북아 안정과 균형에 한국이 긍정적인 역할을 할 수도 있다는 판단이 가능하다. 단, 한반도에서 냉전적 충돌이 강화될수록, 이 접근법의 적용 가능성은 제한된다. 북한이 한반도에서 신냉전적 접근법을 선호하는 이유이기도 하다.

다음은 방어적 조치로서의 묵인 가능성이다. 중국의 핵무장은 안보 위협에 대한 대응의 성격이 강하였다. 한국은 이미 북한의 핵무장과 선제 핵사용의 압박에 직면해 있다. 중국이 북한을 통제할 수 없다면, 북한의 핵 위협과 동북아 불안정을 방지하고 견제하기 위한 방어적 조치로서 한국의 핵 개발을 묵인하는 것이다. 한국의 핵무장이 종국적으로 중국을 겨냥하기보다는 북한을 억제하기 위한 방어적 조치로 인식한다면, 상대적으로 덜 대립적인 입장을 취할 수 있다. 최근 강화되는 중국의 강력한 핵역량과 타국과의 비대칭성 확대는 이러한 접근법에 대한 공간을 더 확대한다. 주변국의 핵무장 자체로부터 중국이 위협을 당한다는 인식은 보다 약화될 것이다. 북한의 도발로 인한 한반도의 불안정은 역내는 물론이고 세계적인 군사적 충돌의 가능성을 야기한다. 북한의 일방적인 핵 우위에 입각한 공격적 행태를 억제하기 위해서 한국의 핵무장을 지역 안정성에 기여하는 요소로 인식할 가능성을 제공한다. 그러나 이 경우, 중국은 한반도의 군사적 균형을 위해 한국의 재래전 역량의 감축을 요구할 수 있다. 동시에 이미 언급한 바대로 미중 전략경쟁의 맥락에서 이 문제를 해석할 개연성이 커서 한국의 외교적 선택도 중국의 선택에 큰 영향을 미칠 것이다.

마지막으로 중국과 한국이 새로운 전략적 틀을 구축하는 계기로 삼는 경우이다. 이 경우는 대만 통일을 위한 여건이 중국에 대단히 우호적이 되거나 실현된 상황하에서, 동북아 핵확산이 불가피한 상황이 되는 경우이다. 미국의 약화는 일본의 핵무장의 길을 열어 준다. 중국은 한국과 협력을 바탕으로 한반도 및 동북아의 변화하는 안보 역학을 다루는 새로운 전략적 틀을 개발하려고 할 수 있다. 이는 비핵화에 대한 좁은 초점을 넘어서서 더 넓은 정치, 경제, 안보 문제를 고려하는 종합안보, 공동안보, 협력안보라는 포괄적인 접근을 취할 수 있다. 중국의 '신안보관'은 이러한 노력의 가능성을 뒷받침한다. 이러한 틀은 동북아 지역의 핵무장이라는 조건하에서, 지역 안정성을 강화하고, 당사자들 간의 신뢰를 구축하며, 동아시아의 지속 가능한 안보 구조를 만드는 조치를 포함할 수 있다. 중국은 향후 이 과정을 주도하려 할 것이며, 중국의 위상을 크게 제고하는 조치이다.

6. 결론: 한국의 대응방향

만일 미국의 동북아에 대한 개입 역량이나 의지가 약화되면서, 미국의 핵우산에 대한 신뢰가 무너진다면, 북한의 핵에 의한 위협과 도발이 지속되는 구조라면, 일본의 군사적 부상이 한국의 국익을 위협한다면 한국은 자위적 수단으로 핵무장을 준비하지 않을 수 없을 것이다. 다만 핵무장은 이에 대한 수요와 이로 인한 비용의 합산에 의해 그 추진 속도가 결정될 수 있을 것이다.

현 국제체제에서 어떠한 강대국도 한국의 핵무장을 지지하지는 않을 것이다. 한국이 핵무장을 필요로 한다면, 이러한 국제체제의 제약을 넘어 설 지혜와 역량의 결집이 필요하다. 미국과 중국이 동시에 한국의 핵무장을 강력히 억제하는 상황에서는 한국의 핵무장 가능성은 희박하다. 이들 중 한 나라와 적대적인 상황에서 핵무장을 추진하는 것도 우리가 감내할 수준의 비용을 넘어선다. 현 시국에서 한국의 대외정책은 연미협외(聯美協外) 정책을 기조로 해야 한다. 미국과의 동맹을 잘 관리하면서도, 주변 국가들과 대립구조보다는 대화와 협력을 추진해야 한다. 불필요한 대외 갈등과 비용을 줄이면서도 한국이 핵무장을 준비할 지혜를 모아야 한다. 모든 최악의 상황에 스스로 대비하지 않으면 그러한 상황이 결국 오기 때문이다. 기회는 미네르바의 올빼미처럼 때가 차면 날아오른다. 이 기회를 붙잡는 것은 그 국가의 역량이다.

중국은 다면적인 얼굴을 가지고 있다. 그만큼 규모도 크고, 역량도 크며, 문제도 많고, 복잡한 변수들을 가지고 있기 때문이다. 중국은 항상 주변국들과 분쟁 속에 있고, 이를 대응하는 데 많은 에너지를 소모해왔다. 한국전쟁, 중-인, 중-베트남 전쟁처럼 중국의 핵심이익과 연관된다고 판단할 때는 군사적 유불리를 넘어 무력 사용도 주저하지 않았다. 다만 전쟁의 지속이나 점령보다는 정치적 목표의 달성을 우선시하였다.

중국은 현재 강대국으로서 국가정체성을 가지고, 미국이나 서구가 주도해 온 세계질서는 부정하면서, 기존의 유엔 체제와 국제규범은 유지하면서, 글로벌 남방 국가들과 더불어 새로운 세계질서를 수립하려 하고 있다. 미중 전략경쟁은 장기적으로 수행해야 하는 바둑판처럼 인식한다. 한국이 핵무장시 가장 비용이 적게 드는 방식은 "중국의 큰 전략적 그림 속에다가 한국의 핵무장을 수용하게 하는 것이다. 가장 비용이 많이 드는 방안은 중국과의 군사적 충돌까지도 불사하는 대립 구조 속에서 핵무장을 강행하는 것이다. 그 중간은 기존 국제질서가 무너지고 동북아의 안보적 혼란이 강화되는 가운데, 이 혼돈의 기회를 활용하여 지나친 비용을 억제하면서 핵무장을 하는 방안이다. 이는 정세를 정확히 읽으면서도 유연한 정책 태도를 지닌 강력한 외교안보 역량과 리더쉽을 필요로 한다. 그래도 현재로서는 가장 권장할 방안이다.

북한의 핵 프로그램을 둘러싼 전략적 딜레마가 심화됨에 따라, 중국은 한반도 접근 방식에서 중대한 갈림길에 서 있다. 북한의 위협에 대응하여 한국이 자체 핵무기를 개발할 가능성은 중국의 비확산 입장과 지역 안보 이익에 중대한 도전을 제기한다. 중국의 전통적 입장은 한반도에서의 모든 형태의 핵 확산에 반대하는 것이지만, 변화하는 현실은 접근 방식을 조정하도록 강요할 수 있다. 중국은 한반도와 동북아의 안정에 도움이 된다고 생각한다면, 혹은 한국의 핵무장이 안보상 불가피한 경우라 판단한다면 한국의 핵무장을 용인할 수도 있다. 가장 중요한 전제조건은 중국에 적대적이지 않아야 한다는 것이다.

	중국이 한국의 핵 개발을 묵인할지 또는 새로운 전략적 틀을 구축할지를 선택하든, 한국의 잠재적 핵무장에 대한 중국의 입장은 새로운 전략적 환경에서의 위험과 기회에 대한 평가에 의해 형성될 것이다. 중국은 안정성을 유지하는 즉각적인 이익, 지역 군비 경쟁 및 긴장 증가의 장기적 위험을 저울질해야 할 것이다. 중국이 향후 어떤 외교·안보·발전 경로를 선택하든, 이는 한반도의 미래와 동아시아의 더 넓은 안보 구조에 중대한 영향을 미칠 것이다. 한국의 핵무장 가능성은 중국의 궁극적인 비젼과 외교적 역량은 물론이고 한국의 전략적 역량을 보여주는 중요한 시험대가 될 것이다.

주

1 이 장은 김흥규, 「중국의 핵전략과 핵확산방지 정책」, 『2010년 정책과제』 (서울: 국립외교원, 2010), pp. 35-71에서 참조.

2 王仲春, 2007. 『核武器, 核國家, 核戰略』. 時事出版社, pp. 72-75.

3 https://www.gov.cn/gongbao/content/2001/content_61220.htm (검색일: 2025. 2. 1.) 중국의 국방백서는 1998년 첫 발간 이후 매 2년마다 발간되고 있다.

4 중국의 핵확산 방지정책의 변화는 김흥규, "중국과 핵확산 방지체제," 『동북아시아 다자안보의 전망: 주변국 군축 비확산 레짐정책』 (제주: 제주평화연구원, 2009).

5 이 부분은 Bates Gill, Rising Star (Brookings Institution Press, 2007), pp. 74-103.

6 https://world.moleg.go.kr/web/tl/themaLgslReadPage.do?code=700206&CTS_SEQ=45533&AST_SEQ=53 (검색일: 2025. 2. 1.).

7 중국은 냉전시기 화학생물학무기에 대한 국제 규범을 공식 수용하는 데 그리 적극적이지 않았다. 그러나 점차 관련 국제규범을 수용하는 방향으로 전환하였고 1996년말에 공식적으로 수용하였다. 관련 내용은 Eric Croddy, "China's Role in the Chemical and Biological Disarmament Regimes," The Nonproliperation Review (Spring, 2002), pp. 16-47.

8 https://thebulletin.org/premium/2024-01/chinese-nuclear-weapons-2024/ (검색일: 2025. 2. 5.).

9 이에 대해 잘 정리한 글은 청샤오허, "중국의 강대국 외교전략", 김흥규 편, 『시진핑 시기 중국 외교안보: 그 패러다임의 변화』 (서울: 동아시아재단, 2015), 51-80쪽. 시진핑 시기 중국의 국가 정체성 변화를 처음으로 지적하고 강대국 외교의 본격화를 주장한 글은 김흥규, "시진핑 외교, DNA가 바뀐다", 『조선일보』, 2013년 4월 7일.

10 傅莹, 『看世界』 (中信出版社, 2018), pp. 18-21.

11 시진핑의 중앙당교 연설은 习近平, 2019. http://www.xinhuanet.com/2019-09/03/c_1124956081.htm (검색일: 2022. 4. 15.).

12 북핵 위기에 대한 잘 정리된 글은 전봉근, 『북핵위기 30년』 (서울: 명인문화사, 2023).

13 러시아의 입장에서 평가는 Wan-suk Hong, "The Putin's Paradox and Russia's Pivot to Asia," Global Asia, Vol. 19, No. 2 (2024).

14 https://v.daum.net/v/20220811213343998 (검색일: 2025. 2. 1.).

15 중국내 북한에 대한 인식의 변화와 분포는 김홍규·궈슈씨엔,「시진핑 시기 북중관계」,『국방정책연구』32권 4호 (2017).
16 이는 필자가 당시 중국 측과의 전략대화 과정에서 획득한 내부 정보에 근거한다.
17 이에 대한 보도는 https://v.daum.net/v/20241118183010203 (검색일: 2025. 2. 1.).
18 주 16의 인터뷰.
19 필자의 중국내 인터뷰 (2024).
20 1차 북핵위기는 1994년 발생하여, 지미 카터 전 미국대통령의 북한방문과 교섭으로 극적 타결되었다.
21 국제 사회의 북한 제재는 Wikipedia, International sanctions against North Korea: https://en.wikipedia.org/wiki/International_sanctions_against_North_Korea (검색일: 2025. 2. 1.).
22 https://v.daum.net/v/20170204062007587 (검색: 2025. 2. 1.).
23 https://v.daum.net/v/20170523100045974 (검색일: 2025. 2. 1.).
24 Jin Guoxian, "On the Support of Extended Deterrence," *Journal of Yanbian University* (Social Sciences Edition, 2023).
25 이에 대한 보도는 https://v.daum.net/v/20230118172138355 (검색일: 2025. 2. 1.).
26 王付東,「日趋活跃的韩国核政策」,『世界知识』, No. 16 (2024).
27 Jin Guoxian (2023).
28 Cao Pengpeng, "A Study on the Extended Deterrence Mechanism of the U.S. and South Korea," *Forum of World Economics & Politics* (2022); Lu, Hang. "Research on the Extended Deterrence Mechanism of the U.S. and South Korea" (Master's Thesis, Jilin University, 2024).
29 陳山,「韩国拥核_阻力不只来自美国」,『环球时报』(February 1, 2023), https://baijiahao.baidu.com/s?id=1756582371427118360&wfr=spider&for=pc (검색일: 2024. 10. 18.); Wang, Fudong, "An Analysis of South Korean Nuclear Issues," *Journal of Social Sciences* (2024); 王付東. "日趋活跃的韩国核政策",『世界知识』(2024), pp. 28-31; Wang, Junsheng. "The Biden Administration's North Korea Policy: Goals and Strategies," *Contemporary American Review*, no. 2 (2023), pp. 1-18; Wang, Wenxiu, "Research on Nuclear Security in Northeast Asia from the Perspective of Non-traditional Security," *Master's Thesis* (Jilin University, 2022).
30 https://english.hani.co.kr/arti/english_edition/e_international/1168169.html (검색일: 2025. 2. 1.).

20장

한국의 핵무장에 대한
러시아 설득 방안

———————
안드레이 란코프

최근에 국제무대에서 러시아는 기본 갈등 조장자(troublemaker)가 되어 버렸다. 우크라이나에 대한 침공은 탈냉전 시대 국제질서뿐만 아니라 제2차 대전 전후의 국제질서에 대한 심각한 도전으로 볼 수 있다. 그러나 한국은 핵무장을 추진, 정당화하려는 입장에서 이를 위해 러시아 주류 엘리트 계층의 세계관 특징을 핵자강 목적을 달성하기 위해 이용할 수 있는 방법도 있다.

　　물론 미국이나 중국보다 러시아는 한국의 핵보유 성공 유무에 많은 영향을 미치지 못한다. 그래서 러시아를 과소평가하는 경향은 많이 확산되었지만, 이러한 태도는 실수다. 국제 무대에서의 영향력은 감소했을 수 있지만, 여전히 러시아는 세계 정치, 경제, 군사 분야에서 큰 힘을 가진 국가이다. 5,580기의 핵무기를 보유한 러시아는 5,225기의 핵을 보유하고 있는 미국과 핵무기 보유량에 별 차이가 없으며, 여전히 핵전력(核戰力) 분야에서 세계 2대 초강대국 중 하나이다.[1] 그리고 유엔 안보리 상임이사국인 러시아의 공개적 혹은 암묵적인 승인 없이는 한국의 핵무장은 추진하기 어려울 것이다.

1. 르상티망(ressentiment)을 바탕으로 하는 오늘날 러시아의 세계관

2000년대 초 이후 러시아의 대외정책을 결정하는 것은 무엇일까? 그것은 엘리트 계층도 민중도 르상티망(ressentiment, 복수주의, 復讎主義)이라는 감정이라고 할 수 있다. 세계 어디이든 르상티망은 정치 집단이 잃어버린 과거의 "위대성"에 대해서 유감스럽게 생각하고, 그 위대성을 빼앗은 적대세력에 대해 복수를 다짐한다는 대중 의식을 가리킨다.[2] 그들은 현대 러시아가 국제질서에서 참가하는 역할, 러시아의 전략적인 지위에 대한 불만과 실망을 느끼고 있다. 소련 시대에 대부분의 러시아인들은 국제사회에서 자국의 초강대국 지위를 매우 당연하고 자랑스러운 것으로 여겼다. 초등학교와 유치원에서 받은 세계관 교육의 기반 중 하나는 초강대국으로서 러시아의 위대성이 체현되는 것이었다.[3] 그 위대성은 다른 무엇보다도 군사력을 중심으로 하는 국력을 강조하는 것이었다.[4] 물론 러시아 사회에서 이와 같은 세계관을 반대하거나 그에 대해 관심이 별로 없는 사람들이나 사회계층이 없지 않다. 하지만 이와 같은 '국가 위대주의', '군사력 제일주의'는 러시아 세계관의 핵심 중 하나임에는 의심의 여지가 없다.

페레스트로이카 이후 1990년대 초에 15개 가맹공화국으로 구성된 소련이 무너졌다. 결과적으로 러시아는 영토, 특히 인구가 많이 줄어들었다. 1990년 소련의 인구는 2억 9094만 명(세계 인구의 5.47%)이었지만, 2024년 러시아 인구는 1억 4082만 명(세계의 1.75%)로 줄었다.[5] 소련 해체 후 러시아 연방으로 전환되던 과도기의 국가 상황이 매우 어려워서 1990년대 동안 러시아는 경제가 많이 축소되고 주민들의 생활 수준도 밑바닥으로 떨어졌다. 세계은행 추정에 의하면 1988부터 1999년까지

current US dollar로 표시된 러시아 연방의 GDP는 US$ 5천5백50억 달러에서 US$ 1천9백6십억 달러까지 급감했다.[6] 다시 말해, 소련 붕괴 직전부터 1990년대 말까지 약 10년 동안 인구는 절반 이하로 감소했고, GDP는 거의 3분의 1로 줄어들었다. 이를 고려하면, 오늘날 대부분의 러시아 국민이 1990년대를 혼란과 재앙의 시기로 기억하는 것이 놀랍지 않다. 문제는 상당수 러시아인들이 그 시기 혼란은 당시 러시아의 민주주의 정치 체제 및 활발했던 서방과의 협력 관계 때문에 발생했다고 생각하고 있다는 것이다.[7]

그러나 2000년대 초에 들어와 러시아 경제가 살아나자, 러시아 국민들이 그동안 경험하지 못했던 생활 수준 향상의 시대가 시작되었다. 1999년에 러시아의 1인당 GDP는 US$ 1,331달러로 최저점을 기록했지만 2013년에 US$ 15,941달러까지 10배 이상 상승한 것이다.[8]

2. 반미, 반서방, 반민주 의식의 확대

이러한 변화는 소련에서 러시아로의 전환 후 과도기의 종식, 시장 경제의 도입, 그리고 고유가 시대에 의해 실현되었는데, 대부분의 러시아 국민에게 나라의 회복을 상징하는 것은 푸틴 정권의 등장이었다. 푸틴 정권은 초기부터 경제 관리 능력이 뛰어났지만, 권위주의 경향도 강했다. 푸틴 집권 후 러시아 정치 체제는 점차 권위주의적으로 변모했을 뿐만 아니라, 국내외적으로 '러시아의 명예 회복', '러시아 위대성 회복'이라는 러시아의 권위 회복을 표현하는 슬로건을 강조하기 시작했다. 많은 연구자, 분석가들은 이러한 새로운 경향이 본격화된 시점이 2007년 독일 뮌헨에서 열린 뮌헨 안보회의에서의 연설이었다고 지적한다. 2008년에 러시아가 조지아에서의 오세티야 소수민족의 독립운동을 군사력으로 지원한 것은, 이 새로운 슬로건이 말뿐만 아니라 행동으로 옮겨질 것이라는 것을 볼 수 있게 한 것이었다. 그리고 2014년 크림반도 합병과 2022년 우크라이나 대규모 침공은 이와 같은 경향이 계속되고 있음을 보여주는 증거들이다.[9]

푸틴을 중심으로 하는 엘리트 일부는 그 슬로건을 진심으로 믿기도 하고, 민중의 지지를 얻기 위한 현실주의적 도구로도 사용하였다. 역설적으로 2000년대 초, 역사에서 전례가 거의 없는 생활 수준의 향상도 소련 붕괴 이후 생긴 르상티망 감정의 완화를 불러오지 못했다. 반대로 경제를 다시 회복한 상황은 옛 소련 부활의 꿈, 러시아 패권 회복의 꿈이 커지게 했다. 동시에 미국을 비롯한 서방 민주국가들에 대해 불신감과 적대감이 확산되고 있었다.[10]

푸틴과 그의 측근들 뿐만 아니라 그를 지지하는 수많은 러시아 사람들의 사고방식을 재구성해 보면 어떤 모습을 볼 수 있을까? 그들은 러시아가 일반적인 강대국이 아니라, 초강대국이라고 생각한다. 그들은 원래 러시아가 미국을 능가하는 초강대국이라고 생각했지만, 최근에 중국도 대체로 비슷한 수준의 국제사회 중심국가로 생각했다. 그들은 미국을 비롯한 서방 국가들이 1990년대 러시아의 위기를 교묘하게 이용해서, 러시아의 당연한 권리인 초강대국 지위를 빼앗았다고 생각한다. 극단적인 경우에는 페레스트로이카를 처음부터 미국의 공작으로 간주하기도 했다. 그리고 최근에 러시아는 경제 위기를 극복하고 세계 무대에서 자신의 당연한 지위, 즉 초강대국 지위를 되찾을 때가 왔다고 판단하고 있다.

이와 같은 패권 부활을 중심으로 하는 대전략을 예쁘게 포장하는 이론이 '다극체제론'이다. 특히 2007년에 푸틴은 미국을 중심으로 하는 일극 체제를 비판하는 뮌헨 연설을 했을 때부터, 러시아 정부 인사나 정부와 연결된 학자들은 다극화라는 슬로건을 많이 이야기하기 시작했다.[11]

첫걸음은 옛 소련 지역에서 패권을 강화하여 소련 출신 14개 신생 국가들에 대한 통제를 회복하는 것이다. 다음 단계에서 세계질서를 바꾸고, 미국과 서방 국가들의 패권을 파괴하여 러시아를 세계의 운명을 결정하는 나라 중의 하나로 만들어야 한다는 논리이다. 현 상황에서 러시아는 제1차 냉전 때 있었던 양극 질서를 부활할 수 없다는 것을 알고 있고, 기본 슬로건은 세계 절서의 '다극화'이다. 바꾸어 말하면 세계에서 영향력과 국력이 대체로 비슷한 중심지가 여러 개 있고, 그들의 협력과 대립으로 국제사회가 움직이는 체제이다. 러시아의 라브로프 외무장관은 우크라이나 침공이 시작된 직후 2022년 4월에, 러시아가 싸우는 목적 중의 하나는 미국과 서방의 세계 패권 및 무모한 확장을 가로막는 것이라고 주장했다.[12] 러시아의 각종 정부 서류를 보면 미국과 패권 다툼을 하여 단극 국제질서를 파괴하는 것이 러시아의 대전략의 기본 목적 가운데 핵심 목적으로 되어 있다.

3. 중국과 러시아의 동상이몽(同床異夢)

흥미롭게도 러시아에서 권력을 독점해 온 푸틴파는 親중국 성향이 아니다. 또한 순수한 반미 성향도 아니라는 것을 이해할 필요가 있다. 푸틴은 대통령이 되었을 때부터 얼마 동안은 서방 국가에서 러시아와 자신을 평등한 국가, 평등한 지도자로 인정해 주기를 희망했다. 대부분의 러시아 엘리트 계층에게 유럽과 미국은 여전히 소프트파워와 매력이 많은 상대다. 반대로 중국에 대해서 그들은 불신감과 우려감도 있고 어느 정도 무시감까지 가지고 있다. 물론 미-중 대립이 국제질서를 결정하는 세계에서 옛 소련 지역에서부터 자신의 패권을 구축하려는 러시아는 미국에 도전할 수밖에 없고, 중국과 불평등한 준동맹 관계를 맺을 수밖에 없다.

그러나 러시아 엘리트 계층은 이와 같은 상황을 결코 환영하지 않는다. 그들은 중국과 경제 협력의 잠재력을 높이 평가하고 중국 문화와 전통에 대해 존경심을 가진다고 해도, 서방과 달리 중국을 바깥 세력(alien)으로 보고 있으며 중국에 대한 공포가 심하다.[13] 인구, 특히 경제의 격차가 이러한 공포를 강화하고 있다. 오늘날 러시아는 인구도 GDP도 중국의 1/10에 불과하다.[14] 그래서 러시아 엘리트들의 희망은 러시아가 우크라이나에서 승리하고, 옛 소련에서 자신의 절대적인 패권을 구축하며, 여러 지역에서 미국과 서방에 도전할 능력을 보여준 다음에, 서방에서 평등한 파트너로 인정을 받고, 그들과 같이 세계를 통치하는 나라가 되는 것이다.

중국 역시 러시아에 대해 매우 조심스러운 태도를 취하고 있다. 물론 러시아와 활발한 무역을 진행하며, 특히 석유를 비롯한 지하자원을 대량으로 수입하는 것이 중국의 입장이다. 이는 러시아 경제가 우크라이나 전쟁 이후 위기를 회피하고 빠르게 성장하는 주요 이유 중 하나이다.[15] 하지만 중국은 미국 제재 대상이 될 수 있는 군수물자 관련 거래를 하지 않거나, 매우 조심스럽게 소규모로만 한다. 사실 2023년 말부터 중국 은행들과 신용 기관들은 미국 당국의 압박에 굴복하고, 러시아와의 거래를 거절하거나, 미국의 세컨더리 제재를 유발할 수 있는 위험한 행위로 보고 열심히 기피하는 경향을 보이게 되었다. 결국 2024년에 들어와 중-러 무역액의 증가 속도는 많이 둔화되었다.[16]

그래서 러시아는 미국에 대해서 적대감이 있고, 중국에 대해 불신감이 높아서, 서로 대립하는 러시아를 포함하는 강대국이 몇 개 있고, 그 세계에서 러시아가 자신의 이익에 맞게 국제 상황에 많은 영향을 미칠 수 있을 줄 알고 있다. 이것은 환상이지만 러시아 엘리트 계층에서 인기가 있는 환상이다. 당연히 백성들 가운데 이러한 세계관을 지지하는 사람들이 많다.

4. 설득 대상

물론 위에서 언급한 목적과 구조는 주로 푸틴을 중심으로 한 집권 계층의 세계관에 국한된 것이다. 미국 및 서방과의 협력을 바탕으로 하는 정치 노선을 선호하는 다른 세력도 여전히 존재한다. 그러나 러시아의 권위주의적 경향 때문에 이들은 푸틴과 그의 주변 인물들이 주장하는 반미, 반서방 노선에 도전하기 어렵다. 장기적으로는 이들이 러시아의 대외정책을 다시 결정할 수도 있겠지만, 단기적으로는 그들의 목소리가 잘 들리지 않는다. 그들 대다수는 서방 패권에 도전하는 것을 모험으로 여기지만, 러시아의 국가 이익이 미국의 국가 이익과 다르다는 인식을 가지고 있다.[17]

어쨌든 러시아 대외정책의 기본 목적은 미국을 비롯한 서방 국가들의 영향력을 약화시키는 것 그리고 다극화 국제사회의 추진이다. 흥미롭게도 핵무기 확산은 그 2개 목적을 달성하는데 도움이 될 수도 있다.

물론 이 분야에서 모순이 없지 않다. 경제력도 상대적으로 약해지고 소프트 파워도 매우 부족한 러시아는 자신의 영향력을 국제사회에 과시할 수단으로 군사력을 강조할 수밖에 없게 되었다. 이러한 입장에서 러시아는 핵확산을 반대할 필요도 있다. 그러나 다극화의 꿈을 꾸는 러시아의 親푸틴 엘리트 계층은 이 사실을 무시하고 핵확산을 반대하지 않을 가능성이 있다. 흥미롭게도 푸틴 노선을 반대하는 대안 엘리트 계층이 핵확산을 반대한다고 해도 한국에 대한 긍정적인 태도 및 북한에 대한 부정적인 태도 때문에, 한국의 핵보유를 위험한 도전이라고 생각하지 않을 것이다.

    러시아가 한국의 핵개발을 반대하지 않도록 설득할 때, 한국의 핵무장화가 미국의 '패권'을 강화하지 않고, 중국을 비롯한 기타 강대국의 패권에도 많은 영향을 끼치지 않을 것임을 강조할 필요가 있다. 물론 이와 같은 설득 노력의 기본 대상은 러시아 외교관들이다. 그러나 푸틴 시대의 러시아 외무부는 자율권을 놀라울 정도로 소유하지 못하고 있다. 현재 러시아의 외교 정책을 결정하는 기관은 외무부가 아닌 대통령행정실의 대외정책국이다. 직원들이 그리 많지 않은 이 기관은 사실상 소련 시대 당중앙 국제부의 전통을 계승했다. 흥미롭게도 대외정책국은 공산당 시대 국제부가 위치했던 건물을 그대로 이용하고 있다. 대외정책국은 외무부뿐만 아니라 국방부, 대외정보국 등 대외정책 담당 기관들에게 명령을 내릴 수 있다.

    미국이나 다른 민주국가들과 달리, 오늘날 러시아에서 학자들은 외무부를 비롯한 정부 기관과의 관계가 비교적 약하다. 러시아에서 싱크탱크나 연구소는 미국처럼 연구원을 지낸 사람이 외교관이 되었다가 나중에 다시 연구원이 되고는 하는 회전문 인사 제도가 그리 많지 않다. 그래도 한국이 핵보유를 위해 노력을 할 때 러시아 국제관계 전문가들을 무시하면 안 된다. 그들을 통해서 외무부도 접근하기 매우 어려운 대외정책국에 어느 정도 접근하거나 적어도 그들에게 메시지를 보내줄 수 있다.[18]

2022년 이후 러시아 사회에서도, 러시아 엘리트 계층에서도 매우 심한 내부 분쟁이 생겼다. 이 분쟁은 밖에서는 파악하기 어렵지만 상당히 깊은 분쟁이다. 러시아 외교관이나 관변 학자들 가운데 푸틴의 복수주의(르상티망) 정책을 여러 이유로 지지하지 않는 사람들이 놀라울 정도로 많다. 그러나 그들은 출구가 없어서 절대다수가 국가 기관을 떠나지 못한다. 그래도 그들은 마음속에서 러시아 주류가 된 복수주의 및 권위주의를 바탕으로 하는 정책을 시대착오적이며 비윤리적인 정책으로 볼 뿐만 아니라 아니면 러시아의 장기적인 국가 이익을 파괴할 정책이라고 생각한다. 나중에 영향력이 커질 수 있는 이러한 세력이 있다는 것을 잊어버리면 안 된다.

5. 대러 설득 방안

상술한 러시아 대외 정치의식의 특징을 이용하면 對러시아 설득에 나설 때 활용할 수 있는 몇 개 주장을 제안할 수 있다.

가. 미국 패권의 약화

첫째, 핵 개발은 한국의 자율성을 강화함으로써 어느 정도 한미동맹을 약화시킬 것임을 강조해야 한다. 역설적으로 러시아에서 주류가 된 반미주의를 이 경우에 이용할 수 있다. 당연히 핵보유국이 된 한국은 무조건 미국에 따라가지도 않고, 미국이 시키는 대로 무조건 행동해야 하는 나라가 아니게 될 것이다. 러시아의 주류파인 親푸틴파의 입장에서도, 숨어있으나 적지 않은 反푸틴파의 입장에서도 한국의 이러한 국제적 자율성의 확대는 결코 나쁜 것이 아니다.

그들을 설득하기 위해 최근 우크라이나 위기를 좋은 사례로 이용할 수 있다. 한국 사회는 이웃 강대국에게 침공을 당한 우크라이나에 대해 동감이 없지 않지만 우크라이나 전쟁을 멀고 먼 나라에서 생긴 종족 대립(ethnic conflict)이라고 주로 생각한다. 이름도 잘 모르는 멀고 먼 지역에서 벌이는 전쟁 때문에 중요한 파트너인 러시아와의 경제 관계를 상실하고 싶어하지 않는다.[19]

하지만 자신의 전략 이익 때문에 미국은 한국이 對러시아 제재에 참가하도록 했고, 對우크라이나 살상무기 지원까지 요구할 가능성도 있다. 한미동맹이 한국 안보 보장에서 수행하는 예외적인 역할을 감안하면, 한국은 당연히 이러한 주장을 거절하기가 어렵고 비합리적인 행위라고 해도 따라갈 수밖에 없다. 하지만 핵보유국이 된 한국은 믿을 만한 억제 수단이 있기 때문에 무조건 미국에 따라갈 필요도 없고, 위기가 발생할 경우 자신의 이익에 맞게 행동할 수 있을 것이다.

나. 한반도 안정에 기여

둘째로 한국의 핵 개발은 한반도 상황을 장기적으로 안정화시킨다는 것을 강조해야 한다. 러시아의 전문가들이 미국을 신뢰해서는 안 된다고 강하게 주장하는 이유는 이러한 주장을 진심으로 믿기 때문이다. 러시아의 대중 매체는 물론 전문 학술지들도 미국의 아프가니스탄에서의 성급한 철수 및 우크라이나 지원 규모가 약속에 못 미친다는 점을 지속적으로 강조하고 있다. 그래서 많은 이들이 현재 상황에서 한국이 미국의 공약에 의존하는 것을 합리적이지 않은 정책으로 생각한다.

반면, 한국이 핵 개발에 성공한다면 두 번째 남침도 불가능해질 뿐만 아니라, 장기적으로 한반도의 상황이 크게 안정화될 것이다. 러시아는 가끔 북한을 미국과 서방 국가들에 대한 압박 수단으로 이용하는 경향이 있으나, 러시아의 결정권자들과 엘리트 계층 대부분은 이미 1960년대부터 북한을 미친 독재 국가로 보며 신뢰하지 않고 있다. 물론 러시아 입장에서는 연해주와 극동지역에 가까운 한반도에서 핵무기를 사용할 수 있는 대규모 전쟁이 발발하는 것을 환영할 이유가 없으며, 중요한 파트너인 한국의 대혼란이나 붕괴 역시 원치 않는다. 그러므로 한국의 자강론자들은 자신의 핵무장이 다극주의 원칙을 추진하고 미국의 패권을 약화시키는 것뿐만 아니라, 중요한 지역에서 국제 안보를 강화하는 조치임을 강조할 필요가 있다.

다. 중국 억제 수단

셋째, 한국의 핵은 중국을 억제하는 수단이 될 것을 너무 공개적으로 말하지 않더라도 암시해야 한다. 2022년 우크라이나 전쟁 이후로 러시아와 중국의 관계가 가까워진 것처럼 보이지만, 이 밀월 관계는 어느 정도 착각일 뿐이다. 러시아는 중국의 부상을 장기적인 위협으로 인식하고 있으며, 중국과의 협력을 일시적인 것으로 보고, 서방으로부터 필요한 양보를 얻기 위한 전략으로 활용하는 경향이 있다. 따라서 한국이 핵 자강에 성공하여 중국의 압박에 대항할 능력을 갖춘다면, 이는 러시아에게 긍정적인 소식이 될 수 있다. 물론, 현재 상황에서 한국과 러시아 모두 지역 패권을 꿈꾸는 중국을 도발하지 않는 것이 중요하며, 이러한 주장은 매우 조심스럽고 암시적으로 표현해야 한다.

라. 국제질서의 다극화에 기여

넷째, 한국의 핵 개발은 다극 체제 질서에 이바지하고 러시아를 조금도 위협하지 않는다는 것을 강조해야 한다. 물론 러시아의 공식 담론에서 계속 나오는 다극주의에 대한 찬양은 실제 내용보다 프로파간다 냄새가 많이 나지만, 다극화에 대한 이야기를 맛있는 소스로 볼 수도 있다. 한국의 핵 개발이 바로 세계의 다극화 과정의 부분이라는 주장은 러시아 측 특히 친푸틴 러시아 엘리트 계층이 듣고 싶은 주장이다. 동시에 한국의 핵 개발이 러시아를 조금도 위협하지 않는다는 것은 중요한 메시지이다. 한국은 제3국으로 핵기술을 이전할 가능성도 없고, 또한 북한 핵을 억지하기 위해 진짜 필요로 하는 수십기의 핵무기밖에 생산하지 않을 것이다라는 내용을 강조할 필요가 있다.

주

1 Arms Control Association, "Nuclear Weapons: Who Has What at a Glance," Arms Control Association (January 1, 2025) at https://www.armscontrol.org/factsheets/nuclear-weapons-who-has-what-glance (검색일: 2025. 7. 6.).

2 Roberts, Kari, "Understanding Putin: The Politics of Identity and Geopolitics in Russian Foreign Policy Discourse," *International Journal* 72-1 (2017), p. 285.

3 Ivan Fomin, "Putinism for Kids: How the Kremlin Uses Schools for Ideological Indoctrination," *Russia Post* (December 9, 2022), https://russiapost.info/society/putinism_for_kids (검색일: 2025. 7. 6.).

4 Jonna Alava, "Russia's Young Army: Raising New Generations into Militarized Patriots," in Katri Pynnniemi (eds.), *Nexus of Patriotism and Militarism in Russia* (Helsinki: Helsinki University Press, 2021), pp. 249-283 at https://doi.org/10.33134/HUP-9-9 (검색일: 2025. 7. 6.).

5 The World Factbook 2024 (Washington, DC: Central Intelligence Agency, 2024); The World Factbook 1990 (Washington, DC: Central Intelligence Agency, 2024), https://www.cia.gov (검색일: 2025. 7. 6.).

6 The World Bank Open Data at https://data.worldbank.org/indicator/NY.GDP.MKTP.CD?locations=RU-UA (검색일: 2025. 7. 6.).

7 Miller, Chris, "Why Russia's Democracy Broke, in Archon Fung", David Moss, and Odd Arne Westad (eds.), *When Democracy Breaks* (Oxford University PressNew York, 2024), pp. 277-278 at https://doi.org/10.1093/oso/9780197760789.003.0010 (검색일: 2025. 7. 6.).

8 The World Bank Open Data at https://data.worldbank.org/indicator/NY.GDP.PCAP.CD?locations=RU (검색일: 2025. 7. 6.).

9 Yakovlev, Andrei, "What Is Russia Trying to Defend?" (Helsinki: Bank of Finland, BOFIT Institute for Economies in Transition, 2016) at https://papers.ssrn.com/abstract=2728864 (검색일: 2025. 7. 6.).

10 Statista Research Department, "Public attitude toward the U.S. in Russia 1990-2025," Statista (May 20, 2025) at https://www.statista.com/statistics/1196633/russia-attitude-toward-the-united-states/ (검색일: 2025. 7. 6.).

11 예를 들면 러시아 외교관을 교육하는 핵심 기관인 모스크바국제관계대학 총장으로 수십 년 동안 지내 온 토르쿠노프(Torkunov)의 2015년 논문은 이 세계관을 잘 표시한다: Simoniya, N.A. and Torkunov, A.V., "Novyi mirovoi poryadok: Ot bipolyarnosti k mnogopolyarnosti (New World Order: From Bipolarity

to Multipolarity)," *Polis*, 2015-3, (May-June 2015), pp. 27-37 at https://doi.org/10.17976/jpps/2015.03.03 (검색일: 2025. 7. 6.).

12 The Moscow Times, "Ukraine Invasion Meant to End U.S. 'Dominance,' Russia's Lavrov Says," *The Moscow Times* (November 4, 2022) at https://www.themoscowtimes.com/2022/04/11/ukraine-invasion-meant-to-end-us-dominance-russias-lavrov-says-a77311 (검색일: 2025. 7. 6.).

13 Lo, Bobo, "The Sino-Russian Partnership. Assumptions, Myths and Realities," Russie.Nei.Reports 42 (Paris: IFRI, 2023) at https://www.ifri.org/sites/default/files/migrated_files/documents/atoms/files/bobo_lo_russia_china_mars2023.pdf (검색일: 2025. 7. 6.).

14 Fong, Clara and Lindsay Maizland, "China and Russia: Exploring Ties Between Two Authoritarian Powers," Council on Foreign Relations (March 20, 2024) at https://www.cfr.org/backgrounder/china-russia-relationship-xi-putin-taiwan-ukraine (검색일: 2025. 7. 6.).

15 Lopez, German. "China's Role in Ukraine," *New York Times* (May 28, 2024), at https://www.nytimes.com/2024/05/28/briefing/china-russia-ukraine-war-sanctions.html (검색일: 2025. 7. 6.).

16 Reuters. "Exclusive: Russia Payment Hurdles with China Partners Intensified in August," *Reuters* (August 30, 2024) at https://www.reuters.com/business/finance/russia-payment-hurdles-with-china-partners-intensified-august-sources-say-2024-08-30/ (검색일: 2025. 7. 6.).

17 Tsygankov, Andrei and Pavel Tsygankov, "Constructing National Values: The Nationally Distinctive Turn in Russian IR Theory and Foreign Policy," *Foreign Policy Analysis* 17-4 (October, 2021). https://doi.org/10.1093/fpa/orab022 (검색일: 2025. 7. 6.).

18 러시아 싱크탱크 상황을 잘 분석, 설명하는 보고서는 다음과 같다. 이 보고서는 2017년 기준이지만 그 때부터 별 변함이 없다. Vendil Pallin, Carolina and Susanne Oxenstierna, "Russian Think Tanks and Soft Power," *Stockholm FOI Reports 2017* (September, 2017) at https://www.foi.se/rest-api/report/FOI-R--4451--SE (검색일: 2025. 7. 6.).

19 이설아, "국민 과반 우크라이나 살상무기 지원 반대,"《매일일보》, 2024년 6월 27일 at https://www.m-i.kr/news/articleView.html?idxno=1134319 (검색일: 2025. 7. 6.).

21장

한국의 핵무장에 대한
영국과 프랑스 설득 방안

딜런 모틴

1. 문제 제기

이 책은 한국의 핵무장 개발 가능성을 논의하면서 국제 반응이 결정적인 요소가 될 수 있다고 여러 번 언급했다. 프랑스와 영국이 어떻게 반응할 것인가? 이들을 설득할 방법은 무엇일까? 이 장에서는 가상의 미래에 일어날 수 있는 일들에 대하여 묻고 있기 때문에, 확정적인 답을 내리기 어렵다. 그럼에도 불구하고, 한국이 핵 프로그램을 시작하기로 결정할 경우를 대비하여 외교 정책을 준비하는 것이 중요할 수 있다. 한국이 핵무기를 개발할 경우, 왜 영국과 프랑스의 지지를 얻는 것이 중요할까? 영국과 프랑스는 한반도나 아시아의 정세에 큰 영향을 미치진 않지만 한국은 경제 교류를 중시하고 있으며, 앞으로 영국과 프랑스에서 고급 기술, 수출 시장, 그리고 외교적 지지를 얻고 싶어 할 수 있다. 또한 영국과 프랑스는 한국과 마찬가지로 미국과 동맹국이고 한국에 대해 호의적인 입장을 갖고 있다. 따라서 프랑스와 영국의 지지가 없더라도 핵무장 개발이 가능하나, 핵무장 개발을 원활하게 진행하기 위하여 주요 유럽 국가들의 지지를 받는 것이 가치가 있을 것이다. 프랑스와 영국은 유엔 안전보장이사회 상임이사국으로서 비토권 행사를 할 수 있는 국가이기도 하고, 프랑스와 영국을 넘어 독일과 이탈리아, 스페인도 경제적, 기술 협력 차원에서 중요한 나라들인데, 프랑스와 영국이 설득되지 않으면 나머지 국가들을 설득하기 어려울 수 있다. 본장의 첫 부분에서는 영국과 프랑스를 설득하는 데에 있어 예상되는 어려움과 도움이 될 수 있는 요소들을 소개하고자 한다. 두 번째 부분에서는 프랑스와 영국을 설득할 수 있는 4가지 정책 방안을 제안하고자 한다.

프랑스와 영국은 나토 회원국이며 미국은 프랑스와 영국에게 제일 중요한 동맹국이다. 한국의 핵무장에 있어 미국의 의견에 따라 영국과 프랑스의 입장이 결정되기에 미국을 먼저 설득하는 것이 대단히 중요하다. 미국이 먼저 동의하지 않는다면 유럽 강국들도 한국의 핵 개발에 동의할 가능성은 작아 보인다. 또한 일본은 동북아 지역에 영국과 프랑스의 제일 중요한 안보 파트너이다.[1] 따라서 일본도 한국의 핵을 수용할 경우, 영국과 프랑스를 설득하는 데 도움이 될 것이다. 반대로 일본이 강력하게 반대한다면 프랑스와 영국에게 지지를 받기 어려울 수도 있다. 따라서 미국과 일본을 설득한 이후에 프랑스와 영국에 접근할 것을 권장한다. 한편으로 지리적 특성상 또는 한국과 멀리 떨어져 있기 때문에 프랑스와 영국은 한반도에 핵심적인 안보 이익이 없고, 다른 한편으로 한국을 긍정적으로 보기 때문에 한국의 핵 개발을 반대할 전략적 이유가 없다.[2] 새로운 트럼프 행정부가 유럽 안보에 어떠한 영향을 미칠지 아직 알 수 없기에 논하기에는 이르다. 트럼프는 혼란스러운 입장을 보였는데 미국은 나토에 계속 회원국으로 남고, 병력을 줄여도 유럽 방어에 대한 리더십을 지속적으로 유지하려고 할 가능성이 높다. 그러나 트럼프가 동맹들에 대한 약속을 약화시키면, 나토 국가들은 한국, 일본, 호주, 인도 등과의 경제 및 방위산업 네트워크를 강화하고, 공동의 이익을 촉진하려는 움직임을 보일 가능성이 있다. 미국은 아시아 지역에서 중국의 위협에 집중하기 위하여 유럽을 방어하는데 관심을 덜 가지게 될 것이다. 프랑스와 영국은 점점 더 스스로 유럽 국경을 방어해야 할 것이다. 이는 한국의 핵 프로그램에 긍정적인 변화가 될 수 있다. 영국과 프랑스는 핵 프로그램에 반대할 여력이 줄어들 가능성이 있으며, 이전보다 이를 용인할 가능성이 더 높아질 것이다. 미국이 적극적으로 반대한다면, 프랑스와 영국은 한국이 아무리 설득하더라도 한국을 지지하기는 어려울 것이다.

이 맥락에서, 한국 정부는 어떤 상황에서 영국과 프랑스를 설득해야 할 것인가? 첫 번째 경우, 미국이 한국의 핵을 허용했는데, 영국과 프랑스가 적극적으로 지지하지 않을 가능성이 있다. 둘째, 미국이나 일본이 한국의 핵무장 계획을 허용하지 않고, 프랑스 및 영국은 적극적으로 반대하지 않는 시나리오도 있다. 이런 경우, 유럽 주요 국가의 태도가 도움될 수도 있기 때문에 프랑스와 영국을 설득하는 것이 중요하다.

이 장은 한국의 핵무장 가능성을 논의하면서 프랑스와 영국의 지지를 얻기 위한 외교적 방안을 제시한다. 프랑스와 영국이 대부분 다른 유럽 국가들처럼 비핵화와 핵 확산 방지에 대한 이상주의적 태도를 유지하고 있지만, 과거의 핵무장 개발 사례와 현재의 안보 딜레마를 통하여 설득 가능성이 있다고 본다. 이를 위하여 러시아와 중국에 대한 억제력 강조, 경제 및 방위산업 협력 제공, 그리고 한국의 평화적 핵 개발 의지를 부각하는 4가지 정책 제안을 논의한다. 이러한 접근은 한국 핵무장의 국제적 반발을 최소화하고 안보와 외교적 목표를 달성하기 위한 전략으로 평가된다. 다음 절에서는 프랑스와 영국이 한국의 핵 프로그램에 어떻게 반응할 가능성이 있는지를 설명한다. 세 번째 절에서는 양국을 설득하기 위한 4가지 정책 제안을 다룬다.

2. 한국의 핵무장에 대한 영국과 프랑스의 수용 가능성

한국은 프랑스와 영국을 설득하는데 어려움이 있을 수 있다. 프랑스와 영국의 외교정책 결정자와 전문가 중에는 이상주의(idealism)적 경향이 지배적이다.[3] 2010년대부터 국제체제의 다극화(multipolarization), 코로나19 위기, 그리고 러시아-우크라이나 전쟁과 같은 파급력이 큰 사건으로 인하여 현실주의로 다시 전환할 조짐이 보이나, 외교정책 엘리트는 세력 균형보다 여전히 국제법 규범의 중요성에 우선적으로 주목하고 있다. 일부는 2차 대전에서 목격된 잔인한 행위로 인하여 세력 균형과 국익 논리에 대해 거부감을 갖게 되었다. 또 다른 배경으로는 1994년에 러시아군이 중부유럽에서 철수한 이후로 서유럽 나라들은 직접적인 군사 위험을 경험하지 않았기 때문에 정치와 사회가 비군사화된 것을 지적할 수 있다. 유럽인은 누구보다 역사의 종언 명제를 믿어 왔던 사람들이다.[4] EU라는 국제기구는 개인 국가와 세력정치를 초월하여 소프트파워 초강대국이 될 수 있다는 신념도 널리 퍼져 있다.[5] 따라서 엘리트층은 핵 비확산이라는 이념을 중요하게 보기 때문에 한국의 핵 개발 시작 시 많은 유럽 전문가는 한국의 핵무장을 처음에 부정적으로 인식할 것으로 예측된다. 또한 프랑스와 영국에게 한반도가 멀리 떨어진 지역이며, 한국의 안보나 북한 위협을 통하여 얻을 수 있는 핵심 이익이 없다.

그러나 이상주의적 경향이 있음에도 불구하고 다음과 같은 이유로 설득이 가능할 것이다. 영국과 프랑스도 실존적 위협에 직면했을 때 핵무기를 개발한 경험이 있어, 한국의 상황을 이해할 수 있다. 러시아 외 유럽에는 2개의 핵보유국이 존재하는데 영국, 프랑스이며, 각각 1952년, 1960년부터 핵을 보유하고 있다. 양국은 2차 세계대전 이후 소련과 동유럽권의 실존적 군사 위협과 압도적인 세력 불균형에 대응하기 위하여 핵무기를 개발했던 것이다. 오늘날 한국이 미국의 확장억제와 핵 보장을 의심하듯이, 냉전기 서유럽도 소련의 위협에 노출되었기에 미국의 안보 보장을 늘 의심했다. 따라서 유럽인은 한국이 현재 어떤 상황을 겪고 있고, 왜 대북 핵 억제력을 갖고자 하는지 어렵지 않게 이해하고 공감할 수 있다. 또한 유럽 국가들은 이스라엘, 인도, 그리고 파키스탄이 핵을 개발했을 때 이 국가들과 워낙 관계가 좋았기 때문에 강력하게 반대하지 않았다. 박정희 대통령은 1974년 한국의 핵 개발을 위하여 프랑스와 협정을 체결했다. 프랑스 정부는 한국에 핵연료 재처리 시설을 제공하기로 합의했으나, 미국의 압박으로 인하여 한국 정부는 결국 이 계획을 철회해야 했다.[6]

외교정책 엘리트 외, 영국과 프랑스의 국민들은 한국의 핵무장에 대하여 큰 거부감이 없을 가능성이 높다. 한국의 핵 프로그램에 반대할 프랑스인 수는 적다.[7] 다수의 조사 결과를 보면, 이들 국가의 대부분 국민은 한국을 호의적으로 바라보고 있다.[8] 최근 연구에 따르면 세계 주요 국가 국민들은 보통 동맹국의 핵 사용을 찬성한다는 조사 결과가 있다. 이는 동맹국에 대한 '핵 금기(nuclear taboo)'가 상대적으로 약하다는 것을 시사한다.[9] 논리적으로 볼 때 동맹국의 핵 사용에 반대하지 않는다면, 동맹국의 핵 개발에 대해서도 강한 반대가 없을 것으로 예상된다. 따라서 영국과 프랑스가 한국을 이미 긍정적으로 보고 있는 만큼, 한국의 핵무장에 대한 반대도 크지 않을 것이라고 판단된다.

더불어 2022년부터 진행 중인 러시아-우크라이나 전쟁으로 인하여 핵 억제에 대한 유럽인의 시각이 변화하게 되었다.[10] 첫째, '국가 간' 전쟁이란 것은 다시 발생할 수 있다는 것을 확인되어 현 시대에도 군사력이 국제 갈등의 해결법 중에 하나라고 한다면, 핵무기가 여전히 유익한 방어 도구이다. 둘째, 1990년대에 소련연방에서 독립한 다음 우크라이나가 비핵화를 하기로 했으며, 러시아, 미국, 그리고 영국이 서명했던 부다페스트 안전보장각서(Budapest Memorandum)를 통하여 우크라이나가 안보 및 영토 보전에 대한 보장을 받았다. 그럼에도 불구하고 우크라이나 전쟁이 발발하여 핵 보유를 포기하고 안보 보장을 받았던 나라조차 침공을 당할 수 있다는 교훈을 얻었다. 셋째, 러시아는 핵 공격으로 위협하면서 우크라이나 전쟁에 나토의 직접 개입을 성공적으로 억제했다. 그뿐만 아니라, 러시아의 반응이 두려워 미국과 여러 유럽 국가는 우크라이나가 공격할 수 있는 러시아의 국토와 타겟에 제한을 강제했으며, 특히 러시아 지도부와 전략적 시설을 공격하지 말라고 지시했고, 러시아가 핵 무기가 없었다면 나토는 위험을 더 감수했을 것으로 생각할 수 있다. 이를 통하여 영국인과 프랑스인을 포함하는 유럽인은 '핵무기가 없는 약소국은 언젠가 약탈적 강대국에게 강압이나 공격을 당할 수 있다'는 교훈을 얻었다. 각서나 조약은 종이일 뿐이며, 국제법과 규범은 공격을 결심한 국가를 막지 않을 것이다. 그리고 핵보유국은 더 자유로운 외교정책을 수행할 수 있으며, 전쟁 시 실존적 공격을 당할 가능성이 비교적 낮다.

본 장에서 제시하는 방안은 각 상황별 시나리오에 적용할 수 있는 방안이라고 본다. 첫째, 미국은 허용했는데, 일본이 반대 입장을 취할 경우, 영국과 프랑스는 일본의 눈치를 보고 초조할 수도 있다. 둘째, 북한은 한국의 핵을 막기 위하여 유럽에 대하여 '매력 공세'를 수행할 수 있으며, 영국과 프랑스는 북한과 관계를 개선하기 위하여 한국의 핵무장을 지지하지 않을 수 있다. 또 다른 시나리오로 영국이나 프랑스에서 개인 취향이나 이념 체계 때문에 핵 확산에 대한 혐오를 가지는 지도자가 생길 경우, 한국의 핵무장 개발을 부정적으로 볼 수도 있다. 따라서 미국이 한국의 핵을 지지하는데 프랑스와 영국이 긍정적인 반응을 하지 않을 때는 한국 외교는 양국을 설득할 방안이 필요할 것이다. 반대로 미국이나 일본이 아직 설득되지 않았는데 한국은 이들을 설득하기 위하여 선제적으로 영국과 프랑스 지지를 얻고자 하는 전략도 고려할 수 있다.

3. 영국과 프랑스 설득 시 강조할 포인트

이 부분은 한국의 정책결정권자, 외교관, 운동가를 대상으로 프랑스인과 영국인을 설득할 만한 4가지 주장과 정책을 제안한다. 한국의 핵 무장화가 어떤 모습을 갖출지에 따라 제안의 강도를 조절할 필요가 있을 수 있다. 예를 들어 한국이 이스라엘처럼 공개적 발표 없이 핵 개발을 수행한다면, 유럽도 공개적으로 대응할 의무가 없고 모르는 척할 수도 있다. 반대로 공개적으로 발표한다면 영국과 프랑스는 공식 입장을 표명할 수밖에 없을 것이다. 자세한 상황에 따라 조절 필요가 있음에도 불구하고, 다음과 같은 네 가지의 정책 제안은 설득력을 기준으로 우선순위가 매겨져 있다.

가. 한국의 핵이 러시아의 위협을 약화시킬 수 있는 가능성을 언급할 것

대부분 유럽 국가가 제일 우려하는 위협은 북한이나 중국이 아니라 바로 러시아다. 러시아라는 강대국의 인구·경제·정치적 중심은 우랄산맥의 서부 부분이며, 러시아의 군사력도 압도적으로 서부 방향으로 배치되어 있다. 러시아보다 영국과 프랑스를 포함하는 모든 유럽의 국가들은 상대적으로 군사력이 약하다. 동유럽 국가는 작고 군사력이 약한 나라이기 때문에 러시아에게 실존적 위협을 느끼고, 프랑스와 영국은 인구, 경제적 잠재력이 있음에도, 냉전 이후 국방비를 크게 줄여 재래식 군사력에서 뒤처지게 되었다.[11] 유럽에게 러시아라는 위협은 핵심 군사 위협이기 때문에 한국 핵무장은 유럽 안보를 강화하고 러시아 위협에 있어 안정화에 기여하는 요소가 된다는 주장을 해야 설득력이 증가한다고 본다.

핵무기를 보유한 한국은 북한에 대한 균형을 더 잘 맞추고 북한의 핵 우위를 감소시킬 수 있을 것이다. 북한은 한반도에 더 집중해야 할 것이며, 러시아의 팽창주의적 행동을 지원하거나 러시아의 미래 전쟁에 참여할 수 있는 능력이 줄어들 것이다. 또한, 한국이 더 안전해지면 위기 상황에서 동유럽에 더 많은 지원을 보낼 수 있을 것이다. 반대로 한국이 무너지면 동유럽 국가들의 국방력 강화에 더 이상 참여하지 못하고, 북한의 전략적 자율성이 증가할 것이다. 만약 한국이 이전에 핵무기를 보유했다면, 우크라이나에 더 많은 양의 무기를 공급할 수 있었을 가능성이 크다. 그러나 핵무기가 없기 때문에 현재 한국의 방어 태세가 취약하여 이를 실현할 수 없는 상황이다. 실제로 한국은 유럽이 군수물자 생산을 늘리는 가운데 대량의 탄약을 신속하게 공급할 수 있음을 입증했다.

나. 중국의 위협을 견제할 것

프랑스와 영국 관점에서 한반도 안보 상황은 먼 이야기여서 한국, 일본, 미국과 달리 북한을 군사적 위협 대상으로 인식하지 않는다. 그러나 유럽에서 중국은 인도태평양지역에 패권을 가질 가능성이 높기에 우려가 크다. 태평양에 영토를 소유한 프랑스는 특히 그렇다.[12] 몇 년 전까지 프랑스의 외교정책 담론에서 중국을 주로 무역 불균형과 경제적 위협을 야기하는 대상으로 논의해 왔으며, 프랑스령 폴리네지(Polynésie)와 누벨-칼레도니(Nouvelle-Calédonie), 왈리스-에-푸투나(Wallis-et-Futuna)에 대한 중국의 군사 위협에 대한 우려가 이슈화되고 있다.[13] 프랑스와 달리, 영국 영토는 중국으로부터 직접적인 위협을 받지 않더라도, 네팔, 브루나이, 싱가포르와 같은 중국의 이웃 국가에 군사 시설을 두고 있음으로써 중국의 압박을 체감할 수밖에 없다.[14] 이 맥락에서, 한국 외교관 및 전문가는 핵무장이 중국 위협을 견제하는 데 도움이 된다고 강조해야 한다. 중국의 지역 패권 확장을 저지할 수 있는 방안이 될 것이기 때문이다. 지금까지 한국은 북한의 위협에만 집중할 수밖에 없었다. 핵무기를 가진 더 강한 한국은 해양 안보와 군사력 투사에 더 많은 주의를 기울일 수 있게 될 것이며, 그로 인하여 중국을 견제하는 데 더 많은 도움을 줄 수 있을 것이다.

다. 경제·방위·산업적 혜택을 얻을 수 있는 것

경제적 이익을 강조하는 것도 설득력을 높일 수 있다. 프랑스와 영국은 자국 및 이웃국가의 안보에 집중해야 하며, 한국은 역시 동아시아 안보에 집중해야 한다. 이 때문에 안보 분야에서 상호호혜적인 '주고받기'와 같은 합의를 이루기 어려울 수 있다. 예를 들어, 미국과는 '한국이 핵무장을 허용해준다면 대만 위기 시 지원하겠다'라는 조건을 통하여 협의할 수 있지만, 한국이 유럽에서 발생할 전쟁에 직접 참여하는 것은 현실성이 낮아 보인다. 다만 경제 분야에서는 상호 협력이 가능할 것으로 보인다.

프랑스 및 영국은 NPT 회원으로서 한국에게 군사적 핵기술을 직접 수출하기 어렵다. 그러나 핵무장을 하려면 핵무기와 관련된 기술 발전 및 이를 위한 인프라가 필요할 것이다. 예를 들면 핵 지휘통제 통신 체계를 처음부터 구축해야 하며 시설 안전 및 조기 경보 시스템을 구축해야 한다. 핵무기를 개발하게 되면 핵잠수함도 개발하고 싶을 수 있다. 영국이 호주의 미래 핵잠수함 생산을 돕기로 한 것처럼, 한국과 AUKUS와 비슷한 프로그램이 가능할 것이다. 또한 프랑스는 AUKUS의 굴욕을 당한 후, 한국에게 핵잠수함 기술을 제공할 수 있다는 목소리도 있었다.[15] 이때 유럽 국가들은 선진 방위산업을 가지고 있는데, 미국 및 중국, 러시아와 달리 방위시장 규모가 작기 때문에 방위산업 수출을 확대하고 싶어 하는 경향이 있다.[16] 이러한 배경에서, 핵을 개발하게 될 때 영국과 프랑스에게 방위산업 협력을 제안하면 핵에 대한 더 호의적인 입장을 유도할 수 있을 것이다.

한국의 첨단 조선 능력을 고려하여 AUKUS 프로그램에 한국을 참여시키는 방안에 대한 논의가 있었다. 서방 조선소들이 생산을 늘리는 데 여전히 어려움을 겪고 있는 상황에서, 중국과 러시아가 잠수함과 전투함을 빠르게 생산하는 가운데, 차세대 유럽 전함을 제조할 때 협력을 꾀할 수 있는 기회도 생각해 볼 수 있다.[17] 영국, 이탈리아, 일본은 글로벌 전투 항공 프로그램(Global Combat Air Program)을 통하여 차세대 전투기 개발을 위하여 힘을 합쳤고, 프랑스, 독일, 스페인은 미래 전투 항공 시스템(Future Combat Air System)을 시작했다. 차세대 전투기 개발은 매우 비용이 많이 들며, 유럽 전투기 시장은 아마도 작을 것으로 예상된다. 여기서 한국과의 가능한 결합을 상상할 수 있다. 한국은 대규모 군사 시장과 함께 성장하는 기술적, 산업적 능력을 가져올 수 있기 때문이다.

세계 강대국 간 경쟁 심화와 정치적 분극화 속에서 공급망 안전에 대한 우려가 커지는 가운데, 프랑스와 영국은 한국과 함께 이러한 관점을 공유하고 있다. 따라서 양측이 중국에 대한 의존도를 줄이기 위한 더 많은 협력을 상상할 수 있다. 또한 한국 정부가 핵무장 개발 결정을 내리고, 전세계에 아직 공개하기 전에 양국과 대규모 경제협력 및 투자 유치를 강화하는 것을 제안하며, 한-EU 통상 무역 방면으로 경제 혜택을 확대하는 것도 방법이 될 수 있다. 2011년 EU-한국 자유무역협정은 환경과 노동 기준에 대한 약속을 포함하고 있다. EU는 때때로 한국의 노동 권리에 대하여 우려를 표명해 왔다. 최근 몇 년간 EU는 무역 관행의 지속 가능성에 더욱 집중해 왔으며, 이는 한국과 같은 파트너 국가들이 높은 수준의 노동 및 환경 기준을 충족하도록 하는 것까지 확장되고 있다.[18] 한국은 특정 농산물에 대한 일부 수입 제한을 유지하고 있으며, 유럽의 농산물 생산자들은 한국 시장에 대한 접근제한에 대하여 우려를 표명해 왔다. 예를 들어, 유제품과 육류는 다양한 무역장벽에 직면하고 있으며, EU는 시장 접근성을 개선하기 위하여 이러한 문제를 해결할 수 있다.[19] 경제적 이해 관계를 강화한다면 프랑스와 영국이 경제적 득실이나 영향을 고려했을 때 한국의 핵 개발 결정을 비판할 가능성이 낮아질 것이기 때문이다.

라. 한국의 핵무장에 대해 영국과 프랑스를 안심시키는 것

외교 협의 시는 다음과 같이 프랑스와 영국을 안심시키며 잠재적인 위험이 현저히 낮다는 점을 강조하면 도움이 될 것이다. 2024년 12월 한국의 비상계엄 사태는 유럽에게 큰 충격을 줬기 때문에 국내 정치적 혼란은 우려를 줄 것이다. 그럼에도 불구하고, 파키스탄과 달리 한국 정부는 주로 안정적인 편이고 극단주의 세력이 핵무기 사용 권한을 갖을 가능성이 거의 없다. 더구나 러시아나 중국과 달리, 한국은 영토를 팽창하거나 국제질서를 뒤집을 의도가 없다. 따라서 한국은 핵무기를 가지게 되더라도 다른 나라를 공격하거나 강압할 일이 없을 것이다.[20] 한국은 핵 프로그램이 오로지 평화적 목적과 전쟁 방지를 위한 것임을 강조함으로써 북한의 호전적인 수사와의 차별성을 보여줄 수 있다. 한국이 우크라이나에 군사를 지원함으로써 유럽국가들과 공감대를 형성하고, 신뢰를 강화했는데 추후 이러한 점도 교류 시 상기시키면 도움이 될 것이다. 구체적으로, 한국의 외교관들과 전문가들은 1974년 프랑스가 한국에 핵발전 기술을 지원했던 사실을 상기시키며, 프랑스가 다시 그런 지원을 할 수 있음을 언급할 수 있다. 그리고 핵무기를 개발하더라도 다른 국가에게 핵기술 전달을 절대 하지 않을 것이라고 약속하면 된다. 마지막으로 핵 사용 시, 최대한 민간인을 죽이지 않고 국가의 생존에 극단적인 위협이 나타날 경우만 핵을 사용하겠다고 약속하는 것도 권장한다.

4. 결론

이 장은 한국이 핵무장을 추진할 경우, 유럽 주요 강국인 프랑스와 영국의 지지를 확보하기 위한 외교 전략의 중요성을 강조했다. 영국과 프랑스는 핵 비확산에 대한 강한 이상주의적 태도를 보일 수 있으나, 이 장에서는 한국의 핵무장을 유럽의 안보, 경제, 정치적 이해관계와 연계시킴으로써 이러한 반대를 완화할 수 있음을 논의했다. 러시아와 중국의 위협 억제, 경제 및 방위산업 협력 강화, 확산 우려 해소, 그리고 한국의 책임 있는 핵무장과 평화적 목적을 강조하는 접근법은 영국과 프랑스의 신뢰를 구축하는 데 핵심적인 역할을 할 것이다. 이를 통하여 한국은 국제사회의 반발을 최소화하면서 안보와 외교적 목표를 달성하고, 책임 있는 국제사회 일원으로서 입지를 강화할 수 있을 것이다.

미국, 그리고 일본이 한국의 핵무장을 용인하면 프랑스나 영국에서도 큰 반대가 일어나지 않을 것이다. 영국과 프랑스는 비핵화와 NPT의 중요성을 말로 강조하지만, 실제 외교 정책이나 행동에서는 다르게 나타나기 때문이다. 그럼에도 불구하고 프랑스와 영국이 어떤 이유로 거부감을 보일 경우를 대비하여 네 가지 설득 방안을 제시했다. 러시아와 중국의 위협을 강조하는 것과 경제적 혜택을 강조하고, 한국 핵에 대해 안심을 주는 것이다. 이러한 설득 방안이 필요하지 않기를 바라지만, 갈등이 발생할 경우 이를 참고할 것을 권고한다.

주

1 Yee-Kuang Heng, "UK-Japan Military Exercises and Mutual Strategic Reassurance," *Defence Studies*, Vol. 21, No. 3 (2021), pp. 334-355; Philippe Setton, "Le Japon : un partenaire stratégique de la France dans l'Indo-Pacifique," *Revue Défense Nationale*, No. 844 (2021), pp. 28-34.

2 Alexander Lanoszka, *Atomic Assurance: The Alliance Politics of Nuclear Proliferation* (Ithaca: Cornell University Press, 2018).

3 Richard Youngs, *The EU's Role in World Politics: A Retreat from Liberal Internationalism* (London: Routledge, 2010).

4 Francis Fukuyama, "The End of History?," *National Interest*, No. 16 (1989), pp. 3-18.

5 Jan Orbie, "Civilian Power Europe: Review of the Original and Current Debates," *Cooperation and Conflict*, Vol. 41, No. 1 (2006), pp. 123-128.

6 Lyong Choi and Jooyoung Lee, "The Falling-Out of Nuclear Suppliers: US-France-Canada Negotiations and Debates on the ROK Nuclear Program," *Journal of East Asian Studies*, Vol. 24, No. 1 (2024), pp. 49-69.

7 통일연구원, 『2024 글로벌 통일인식조사』 (서울: 통일연구원, 2024).

8 한국국제문화교류진흥원, 『2024 해외한류실태조사』 (서울: 한국국제문화교류진흥원, 2024).

9 Joshua A. Schwartz, "When Foreign Countries Push the Button," *International Security*, Vol. 48, No. 4 (2024), pp. 47-86.

10 Michal Onderco, "Michal Smetana, and Tom W. Etienne, Hawks in the Making? European Public Views on Nuclear Weapons Post-Ukraine," *Global Policy*, Vol. 14, No. 2 (2023), pp. 305-317.

11 International Institute for Strategic Studies, *The Military Balance 2024* (Abingdon: Routledge, 2024); Hugo Meijer and Stephen G. Brooks, "Illusions of Autonomy: Why Europe Cannot Provide for Its Security if the United States Pulls Back," *International Security*, Vol. 45, No. 4 (2021), pp. 7-43.

12 Dylan Motin and Christophe Kerdodé, "Why Do Middle Powers Project Forces in Distant Regions? The Case of France in the Indo-Pacific," *International Journal of Asia Pacific Studies*, Vol. 20, No. 1 (2024), pp. 125-147.

13 Franck Auffret, "2030 : la France perd une partie de son Pacifique," *Revue Défense Nationale*, No. 789 (2016), pp. 67-72.

14 Geraldine Scott, "Royal Navy to Be Deployed in Pacific Ocean to Counter China Threat," *The Times*, October 26, 2024, https://www.thetimes.com/uk/defence/article/royal-navy-deployed-pacific-ocean-counter-china-threat-9rqn22tgs (검색일: 2024. 11. 8.).

15 Mason Richey, "A Boat with a Vengeance: Could France Sell Nuclear-Powered Submarines to South Korea?," *CSDS Policy*, November 15, 2021, https://www.brussels-school.be/research/publications/boat-vengeance-could-france-sell-nuclear-powered-submarines-south-korea (검색일: 2025. 1. 3.).

16 Lucie Braud-Sudreau, *French Arms Exports: The Business of Sovereignty* (London: Routledge, 2020); International Institute for Strategic Studies, *Building Defence Capacity in Europe: An Assessment* (London, 2024); Mitja Kleczka, Caroline Buts, and Marc Jegers, "Addressing the 'Headwinds' Faced by the European Arms Industry," *Defense & Security Analysis*, Vol. 36, No. 2 (2020), pp. 129-160.

17 Peter Ward, "The AUKUS Nuclear Submarine Agreement: How South Korea Could Boost Its Chances of Success," *Sejong Institute*, November 18, 2024, https://www.sejong.org/web/boad/1/egoread.php?bd=78&seq=11950 (검색일: 2024. 11. 8.).

18 김현정, "포스트 코로나19 이후 한국-EU 통상 협력 전망: FTA 내 신통상 이슈 및 비무역의제를 중심으로," 『한국과 국제사회』 제6권 3호 (2022), pp. 177-204; Liam Campling et al., "South Korea's Automotive Labour Regime, Hyundai Motors' Global Production Network and Trade-Based Integration with the European Union," *British Journal of Industrial Relations*, Vol. 59, No. 1 (2021), pp. 139-166; Mara J. Garca, "Sanctioning Capacity in Trade and Sustainability Chapters in EU Trade Agreements: The EU-Korea Case," *Politics and Governance*, Vol. 10, No. 1 (2022), pp. 58-67.

19 Gerardo Fortuna, "South Korea Settles Beef Over Meat Imports, Slowly," *Euronews*, June 25, 2024, https://www.euronews.com/my-europe/2024/06/25/south-korea-settles-beef-over-meat-imports-slowly (검색일: 2024. 11. 8.).

20 Mark S. Bell, "Beyond Emboldenment: How Acquiring Nuclear Weapons Can Change Foreign Policy," *International Security*, Vol. 40, No. 1 (2015), pp. 87-119.

22장

핵무장 이후 한국의 위상과
외교적 과제

이백순

1. 핵무장국의 위상

가공할 만한 파괴력을 가졌기에 그 사용이 금기시 되는 핵무기를 왜 기존의 9개 핵무장국은 한사코 가지려 했을까? 물론 과학의 진보에 따라 신기술이 나오고 이 기술을 국방과 무기에 적용해 보고자 하는 것은 당연한 욕구일 것이다. 그렇지만 핵무기는 미국의 첫 실험 단계에서부터 그리고 일본에 처음 원자탄을 사용된 후 밝혀진 처참할 정도의 비인도주의적 피해 규모로 인해 그 사용이 금기시되던 무기였다.

그럼에도 불구하고 미국에 이어 소련 그리고 영국이 연이어 원자탄과 수소탄의 개발에 뛰어들어 성공하여 3대 핵강국 체제를 형성하였다. 그런데 뒤 이어 똑같이 유엔 안보리 상임 이사국, 소위 P5의 일원이던 중국과 프랑스도 60년대 초 핵실험을 실시하면서 결국 핵보유국이 되어 소위 P5는 모두 핵무기 보유국이 되었다. 그런 후 이 P5는 자기들 이외 더 이상 다른 나라가 핵보유국이 되는 것을 막기 위하여, 즉 핵무기 독점권을 행사하기 위하여 핵비확산조약(NPT)체제를 1970년에 출범시켰다. 이 체제를 통하여 핵보유국은 핵무기 비보유국에 핵무기 선제사용을 하지도 않지만 핵무기 기술도 이전해 주지 않기로 하였다. 그리고 핵무기 비보유국은 핵을 평화적 목적 이외 어떤 군사적 목적에도 이용하지 못하도록 엄격한 사찰제도를 도입하였다.

세계의 대부분 나라들은 이 NPT 체제에 가입하며 국제원자력 기구인 IAEA로부터 핵시설에 대한 정기적 사찰을 받으면서 핵을 평화적으로만, 즉 발전과 연구 목적으로만 이용하고 있다는 것을 증명하여야 했다. 그런데 이스라엘, 인도, 파키스탄은 처음부터 이에 가입하지 않아 국제사찰을 피해 갔다. 북한도 이에 가입하지 않으려 했으나 당시 소련으로부터 원자력 발전 관련 지원을 받으면서 소련의 압박에 의해 1985년 NPT에 가입했다. 그 후 1차 북핵 위기가 시작되자 1993년 이를 탈퇴한다고 했고 미국과 협상을 하면서 탈퇴를 유보한다고 입장을 선회했다가 2003년 완전히 탈퇴해 버렸다. 그 이후 북한은 핵개발에 몰두하였고 북한을 포함한 NPT 미가입 4개국 모두가 핵무기 보유국이 된 것으로 추정되어 현재 세계에 핵무기 보유국이 9개국으로 늘어났다. 핵실험도 하지 않았고 핵무기 보유에 대해 시인도 부인도 하지 않는 NCND 정책[1]을 고수하는 이스라엘을 제외하고 다른 3개국은 핵개발 과정에서 국제사회의 제재를 받았다.

그 절대적 파괴력으로 인해 금기시되는 무기인 핵폭탄을 P5는 물론 나머지 4개국이 제재에도 불구하고 한사코 가지려 하는 이유가 무엇인지 살펴보아야 한다. 핵무기는 우선 절대적 무기로 이것을 보유하고 있으면 타국이 핵보유국을 선제공격할 수 없는 억지력을 가질 수 있게 된다. 핵무기가 한번 전쟁에서 사용되면 사용한 두 국가 모두가 상호확증파괴(MAD)를 당할 수 있기 때문에 이를 사용할 수 없다는 딜레마가 존재한다. 즉 적대적인 2개국 상호 간에 핵을 통한 '공포의 균형'

이 이루어져 전쟁의 발생을 막아주는 안전판 기능을 한다. 그래서 70년간 신·구 냉전 시기를 거쳐오면서 아직도 강대국이자 핵보유국인 P5 간에 전쟁이 발생하지 않는 역사상 최장기의 평화 시대를 누릴 수 있는 것도 핵무기 덕분이라는 역설도 성립한다. 즉 핵무기는 절대적 살상력을 가지고 있어 이를 통해 전쟁을 억제하고 핵부유국의 안보를 지켜주는 역할을 한다. 그러니 적대국이 이를 가지면 상대국도 이를 가져야 힘의 균형이 이루어진다고 생각하고 인도가 핵을 가지니 파키스탄도 이를 가지려 하는 핵의 도미노 현상이 발생하기도 한다. 인도가 2차 핵실험을 하자 미리 준비는 하고 있던 파키스탄은 무리를 해가며 1998년 핵실험을 감행한다. 그 이후 재래식 전력이 열세인 파키스탄이 인도에 대해 '공포의 핵균형'을 유지해 양국간 충돌이 발생하지 않았다는 점에서 핵의 전쟁 억제력을 알 수 있다.

영국과 프랑스의 경우에는 냉전 중이기는 하지만 소련으로부터 직접적인 안보위협이 심각하지 않았음에도 불구하고 핵무기 개발에 착수하였다. 특히 프랑스 드골 대통령은 '뉴욕이 파괴되는 것을 감수하고 미국이 프랑스를 소련의 핵위협으로부터 지켜줄 것인가' 하는 의문을 제기하며 핵개발을 지시했다.[2] 프랑스 핵개발 동기를 분석해 보면 다음 세가지로 요약될 수 있다. 첫째, 미국의 핵우산에 대한 신뢰도가 약하기에 자체 핵무장을 통해 강대국으로서 자체 방위력을 확보하기 위한 목적이 있었다. 둘째, 미국의 핵우산 아래 있으면 프랑스는 미국의 핵우산을 제공받기 위해 항상 미국의 외교안보 정책의 큰 틀을 따라 움직여야 한다. 이는 결국 프랑스의 전략적 자율성이 상실됨을 의미하고 프랑스는 이를 우려하여 핵개발을 시도했음을 드골의 회고록을 통해서 알 수 있다. 셋째, 프랑스는 P5의 일원으로서 이미 핵개발을 마친 3개국의 뒤를 이어 핵무장을 함으로써 강대국으로서 지위, 즉 자국의 위신을 세우려는 목적으로 핵개발을 한 것으로 보아야 한다. 이 논리는 영국의 경우에도 마찬가지로 적용될 수 있다. 핵무기 보유국은 자국 안보를 공포의 균형을 통해 보장받을 수 있을 뿐 아니라 특정국의 핵우산에 의지하지 않아 전략적 자율성을 확보할 수 있게 되고 군사 강대국으로서 위신을 동시에 얻을 수 있다.[3] 이들 P5는 70년 이전에 모두 핵실험을 거쳐 핵무장국이 되었고 이후 이들은 핵무기의 독점체제를 구축하고 핵무기가 더 이상 다른 국가들에게 확산되는 것을 방지하려 했다. P5는 중국이 마지막으로 핵무기를 보유한 이후인 1968년에 '핵비확산조약(NPT)'을 채택하였고 'NPT 체제'를 1970년에 출범시켰다.

요약하면 핵무기 보유국들은 크게 보면 두 가지 이유에서 핵무기를 개발하는데 첫째는 안전보장을 확보하기 위해서이고 두 번째는 국가 위신을 비롯한 다른 이유, 전략적 균형과 전략적 자율성 확보를 위해서 핵무기를 보유하기를 원했다는 점이다. Monterio와 Debs에 따르면 안전보장은 수요측면의 요인이고 국가 위신 등은 공급측면에서의 요인이라고 볼 수 있다.[4]

2. 1970년 이후 핵무장국의 개발 사례

가. 이스라엘

NPT 체제 밖에서 핵무장국이 된 첫 번째 사례로 이스라엘을 들 수 있다. 이스라엘은 건국 초기부터 적대적 아랍국가들에 의해 포위된 상황에서 자국 안보를 보장하기 위해서는 절대무기인 핵무기가 필요하다는 인식하에 핵개발을 비밀리에 추진하기 시작했다. 이스라엘은 50년대 말 벤 구리온 수상 시절 핵 연구소를 설립하고 60년대 초 프랑스와 협력하여 다이모나에 원자로를 만들었다. 평화적 목적의 연구용 원자로라고 소개되었던 다이모나 원자로에서 무기급 플루토늄을 추출하여 60년대 중반에 약 2개의 핵무기를 보유한 것으로 알려졌다. 그 이후 더 핵물질을 생산하여 현재는 약 80-200여 기의 핵무기를 보유한 것으로 추정되고 있다. 이스라엘은 자국의 핵무기 보유에 대해 시인도 부인도 하지 않는 NCND 정책을 계속 고수하고 있다. 이런 모호성으로 인해 이스라엘은 핵무기 개발과정에서 국제사회로부터 사찰과 제재를 받은 적도 없이 큰 댓가를 치르지 않고 핵개발에 성공한 사례이다. 물론 이런 사정의 배경에는 미국이 암암리에 이스라엘의 핵개발을 용인하였다는 사실이 있다. 미국에 대한 이스라엘의 로비가 강하고 이스라엘의 긴박한 안보 필요성을 미국이 인정하였기 때문이다. 그리고 당시 국제정세 속에서는 중동지역에 강력한 이스라엘의 존재가 중동지역 정세 불안정을 완화하는데 도움이 된다는 판단을 강대국들이 한 점도 이스라엘이 제재를 면하게 한 요인으로 볼 수 있다. 당시 유엔총회와 IAEA 이사회에서 이스라엘에 대한 사찰을 요구하는 결의안이 제출되었지만 서방국가들의 반대로 실질적인 제재로 이어지지는 않았다.

    핵무기를 보유한 이스라엘은 이후 몇 번의 중동전을 치르면서 전황이 결정적으로 불리해지면 핵무기를 사용한다는 옵션을 검토하기도 했는데 이를 '삼손 옵션'이라고 한다. 성경에 나오는 전설적 장사인 삼손이 적국의 궁전을 무너뜨리고 동시에 자신도 사망하는 역사적 사실에서 따온 이름이다.[5] 다행히 이스라엘이 재래식 전력만으로 중동전을 승리로 이끌 수 있었기에 핵무기는 사용되지 않고 아직 이스라엘은 공식적인 핵보유국으로 인정되지 않으나 사실상 핵보유국으로 간주되고 있다. 이런 핵보유 추정만으로도 이스라엘에 대해 인근 중동국들이 전면전을 다시 도발하지 못하게 하는 심리적 억제를 할 수 있게 되었다.

핵보유 이후 이스라엘은 핵무기를 미국을 강제하기 위한 정책수단으로도 사용하였다고 알려져 있다. 1973년 욤 키푸르 전쟁 발발 초기 불리한 전황을 뒤집기 위해 미국의 무기지원이 절실한 이스라엘은 미국이 긴급지원을 해주지 않으면 핵무기를 사용할 수 밖에 없다고 압박하여 미국으로부터 지원을 받아내었다고 한다.[6] 물론 이스라엘의 절대무기에 대항하기 위해서 이란도 자체 핵개발에 착수하게 만든 도미노 효과는 발생했지만 핵무기로 인해 이스라엘의 군사적 우위는 확고해졌다. 그러나 적국이 이스라엘에 대해서 테러전이나 제한전을 벌이면 이스라엘이 핵무기로 대응할 수 없어 핵이 전쟁을 완전히 억제하는데 한계가 있는 것도 사실이다.

우리도 핵개발 과정은 물론 그 이후에도 이스라엘이 취했던 방식을 면밀히 분석하고 그 방식을 답습하는 것이 가장 유리한 방식일 수도 있다. 물론 미국의 묵시적 용인이 우선되어야 하고 이를 위해서 미국과 긴밀한 협의과정이 필요할 것이다. 그리고 미국의 묵인을 받아내면 우리는 미국에 의존하지 않고도 우리 자체 기술과 필요시 프랑스, 인도 등 기존 핵보유국들의 협조하에 필요한 기술을 도입하여 이른 시일 안 핵보유국으로 진입하는 게 필요하다. 그 이후에는 이스라엘처럼 핵보유 사실 자체에 대해서 NCND 정책을 취할 경우 우리도 제재를 면하거나 약화시킬 수 있고 미국도 NPT 체제의 동요에 대한 부담을 덜 수 있을 것이다.

나. 인도

인도는 독립 직후 네루 수상 당시부터 원자력 기술에 대한 관심을 기울이면서 바바 박사 주도하에 원자력위원회와 원자력연구소(BARC)

를 설치하였다. 1956년 캐나다로부터 중수로 원자로를 공급받아 가동하였는데 이 중수로가 이후 핵무기 개발에 중요한 역할을 하게 된다. 1962년 중국과 첫 국경충돌에서 인도가 패배하였고 1964년 중국이 첫 핵실험을 하게 되자 인도도 핵무기 개발에 착수하게 된다. 10년간의 핵 물질 추출 과정을 거쳐 인도는 1974년 첫 핵폭발 실험에 성공하였는데 실험에 성공하고도 인도는 이를 평화적 목적을 위한 실험이라고 주장하였다. 즉 핵폭발 실험은 인프라 건설 목적이지 핵무기를 개발할 의도가 없음을 천명하였지만 국제사회는 이를 믿지 않았다. 마침 인도도 1970년에 출범한 NPT에 가입하지 않아 이런 의혹을 더 증폭시켰다. 국제사회 중에서 특히 인도에 원자력 기술을 전수해 준 미국과 캐나다가 비난과 제재에 앞장을 섰다. 인도는 NPT가 핵보유에 대한 차별적인 기준을 가지고 있다며 가입을 거부했는데 NPT 회원국이 아니기에 조약위반을 근거로 하는 유엔 차원의 제재는 인도에 부과되지 않았다.

그러나 2000년대 이후 미국이 중국, 러시아와 전략적 경쟁관계로 돌입하면서 인도와의 전략적 협력 필요성이 부각되어 미국은 인도에 대한 유화적인 정책을 펴게 된다. 그 결과 2006년 '미국-인도 민간 핵협정' 체결을 통해 인도의 민간 핵 기술사용을 자유롭게 허용함으로써 인도의 핵보유국 지위를 사실상 인정하였다.[7]

이후 원자력 공급그룹(NSG)이 결성되어 NPT 비회원국에게는 원자력 기술이나 부품을 공급하지 않기로 하였다. 첫 핵폭발 실험 이후 인도는 약 20년 이상 내부적으로 핵기술 발전을 위한 시설과 기반을 확충해 나가면서도 외부적으로 핵실험을 자제하여 국제사회의 의혹을 완화시키려고 노력하였다. 그러나 1998년 인도는 한꺼번에 여러 가지의 핵무기 관련 실험을 성공적으로 진행하여 핵무기 보유국의 반열에 진입하였다.

약 160-180기의 핵무기 보유국이 된 이후 인도는 핵을 선제 사용하지 않겠다는 NFU 선언을 하고 NPT 회원국이 아니면서도 핵의 비확산에 기여하겠다는 의지를 여러 면에서 보여주었다. 인도는 추가적 핵실험을 일방적으로 자제하겠다는 선언을 하고 이를 지키고 있다.[8] 그리고 핵무기 비축량을 늘리지 않고 핵무기 경쟁대열에 참여하지 않겠다는 입장도 표명하였다. 단지 신뢰할 수 있는 최소한의 핵억제력을 보유하기 위해서 투발수단을 다양화하고 핵 삼축체계(nuclear triad)를 완성하려 하고 있다.

인도는 핵무기 보유 이후 국경분쟁이 있는 중국과 '공포의 균형'을 이루어 중국으로부터 '핵협박(nuclear blackmail)'을 받지 않게 되어 전략적 균형을 이루게 되어 안보환경이 크게 개선되었다. 인도는 NPT 체제에 가입하지 않은 이유로 동 체제가 P5만을 위한 차별적인 제도라는 점을 들었다. 핵무기 보유국으로 인정받은 이후 인도는 핵투발 수단도 다양화함으로써 이들 국가들과 동등하게 핵보유 강대국의 지위를 사실상 인정받게 되었다. 인도가 경제적으로는 아직도 개도국의 상태이지만 핵무기로 인하여 핵강대국의 지위를 과시함으로써 국제사회에서 중요한 행위자가 되었다. 이로 인해 인도는 유엔 안보리 개편 논의에서 안보리가 확대되면 제일 먼저 안보리 상임 이사국이 되어 P6의 자리를 확보할 것이 가능성이 크다.

인도는 핵비확산 공약을 잘 지키고 있는 편이지만 NPT, CTBT와 같은 국제 비확산 체제에는 여전히 가입하지 않고 있으며 핵무기금지조약(TPNW)의 회원국도 아니다. 게다가 우리와 전략적 이해관계가 일치하는 부분이 많으므로 우리와 향후 핵분야 협력 가능성이 열려있는 나라이다.[9] 파키스탄이 북한에게 핵기술을 이전하였고 인도가 중국, 파키스탄과 적대관계에 있다는 점도 한-인도 핵협력 가능성을 높여준다.

다. 파키스탄

파키스탄은 1971년 방글라데시 분리 문제를 둘러싼 인도와의 전쟁에서 패배하면서 재래식 전력의 상대적 열세를 만회하기 위하여 핵개발에 착수하였다. 전쟁 당시 외무장관이었던 알리 부토는 종전 후 대통령이 되면서 동맹으로서 미국의 중립적 태도에 실망하고 핵개발을 결심하게 된다.[10] 1974년 인도가 1차 핵실험을 성공하자 핵무기 개발 필요성을 더욱 강하게 느끼게 된다. 이후 네덜란드 연구소에 다년간 근무한 압둘 칸 박사의 주도하에 네덜란드의 우라늄 농축 기술을 기반으로 한 핵무기 개발에 몰두하였다. 인도와 전략적 경쟁관계에 있던 중국은 사실상 파키스탄의 핵개발을 배후에서 지원했다.

이후 인도가 1998년 2차 핵실험을 실시하자 파키스탄도 1차 핵실험을 성공적으로 수행하여 사실상 핵보유국으로 등장하게 되었다.

그러나 그 이전부터 파키스탄은 이미 1983-4년간 콜드 테스트[11]를 성공적으로 실시하여 사실상 핵개발을 완료한 상태였다. 파키스탄의 핵개발로 인해 여태까지 미국의 군사원조를 받아오던 파키스탄은 미국의 제재를 받게 된다. 미국은 파키스탄에 대한 군사원조는 물론 프레슬러 수정법(Pressler Amendment)에 따라 경제원조 및 개발원조도 중단하였다.[12] EU도 파키스탄에 대한 제재를 가하였다. 이에 따라 프랑스는 처음에는 재처리 시설을 파키스탄에 제공하려 했으나 이를 취소하게 된다.

파키스탄의 핵개발에 대해 국제사회는 많은 비난을 가했지만 유엔 차원에서 규탄결의 이외에 직접 제재를 가하지는 않았다. 파키스탄은 인도와 마찬가지로 NPT 회원국이 아니어서 핵개발이 조약위반이 아니기에 국제기구를 통한 제재가 작동하기 어려운 부분이 있었기 때문이다. 그리고 파키스탄은 제재를 받아 초근목피로 연명하더라도 국가

안보를 위해 핵무기를 갖겠다는 굳은 결의로 핵개발에 매진했다.[13] 사실 파키스탄은 알리 부토 대통령 때 핵개발을 시작하여 군 출신 지아 울 하크 대통령을 거쳐, 그 다음 베나지르 부토 총리 때 핵개발을 완료하였다. 정권이 바뀌고 국제사회의 압력이 거세도 파키스탄은 국제정세의 변화를 잘 이용하면서 결국 핵무기를 보유하게 되었다.

파키스탄에 대한 국제사회 제재, 특히 미국의 제재는 소련의 아프가니스탄 침공이 발생하자 바로 해제되었다. 미국은 파키스탄이 아프가니스탄을 소련의 베트남, 즉 소련이 빠져나오기 힘든 진창으로 만드는데 기여할 최전선 국가라고 보았다. 이런 전략적 상황변화가 파키스탄의 핵개발에 대한 족쇄를 풀어주었다고 할 수 있다. 심지어 인도는 파키스탄의 핵개발 초기단계에 예방전쟁을 일으켜 이를 저지할 계획도 세웠지만 파키스탄의 보호국을 자처하는 미국의 견제로 인하여 이를 실행에 옮기지 못했다. 결국 미국의 전략적 판단 변화가 파키스탄의 핵개발을 가능하게 했다고 할 수 있다.[14] 심지어 미 행정부는 프레슬러 수정법안에 따라 핵무기를 개발하는 국가에게는 원조를 중단해야 하는데 미 행정부는 파키스탄이 핵을 개발하는 과정에 있음을 알고도 이를 무시하고 원조를 재개하였다.

파키스탄은 북한, 이란, 리비아, 기타 테러 조직 등에 대한 핵확산 우려가 커 미국 등의 양자 제재는 지속되었으나 이마저도 2001년 테러와 전쟁이 발발하면서 파키스탄의 협조가 필요하자 이를 해제하기 시작했다.[15]

3. 한국의 위상 변화 가능성

우리는 북한 핵위협 해결을 위해 지난 30년 이상을 소비하고도 비핵화에 아무런 진전도 보지 못하였다. 이제는 북한이 핵을 협상을 통해 포기할 가능성은 거의 없다고 봐야 한다. 그리고 미국이나 국제사회도 사실상 북한을 핵보유국으로 인정하는 방향으로 나아가고 있다.[16] 이런 상황에서 우리가 현실적으로 취할 수 있는 옵션은 자체 핵무장을 준비하는 길뿐이다. 앞서 살펴 본 핵무기 보유국들은 자신의 적대국이 핵무장을 하였을 경우 바로 핵무장에 돌입한 것이 역사적 사실이다. 우리가 북한 핵위협을 목전에 두고 살아야 하면서 NPT 체제로 인하여 핵무장을 단념하는 유일한 예외국가로 남아야 한다는 논리는 설득력이 부족하다.

한국이 핵무장국이 될 경우 우선 우리는 북한의 핵공격 위협으로부터 벗어날 수 있게 된다. 즉 북한과 핵무기 공포의 균형을 이루어 우리가 북한의 핵공격은 물론 핵공갈로부터도 우리를 지킬 수 있게 된다.[17] 이렇게 될 경우 우리는 재래식 무기로 북한 핵무기를 대적하기 위하여 소위 '괴물 탄도탄'인 현무 5를 비롯하여 약 만 발 수준의 미사일을 보유하는 동시 다른 삼축체계 확장 등을 위해 요구되는 막대한 군사비 지출을 절약할 수 있다. 또한 트럼프가 취임 후 전략자산 전개비용을 포함 연간 100억 불을 방위기여금으로 지불하라는 압력을 넣을 것인데 이는 우리 국방비 총액의 1/6에 해당하는 막대한 금액이다. 우리의 핵개발에는 넉넉잡아 100억 불, 즉 미국이 요구하는 1년치 방위 기여금 정도의 금액만 투입하면 가능하다는 추정이 있으니 자체적 핵무장이 우리 안전을 보장할 뿐만 아니라 경제적으로도 이득이다.

우리의 삼축체계를 더 발전시키더라도 이 삼축체계로 북한의 다양한 투발수단을 막아낼 수 없다는 점이 더 자명해지고 있다. 우리가 북한 핵을 우리 핵을 통해 억제하지 못한다면 우리는 앞으로도 무한정 북한 비핵화를 위한 외교·군사적 노력을 허비해야 할 것이다. 지난 30년 이상 북한 핵문제가 우리 외교·안보의 모든 자산을 다 빨아들이는 블랙홀이 되어 우리 외교.안보 정책이 미래를 대비하지 못하게 만들었고 또 그 사고범위를 한반도 주변을 벗어나지 못하게 하는 족쇄가 되었다. 우리가 핵무장국이 되어 북한의 핵위협을 스스로 억제할 수 있다면 우리의 외교·안보 사고와 활동의 범위가 확대될 수 있을 것이다. 그리하여 우리의 실질적 국력에 맞는 역할, 즉 글로벌 중추국가의 역할을 수행할 수 있을 것이다.

사실 우리나라가 3050 클럽에서는 7번째 국가이고 군사력 측면에서는 6위, 방산능력을 포함하면 더 높은 순위를 점하는 나라임에도 불구하고 우리가 G-7이나 D-10에 가입하는데 대해 국내외적으로 회의적인 시각이 많다. 특히 일본 등은 우리가 북한 대응에만 신경을 쓰고 오로지 한반도 문제에만 함몰되어 있어 세계 정세를 읽지 못하는 국가이니 G-7이나 D-10의 자격이 없다는 말을 하고 있다고 한다.[18] 그러니 이런 한반도의 지정학적 덫에서 벗어나지 못하는 한국은 세계 주요국가의 대열에 합류할 수 없다. 그러니 우리가 세계사 주역의 일원이 되기 위해서도 우리의 핵무장이 필요하다는 결론에 이르게 된다.

그리고 동아시아에서 우리의 인접국 중 북한을 포함한 3국이 핵무장국인 점도 이 지역에서 핵을 통한 공포의 균형의 필요성을 말해준다. 또한 주변 핵무장 국가들이 우리와 정치체제가 다르기에 이들과 우리나라는 장래에 어떤 잠재적 갈등요인이 생길 가능성이 있다. 이 경우를 대비해 우리도 동등한 핵무장국이 된다면 이들 국가와의 관계에서도 핵전력에서 어느 정도 힘의 균형을 이룰 수 있을 것이다. 아직도 우리 사회 일각에서는 재래식 무기로 핵무기를 억제할 수 있다는 비현실적인 논리를 펴는 전문가들이 있다. 그러나 절대무기인 핵무기를 재래식 무기로 억제한다는 것은 핵교범의 기본교리와도 상충된다. 핵무기 중에서도 전술핵과 전략핵의 전략적 가치의 우열이 존재하는데 재래식 무기는 핵전쟁 게임에서는 고려 요소가 안된다. 그러니 동북아 지역이 이미 핵포화 상태로 나아가는데 우리만 재래식 무기에 의존해서 안보를 지킨다는 발상은 비현실적이다. 그리고 핵무장국 사이에 비핵무장국인 한국은 그들의 핵위협에 항상 취약하고 복종적일 수밖에 없다. 그러므로 우리도 핵무장을 해서 동북아 역내에서 핵의 전략적 균형을 이루어야 한다. 즉 핵무장은 미국으로부터뿐 아니라 주변 핵무장국으로부터도 전략적 자율성을 확보하는 길이 된다. 한반도는 주변에 강대국들이 포진하고 있어 우리 외교·안보에 큰 제약요인이 되고 있다. 이들과 재래식 전력에서도 불리한데 우리가 핵 대응력도 전무하다면 한국은 한반도 지정학의 덫에서 영원히 벗어날 수 없을 것이다. 또한 우리는 항상 핵강대국의 압력의 틈바구니에서 전전긍긍하면서 전략적 자율성을 확보하지 못한 채 끌려다니는 외교를 할 수밖에 없을 것이다.

특히 미국과 권위주의 국가 간의 갈등이 점차 격화될 것으로 예상되고 이 경우 미국은 혼자 힘으로 이들을 감당하기가 점차 힘든 것을 느끼게 될 것이다. 이럴 때 미국은 이런 대립구도 속에서 동맹으로서 우리의 역할 확대를 기대할 것이다. 우리가 핵무장을 한 상태에서는 미국의 동맹으로서 우리의 역할이 확대되면 미국의 국익에 도움이 될 것이고 이것은 한미동맹 관계를 굳건히 할 것이다. 미국 주류 정책집단 내에 핵 비확산론자들이 다수이니 지금은 한국의 핵무장에 대해 반대론이 거세지만 미국 전문가들 사이에서도 시각의 변화가 감지되고 있다. 좀 더 장기적으로 미국의 미래 세계전략 변화 가능성을 살펴보면 한국의 핵무장이 미국 장기 국익에 오히려 도움이 될 수 있다. 그러므로 한국의 핵무장화가 한미동맹을 파탄낼 것이라는 주장은 장기적인 관점에서는 맞지 않을 수 있다. 미국은 향후 부상하는 중국을 견제하는 데 더욱 집중해야 하는 상황에 처할 것이므로 북한으로부터 위협을 우리가 독자적으로 대응할 수 있을 때 미국은 중국에 더욱 집중할 수 있을 것이다. 그리고 동아시아에서 핵과 장거리 투발수단을 가진 한국은 중국 견제라는 미국의 장기적 국익에 부합될 수 있다. 미국은 이런 전략적 계산하에서 우리의 미사일 사거리 제한을 2021년 말에 해제하였다. 미국은 NPT만큼은 아니지만 중장거리 미사일 기술이 확산되는 것을 방지하기 위한 MTCR 체제 유지에도 많은 노력을 기울여왔다. 그렇지만 미국의 중국 견제 및 동북아지역 전략균형이라는 더 큰 그림을 염두에 두고 우리에게 사거리 제한을 해제한 것으로 볼 수 있다. 미국이 핵무기에서도 유사한 전략적 계산을 할 수 있도록 우리가 미국을 설득하면 길이 열릴 수 있다. 미국의 트럼프 2기 행정부 요직에 참여하는 미측 인사들, 특히 국방부 정책차관인 엘브리지 콜비가 이런 견해를 이미 피력하고 있다는 점도 우리에게 유리한 국면이다.[19]

사실 프랑스의 핵개발 당시는 물론 이스라엘의 핵개발 시에도 처음에는 미국 정부는 부정적이었다. 그러나 전략적 균형이라는 요인과 동맹이라는 상대국의 지위와 특수관계를 감안하여 본격적인 제재를 부과하지 않았다. 미국은 프랑스의 핵개발을 반대했으나 핵개발 이후 프랑스의 핵무력(force de frappe)을 서방의 대소 억제전력의 일부로 간주하기 시작했다. 그리고 프랑스를 군축 및 국제문제 해결의 파트너로 인정하고 더 많은 협의를 하기 시작하였다. 그리고 이스라엘의 경우에는 프랑스가, 파키스탄과 북한의 경우에는 중국이 전략적 균형을 자국에 유리하게 만들기 위하여 비확산체제를 무시하고 이들 국가의 핵개발을 지원한 것도 사실이다. 미국이 인도와 파키스탄의 핵개발을 사후적이나마 인정하고 양국관계를 개선한 것도 전략적 균형이 자국 국익에 도움된다는 판단을 하였기 때문이다. 그러므로 한국이 이런 전략적 균형과 장기적 미국 국익 관점에서 미국을 설득하면 미국의 입장이 변할 수 있다.

그리고 우리가 핵무장을 시도하면 국제사회에서 불량국가로 낙인찍힌다는 우려도 존재한다. 그러나 북한을 제외한 나머지 후발 핵무기 보유국들은 일시적인 제재를 겪었을지언정 불량국가로 낙인찍히기보다는 핵보유국으로서 국제사회에서 위상이 더 격상되었다. 북한도 트럼프 2기 정부 집권 후에는 미국과 핵무기 군축협상을 시도하려 할 수 있다. 이는 불량국가이자 최빈국인 북한이 세계 최강대국인 미국을 상대로 동등한 위치에서 협상을 진행할 수 있는 여건을 핵무기가 만들어 준 결과이다. 북한은 적어도 BRICS 국가들에게는 핵무기를 보유한 나라로서 북한제 다른 방산품목의 신뢰도를 높게 만들어 방산수출에 기여하는 면도 존재할 것이다.

요약해서 말하자면 핵개발로 인하여 얻는 안보보장 효과와 핵의 평화적 이용의 이익이 핵개발 과정에서 부과될 비용, 경제적 비용과 외교적 비용을 넘어선다면 개발을 추진해야 할 것이다. 그런데 비용측면은 고정된 것이 아니라 전략적 환경과 미국의 판단의 변화에 따라 달라질 수 있다는 점을 유념해야 한다.

핵무기를 보유하는 것은 대외적으로 우리의 위상을 격상시키는 면도 있지만 대내적으로 우리 국민들의 소극적 인식을 바꿔놓는 효과를 가져올 수도 있다. 한국은 경제, 군사적 측면에서 세계 10위권을 넘나드는데 아직도 우리 국내에서는 우리가 약소국이니 주변국과의 관계에서 수세적으로 처신해야 한다는 인식이 많이 있다. 그래서 미국은 한국을 늘 피보호자로 여기고, 중국은 우리를 소국으로 여기며 일본에게는 우리가 피해의식을 늘 가지고 있다. 이런 의식들이 우리가 핵무장국이 되어서 주변국에게 심리적으로 위축될 필요가 없게 되면 우리의 주장을 더 당당하게 내세울 수 있게 될 것이다.[20]

4. 핵무장 이후 한국의 외교적 과제

핵무장 이후 외교적 과제도 있지만 핵무장 과정에서도 많은 외교적 난관과 과제가 있을 수 있다. 이를 어떻게 풀어나가느냐는 우리가 어떤 핵개발 과정을 선택하느냐에 따라 달라질 것이다. 우리가 이스라엘처럼 미국의 암묵적 동의하에 한미원자력협정을 개정하여 핵물질을 확보한 후 핵실험들을 하지 않고 컴퓨터 시뮬레이션으로 핵무기를 만들 수 있다면 이 방안이 최선이다. 그리고 이 경우 우리가 NPT 10조의 자위적 목적의 특수 상황[21]을 근거로 NPT 잠정 탈퇴 또는 적용 유예를 할 수 있도록 외교적 노력을 경주해야 한다. 그리고 혹 IAEA 등이 안보리에 우리 핵개발 문제를 회부할 경우에도 미국과 협의해서 미국의 거부권 행사를 유도하여 우리에 대한 제재가 가해지지 않도록 외교적 노력을 경주해야 한다. 미국의 맹방인 이스라엘과 호주는 미국의 암묵적 동의하에 핵무기를 개발했거나 핵잠수함을 운용하려 하고 있다.

그러나 미국의 암묵적 동의를 받아내지 못할 경우에는 조건부 NPT 탈퇴를 선언하고 일시적 제재를 감수하면서 최단시간 내 핵개발을 하고 이를 기정사실화 하는 노력을 펼쳐야 한다. 그리고 기정사실화를 바탕으로 우리에 대한 제재 철회를 위한 외교적 노력을 경주할 필요가 있다. 인도, 파키스탄은 아예 NPT를 가입하지 않아 유엔 제재를 회피할 수 있었고 양자 제재도 이후 국제정세 변화에 따라 결국 해제를 앞당길 수 있었다. 우리도 변화하는 국제정세를 능동적으로 이용하여 미국을 포함한 국제사회를 설득하는 창의적 논리를 개발해야 할 것이다. 우리에 대한 제재의 강도와 범위는 우리와 P5 간의 양자 관계와 그들 간의 역학관계에 따라 영향을 많이 받을 것이다. 우리는 이 외교적 공간을 최대한 활용하여 제재를 받더라도 최소한의 제재로 제한하고 그것도 최단기간 내 벗어나도록 해야 한다.

핵무장 이후 한국의 외교적 과제에 대해 논할 때 우리는 앞에서 든 이스라엘과 인도, 파키스탄의 사례를 잘 살펴보고 참조해야 된다. 우리는 우선 우리 국가 정체성이 평화 애호국이며 따라서 핵을 선제적, 공격적으로 사용할 의도가 전혀 없으며 핵보유 자체를 목적으로 하고 있지 않음을 명확히 선언해야 한다. 즉 북한의 비핵화와 북한의 핵위협에 대한 불가피한 대응책으로 우리가 핵무장에 착수했다는 사실을 분명히 해야 한다. 따라서 북한의 비핵화가 실현된다면 우리는 핵을 포기할 수 있다는 입장, 즉 조건부 핵보유 의사를 천명하고 남,북한의 동시 비핵화를 추구하면서 동시에 '동아시아 비핵지대(NFZ)' 설립을 위한 제안을 동시에 해야 한다.

그리고 '핵의 선제사용 금지(NFU)' 원칙을 대내외적으로 천명하고 NPT 체제의 중요성을 인식하여 우리가 다른 국가들에 핵기술이나 핵물질을 이전하지 않는다는 NPT 의무를 준수할 것을 공표해야 한다. 또한 핵공급 그룹(NSG)의 일원으로 우리가 회원의 의무를 충실히 준수할 것을 천명하고 실제 그 진정성을 가지고 그 활동에 참여해야 한다. 또한 최소 필요한 핵무기만 보유한 후 '핵분열물질 생산중단 협정(FMCT)' 협상에 적극적으로 참여하고 추가적 핵실험을 하지 않겠다는 자발적 선언을 할 필요가 있다.

현실성은 떨어지지만 남북한이 동시에 비핵화를 실현하기 전에 우리는 동아시아에서 핵군축이 이루어질 수 있도록 우리가 주도적으로 핵군축 협상의 장을 만드는 시도도 해 볼 필요가 있다. 북한이 미국을 상대로 핵군축 협상을 시도하는 것보다는 우리가 중국, 러시아를 포함한 '동아시아 비핵지대'를 주장하는 것이 차라리 설득력이 있고 북한이 미국과 일대일 핵군축협상 주장을 차단하는데 사용할 명분이 될 수 있을 것이다. 한국의 핵무장 노력이 동아시아의 핵무기 경쟁을 촉진할 것이기에 안된다는 논리도 강하기에 이에 대응하는 반대논리로서도 필요하다. 우리는 핵무장 자체가 목적이 아니라 우리의 핵개발을 통해 궁극적으로 동아시아의 핵군축이나 비핵화를 추동하겠다는 반대논리를 '비핵지대'를 명분으로 하여 내세울 수 있을 것이다.

주

1 NCND는 시인도 부인도 하지 않아 모호성을 유지하는 것을 의미함. Neither Confirm Nor Deny의 앞 글자를 모아 만든 용어.
2 "우리는 앞으로 수년 후에 우리 자신의 이익에 따라 행동할 수 있는 군대, 즉 어느 시점이나 어느 지점에서도 공격할 준비가 되어 있는 공격력을 보유해야 한다. 이 공격력의 핵심은 핵무기이다. 샤를 드골 저, 심상필 역, 『드골, 희망의 기억』(서울: 은행나무, 2013), p. 317.
3 각국이 핵무장을 하는 이유에 대한 이론적 분석은 Scott D. Sagan, "Why do states build nuclear weapons? Three models in search of a bomb," *International Security* 21, No. 3 (Winter, 1996-1997), pp. 54-86. 참조.
4 Nuno Monterio & Alexandre Debs, "The Strategic Logic of Nuclear Proliferation," *Int'l Security Studies*, Vol. 49, No. 2 (2014).
5 Seymore Hersch, *Isreal's Nuclear Arsenal and American Foreign Policy* (1991).
6 Syed Raza Abbas, *Deconstructing Israel's Samson Options*, Strategic Vision Institute 2024. 3. 18.
7 이대우, "탈냉전기 인도의 안보정책과 국제관계," 『세종정책연구』 제6권 2호 (2010), pp. 467-502.
8 Raja Mohan, "India and Nuclear Weapon," *IPG* (1998), p. 382.
9 Lakhvinder Singh, "South Korea's Nuclear Dilemma and India's Role," *Korea Times* 2004. 10. 10.
10 Nuno Monterio & Alexandre Debs, "The Strategic Logic of Nuclear Proliferation," *Int'l Security Studies* (2014), p. 29.
11 콜드 테스트는 실제 핵폭발을 일으키지 않고 핵무기의 설계,제조,구성부분의 정상작동에 이상이 있는지 여부를 점검하는 방법으로 NPT 조약을 위반하지 않으면서도 핵무기 기능을 확인할 수 있는 장점이 있다.
12 Subhungi Pandey, "US Sanction on Pakistan and their Failure on Strategic Deterrence," *ORF Issue Brief*, 2023. 8. 21.
13 30년 핵개발에 관여한 핫산 칸 장군은 당시 상황을 "Eating Grass"라는 책에서 잘 설명하고 있다. 이창위, 『북핵 앞에서 선 우리의 선택』(서울: 궁리, 2019), p. 141에서 재인용.
14 Nuno Monterio & Alexandre Debs, "The Strategic Logic of Nuclear Proliferation," *Int'l Security Studies* (2014), pp. 30-35.
15 조지 부시 대통령은 브라운백 2(Brownback II) 법안을 통하여 파키스탄에 부과

했던 프레슬러 수정법을 해제한다. 조운득, "트럼프 행정부의 남아시아 전략과 시사점," 『IFANS 주요국제문제분석』 2018-53 (2018), p. 9.

16 엥커 그로시 IAEA 사무총장은 2024년 9월말 북한을 사실상 핵보유국으로 인정하고 상황악화를 방지하기 위한 대화를 해야 한다고 주장했다. 미 바이든 행정부도 북한과 대화를 위한 중간조치를 취할 필요가 있다고 입장을 바꾼다.

17 미국 국가안보보좌관을 지낸 브레진스키도 미국의 핵우산의 신뢰성이 약화될 때 한국 등의 국가는 자체 핵무장을 추진하는 것이 당연한 것으로 보았다. Zbigniew Brzezinski, *Strategic Visions: America and the Crisis of Global Power* (New York Books, 2012).

18 《연합뉴스》, 2020년 6월 29일 보도.

19 트럼프 본인도 2016년 후보 시절 미국의 방위부담을 감안할 때 한국·일본 등의 독자적 핵무장을 허용할 가능성을 시사한 바 있다. 차기 NSC 실장 물망에 올랐던 엘브리지 콜비는 "미국은 중국에 집중하니 한국은 대북억제 및 격퇴를 스스로 감당할 준비를 해야 한다"라고 발언한 바 있다.

20 Scott Sagan은 앞선 논문에서 각국이 핵보유를 희망하는 이유의 3가지 모델로 안전보장, 국가 위신, 그리고 국내정치를 들었다. 국내정치적으로 국민들의 지지와 사기진작을 위해서 핵무기가 필요하다는 시각이다.

21 NPT 10조는 '본 조약상의 문제와 관련되는 비상사태와 자국의 지상이익을 위태롭게 하고 있음을 결정하는 경우 본 조약으로부터 탈퇴할 수 있는 권리를 가진다'고 규정하고 있다.

23장

한국의 독자적
핵무장 여론 평가

심규상

1. 서론

한국이 독자적 핵무장을 결정할 경우, 국민의 여론은 그 과정에서 중요한 역할을 한다. 이러한 결정을 정부나 전문가들의 판단에만 의존한다면, 국가 안보와 같은 중대한 정책에서 필수적인 민주적 정당성을 상실하게 될 위험이 있다. 정부는 국민을 대표하는 기관이어서 국민의 의사를 무시한 채 중요한 결정을 내린다면 사회적 갈등을 초래할 수 있다. 특히 핵무장은 국민의 삶과 국가의 미래가 직결되는 사안이므로, 국민의 지지 없이는 정책의 지속 가능성을 담보하기 어렵다. 더불어 이 사안은 국내외적으로 정치적, 경제적, 외교적 파급력이 상당하기 때문에, 정부는 국민이 이러한 선택을 어떻게 받아들이는지 파악할 필요가 있다. 여론 조사는 국민의 인식, 우려, 지지 여부를 명확하게 보여주므로, 이를 참고하여 정책 결정자들은 더 합리적이고 민주적인 결정을 내릴 수 있다. 또한 국제사회에 한국의 핵무장 의지가 국민적 지지에 기반한다는 점을 강조함으로써 외교적 설득력을 제고할 수 있다.

프랑스의 핵개발 과정 역시 단순히 지도자나 정부의 결정에 의해서만 이루어진 것이 아니었다. 초기에는 국민의 지지가 미약했지만, 소련의 핵 역량이 나날이 증가함에 따라 자체 핵개발에 대한 국민적 지지가 커지게 되었다. 1955년 여론 조사에서는 33%의 응답자만이 핵개발을 지지했지만, 1957년에 41%로 증가했고, 1960년에는 67%가 프랑스가 핵무기를 개발해야 한다고 응답했다.[1] 국민 선거가 있었던 것은 아니지만, 여론 조사를 통해 샤를 드골은 핵개발 정책의 지속적인 수행을 위한 국민적 지지를 확인할 수 있었고, 이를 통해 국내외적으로 핵개발의 설득력을 강화하여 정책을 추진할 수 있었다.

한국의 독자적 핵무장 지지 여론은 다양한 변수에도 불구하고 일반적으로 높은 수준을 유지해왔다. 북한의 지속적인 군사적 도발과 핵실험, 남북 및 북미 관계의 변동 등은 여론에 유의미한 영향을 미쳤으며, 특히 북한의 군사적 위협이 고조될 때마다 독자적 핵무장에 대한 지지율이 상승하는 경향을 보였다. 이는 국민들의 국가 안보를 강화하고자 하는 강한 의지를 보여주는 것이다.

본 장에서는 한국의 독자적 핵무장과 관련된 국민 여론을 분석하고, 이 여론이 정책 결정 과정에서 가지는 의미를 검토하고자 한다. 먼저, 2010년부터 오늘날까지의 여론 변화 추이를 통해 대내외적 정치환경과 여론의 상호관계에 대해 살펴보고, 한국에서의 여론 동향과 그 변화를 분석한다. 특히 북한의 군사적 위협, 미국의 확장 억제 공약, 국제사회의 반응이 국민 여론 형성에 미치는 영향을 평가할 것이다. 또한 국민 여론과 전문가 집단의 입장 차이, 핵무장이 보수만의 정치적 어젠다가 아님을 조명하고, 향후 핵무장 논의가 어떤 방향으로 전개될 수 있을지 전망할 것이다. 이를 통해 한국의 핵정책이 보다 현실적이고 지속 가능한 방식으로 논의될 수 있도록 시사점을 제시하고자 한다.

2. 한국의 독자적 핵무장 지지 여론

국내외의 다양한 연구기관에서 2010년대 이후 실시한 여론 조사에서 한국인의 핵무장에 대한 지지는 대체로 60% 이상의 높은 비율을 보여 왔다. 국내외적으로 가장 많이 인용되는 것은 2021년 12월 시카고 국제문제협의회(CCGA, The Chicago Council on Global Affairs)가 만 18세 이상 한국 성인 1500명을 대상으로 한 여론 조사로, 여기에서는 응답자의 71%가 독자적인 핵무장을 지지하며, 67%의 응답자는 자체 핵개발이 미국의 핵 배치 보다 좋다고 응답했고, 오직 9%의 응답자만이 미국의 전술핵 배치를 선호한다고 답했다.

<그림 1> 한국의 독자적 핵무장 여론 추이(%)

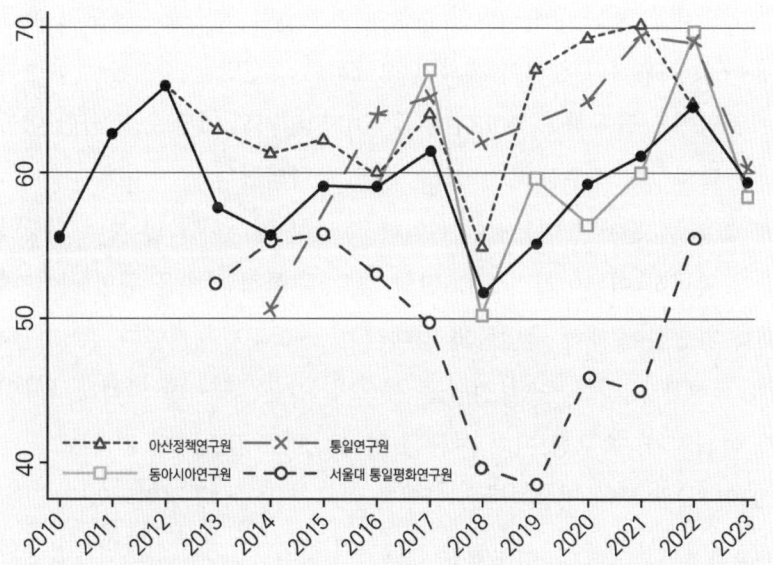

* 출처: 국립외교원 주요국제문제분석 2023-44(정상미, "한국민의 자체 핵무장 지지 여론 분석," 『주요국제문제분석』 2023-44 (2024))에 소개된 통계를 바탕으로 재편집하였다.

위의 <그림 1>은 아산정책연구원, 통일연구원, 동아시아연구원, 서울대 통일평화연구원이 매년 실시해온 여론조사 결과를 시계열로 나타낸 것이다.[2] 가장 굵은 선은 각 결과의 평균값이다. 그림에서 잘 나타나 있듯 독자적 핵무장에 대한 국내 여론은 북한의 군사적 행동, 남북 및 북미 관계, 한국 정부의 정책 변화 등에 따라 유의미하게 변화해 왔다.

먼저, 2010년 천안함 폭침 사건 및 연평도 포격 도발부터, 북한과의 관계 개선을 도모하고자 한 문재인 정부가 들어서는 2017년까지, ICBM 발사 시험 등의 북한의 군사적 도발 및 지속적인 핵실험이 이어져 왔다. 이러한 시기를 거치는 동안 한국 국민들의 안보에 대한 염려는 다소간의 부침은 있을지언정 대체로 독자적 핵무장에 대한 높은 지지를 이끌어왔다.

서울대 통일평화연구원에서 실시한 설문의 경우, 핵무장에 대한 찬성과 반대를 묻는 양자택일형 문항이 아닌 3점 척도를 사용했기 때문에 다소 미온적인 찬성이 제외된 적극적인 찬성만을 지지율로 측정하는 것임에도 불구하고, 2013년부터 2015년까지의 기간 동안 과반 이상의 응답자들이 핵무장을 지지하는 것으로 나타났다.

2017년 문재인 대통령이 취임하고, 남북 정상회담 및 북미 정상회담이 활발히 이루어지던 2018년의 경우, 평화적 방법을 통한 북한 비핵화 가능성에 대해 국민들의 기대감이 고조되던 시기였다. 2018년 4월, 북한은 핵실험 중단 선언을 했으며, 같은 해 9.19 남북군사합의가 이뤄지자, 핵무장 지지 여론은 일시적으로 감소하게 된다. 그러나 2019년 2월 북미 정상회담은 합의를 이루지 못한 채 결렬되었고, 같은 해 5월부터 북한은 군사도발을 재개한다. 2020년 6월에는 남북공동연락사무소가 폭파되었고, 2021년부터는 중단되었던 미사일 시험발사가 다시 시작되었다. 2018년부터 2022년까지의 지속적인 찬성 여론의 상승 추세는 이를 정확하게 반영하고 있다. 2022년은 한국핵안보전략포럼의 세미나 활동이 본격적으로 시작되었던 시기이기도 하다. 세미나 이전까지는 반대하는 전문가들의 의견이 굉장히 완고했으나 세미나를 통해 상호 간의 의견을 충분히 교환할 수 있는 기회가 마련되었고, 이들의 의견은 상황 여하에 따라 현재의 입장을 달리할 수도 있다는 것으로 차츰 나아가고 있다.

2023년의 경우, 60% 남짓한 여론이 여전히 한국의 독자적 핵무장을 지지하고 있으나, 2022년 65%에 비해 다소 감소한 것으로 나타났다. 이러한 변화는 2023년 4월 윤석열 대통령의 방미 및 워싱턴 선언을 통한 미국의 확장 억제에 대한 신뢰가 강화되면서 국민의 안보 불안이 어느 정도 완화된 것이 반영되었다고 볼 수 있다.[3]

2024년의 여론조사는 2023년 보다 높은 지지를 보이고 있다. 최종현학술원의 조사에 따르면 72.8%의 응답자가 한국의 독자적 핵무장이 필요하다고 응답[4]했고, 아산정책 연구소의 여론조사는 70.9%가 독자적 핵개발에 찬성한다고 답했다. 이는 미국 대선에서 트럼프가 대통령으로 당선될 경우 주한미군 철수에 대한 압박 및 바이든 대통령이 공언한 확장 억지의 신뢰성이 약화 될 가능성에서 기인한 것으로 보인다. 미국의 확장 억지에 대한 신뢰성은 지난 트럼프 대통령의 첫 재임 기간 동안 상당 부분 훼손되었다. 그리고 한국에서는 북한 ICBM 기술의 고도화에 따라 서울을 지키기 위해 미국이 LA나 샌프란시스코를 희생할 수 있는가에 대한 우려가 꾸준히 제기되어오고 있으며 미국 내 안보 학자들 사이에서도 한국의 불안이 이해 가능하며 한국의 자체 핵무장이 좋은 해결책이 될 수 있다는 논의가 진행 중이기도 하다.

요컨대, 한국의 독자적 핵무장 지지 여론은 다양한 변수에도 불구하고 일반적으로 높은 수준을 유지해왔다. 북한의 지속적인 군사적 도발과 핵실험, 남북 및 북미 관계의 변동 등은 여론에 유의미한 영향을 미쳤으며, 특히 북한의 군사적 위협이 고조될 때마다 독자적 핵무장에 대한 지지율이 상승하는 경향을 보였다. 이는 국민들의 국가 안보를 강화하고자 하는 강한 의지를 보여주는 것이다.

최근 여론 조사 결과, 한국인들은 여전히 독자적 핵무장의 필요성을 인식하고 있으나, 미국과의 긴밀한 안보 협력이 이루어질 때는 지지율이 다소 감소하는 경향도 관찰된다. 이는 한국 국민들이 미국의 확장억제에 대한 신뢰를 일정 부분 유지하고 있음을 시사한다. 특히 윤석열 대통령의 방미와 워싱턴 선언은 미국의 안보 보장에 대한 신뢰를 강화시키는 데 기여하였다. 향후 북한의 군사적 행동과 국제정세의 변화는 한국의 독자적 핵무장 여론에 계속해서 영향을 미칠 것이다. 그러나 무엇보다 중요한 것은 한국 국민들이 자주국방과 국가 주권을 강화하고자 하는 의지를 유지하고, 이러한 국민적 의지가 정부의 안보 정책에 반영되어 보다 안정적이고 평화로운 한반도를 위한 전략적 방안이 마련되는 것이다.

3. 국민 vs. 전문가

그렇다면 전문가들의 의견은 일반 국민의 여론과 어떠한 차이가 있을까? 통일연구원은 2016년부터 2023년까지 감정, 관심, 행태 차원 중 어떠한 것이 북핵 위협 평가에 주요한 영향을 미치는지 설문조사를 진행해왔다. 데이터에 따르면, 북핵 위협의 심각성을 평가하는데 감정적인 차원이 가장 큰 영향을 미치며, 관심과 행태적인 요소가 그 뒤를 이었고, 이 결과는 매년 동일했다.

이 데이터를 바탕으로 윤광일[5]은 개인의 정치 이념 성향, 지식, 연령, 성별, 출신 지역 등이 이러한 위협 평가 요소들에게 어떠한 영향을 미치는지를 통계적으로 분석하였다. 그의 연구에 따르면, 연령이 높을수록 북핵 위협을 걱정하고, 관심을 두며, 그것이 삶에 미칠 영향에 따라 위협을 평가하는 것을 확인할 수 있었으나, 정당 선호나 정치 이념 성향이 북핵 위협 평가에 미치는 영향은 통계적으로 유의미하지 않았다. 흥미롭게도 북핵에 대한 지식은 북핵 위협에 대한 관심 수준을 높인다고 나왔지만, 마찬가지로 북핵 위협에 대한 감정적인 평가 및 행태적인 평가와는 무관했다. 연령, 성별, 학력, 출신 지역, 핵 지식, 정치 이념 성향은 한국 핵무장에 대한 지지에도 통계적으로 유의미한 효과를 갖지 못했다. 달리 말하면, 일반 국민들의 북핵에 대한 우려 및 핵무장에 대한 지지는 감정적인 차원에서 주로 결정된다는 것이다.

이러한 맥락에서 손상용과 박종희[6]는 한국 핵무장에 대한 과반 이상의 지지가 과연 합리적인 결정이며, 관련 정보 및 지식이 충분히 제공된 상황에서도 이 같은 선호 패턴이 유지될 수 있는가에 대한 답을 찾고자 했다. 이들은 2019년 12월 1,988명에 대한 온라인 설문을 통해, 응답자의 기존 핵무장에 대한 지지 여부에 반하는 전문가 정보를 제공하고, 입장이 어떻게 변화하는지에 대한 실험을 실시했다. 조사에는 핵무장에 찬성하는 응답자가 1,008명, 반대하는 응답자가 980명이 참가했다.

핵무장에 찬성한다고 응답한 참가자에게는 핵무장에 반대하는 전문가들의 의견인 미국의 군사제재 가능성, 북한 핵무기 위협의 감소 가능성, 국제사회의 경제제재, UN 안보리 및 NPT의 제재, 국내 정책 결정자 및 유권자들의 반대 입장 등을 제공했다. 반면, 핵무장에 반대하는 응답자들에게는 핵무장 찬성 전문가들의 의견인, 약화 된 핵 확장 억제의 신뢰성, 북핵 위협의 증가, 방위비의 효율성, UN 안보리 및 NPT에서 제재를 가하지 않을 가능성, 그리고 국내 정책결정자 및 유권자들의 찬성 입장 등을 제공했다.

실험 결과에 따르면, 핵무장 찬성 집단의 58%는 자신의 입장을 바꿨으며, 핵무장 반대 집단의 경우 32%가 태도를 바꿨다. 흥미로운 점은, 핵무장 찬성 응답자 중 정치지식 수준이 높은 사람들의 경우 입장 변화가 컸고, 핵무장 반대 응답자 중에서는 보수적인 정치 성향을 가진 이들이 더 많이 찬성으로 선회했다. 이 연구의 의의는 핵무장에 대한 토론이 정치계 및 미디어 상에서 보다 사회전반에 걸쳐 더 활발하게 이뤄지고, 국민들이 충분한 지식을 습득한 후에 실시되는 설문조사가 더욱 의미가 있다는 것으로 요약해 볼 수 있다.

물론 전문가 정보를 제공하고 의견을 다시 묻는 과정에서 응답자들이 설문의 의도를 추정하여 사회적으로 더 바람직한 응답을 제공하려는 편향(social desirability biases)이 작용했을 가능성이 있다. 이로 인해 응답자의 태도가 의도적으로 바뀌었거나 왜곡되었을 수도 있다. 때문에 이 책은 독자들이 보다 객관적으로 각 장의 저자들이 제공하는 정보와 의견을 종합적으로 판단하고, 핵무장에 반대하는 입장에 대해서도 충분히 심도 있게 고민할 수 있도록, 각 입장과 논거를 밝히고 있음을 주지한다.

한편, 앞서 전술한 바와 같이 한국 내 핵무장에 대한 지지 여론이 크게 증가하자, 미국 전략국제문제연구소(CSIS, Center for Strategic and International Studies)는 한국의 핵보유와 관련한 한국 내 전문가들의 의견을 파악하기 위해 2024년 1월 15일부터 3월 17일까지 한국의 학계, 연구원, 국회의원, 관료 등 전략전문가 1,094명을 대상으로 온라인 여론 조사를 실시했고, 그 중 16%인 175명으로부터 얻은 응답을 바탕으로 한 연구 결과를 2024년 4월에 공개했다. 보고서[7]에 따르면, 응답의 53%는 한국의 핵무장에 반대하고, 13%는 입장을 정하지 않았다고 응답한 반면, 핵무장을 지지하는 응답은 34%였다.[8] 이는 확실히 일반 국민들을 대상으로 한 찬성 수치에 비교해 현저히 낮은 수치였다. 보고서는 이러한 차이가 한국의 독자적 핵무장에 대한 현재의 태도를 더 잘 반영하고 있다고 평가하며, 국민들은 북한의 위협과 안보 불안을 해소하기 위해 핵무장을 지지하는 경향이 있지만, 엘리트들은 더 복합적인 요인을 고려하고 있다고 지적한다.

우선 전문가들이 핵무장을 지지하지 않는 주된 이유는 국제적 비난, 평판 손실, NPT 탈퇴 이후의 제재 가능성 등의 결과 때문이다. 핵무장은 국제사회에서 한국에 대한 비난과 제재를 초래할 수 있으며, 이는 한국의 평판과 경제에 큰 타격을 줄 수 있다. 특히, 국제 규범과 질서에 기반한 글로벌 시스템에서 한국의 위치를 중요하게 생각하는 엘리트들은 이러한 비용을 무시할 수 없다. 한국은 국제사회에서 규칙을 준수하는 책임 있는 국가로서의 이미지를 유지하려고 노력하고 있으며, 핵무장은 이러한 이미지에 심각한 손상을 줄 수 있기 때문이다. 그러나 동시에 한가지 생각해 볼 수 있는 것은, 이 설문 조사에서 대상으로 한 전문가들은 현재의 확장 억지 및 북핵 위협 체제를 만들어온 설계자들이며, 그 구조하에서 학습하고 활동해 왔다는 점이다. 한반도를 위시한 역내 안보 환경의 변화 속에서 열심히 공을 들여 가꾸어 온 오늘날의 한반도 안보 체제가 조금 더 기능할 수 있지 않을까에 대한 이해관계 및 관성이 작용했을 여지가 있다.

그러나 전문가들의 반대는 결코 절대불변의 입장은 아니었다. 설문조사는 만약 미국의 안보 공약에 대한 불안감이 현실화된다면, 예를 들어 미래의 미국 행정부가 주한미군을 철수시킨다면, 한국의 독자적 핵무장에 대한 지지가 변할 것인지에 대해서도 물었다. 조사 결과, 핵무장에 반대한다고 밝힌 전문가 중 51%는 핵무장을 지지할 것이라고 밝혔으며, 입장을 정하지 않았다고 응답한 전문가들의 83% 역시 핵무장을 지지할 것이라고 답했다. 이는 미국의 안보 공약이 한국의 전략적 결정을 얼마나 크게 좌우하는지 보여준다. 미국의 군사적 지원이 약화될 경우, 한국의 엘리트들 역시 독자적인 핵무장을 통해 자국의 안보를 강화해야 한다고 판단하는 것이다. 달리 말하면, 일반 국민들이 전문가들에 비해 북핵 위협에 대해 더욱 민감하게 우려를 느끼는데, 이는 현재 미국이 제공하고 있는 확장 억지에 대한 이해의 폭이 일반 국민에 비해 더욱 넓고 그에 대한 신뢰가 더 높기 때문이다. 그러나 그러한 신뢰가 무너질 경우, 전문가들 역시 독자적 핵무장이라는 자구책이 그들이 생각하는 비용을 상회하는 효용을 가진다고 생각한다는 것이다.

전체 응답자 중 13%는 입장을 분명하게 밝히지 않은 전문가들이었다. 이들은 선거 기간에 주로 회자되는 소위 부동층(swing voter)과 같다. 동맹 보장, 적대적 위협 등의 요인에 따라 의견이 달라질 수 있는 유동적인 집단이다. 따라서 보고서는 북한의 지속적인 군사적 도발이나 중국의 영향력 확대, 그리고 미국의 한반도 정책의 급진적 변화는 이들의 입장을 변화시킬 수 있는 요인으로 작용할 수 있다고 전한다. 앞서 언급한 것처럼, 이들 중 83%가 미국 안보 공약의 신뢰성이 떨어지는 상황이 초래될 경우 핵무장을 지지할 것이라 밝혔음을 상기할 필요가 있다.

북핵 위협의 지속적인 증가 및 중국의 부상이라는 역내 안보 환경 속에서 미국의 핵우산 공약이 북핵 억지의 최후의 보루라면, 공약의 신뢰성이 흔들리는 순간 약 11% 전문가들의 지지가 이들 부동층 집단에서, 약 25%의 지지가 핵무장 반대 집단에서 찬성 쪽으로 이동하게 된다는 것이다. 뿐만 아니라, 처음에 대상으로 삼았던 1,094명 중 175명만이 응답한 것을 다시 한번 되짚어 볼 때, 무응답의 원인으로 관료로써 정치적 견해를 밝히기 힘든 경우를 꼽을 수 있다. 때문에 이 설문 결과가 전체 전문가들의 의견을 얼마나 정확하게 반영하고 있는가에 대한 의문 역시 제기될 수 있다. 또한, 일부 무응답자들은 입장을 확고히 정하지 않은 경우에 해당할 수도 있다. 이러한 경우는 부동층의 수치가 발표된 것 보다 더 클 수 있음을 시사하며, 따라서 미국의 안보 공약의 신뢰성이 약화되거나 주한 미군의 감축이라는 상황적 조건의 변화에 따라 찬성의 수치 역시 더 커질 수 있을 것이다.

결론적으로, 한국의 핵무장 논의에서 국민 여론과 전문가 의견 간의 차이는 존재한다. 국민들은 주로 감정적인 차원에서 북핵 위협을 평가하고 핵무장을 지지하는 반면, 전문가들은 국제적 비난과 제재 등의 복합적인 요인을 고려한다. 그러나 미국의 안보 공약이 약화될 경우, 전문가들도 핵무장을 지지할 가능성이 높다. 따라서 충분한 정보 제공을 통해 국민들의 이해를 높이는 것이 중요하다. 그리고 핵무장 및 핵잠재력 확보에 관한 찬반간의 논의가 꾸준히 공론화될 필요성이 있다. 또한, 한국핵안보전략포럼의 세미나 활동 등을 통해 전문가들의 인식 및 정치인들의 시각이 변화하고 있다는 점을 주지할 필요가 있다. 국회의원들뿐만 아니라 일부 전직 정부 인사들(통일부 장관, 국방부 장관, 민주평화통일자문회의 사무처장)도 핵자강에 열린 태도를 갖고 있어 핵자강에 대한 지지층이 크게 확산되고 있음을 보여주고 있다.

4. 진보 vs. 보수

한국의 독자적 핵무장은 보수층의 어젠다로만 인식되는 것일까?

대북정책이 진보와 보수를 구별하는 주요 대척점 중 하나인 한국 정치의 특성상, 북한에 대한 부정적 인식과 이를 해소하려는 동기에서 한국의 핵무장이 보수층의 더 큰 지지를 받을 수 있다는 것은 이해할 만하다. 그러나 한국의 정치적 환경과 사회적 여론의 변화에 따라 진보도 핵무장에 대해 유연한 태도를 취할 가능성이 있다. 이는 단순히 전통적인 외교적 접근을 넘어 새로운 전략을 모색하는 과정의 일환으로 볼 수 있다. 특히 미국의 확장 억제 공약에 대한 신뢰가 부족해지는 상황이 오면, 기존 민주당 정부가 추진해 온 평화와 외교적 접근을 넘어서 보다 독립적인 외교 공간을 확보하기 위해 핵무장에 찬성할 수 있다.

다양한 설문 조사 및 연구들 역시 이러한 가능성을 확인해 주고 있다. 먼저 윤광일[9]의 연구는 북핵 위협에 대한 평가에서 조차 정치 이념 성향 간의 통계적으로 유의미한 차이를 발견하지 못했다. 호남 출신 응답자와 경상도 출신 응답자들 모두 북핵에 대한 위협을 경기도 및 강원도 지역 출신 응답자들 보다 덜 느끼고 있었고, 민주당 지지자 및 국민의힘 지지자 모두 통계적으로 북핵에 대해 특별히 더 민감하게 반응한다고 단정할 수 없었다. 핵관련 정책과 이들 정치 성향 간의 분석에서도 마찬가지로 유의미한 차이는 크게 나타나지 않았다. 특히 한국의 독자적 핵무장 및 미국 핵의 재배치, 미국이 제공하는 핵우산에 대한 신뢰 및 효과에 대한 입장에 대해서는 출신 지역, 선호 정당, 정치 성향과 무관한 패턴을 보였다. 다만, 통일 이후의 핵무장에 대해서는 국민의힘을 지지하는 응답자들이 더 많이 지지하는 것으로 나타났고, 호남 출신들은 반대하는 경향을 보였다.

손상용과 박종희[10]의 설문 실험 역시 정치 이념이 핵무장 찬성 태도 변화에 미치는 영향을 분석했다. 핵무장 찬성론자들의 경우, 보수주의자일수록 미국의 군사 제재 가능성에 관한 전문가 정보를 접한 경우 핵무장 반대로 선회할 가능성이 높았다. 그러나 국제사회의 경제제재, UN 안보리의 NPT 위반 결의, 정책결정자들의 핵비확산 의지는 보수주의자들의 마음을 더욱 찬성에 매달리게 만들었다. 이 같은 반응은 보수주의자들에게 있어 미국과의 양자 관계가 핵심적인 고려 사항으로 작용하지만, 다자주의적 국제기구의 결정이나 자국 정부의 정책적 입장에 대해서는 상대적으로 덜 중요하게 여기는 경향을 보여준다. 이는 보수주의자들이 국제 문제를 평가할 때 국가 간의 직접적 관계와 동맹의 중요성을 우선시하는 한편, 국제 규범이나 다자 협력 체제에 대해서는 신뢰나 관심이 상대적으로 낮을 수 있음을 시사한다.

한편, 북핵 위협의 감소, 국민들의 비확산 여론, 미국의 핵 기술 제재는 정치 성향과 무관히 반대 입장으로의 선회 가능성에 영향을 주지 않았다. 핵무장 반대론자들의 경우, 더 많은 보수주의자들이 북핵 위협의 증가, 미국 안보 공약의 신뢰성 약화, UN 안보리에서 NPT 위반 결의가 부결될 가능성, 정책결정자의 핵무장 의지에 대한 정보를 접할 때 찬성입장으로 전향할 가능성이 높은 것으로 나타났다. 그러나 국민들의 핵확산 여론이나 한국의 핵개발 기술의 잠재력에 대한 정보는 이들의 진보와 보수를 막론하고 그들의 입장 변화에 영향을 미치지 못했다.

통일연구원의 2023 KINU 통일의식조사[11]에 따르면 국민의힘 지지자들의 핵보유 찬성 응답이 2019년부터 2022년까지 꾸준히 70% 이상(2023년에는 65%)이었으며, 민주당 지지자들의 핵보유 찬성 응답은 같은 기간 동안 53%에서 67.6%를 오갔다. 국민의힘 지지자들에 비해 약간 낮은 수치이지만, 과반 이상의 지지가 민주당을 지지하는 응답자들 사이에서도 나타난다는 점에서 핵무장에 대한 찬성론이 보수만의 것이라고는 단정지을 수 없다는 것이다.[12]

2024 KINU 통일의식조사[13]는 주한미군 주둔과 핵무기 보유 중 하

나를 택해야 한다는 문항에 대한 2021년에서 2024년 동안의 설문 결과를 소개하고 있다. 핵무기를 주한미군 주둔 보다 선호한다는 응답은 국민의힘을 지지하는 응답자들 사이에서 28.6%(2021년)에서 40%(2024년)로 증가했고, 민주당을 지지하는 응답자들 역시 38.1%(2021년)에서 42.4%(2024년)로 증가하는 모습을 보여주었다. 지지 정당이 없다고 밝힌 응답자들의 핵무장에 대한 선호 증가는 36.5%에서 52%로 다른 특정 정당선호도가 뚜렷한 응답자들 보다 증가의 폭이 컸다.

한편, 통일연구원은 국책연구기관으로서 민감한 사안에 대해 정부의 입장에서 자유로울 수 없으며, 이로 인해 조사 결과가 다소 보수적으로 설계되었을 가능성도 제기된다. 특히, 설문 문항이 핵무장의 방식이나 조건을 구체적으로 제시하지 않고 단순히 찬반을 묻는 형태라면, 응답자들은 예상되는 리스크를 감수할 것인지만을 염두에 두고 답했을 가능성이 있다. 이는 핵자강의 아이디어를 정치적, 경제적 비용을 고려하지 않은 극단적인 선택으로 이해하도록 유도할 수 있다. 이러한 이유로, 이 책의 저자들은 핵보유를 둘러싼 구체적인 상황과 접근법을 명확히 하고, 제재와 비용을 최소화할 수 있는 전략을 모색해야 한다고 주장한다.

CSIS의 설문 조사에서 독자적 핵무장을 반대한다고 응답한 전문가들 간 진보와 보수의 비율은 정확히 36%씩으로 동일했다. 다만, 핵무장을 찬성하는 전문가들의 비율은 보수가 68%, 진보가 10%였는데, 이는 기존의 통념에 가장 부합하는 유일한 사례이다. 국제정치 이론에서 국제제도보다 국가이익을 중시하는 현실주의(realism)가 국내 정치상의 보수 이념에서 출발했다는 점에서 이들 전문가들의 입장 차이가 설명될 수 있을 것이다.

전통적으로 보수는 국가의 강력한 방어 능력을 중시하며, 군사적 해결 방안을 선호하는 경향이 있다. 때문에 현실주의적 관점에서 보수는 핵무장이 한국의 안보를 강화하는 실질적인 방법이라고 생각할 수 있고, 보수 전문가들이 독자적 핵무장을 지지하는 비율이 높은 이유는 이들이 국가 안보와 생존을 최우선으로 사고하기 때문인 것이다. 반면, 진보는 일반적으로 평화적 해결과 외교적 접근을 중시하며, 군사적 수단보다는 협상과 국제 협력을 통해 문제를 해결하려는 경향이 강하다. 그러므로 진보적 관점에서 핵무장에 대한 찬성 의견이 낮은 이유는, 핵무장이 국제사회에서의 평판을 손상시킬 수 있으며, 평화와 협력을 주된 접근법으로 하는 진보의 기본 이념과 상충하기 때문이라고 볼 수 있다.

요컨대, 한국의 독자적 핵무장 문제는 단순히 보수층의 어젠다로 한정할 수 없는 복합적인 이슈인 것이다. 전통적으로 보수층은 국가 안보를 강화하는 방안으로서 핵무장을 지지하는 경향이 있으며, 이는 현실주의적 관점에서 국가의 생존과 안보를 최우선으로 여기는 이념에 기초하고 있다. 반면, 진보층은 평화적 해결과 외교적 접근을 중시하며, 핵무장이 국제사회에서의 평판을 손상시키고 평화와 협력의 기본 이념과 상충할 수 있다는 점에서 낮은 지지를 보인다.

그러나 핵무장 문제에 대한 입장은 정치적 성향에 따라 일률적으로 결정되지 않으며, 상황에 따라 진보층도 유연한 태도를 취할 가능성이 있다. 실제 조사 결과를 보면, 진보와 보수 간의 핵무장에 대한 지지 차이는 존재하지만, 모든 집단에서 핵무장에 대한 의견이 일정 부분 존재한다는 것을 확인할 수 있다. 이는 핵무장 문제가 단순히 정치적 이념에 국한되지 않고, 북핵 위협, 국제적 신뢰, 외교적 전략 등 복합적인 요인들의 영향을 받는다는 점을 시사한다.

결론적으로, 한국의 핵무장 문제는 진보와 보수라는 이념적 구분을 넘어서 다양한 정치적, 사회적 요인에 의해 여론이 형성된다. 핵무장에 대한 지지는 국제 정치적 상황, 미국의 안보 공약, 북한의 군사적 도발, 그리고 국내 정치적 환경에 따라 변화할 수 있다. 따라서, 향후 이어질 핵무장 문제에 대한 범국민적 논의는 이러한 복합적인 요인들을 종합적으로 고려하고, 초당적인 시각에서 분석이 이루어져야 한다. 한국이 향후 독자적 핵무장 여부를 결정하는 과정은, 정치적 이념에 따른 차이를 넘어 국민 다수의 지지로부터 나오는 민주적 정당성과, 위험과 비용을 최소화하면서 실리를 챙기는 외교안보전략들을 신중히 검토하는 과정이 되어야 할 것이다.

5. 결론

한국의 독자적 핵무장 논의는 단순한 군사적 선택을 넘어, 정치·경제·외교적 요소가 결합된 복합적인 문제이다. 여론의 변화 추이는 한국 국민들이 외부 안보 환경 변화에 따라 유연한 태도를 보이며, 상황에 따라 정책적 선호를 조정할 수 있음을 시사한다. 역사적으로도 핵무장 정책 결정은 지도자나 전문가 집단의 판단만으로 이루어진 것이 아니라, 국민적 지지의 영향을 받아왔다. 프랑스의 사례에서 보듯이, 초기 핵개발에 대한 국민적 지지는 미약했으나, 소련의 위협이 증가하면서 핵개발을 지지하는 여론이 형성되었고, 이를 통해 정책적 정당성이 확보되었다. 한국 또한 북한의 위협 증가와 국제정세 변화에 따라 국민 여론이 핵심적인 역할을 할 가능성이 높다.

그러나 핵무장에 대한 지지는 단순한 찬반 논의로 환원될 수 없다. 핵무장 추진 시 국제사회에서의 외교적 고립, 경제적 제재, 한미 동맹의 불확실성 등 복합적인 문제가 발생할 수 있다. 전문가들은 이러한 요소들을 고려하여 신중한 접근을 요구하며, 정책 결정자들은 여론과 전문가 의견 간의 균형을 유지하는 것이 중요하다. 또한, 핵무장이 가지는 전략적 효과와 현실적 한계를 고려할 때, 국민들에게 충분한 정보를 제공하고, 공론화 과정을 거쳐 정책적 선택의 정당성을 확보하는 것이 필수적이다.

궁극적으로, 한국의 핵무장 논의는 진보와 보수라는 이념적 구도를 넘어서는 국가적 사안이다. 안보 환경 변화에 따라 다양한 정치·사회적 요인이 여론을 형성하고 있으며, 이에 대한 종합적인 분석과 전략적 접근이 필요하다. 핵무장 문제를 둘러싼 논의는 지속될 것이며, 향후 한국이 취할 전략은 국민적 지지와 국제적 현실을 동시에 고려하는 신중한 결정 과정이 되어야 한다.

주

1. Jean-François Picard (et al.), *Histoire de l'EDF: comment se sont prises les décisions de 1946 à nos jours* (Paris: Dunod, 1985).
2. 통일연구원의 경우, 2019년부터 2021년까지 같은 해마다 두 번씩 설문결과를 보고하였다. 그래프 상에 표기된 이 기간 동안의 지지율은 각 년도의 평균값이다.
3. 이상신·민태은·윤광일·구본상·Antonio Fiori·Marco Milani, 『KINU 통일의식조사 2023: 한국의 자체적 핵보유 가능성과 여론』 (서울: 통일연구원, 2023); 정상미, "한국민의 자체 핵무장 지지 여론 분석," 『주요국제문제분석』 2023-44 (2024).
4. 최종현학술원이 2022년 11월부터 12월까지 성인 남녀 1,000명을 대상으로 실시한 설문 조사에서도 76.6%의 응답자가 한국의 독자적 핵무장을 지지한다고 밝혔다.
5. 윤광일, "북한 핵 위협 평가와 핵무장 정책선호," 『국방연구』 제66권 4호 (2023).
6. 손상용·박종희, "한국 유권자들은 정말 핵무장을 원하는가? 실험 설문을 이용한 핵무장 여론 분석," 『한국정치학회보』 제54집 2호 (2020).
7. Victor Cha, *Breaking Bad: South Korea's Nuclear Option* (Washington D.C.: CSIS, 2024).
8. 보고서는 전문가 설문 결과와 기존의 일반 국민 대상 설문 결과 간의 대조를 더욱 극명하게 하기 위해 반대와 불확실한 입장을 합해 "66%가 반대하거나 입장을 정하지 않았다고 밝혔다(66 percent opposed or uncertain)"라고 서술하고 있으나 이는 실제로 66%가 반대한다는 의미는 아니다. 한편, 한국국제정치학회가 2023년 3월 국제정치 분야 전문가 146명을 대상으로 진행한 설문조사에서는 62.3%의 반대와 31.5%의 찬성이 확인되었다.
9. 윤광일 (2023).
10. 손상용·박종희 (2020).
11. 이상신 외 (2023).
12. 이 패턴은 CCGA의 2021년 설문 조사와도 유사하다. 민주당을 지지한다고 밝힌 설문 응답자 중 66%가 핵무장에 찬성했고, 국민의힘을 지지한다고 밝힌 응답자 중 81%가 핵무장에 찬성하는 입장을 밝혔다.
13. 이상신·민태은·박주화·이무철·윤광일·구본상, 『KINU 통일의식조사 2024: 북한의 2국가론과 통일인식/미국 대통령 선거 전망과 한미관계』 (서울: 통일연구원, 2024).

24장

한국의 핵 자강에 반대하는
국내 전문가들의 담론 분석

임명수

1. 서론

2010년 이후 한국 사회에 핵 자강에 대해 높은 국민적 공감대가 형성되어 왔다. 이 같은 현상은 다음 2가지 원인에 기인한다. 하나는, 북한 핵·미사일 능력의 고도화가 우리의 실존적 위협이 되고 있다는 점이고, 다른 하나는 미국의 확장억제에 대한 방기의 딜레마 때문으로 볼 수 있다.

북한은 계속된 핵실험과 다종의 미사일 시험발사로 핵탄두의 소형화·표준화를 달성한 가운데 대량생산 단계에 진입하였다. 거기에다 다종의 탄도미사일과 발사 플랫폼을 갖추고, 고체연료 실용화를 통해 언제, 어디서든 핵미사일을 발사할 수 있는 수준에 이르렀다. 이를 기반으로 지난 2022년 9월 8일 북한은 '핵무력정책 법령'을 채택하였고, 2023년에는 헌법에 반영함으로써 핵무기 사용 의지를 분명히 하였을 뿐만 아니라, 핵보유국 지위가 불가역적임을 대외에 공표하였다. 그 뒤 북한 김정은 정권은 잦은 대남 핵 위협 발언을 통해 핵 사용 문턱을 낮출 수 있음을 계속 시사하고 있다.

이러한 상태에서 김정은 국무위원장이 지난 2023년 12월 노동당 전원회의에서 남북관계를 '동족 관계가 아니라 적대적 두 국가 관계, 전쟁 중에 있는 두 교전국 관계'로 규정한 이래 2024년 한 해 동안 남북관계는 최악의 상태를 맞았다. 북한은 2000년 6·15 남북정상회담 이후 지속해 온 남북교류와 협력의 기반과 상징물들을 모두 제거해 오늘날 남북관계는 2000년 이전과 같은 단절된 상태로 회귀하여 군사적 긴장이 고조되고 있다. 2024년 2월 최종현학술원이 발표한 여론조사 결과에서 한국의 핵 자강에 대한 지지여론이 72.8%까지 치솟은 이유는 이러한 북한의 위협을 반영한 것으로 평가된다.

그런데 한국의 핵 자강에 대한 일반 국민의 높은 지지여론과 달리 국내 외교·안보 분야 전문가들은 한국의 자체 핵무장에 대한 반대 의견을 제시하고 있다. 이 같은 차별적 현상은 2024년 4월 미국 전략국제문제연구소(CSIS)가 한국의 지식인 1천여 명을 대상으로 조사한 결과 34%만이 한국의 핵무장에 찬성했다는 조사 결과가 공개되면서 주목받았다. 이 여론조사는 낮은 응답률을 고려할 때 신뢰도는 다소 떨어지지만, 핵 자강에 대한 한국의 일반 국민과 전문가들 사이의 인식 차를 보여주고 있다.

따라서, 이 장에서는 한국의 핵 자강에 반대하는 국내 학자, 외교·안보 분야에 관여했던 전·현직 관료, 관련 연구자 등 16명의 담론을 분석하여 반대 주장의 타당성 여부를 분석하였다. 이를 통해 한국의 핵 자강에 대한 국내의 반대 여론도 있다는 사실을 인식하고, 이러한 반대 논리를 극복할 대안 마련이 필요하다고 생각되었다. 본 연구는 이들 전문가의 저서, 언론 칼럼, 기고, 각종 대외 발표자료 및 언론 보도를 중심으로 분석하였다.

2. 한국 핵 자강 반대 담론 분석

가. 한미동맹 파탄, 미국의 확장억제 약화

한국의 핵 자강에 반대하는 국내 전문가들의 반대 주장을 분석해 보면 크게 4가지로 정리된다. 그중 첫 번째는 한국이 핵무장을 할 경우, 한미동맹의 균열은 물론 미국의 확장억제가 약화할 것이라고 주장한다. 즉, 한국의 핵무장이 안보를 더 강화하기보다 오히려 더 위협한다는 것이다. 따라서 이들은 한국의 핵 자강보다 미국의 확장억제 실행력 강화에 집중해야 한다고 주장한다.

차두현 아산정책연구원 수석연구위원은 한국이 핵무장을 한다면 그 자체가 한미동맹과 확장억제에 대한 불신의 표현이므로 신뢰를 의심하는 동맹은 지속할 수 없다고 주장한다.[1] 문정인 연세대 명예교수는 한미동맹의 파국 가능성을 제기한다. 특히, 한국의 핵무장이 미국 확장억제의 불신에서 비롯된다면 이익보다 손실이 더 큰 선택이라고 말한다. 다시 말해, 한미동맹이 균열이나 깨지는 상황이 된다면 핵무기를 보유하더라도 안보는 더 악화할 것이라고 지적한다.[2] 양무진 북한대학원대학교 총장도 이러한 문 교수의 의견에 동조하면서 한국의 핵무장론은 시대착오적이고 현실적으로 불가능할 뿐만 아니라, 근본적인 해법이 될 수 없다고 주장한다. 무엇보다 견고한 한미동맹을 강조하면서 미국의 확장억제 공약을 믿지 못해 핵무장을 한다는 것은 모순이며, 미국이 용인하지 않을 것이라고 말한다.[3] 한용섭 前 국방대학교 부총장도 한국이 미국의 반대에도 핵무장을 한다면 한미동맹의 균열 초래는 물론 미국의 확장억제력 제공 명분이 약화할 것이기 때문에 한국의 안보를 위한 바람직한 선택이 아니라고 주장한다.[4] 전봉근 국립외교안보원 명예교수는 한미동맹과 미국의 핵우산은 한국의 비핵화를 전제로 유지되므로 한국이 핵무장을 하면 한미동맹과 핵우산이 사라져 우리 안보를 위험에 빠뜨릴 것이라고 주장한다.[5] 박원곤 이화여대 교수도 한국의 핵무장은 미국을 신뢰하지 못한다는 의미이기 때문에 미국은 극단적으로 주한미군을 철수시킬 수 있다고 전망한다.[6]

한편, 일부 전문가들은 한국의 핵 자강론자들이 핵무기 보유를 마치 '안보 주권'개념으로 인식하고 있다며 이에 대해서도 비판적인 입장이다. 전봉근 국립외교안보원 명예교수는 핵 주권은 60~70년대 논리이고, 핵 비확산이 보편화된 오늘날에는 핵무장을 염두에 둔 핵 주권은 설 땅이 없다고 주장한다. 따라서, 오늘날은 핵 주권을 강조할 필요가 없고, 한국이 핵무장을 하면 국제적 위상도 상승할 것이라는 주장에 대해서도 반대한다. 그는 핵무장은 오히려 평화 파괴의 상징일뿐만 아니라 국제규범 위반 국가, 불량국가의 지위로 추락할 것이라고 지적한다. 따라서, 핵 주권론은 우리의 안보 강화나 원자력의 평화적 이용 확대에도 도움이 되지 않는다고 말한다.[7]

한국의 대표적인 반핵·탈핵·비핵 운동가인 정욱식 평화네트워크 대표(한겨레 평화연구소장)도 한국의 핵무장이 실익이 없다면서 '핵 주권론'에 반대한다. 그는 '핵 주권론'은 엄청난 안보·경제적 부담을 감수해야 하므로 한국의 핵무장은 대안이 될 수 없다고 주장한다.[8] 또한, 한국의 자체 핵무장은 미국의 확장억제에 대한 불신의 표현이므로 주한미군 철수 등 한미동맹이 파탄 날 가능성이 크다고 내다봤다. 특히 한국이 핵무장을 하려면 "한미원자력협정" 개정을 비롯해 국제제재에 대한 거부권 행사 등 미국의 지지가 필요하므로 대미(對美) 자주보다 오히려 종속을 심화시킬 것으로 전망했다. 이런 상황에서 남북한이 군비경쟁과 안보 딜레마 악순환의 늪에 빠지면, 전쟁을 억제하려는 행동이 오히려

전쟁 위기를 고조시킬 수 있다고 지적했다.[9]

한국의 핵무장에 대한 미국 정부의 찬반 의견을 놓고서도 핵 자강에 반대하는 전문가들은 미국 정부가 찬성할 가능성이 크지 않다고 주장한다. 차두현 아산정책연구원 수석연구위원은 미국이 한국의 핵을 용인하며 일본, 대만 등도 NPT 탈퇴 요구 등 '핵 도미노 현상'이 일어날 것을 우려해 한국의 핵무장 대신 확장억제 강화를 선택했다면서, 미국이 한국의 핵무장을 승인하지 않을 것이라고 말한다.[10] 김영준 국방대 교수도 한국의 핵무장 논의는 현실성을 고려하지 않은 정치 공방에 가깝다고 평가절하고, 미국이 한국의 핵무장 승인 가능성은 물론, 진지한 논의 가능성마저 없다고 주장한다.[11]

한국의 핵 자강에 반대하는 전문가들의 첫 번째 주장을 정리해 보면, 한미동맹과 한국에 대한 미국의 확장억제 정책, 한국의 비핵화는 불가분의 관계에 있다는 것이다. 따라서 한국의 비핵화 포기, 즉 핵무기 개발은 미국의 동맹 정책에 대한 신뢰를 훼손하는 것이기 때문에 모순이며, 최악의 경우 주한미군 철수 및 확장억제 후퇴 등 한미동맹의 약화를 초래할 것이라는 게 요지이다. 이들은 한국의 핵무장은 궁극적으로 한국의 안보를 더 악화시키는 자해행위가 될 것이라고 인식한다. 더구나 한국의 핵무장을 용인할 경우, 일본과 대만의 핵 도미노 우려 때문에 승인하지 않을 것이라는 주장이 강하다. 따라서 이들은 한국의 핵무장은 필요 없고, 굳건한 한미동맹의 틀을 유지한 가운데 미국의 확장억제 실행력 강화와 한국형 3축체계와 같은 재래식 방위력을 강화하는 현행 방안이 최선의 대안이라고 주장한다.

이 같은 전문가들의 논리는 미국이 국제 핵 비확산 주도국으로서 수평적 핵확산을 반대하는 정책을 추진해 왔기 때문에 한국의 핵무장도 승인하지 않을 것이라는 부정적인 인식에 기인한 것이라 할 수 있다. 물론 그동안 미국은 강력한 핵 비확산 정책을 추구하면서 핵비확산조약(NPT)을 위반한 국가에 대해 가혹할 정도의 다양한 종류의 제재를 취해왔다. 하지만 결과적으로 국제규범을 준수하지 않은 북한은 핵무기를 보유하여 NPT 체제의 모범국인 우리 안보의 최대 위협으로 부상하였다.

따라서 미국의 확장억제 실행력 강화 약속에도 불구하고 한국인들의 의식 속에는 "북한이 핵무기로 한국을 공격할 경우, 미국이 핵무기로 북한을 응징보복을 할 수 있을까?"라는 의구심이 확산되고 있다. 여기에 2024년 8월 미국 민주·공화 양당이 대선을 앞두고 개정한 정강에서 '북한의 비핵화' 목표를 삭제[12]하면서 미국이 북한 핵을 인정한다는 인상을 남긴 것도 또 다른 이유가 되고 있다. 이 같은 미국 정치권의 변화는 자칫 북한에 대한 비핵화 의지가 약화됐음을 보여주고, 나아가 확장억제 공약에 대한 신뢰를 떨어뜨리는 요인으로 작용할 것으로 예상된다. 2024년 10월 중앙일보와 동아시아연구원(EAI)의 공동 여론조사 결과에서 '미국의 핵우산이 불충분하다'라는 여론은 2023년 26%에서 2024년 47%로 급증했고, '한국의 자체 핵무장이 필요하다'라는 여론은 2023년 58.5%에서 71.45로 증가했다.[13] 이 수치는 미국 확장억제에 대한 한국 국민의 불안감에서 비롯되었다고 진단할 수 있다.

오늘날 국제관계는 미·중 전략경쟁을 비롯해 러시아-우크라이나 전쟁 및 중동전쟁, 한반도와 대만해협의 군사적 긴장 등 불안정과 불확실성이 심화되고 있다. 이런 안보 환경의 변화에 대해 한국핵전략안보포럼 대표인 세종연구소 정성장 부소장은 역설적으로 "한국이 핵을 보유하게 되면 한미동맹의 약화가 아니라, 오히려 한미동맹에서 한국이 더 큰 역할을 맡는 형태로의 진화로 해석하는 것이 바람직하고, 미·중 전략경쟁이 첨예화할수록 한국의 전략적 가치는 더욱 커질 것"이라고

주장하고 있다.[14]

미국은 중국의 부상을 견제하기 위해 버락 오바마 행정부의 아시아 중시정책(pivot to Asia)을 시작으로 도널드 트럼프 1기 행정부와 조 바이든 행정부는 인도-태평양에서 동맹국및 파트너 국가들과 '통합억제(integrated deterrence)'에 기반을 둔 안보·군사전략을 추구하고 있다. 쿼드(QUAD)를 비롯해 파이브 아이스(Five Eyes), 오커스(AUKUS), 한·미·일 안보협력 등 소다자 및 다자안보협의체 등은 대중 견제를 위한 미국의 안보 네트워크들이다. 이 같은 미국의 움직임은 지정학적으로 중요한 위치에 있는 한국에 새로운 기회의 창이 될 수 있다.

지난해 11월 7일 트럼프 미국 대통령 당선자가 윤석열 대통령과 전화 통화에서 미국 조선업에 대해 한국의 협력을 요청[15]한 것이 그러한 예라 할 수 있다. 한국이 인도-태평양을 비롯한 국제적으로 미국의 패권 질서 유지에 중요한 파트너가 될 수 있음을 보여준 상징적인 제스처라 할 수 있기 때문이다.

전문가들은 도널드 트럼프 2기 행정부는 대통령 선거기간 동안 강조해온 'MAGA(Make America Great Again)'를 달성하기 위해 미국 우선주의에 기초한 보호무역주의와 국제사회의 분쟁에 불간섭주의를 표방할 수 있다고 전망한다. 트럼프는 미국의 이익 증진을 위해 국제관계를 안정적인 상태로 구조화하고자 한다. 이를 위해 우선 현재 진행형인 러시아-우크라이나 전쟁의 종전과 중동문제의 평화적 해결을 완성하고, 그 뒤 북핵 및 대만해협의 갈등의 해법을 모색하고 있다. 트럼프 대통령 특유의 거래주의적 외교 방식을 고려할 때 동맹국의 이익은 부차적으로 여길 수 있다는 점에서 한미동맹 관계도 불확실성이 커지고 있다.

미·중 관계는 첨예한 이해관계가 걸려 있는 사안들이 많아 양국관계는 기본적으로 전략경쟁을 지속하면서 사안별 협력을 병행하는 이중적 태도를 취할 것으로 전망된다. 미·북 관계는 대화를 통해 북핵 문제 해결을 위한 시동은 걸겠지만, 이미 핵·미사일 능력 고도화를 달성하고, 러시아와 밀착하고 있는 북한의 입장을 고려할 때 미·북 관계 개선은 난망해 보인다. 따라서 미국은 북한에 제시할 카드로 북핵 동결과 적대관계 청산을 통해 한반도 안보 지형의 변화를 모색할 가능성이 크다.

북한이 핵 동결과 점진적 핵무기 감축에 전향적인 태도를 보인다면 대북제재 해제를 비롯해 미·북 관계 정상화, 나아가 한미연합훈련 중단, 내지 주한미군 감축 등을 포함한 빅딜을 시도할 가능성이 있다. 이때 미국은 대북 협상력을 높이고 한국의 안보 불안 해소 차원에서 "한미원자력협정" 개정 가능성을 시사할 수도 있다. 그리고 북한이 트럼프의 제안을 수용하지 않을 경우, 차선책으로 한국과 일본, 대만의 핵무장 묵인 가능성을 열어둬 중국과 러시아의 대북압박을 유도하는 우회전략을 구사할 가능성도 예상해 볼 수 있다.

이러한 시나리오는 트럼프 대통령 특유의 거래주의적 외교 방식을 고려할 때 충분히 예상해 볼 수 있는 지점들이다. 따라서 한국은 위기와 기회가 병존하는 트럼프 2.0시대를 맞아 한국의 핵잠재력 확보, 나아가 핵무장을 묵인, 또는 양해 가능성 등 시나리오별로 맞춤식 대응 방안을 마련해 둘 필요가 있다. 만약, 이렇게 된다면, 외교·안보 전문가들이 우려하는 한미동맹의 균열이나 확장억제 약화 없이 핵무장이 가능하고, 한국의 안보도 더 강화될 수 있을 것이다. 따라서, 한국이 핵 자강의 기회를 만들기 위해서는 미국의 이익을 위한 부가적인 역할을 수행할 수 있음을 강하게 어필해야 한다. 예컨대 한국이 핵잠재력을 갖추거나 핵무장을 하게 되면, 북한의 비핵화를 위한 협상력을 갖게 될 뿐만 아니라 한국의 안보 역량이 강화돼 한반도 안보 취약성을 극복할 수 있고, 인도-태평양 지역에서 대중 견제를 위해 더 많은 역할을 함으로써 미국의 이익에 부합한다는 점을 어필해야 한다. 이를 위해서는 새로 출범한 도널드 트럼프 2기 행정부 외교안보 부서와 긴밀한 소통 및 협력을 확대해 나갈 필요가 있다.

나. 국제제재로 한국의 경제와 위상에 치명적인 결과 초래

한국의 핵 자강론은 한국이 핵무장을 하게 되면, 미국의 확장억제에 대한 불신을 극복할 수 있을 뿐만 아니라, 북한과 공포의 핵 균형을 이뤄 도발을 억제할 수 있다는 희망적 사고에 기반을 두고 있다. 반면, 핵 자강에 반대하는 전문가들은 한국의 핵무장이 비용 대 효과 면에서 한국의 정치·경제에 심각한 리스크가 될 것으로 전망한다.

김병연 서울대 석좌교수는 한국의 핵무장론은 핵 개발에 따른 편익과 비용을 숙고하지 못했다고 지적한다. 핵무장에 따른 편익은 과대 추정하고 비용을 과소 추정해 핵 개발이 직접비 외에 다른 비용은 들지 않는 것으로 상정했다는 것이다. 하지만 그는 한국의 핵무장은 이익보다 손실이 더 클 뿐만 아니라 북·러조약으로 그 편익은 감소했고 중국이 한국에 제재를 부과할 경우 큰 충격이 될 것으로 전망했다.[16]

김정섭 세종연구소 수석연구위원은 한국이 독자 핵무장을 할 경우, 그에 따른 안보·경제적 피해와 남북한 핵 군비경쟁, 그리고 위기 불안정 초래 등을 이유로 핵 자강에 부정적이다. 그는 한국이 핵무장 추진 시 막대한 안보·경제적 피해가 발생할 것으로 전망했다. 그러면서 그는 핵 보유 논의는 확장억제의 신뢰성과 독자 핵 보유 필요성, 핵 보유에 따른 비용과 실현 가능성, 그리고 핵 보유 후 한반도의 전략 상황 등을 종합적으로 고려해야 한다고 주장한다.[17] 문정인 연세대 명예교수도 한국의 핵무장은 한미동맹, 혹은 경제적 번영과 양자택일 관계이기 때문에 한국이 핵 자강을 선택할 경우, 우리의 생존과 번영은 물론 국격에 치명적인 결과를 초래하는 자충수가 될 것으로 진단했다.[18]

특히, 한국의 핵 자강에 반대하는 전문가들은 한국의 핵무장을 위해 핵비확산조약(NPT)을 탈퇴할 경우 직면할 정치·경제적 리스크가 더 크다는 점을 부각하고 있다. 천영우 한반도미래포럼 이사장은 핵무장을 결정하는 핵심 고려 사항으로 '비용과 기술'의 문제를 검토해야 한다고 주장한다.[19] 즉, 핵무장을 통한 안보적 실익이 핵무장이 초래할 경제적 손실을 보상할 수준이 되는지, 핵무장에 필요한 기술력은 확보하고 있는지를 충분히 고려해야 한다면서 한국의 핵무장이 초래할 경제적 손실을 가장 우려한다.

그는 한국이 핵무장을 위해 NPT를 탈퇴하는 순간 한국에 원전 연료 판매가 국제적으로 금지되기 때문에 비축한 저농축우라늄의 재고가 바닥이 나게 되고 그럴 경우, 국내 전력 생산의 약 30%를 차지하는 원전 가동이 전면 중단돼 전기요금 대폭 인상, 산업시설 가동 제한 등으로 한국경제가 재앙을 맞게 될 것이라고 우려한다. 또 그는 한국의 원전 연료 확보 및 핵 개발에 필요한 기술 문제를 지적한다. 그는 국제제재로 원전 가동이 어려울 경우를 대비해 가스 복합화력발전소 건설이나 원전 연료를 자급하기 위한 우라늄 농축시설을 갖춰야 하지만, 산업용 농축공장 건설에만 수십조 원이 소요되고, 농축기술 확보부터 농축공장 건설까지 최소 10년 이상 오랜 시간이 걸릴 것으로 예상했다.[20]

전봉근 국립외교원 명예교수는 한국이 NPT 모범국가로서 법적, 정치적 의무를 충실히 이행해야 한다고 주장한다. 그는 NPT 체제에서 최고의 평화적 원자력 이용 국가로 발전한 한국이 핵무장을 한다면 오히려 국가안보와 국력이 취약해질 것을 우려한다. 또, 핵무장을 위해서는 NPT를 탈퇴해야 하는데 그럴 경우, 원자력의 평화적 이용 국가에서 '불량국가'로 낙인찍혀 국제 원자력 시장에서 퇴출당하게 된다는 점에서 국익을 위해 올바른 선택이 아니라고 말한다.[21]

신동익 前 오스트리아 대사(IAEA 대표 겸직)도 국제 비확산 규범 준수의 중요성을 강조한다. 그는 핵무장을 위해 핵비확산조약(NPT)을 탈퇴해야 한다는 주장에 대해 '위험하고 단순한 생각'이라며, 핵무장에는 거대한 손실이 따른다고 주장한다. 그는 한국이 '핵 비확산' 국제규범을 깨고 나간다면, 우리가 쌓아 올린 정당성과 신뢰는 사라지고 북한과 같은 '불량국가'로 낙인찍힐 것이며, 각종 제재로 인해 대규모 정치-경제적 손실을 보게 될 것이라고 지적한다. 또한, 그는 북한 핵 위협에 대응하기 위해선 독자 핵무장 대신 국제규범 준수와 미국의 확장억제 강화 위에 미국과 더 긴밀한 협력이 필요하다고 말한다.[22]

위성락 국가안보실장(前 더불어민주당 의원) 역시 핵무장은 리스크가 큰 사안인데 충분한 논의 없이 감정적인 반응을 하고 있다고 지적한다. 그는 한국이 국제규범을 이탈하면 한미동맹의 막대한 손상뿐 아니라 전 세계 주요 국가와 대립해야 하고, 전방위 국제적 압력에 직면하면 대외의존도가 높은 한국은 제재를 견디기 어려울 것으로 전망했다.[23]

한용섭 前 국방대학교 부총장도 한국이 핵무장을 추구할 경우, 국제사회의 제재로 무역 손실 및 원자력 연구개발, 원전건설 및 수출이 불가할 것이라고 주장한다. 그는 한국이 핵무장을 할 경우 연간 무역손실액이 5,000억 달러에 이를 것으로 예상했으며, 이는 한국경제에 치명적인 결과를 초래할 것이라고 내다봤다.[24] 차두현 아산정책연구원 수석연구위원도 한국이 핵무장을 할 경우, 한국경제가 크게 후퇴할 것이라고 주장했다. 그는 한국이 핵비확산조약(NPT)을 탈퇴할 경우, '불량국가'로 낙인찍혀 반도체 등 핵확산 네트워크의 도움을 받을 수 없게 되고, 국제제재로 자본과 금융시장이 큰 타격을 입는 등 치러야 할 비용이 매우 클 것이라고 예상했다. 따라서 그는 대외무역에 절대 의존하는 한국의 경제구조를 고려할 때 국제제재로 인한 경제적 타격은 궁극적으로 국가안보에 치명적 영향을 초래한다는 점에서 합리적 선택이 아니라고 지적한다.[25]

한편, 문정인 연세대 명예교수는 위와 같은 주장보다 한발 더 나아가 '한국경제의 초토화'와 같은 최악의 가능성이 있다고 전망했다. 그는 한국이 핵무장을 하려면 NPT를 탈퇴해야 하는데 그 경우 '불량국가'로 낙인찍혀 각종 제재가 단행돼 국제적 고립을 면할 수 없다고 지적했다. 또 국제원자력기구(IAEA)의 사찰 규정을 어기고 핵무장을 할 경우, 원자력공급그룹(NSG)이 한국에 원자력발전소 원료 공급을 중단하게 돼 우리의 원자력 산업 마비는 물론 원전 수출도 불가능해 한국 원자력 산업이 큰 타격을 입을 것으로 전망했다.[26] 이 같은 문 교수의 주장에 대해 정욱식 평화네트워크 대표(현 한겨레 평화연구소장)[27]와 김종대 전 국회의원도 유사한 입장이다.[28]

한국의 핵 자강에 반대하는 전문가들의 두 번째 주장을 정리해 보면, 한국이 핵무장을 위해 핵비확산조약(NPT)을 탈퇴할 경우 '불량국가'로 낙인찍혀 한국의 국제적 위상이 크게 실추할 뿐만 아니라, 국제사회의 대대적인 제재로 원전산업 등 한국경제가 심각한 타격을 입게 될 것이라고 지적한다. 또한, 한국의 안보에도 치명적인 결과를 초래할 것이라는 게 이들 주장의 요지이다. 이런 주장을 펼치는 전문가들의 특징으로는 국제 외교무대에서 오래 활동하면서 일종의 국제규범 준수와 같은 모범적인 행위가 보상을 제공한다는 인식이 몸 밴 외교관 출신 전직 관료가 많고, 그 외에도 일부 국제정치 학자들이 있다.

이 같은 주장에 대해 세종연구소 정성장 부소장은 다음과 같은 반론을 제기한다. 첫째, 한국이 NPT를 탈퇴하면 '불량국가'로 낙인찍힐 것이라는 주장에 대해 그는 '과도한 모범생 콤플렉스'라고 지적한다. 그러면서 그는 "한국은 미국과 가치를 공유하는 민주주의 국가이고 친미 국가이기 때문에 한국을 북한과 같은 '불량국가'로 간주하는 것은 부적절하다"라고 주장한다. 또 그는 과거 미국은 이스라엘이 핵무장 시 침묵했고, 인도와 파키스탄의 핵실험 직후에는 제재를 가했지만, 중국 견제와 테러와의 전쟁을 위해 제재를 해제하고 오히려 파키스탄에 경제 지원까지 해준 사례를 예로 들면서 "한국의 핵 보유로 한반도 정세가 안정되는 것이 동북아와 세계평화에도 도움이 될 것이라는 점을 주변국과 핵보유국들에게 적극 설득해야 한다"라고 반박한다.[29]

둘째, 한국이 NPT를 탈퇴하면 국제사회의 제재로 한국 원자력 산업이 타격을 입을 것이라는 주장에 대해 초기에는 미국 등 원자력공급그룹이 한국에 핵분열 물질 공급을 중단하겠지만, 곧바로 원전 가동이 중단되고 대량 정전 사태가 발생할 가능성은 희박할 것으로 예상했다. 그 이유는 현재 가동 중인 원자로들에 핵연료를 한 번 장전하면 기본적으로 1년 6개월 가동될 뿐만 아니라, 한국은 18~24개월 분량의 농축 연료를 비축해 놓고 있어서 당장 핵공급그룹으로부터 우라늄을 공급받지 못하더라도 3년 정도는 원자로 가동에 문제가 없을 것으로 전망했다.

정성장 부소장은 또, 오늘날 북한의 핵·미사일 능력과 핵무기 사용 의지는 우리의 심각한 안보 위협이 되고 있다는 점에서 한국의 NPT 탈퇴는 국제사회와 우방국에게 설득력이 있다고 주장한다. 북한의 핵·미사일 위협이 한국의 생존을 위협하는 상황은 NPT 탈퇴의 예외 규정인 제10조의 적용 범위에 해당하기 때문이다.[30] 한국의 결정이 국가 생존을 위한 불가피한 조치라는 점을 미국 등 핵 공급그룹 정부와 전문가들에게 꾸준히 설득하면 6개월에서 1년 정도 후에는 제재를 면제받을 것으로 예상했다.[31]

이에 대해 찰스 퍼거슨 미국과학자협회 회장은 2015년 4월 비확산 전문가 그룹에 비공개로 회람한 보고서에서 "한국의 NPT 탈퇴가 국제 제재로 이어질 수 있지만, 원자력 산업 분야에서 한국과 합작하고 있는 미국, 프랑스, 일본 등이 자국의 손해를 감수하면서 한국에 강력한 제재를 밀어붙일 가능성은 크지 않을 것"으로 전망했다.[32]

셋째, 국제제재로 한국경제가 파탄 날 것이라는 주장에 대해 로버트 아인혼 전 미국 국무부 비확산·군축담당 특별보좌관을 비롯한 브루스 클링너 헤리티지재단 선임연구원, 라몬 파체코 파르도 영국 킹스칼리지 런던 국제관계학과 교수 등은 예상보다 심각하지 않을 것으로 전망했다. 이들 외국 전문가들은 한국이 핵무장을 할 경우, 중국과 러시아는 유엔 안전보장이사회에서 제재안을 발의하고 불가 시 개별 제재를 하겠지만, 미국이 유엔 안보리에서 거부권을 행사할 것으로 예상했다. 그는 미국이나 유럽 지도자들도 한국이 북한의 직접적인 핵 위협을 받고 있다는 사실을 알고 있고, 또 한국의 삼성과 SK가 세계 반도체 시장에서 차지하는 영향력을 고려하면 형식적인 제재 수준에서 단기간에 그칠 것으로 예상했다. 다만, 핵실험을 단행한 국가에 미국 정부의 경제 및 군사 지원을 중단하도록 한 '글렌 수정안(Glenn Amendment)'이 통과되지 않도록 미국 의회 대상 의원외교 강화 및 미국과 유럽 등 우방국 지도자들을 설득할 외교적 노력을 배가해야 한다고 주장한다.[33]

다. 북핵 억제 효과 제한, 남북 군비경쟁 및 한반도 불안정 지속

한국의 핵 자강론자들은 한국이 핵무장을 하면 북한과 공포의 핵균형을 이뤄 억제를 달성하고, 나아가 남북 핵 군축 협상을 문을 열어 궁극적으로 비핵화의 길로 나아갈 수 있는 기반을 마련할 수 있다고 주장한다. 반면, 한국의 핵 자강에 반대하는 전문가들은 한국이 핵무장을 하면, 오히려 핵 억제력 발휘가 제한될 뿐만 아니라 한반도에서 저강도 분쟁 등으로 불안정이 계속될 것이라고 지적한다.

차두현 아산정책연구원 수석연구위원은 한국이 핵무장을 할 경우, 남북한 핵 대결 구도가 고착화될 것이라고 주장한다. 그는 한국이 핵무장을 할 경우, 남북한 상시 핵 대결 구도가 형성돼 갈등과 충돌이 빈번해질 것으로 전망한다. 남북한이 서로 핵무기를 사용하지 않더라도 인도-파키스탄 사례처럼 군비경쟁과 크고 작은 국지전 양상이 계속될 것이기 때문에 한국의 핵무장은 남북한이 공포의 균형이라는 전략적 안정은 달성하더라도 전술적 불안정은 커질 것이라고 말한다.[34] 한용섭 前 국방대학교 부총장도 남북한의 재래식 군사 충돌이 지속될 것으로 전망한다.[35] 이에 대해 함형필 한국국방연구원 연구위원은 한국이 핵무장 시 북한이 예방적으로 핵 강압을 시도할 동기를 지나치게 자극해 한반도에서 불안정성을 키울 수 있다고 주장한다.[36]

김정섭 세종연구소 수석연구위원도 핵을 통한 대북 억제의 실효성 문제를 제기하면서 오히려 남북한 핵 군비경쟁 지속 가능성을 제기한다. 그는 핵 자강론자들은 비판적 검토 없이 한국이 핵무장 시 한반도에 공포의 균형과 전략적 안정성을 가져올 것으로 당연시하는 경향이 있지만, 한국이 핵무장을 하더라도 냉전 당시, 또는 인도-파키스탄 핵 경쟁 사례처럼 근본적인 남북한의 안보 딜레마가 해소되지 않는 한 군비경쟁은 지속할 것으로 전망했다. 또 남북한이 동시에 핵무장을 할 경우, 군비통제도 가능할 것으로 생각하지만, 각종 한계와 장벽으로 인해 좌절할 수 있다고 비관적으로 보았다. 이 경우 핵무기가 억제력을 발휘하기보다 전략적 불안정을 촉발하는 원인이 될 수 있다는 것이다. 특히, 그는 남북한 모두 핵무장을 할 경우, 위기 불안정성이 더 커질 수 있다고 전망했다. 즉, 핵무기와 연동된 컴퓨터 등 기계적 결함이나 오작동, 사람의 조작 실수 등으로 우발적 위험이 상존할 것으로 예상했기 때문이다. 이때 상대방이 전략적 의도를 오판한다면 위기가 지속 확대·재생산될 것으로 우려했다.[37]

지금까지 살펴본 주장들은 1960년대 글랜 스나이더(Glenn H. Snyder)가 제시한 '안정-불안정의 역설(Stability-Instability Paradox)' 주장과 맥을 같이 한다. 즉, 남북한이 핵무장을 할 경우, 공멸을 초래할 핵전쟁은 회피할 것이므로 전략적 안정은 달성하더라도 재래식 무기로 국지전과 같은 저강도 분쟁은 증가할 가능성이 크기 때문에 전술적 불안정은 커질 것이라는 주장이다.[38]

한편, 문정인 연세대 명예교수는 한국이 핵무기를 개발하더라도 5~6년 안에 핵탄두 10개 정도 소량에 그칠 것이기 때문에, 그 정도로 100여 개 이상 보유하게 될 북한에 효과적인 핵 억제력을 발휘하기 어렵다고 평가한다. 대신, 북한이 두려워하는 것은 소량의 한국 핵무기가 아니라 어마어마한 미국의 핵 역량이라고 주장한다. 또한, 그는 한국이 핵무장을 할 경우, 한반도 역내의 전쟁 가능성이 고조될 것으로 전망했다. 그는 한국이 핵무장을 시도하면, 북한은 한국이 핵무기 개발에 성공하기 전에 예방전쟁 차원에서 선제타격에 나설 가능성이 크다고 봤다. 나아가 한국이 핵무기를 보유하게 되더라도 남북한 군비경쟁이 심화(되)하고 각종 오인, 오판, 오류에 의한 우발적 핵전쟁 가능성이 고조될 뿐만 아니라, 일본, 대만도 핵무장을 시도해 동북아 핵 도미노를 초래할 것으로 전망했다. 그럴 경우, 중국과 러시아도 핵무장력을 증강해 역내 핵무기의 수평·수직적 확산을 촉발할 수 있다고 주장했다. 이는 한국의 핵무장으로 안전이 보장되기는커녕 역설적으로 안보 딜레마를 심화시키는 자해적 조치가 된다는 것이다.[39]

천영우 한반도미래포럼 이사장도 한국이 핵무장을 하더라도 대북억제 효과에 대해서는 회의적인 입장이다. 이유는 핵탄두의 수량에서 한국의 경우 10여 개 수준이 될 것인데, 북한은 한국의 핵보다 3748개 이상 핵탄두를 가진 미국을 더 두려워할 것이기 때문이라고 봤다. 또 북한은 억제가 실패할 경우, 핵무기를 사용할 수 있지만, 문명국가는 핵무기를 선제적으로 사용할 수 없고 응징보복에만 사용할 수 있어서 사후약방문에 불과하다는 점에서 한국의 핵무장 효과는 제한적이라고 지적한다.[40]

한국의 핵 자강에 반대하는 전문가들의 세 번째 주장을 정리해 보면, 한국이 핵무장을 하면 북한의 예방 공격, 남북한 군비경쟁, 크고 작은 군사 충돌 및 장비의 오류나 상대방의 의도 오판 등으로 전략·전술적 불안정이 계속되고, 남북한 군비통제도 쉽지 않을 것이라는 게 요지이다.

이 같은 주장에 대해 세종연구소 정성장 부소장은 다음과 같은 반론을 제기한다. 첫째, 북한은 한국이 핵무기를 보유하면 핵 우위가 깨지는 것을 막기 위해 예방공격 차원에서 한국이 핵무기 개발에 성공 전에 핵공격을 할 것이라는 주장에 대해 "한국은 은밀하게 핵 개발을 추진하고 완료된 시점에 공표하면 북한이 예방공격을 하기 어려울 것"이라고 주장한다. 둘째, 남북한 군비경쟁이 계속될 것이라는 주장에 대해서는 "냉전 당시 미·소는 핵 균형을 통해 공포의 균형을 이룸으로써 전면전이 발생하지 않았고, 인도·파키스탄도 공포의 균형에 의한 확전 통제가 이뤄지고 있는 점을 과소평가하고 있다"라고 지적한다. 즉 그는 남북한이 군비경쟁을 하더라도 확전을 막기 위해 신중하게 행동하게 될 것이라는 점을 강조한다. 셋째, 남북 전략·전술적 불안정으로 인한 전쟁 가능성 주장에 대해서는 "전략·전술적 불안정, 장비 오작동이나 오판으로 위기 상황이 있을 수 있지만, 과거 핵보유국의 사례에서 볼 수 있듯이 핵무기의 억제효과로 핵전쟁을 포함한 전면전으로 비화한 사례는 없다"라고 반박한다. 넷째, 남북한 군비통제도 쉽지 않을 것이라는 주장에 대해서는 "남북한 군비통제는 과거에도 쉽지 않았고, 북한이 핵을 개발하면서부터는 아예 불가능해졌다며, 북한만 핵을 가지고 있고, 우리에게 핵이 없으면 군축협상 자체가 불가능하다"라고 주장한다.[41] 즉, 정성장 세종연구소 한반도전략센터장은 남북한이 핵을 갖게 되면 기존 핵 경쟁국 사례에서 보는 것처럼 군비통제는 쉽지 않더라도 공포의 균형을 달성해 위기관리와 확전통제를 통해 전략적 안정을 달성했다는 점에서 그것 또한 낮은 수준의 군비통제 효과라고 평가할 수 있다는 의미로 해석된다.

라. 한국의 핵무기 개발 기술 및 시설 등 역부족

한국의 핵 자강에 반대하는 전문가들은 한국이 핵무장에 필요한 기술이나 관련 제반 시설 등이 부족하므로 단기간 내에 핵무기 개발이 어렵다고 주장한다. 핵공학을 전공한 함형필 한국국방연구원 책임연구위원과 이춘근 한국과학기술기획평가원 초빙전문위원은 한국 핵 자강론자들이 한국이 단기간에 핵무기를 제조할 수 있다는 주장에 대해 한국의 과학기술력은 우수하지만, 시설과 장비, 현재 여건을 고려할 때 시기상조라고 반박한다.

함형필 연구위원은 2024년 7월 국회 국민의 힘 당 유용원 의원실 주최로 열린 '대한민국 핵잠재력 확보 전략 정책토론회'에서 원자로급 플루토늄 50t으로 6,000기 이상의 핵탄두를 만들 수 있다는 일부 핵자강론자들의 주장은 과학적 사실과 다르고, 현존 핵보유국은 플루토늄 순도(Pu-239, 241 비율) 94% 이상의 무기급 핵연료만으로 핵탄두를 제조하므로 원자로급 핵연료로 핵무기를 만들 수 있다는 주장은 선동적 발언에 불과하다며 부정적인 의견을 제시하였다.

이춘근 전문위원도 이날 토론에서 한국이 마음만 먹으면 6개월 이내에 핵무장을 할 수 있는 기술이 있다는 주장에 대해 위험한 이야기이고, 관련 전문가나 정책을 해본 사람이라면 2년 이내에도 어렵고, 실제 3~4년 걸릴 것이라고 발표했다.[42] 특히 한국의 핵 자강론자들이 한국이 핵 개발에 나선다면 최소 6개월에서 1년 사이에 기초적인 핵무기를 개발할 수 있다는 주장에 대해 '사용 후 핵연료 반출'과 '사용 후 핵연료 재처리' 문제를 해결할 수 없는 한국 원자력계의 환경을 직시하지 못한 허황된 주장에 불과하다고 평가절하한다. 그러면서 그는 플루토늄으로 핵무기를 제조하기 위해서는 사용한 핵연료를 질산에 녹여 핵연료만 뽑아내는 '사용 후 핵연료 재처리' 절차가 필수적인데 한미원자력협정이 가로막고 있다고 지적한다. 따라서 그는 자체 핵무장을 위해서는 한미원자력협정을 개정하고 사용 후 핵연료 처리 문제에 대한 공론화가 우선이라고 주장했다.[43]

정욱식 평화네트워크 대표(현 한겨레 평화연구소장)도 우리나라의 핵무기 제조 기술과 관련 시설의 건설 문제를 제기한다. 그는 사용 후 연료에서 플루토늄을 대량 추출하려면 대규모 처리시설이 필요하지만, 한국은 아직 상용화 경험이 없고 연간 수백 킬로그램의 플루토늄을 추출하려면 일본 롯카쇼무라 재처리 시설 정도의 규모가 필요하다고 주장한다.[44] 하지만 중소 규모 재처리 시설의 건설 및 가동 경험이 있는 일본도 롯카쇼무라 재처리 시설을 1993년 착공해 1997년 완공할 예정이었지만 아직 완공하지 못했다. 또한, 건설비용도 최초 7조 원에서 30조 이상으로 증가해 40년간 운용비를 합하면 총비용은 140조 원에 이를 것으로 추정했다. 이런 실상을 고려할 때 경험이 없는 한국이 이런 시설을 건설하기까지는 상당한 시간과 비용이 들 것으로 전망했다.

정 대표는 또한 '레이저 농축방식으로 빠른 시일 안에 핵폭탄을 만들 수 있다'라는 주장에도 찬성하지 않는다. 그는 이 방식은 원심분리기 방식에 비해 가성비가 크게 떨어질 뿐만 아니라, 극소량의 고농축 우라늄 추출은 가능하지만 많은 양을 생산하는 것은 매우 어렵다고 지적한다. 그 예로 핵폭탄 1개를 제조하는데 고농축 우라늄 20kg 안팎이 필요하지만, 지난 2000년 한국이 레이저를 쏴서 추출한 고농축 우라늄은 겨우 0.2g이었다면서 이 방식으로 대량의 고농축 우라늄을 확보하는 것은 불가능하다는 것이다.

정 대표는 '핵실험 없이도 핵무장이 가능하다'라는 주장에 대해서도 검증되지 않은 사실이라고 지적한다. 그는 슈퍼컴퓨터를 이용한 모의 핵실험은 실제 핵실험을 통해 다량의 데이터를 확보한 이후에나 가능하며, 핵실험 경험이 전혀 없고 관련 데이터도 없는 한국이 실험 없는 핵무기를 만들 수 있을지 의문을 제기한다. 특히, 그는 탄도미사일에 장착할 수 있는 핵무기는 소형화가 필수적이며, 소형화를 위해서는 실험을 통한 데이터 축적이 전제되어야 무기로서 신뢰성을 확보할 수 있다고 주장한다.[45]

한편, 정 대표는 핵탄두에 필요한 플루토늄 대량생산과 우라늄 농축에 많은 시간과 비용이 소요되지만, 재처리 시설을 건설할 부지가 선정되더라도 해당 지역 주민과 지방자치단체의 반발이 더 큰 문제가 될 것으로 예상한다. 아울러, 핵무기를 개발하더라도 핵실험 장소가 없어 성공 여부 확인이 제한될 것이라는 우려도 제기한다.[46] 더구나 그는 핵개발과 보유는 비밀리 추진할 수 없다면서 무엇보다 남북한이 핵 군비경쟁을 계속할 경우, 한국 영토 안에 다수의 핵무기 제조 및 은폐, 분산

배치를 해야 하는데, 이때 어려움 등을 이유로 탈핵으로 가야 한다고 주장한다.[47]

한국의 핵 자강에 반대하는 전문가들의 네 번째 주장을 정리해 보면, 이들은 핵무기 제조가 과학기술의 영역인 만큼 정치·군사적 전략이나 비전 제시와 달리 핵무기 제조 가능성을 토대로 문제를 제기한다. 이들은 핵공학을 전공한 전문가이거나 오랫동안 한반도의 비핵·탈핵 운동을 해온 전문가로서 한국의 핵무기 제조 기술과 시설, 장비의 현재 보유 실태를 근거로 볼 때 단기간에 핵무기를 보유할 수준이 아니라는 의견을 밝히고 있다.

이러한 문제점들을 극복하기 위해서는 우선 정부 차원에서 한미원자력협정을 개정하여 플루토늄 재처리가 가능하도록 미국의 승인을 받을 필요가 있다. 이와 병행하여 재처리 시설을 건설할 부지 선정과 필요한 예산 및 전문인력 확보 계획도 마련해야 한다. 특히, 정부 차원에서 핵 자강 컨트롤타워를 마련해 핵실험에 필요한 장소나 방법, 배치, 보관 등 전반적인 마스터플랜을 준비하고 한미의 긴밀한 협의를 거쳐 추진한다면 시행착오와 리스크를 최소화할 수 있을 것으로 예상한다.

마. 그 외 핵 자강 반대 전문가들의 대안적 옵션

한국의 핵 자강에 반대하는 전문가들은 대부분 한미동맹과 미국의 확장 억제력 실행력 강화에 방점을 두고 있지만, 각자의 경험과 전문성에 따라 다소 상이한 대안을 제시하고 있다. 그 예로 미국의 전술핵 재배치, 발사의 왼편(left of launch)과 같은 북한의 핵 네트워크 차단, 재래식 대량 응징 전력 다량 확보 등 다양한 전략, 전술적 옵션을 제시하고 있다.

차두현 아산정책연구원 수석연구위원은 미국의 전술핵 재배치의 필요성을 강조한다. 그는 2016년 이래 미국의 전술핵 재배치 필요성을 지속 주장해 오다가 2023년 4월 한미 정상회담에서 '워싱턴선언'을 통해 미국이 확장억제 실행력 강화를 약속하자 전술핵 재배치가 현실적으로 불가능하다고 보고 관련 주장을 자제해왔다. 그러나 2024년 미국 대선을 앞두고 도널드 트럼프 후보의 당선이 확실시되자 한반도의 안보 리스크를 최소화하기 위한 대안으로 전술핵 재배치가 필요하다는 주장을 다시 하고 있다. 지금까지 차 연구위원의 발언을 종합해 보면, 기본적으로 그는 북한의 핵 도발 억제를 위해 한미동맹과 미국의 확장억제 실행력 강화가 최선이라고 평가하면서도 보완적 수단으로 미국의 전술핵 재배치 방안도 열어둬야 한다고 주장한다. 다만, 한국의 핵 자강과 같은 핵무장 옵션은 반대하고 있다.[48]

다음으로 강력한 대북 응징 및 거부 전략을 비롯해 핵잠재력을 갖춰야 한다는 주장들도 있다. 김정섭 세종연구소 수석연구위원은 가장 현실성적인 방안인 미국의 확장억제 신뢰성 강화를 위한 정책적 노력을 계속하는 한편, 한국군의 첨단 재래식 응징보복 능력의 확충이 필요하다고 주장한다.[49] 함형필 한국국방연구원 책임연구위원은 현실적인 북핵 대응 방안으로 북한 사이버 위협을 안정적으로 관리하여 전쟁이나 핵 사용까지 가지 않도록 하는 방법을 대안으로 제시하고 있다.[50] 이는 북한의 핵 네트워크 차단과 같은 선제적 조치를 통해 북한의 핵 위협을 예방하는 효과를 거두고자 하는 방법으로 해석된다.

한용섭 前 국방대학교 부총장은 미국의 확장억제 실행력 강화와 함께 미국의 한국 핵추진잠수함 개발 승인이 필요하다고 주장한다.[51] 천영우 한반도미래포럼 이사장은 북핵 위협 대응 방안을 보다 구체적으로 제시하고 있다. 먼저 북한의 핵 선제사용을 거부하는 데 목표를 두고 전력구조를 거부 중심으로 개편해야 한다고 주장한다. 이는, 북한이 미사일을 발사하기 직전에 제거하고 날아오는 핵미사일을 요격할 비핵 탄도미사일, 벙커버스터 등 정밀유도무기를 확충해야 한다고 말한다. 아울러 유사시 한국이 단기간 내 핵무장을 할 수 있도록 우라늄 농축·플루토늄 재처리 기술 및 산업 기반 시설 확보 등과 같은 핵 개발에 필요한 기술과 산업 인프라를 구축하여 핵무장 잠재력을 확보해야 한다고 주장한다.[52] 그리고 김영준 국방대 교수는 주한미군의 갑작스러운 감축 등 미국의 안보 공약이 흔들릴 경우를 대비해 핵무장을 실현할 과학기술 능력, 즉 플루토늄 재처리 및 우라늄 농축 기술, 관련 시설 유지 등 핵잠재력을 확보하고 유사시 이를 지지할 미국 내 지한파를 육성해야 한다고 주장한다.[53]

한편, 위성락 국가안보실장(前 더불어민주당 의원)은 '한국의 핵잠재력 확보 필요성' 주장에 부정적이다. 그는 핵잠재력 확보와 같은 수정주의적 주장에 대해 비현실적이라고 지적하면서, 잠재력 확보가 핵을 평화적으로만 이용한다는 신뢰를 저버리는 일이기 때문에 농축·재처리 권한을 얻기 더 어려울 것으로 전망한다. 특히, 한국이 과거 핵무기 개발과 핵 물질 추출을 시도한 전력 있어서 미국이 한국의 핵무장을 위한 잠재력 확보 차원의 농축·재처리도 허용하지 않을 것으로 보고 있다. 그래서 그는 한국이 비확산의 명분을 지키고 조용히 있는 것이 핵잠재력을 키우고 농축·재처리에 접근하는 길이라면서, 북한 핵 위협에 대한 최적의 대안은 미국의 확장억제 강화 및 미국과의 긴밀한 공조 체제 발전, 북·중·러와의 외교적 공간 확보를 통해 달성 가능하다고 주장한다.[54]

이 같은 군사·기술적 대안 외에도 북한, 중국, 러시아 등과 대화와 외교를 통한 위기관리를 주장하는 전문가들도 있다. 문정인 연세대 명예교수는 북핵 위협에 대한 한국의 정책 옵션은 핵무장이 아니라, 미국의 확장억제와 한미연합전력을 발판으로 북·중·러 등과 대화와 소통으로 핵확산 압력을 줄이고 전략적 안정 유지에 지향점을 둬야 한다고 주장한다. 이를 위해 역내 다자협의체를 가동하여 교착상태에 있는 북핵협상을 재개하는 것이 급선무라고는 강조한다.[55]

양무진 북한대학원대학교 총장도 이러한 문정인 교수의 주장과 궤를 같이하고 있다. 그는 북핵 문제 해결을 위한 대안으로는 압박과 대화가 균형적이고 체계적으로, 그리고 일관되게 이뤄져야 한다고 주장한다.[56] 정욱식 평화네트워크 대표도 한미동맹의 강력한 대북 억제력이 작동하고 있는 만큼, 전쟁 방지를 위한 남북, 북미 등 억제-관계-소통-협상 등의 관계 개선과 소통구조를 만들어가는 것이 중요하다고 주장한다.[57] 김종대 전 국회의원도 한국의 핵무장은 '힘에 의한 평화'를 말하는 것으로 평화공존과는 거리가 멀어지게 되는 것이라면서, 남북한이 조건 없는 대화를 통해 평화프로세스를 가동해 북한 핵문제 해결을 위한 노력을 지속해야 한다고 주장한다.[58]

3. 종합분석 및 평가

지금까지 한국의 핵 자강에 반대하는 국내 전문가 16명의 담론을 분석해 봤다. 한국의 핵 자강에 반대하는 전문가들의 기본적인 반대 논리는 개인별 정치 성향의 차이에도 불구하고 공통점이 많았다는 점에서 전문가들의 의견은 정치 성향과 상관성이 낮다고 평가된다. 한국의 핵 자강에 반대하는 핵심 주장들은 크게 다음 4가지로 압축되었다. 한국이 핵무장을 하면 한미동맹의 균열 및 미국의 확장억제 약화 초래, 국제규범인 NPT를 탈퇴하면 한국의 정치·경제에 치명적 위험 초래,

한국이 핵무장을 하더라도 핵 억제 효과 제한적·남북 군비경쟁과 불안정 지속, 한국의 핵무기 개발 기술 및 시설 등 역부족 등이다.

반면, 전문가들의 대안적 옵션에 있어서는 정치 성향에 따라 차이점을 나타냈다. 보수성향의 전문가들은 북한의 핵 위협에 대한 대안으로 미국의 전술핵 재배치 및 응징·거부 전력 확보, 핵잠재력 확보, 핵추진잠수함 건조, 북한 사이버 위협의 안정적 관리 등과 같은 군사·기술력 증강 및 활용과 같은 억제력 강화를 주장했다. 그러나 진보 성향의 전문가들은 남북한 및 역내 국가 간 대화와 외교를 복원하고, 지속 유지하여 한반도의 전략적 안정을 추구해야 한다고 주장하였다.

이러한 유사성과 차이점이 나타난 배경으로는 이들 전문가 대부분이 50대 이상의 남성, 전문 지식을 습득한 고학력, 안정적 직업, 수도권 거주 등과 같이 불안정 요인이 적다 보니, 감정에 치우치기보다 전문지식과 경험에 근거한 것으로 판단된다. 그러다 보니 이념적 성향보다 직업적 전문성과 소신이 반영된 의견 표출이 많았다. 따라서 전문가 집단은 선호가 쉽게 바뀌지 않고 이들의 반대 주장은 지속성과 유사성을 나타냈다.

그동안 한국의 자체 핵 자강에 대한 일반 국민의 찬성 여론은 대내외 안보 상황에 따라 시기별로 다소 차이가 있지만 60~70% 수준을 꾸준히 유지해 왔다. 하지만 2024년 4월 29일 미국 워싱턴 싱크탱크 '전략국제문제연구소(CSIS)가 발표한 보고서에 따르면, 한국의 지식인 중 34%만이 한국의 핵무장에 찬성한 것으로 나타났다.[59] 이 데이터는 2024년 2월 최종현 학술원에서 발표한 일반인 대상 핵무장 찬성여론(72%)과 상당한 차이가 있을 뿐만 아니라, 2024년 6월 통일연구원이 공개한 차체 핵무장 찬성여론(66%)[60]이나, 2024년 10월 중앙일보와 동아시아연구원이 공동으로 조사하여 공개한 찬성여론(71%)[61]에 비해 낮은 수준이다.

앞에서 제시한 미국 '전략국제문제연구소(CSIS)의 보고서는 한국 내 학자와 전문가, 국회의원, 기업인 그리고 전·현직 고위 관리 등 1천여 명을 대상으로 온라인으로 조사됐으며, 한국의 핵무장 관련 찬반 설문조사 결과 대상자 중 53%는 반대, 나머지 13% 모른다고 답했다. 찬성한다고 답한 지식인 중 68%는 스스로를 보수, 22% 중도, 10%는 진보라고 답했고, 핵무장에 반대한다고 답한 지식인 중 36%는 보수, 28% 중도, 36% 진보라고 답한 것으로 나타났다. 여기에서 본 연구와 상관성이 있는 데이터는 한국 지식인 중 핵무장에 반대한다고 답한 지식인의 성향들이다. 반대하는 지식인들은 보수, 중도, 진보에 관계 없이 비슷한 수치를 나타냈다.

CSIS 보고서는 한국 지식인층이 핵무장에 찬성하지 않는 주된 이유로 "한국이 규칙에 기반한 국제질서를 지킴으로써 생기는 국제적 위상이 큰 가치를 부여하고 있기 때문"이라고 설명했다. 핵무장에 반대하는 지식인 43%가 반대 이유로 '경제제재 및 국제 평판 악화', 26%가 '한미동맹에 악영향', 20%는 '한반도에서 군비확장 경쟁', 10%는 '중국과 러시아 등 이웃 나라로부터 안보 위협 증대'를 꼽았다[62] 이 CSIS의 여론조사 결과는 본고에서 분석한 한국의 핵 자강에 반대하는 국내 전문가들의 반대 의견 4가지와 유사한 결과를 보인다. 따라서 본 연구에서 한국의 핵 자강에 반대하는 전문가들도 그들의 반대 논리를 고려할 때 CSIS 여론조사에서 반대한 53%의 범주 안에 포함될 것으로 추정할 수 있다.

본고는 한국의 핵 자강에 반대하는 국내 전문가들의 공개된 저서, 논문, 세미나 발표 자료, 칼럼, 언론 보도 등 텍스트를 중심으로 분석하였다. 텍스트의 특성상 정성적인 방법으로 전문가 주장의 핵심 내용,

주장의 공통점과 차이점, 그리고 정치 성향과의 상관성을 분석해 보았다. 그 결과 전문 지식과 경험이 많을수록 핵 자강 반대 논리에 더 친화적이라는 점이 발견되었다.

따라서 한국의 핵 자강을 위해서는 국가안보에 있어서 만큼은 여야가 따로 있을 수 없다는 정신 아래 초당적 협력을 토대로 정교한 국가 핵 자강 전략을 수립하여 적극적인 대내외 설득 작업에 들어가야 한다. 한국의 안보에 가장 중요한 동맹국인 미국을 비롯해 우호적인 국제 여론 조성을 위한 적극적인 외교활동과 국내 전문가 집단을 비롯한 국민 대상 여론 조성 및 설득 노력이 요구된다. 특히, 북한의 핵·미사일 능력 고도화로 한국 국민의 생존이 위협받고 있기 때문에 최소한의 방어 수단으로 핵무장을 추구한다는 공감대를 미국 정부와 의회, 국민을 비롯해 중국, 러시아 정부 당국자들에게도 확산시키는 노력이 필요할 것으로 생각된다.

주

1 김경진, "안보 불안에 고개 드는 '핵무장론'…가능한지 따져봤습니다,"《KBS》, 2024년 6월 25일; 신율, "[신율의 뉴스 정면승부] 북 체제 특성상 반체제 활동 의심할 수 있는 단계 왔다,"《YTN 라디오》, 2023년 8월 11일; 차두현, "[시론] 한국형 확장억제, 최선의 길을 선택했다,"《국민일보》, 2023년 5월 16일; 이현식, "[뉴스쉽] 자체 핵무장? 그 전에 생각해봐야 할 것들,"《SBS》, 2022년 10월 22일.

2 정욱식, "문정인 연세대 명예교수 인터뷰: 한반도 위기, 진단과 해법,"《한겨레》, 2024년 1월 22일; 문정인, "[칼럼] 무엇을, 누구를 위한 '독자 핵무장론'인가,"《한겨레》, 2023년 2월 26일; 문정인, "[칼럼] 우크라이나사태와 동북아 핵 도미노,"《한겨레》, 2022년 5월 1일.

3 양무진, "[맞짱토론] 북한 3차 핵실험…한국도 핵무장 해야 하나,"《한국경제》, 2013년 2월 23일.

4 조문정, "韓, 핵무장보다는 사회적 합의 복원하고 '우라늄 농축 권한' 확보해야,"《뉴데일리》, 2026년 6월 20일.

5 김효정, "전봉근 교수, 한국 핵무장, 한미동맹 체제선 불가능,"《연합뉴스》, 2016년 2월 24일; 전봉근, "[리셋코리아] 핵무장과 한미동맹, 둘 다 갖는 건 불가능,"《중앙일보》, 2024년 7월 21일.

6 정우진, "한국 독자 핵개발, '신기루'일까…북핵 대응 네 가지 시나리오,"《국민일보》, 2023년 4월 15일; 정우진, "갈수록 고조되는 北核 위기감…한국 '독자 핵 개발' 가능성은?,"《국민일보》, 2023년 4월 17일.

7 전봉근, "[시론] 핵 주권을 강조할 이유는 없다,"《서울신문》, 2009년 6월 3일; 조문정, "韓, 핵무장보다는 사회적 합의 복원하고 '우라늄 농축 권한' 확보해야,"《뉴데일리》, 2023년 6월 21일; 전봉근, "[리셋코리아] 핵무장과 한미동맹, 둘 다 갖는 건 불가능,"《중앙일보》, 2024년 7월 21일.

8 정욱식·강정민,『한국의 반핵문화를 위하여』(경산: 열린길, 2008), p. 234.

9 정욱식, "[칼럼] 사후 세계와 핵우산,"《한겨레》, 2024년 3월 25일.

10 김경진, "안보 불안에 고개 드는 '핵무장론'…가능한지 따져봤습니다,"《KBS》, 2024년 6월 25일; 신율, "[신율의 뉴스 정면승부] 북 체제 특성상 반체제 활동 의심할 수 있는 단계 왔다,"《YTN 라디오》, 2023년 8월 11일; 차두현, "[시론] 한국형 확장억제, 최선의 길을 선택했다,"《국민일보》, 2023년 5월 16일; 이현식, "[뉴스쉽] 자체 핵무장? 그 전에 생각해봐야 할 것들,"《SBS》, 2022년 10월 22일.

11 신지혜, "핵무장론은 정치공방…비확산 규범지켜야,"《KBS》, 2022년 10월 25일.

12 박현주, "미국 민주·공화당 모두 새 정강서 '북한 비핵화' 지웠다,"《중앙일보》, 2024년 8월 21일.

13 정영교·박현주, "한국 자체 핵무장 해야 59% → 71%," "트럼프 포비아에⋯미국 핵우산 불충분 26% → 47% 급증,"《중앙일보》, 2024년 10월 8일.
14 정성장,『왜 우리는 핵보유국이 되어야 하는가』(서울: 메디치미디어, 2023), p. 189.
15 유새슬·정희완, "윤석열 대통령, 트럼프와 통화⋯이른 시일 내 회동하기로,"《경향신문》, 2024년 11월 7일.
16 김병연, "[중앙시평]한국 핵무장론의 현실성 검토,"《중앙일보》, 2024년 7월 17일.
17 김정섭, 2023, "한국의 독자 핵무장과 전략적 안정성,"『세종정책브리프』No. 2023-2.
18 정욱식, "문정인 연세대 명예교수 인터뷰: 한반도 위기, 진단과 해법,"《한겨레》, 2024년 1월 22일; 문정인, "[칼럼]무엇을, 누구를 위한 '독자 핵무장론'인가,"《한겨레》, 2023년 2월 26일; 문정인, "[칼럼]우크라이나사태와 동북아 핵 도미노,"《한겨레》, 2022년 5월 1일.
19 천영우,『대통령의 외교안보 어젠다; 한반도 운명 바꿀 5대 과제』(서울: 박영사, 2022), p. 82.
20 천영우, 앞의 책, p. 90; 이경택, "핵에는 핵으로? 남북한 모두 핵 숭배 신앙에 빠져있다⋯천영우, '독자핵무장' 주장에 경고,"《펜N마이크》, 2023년 5월 17일.
21 김소정, "핵무장이 이익이냐, 핵 비확산이 이익이냐,"《미디어펜》, 2024년 7월 7일; 조문정, "韓, 핵무장보다는 사회적 합의 복원하고 '우라늄 농축 권한' 확보해야,"《뉴데일리》, 2023년 6월 21일; 전봉근, "[시론] 핵 주권을 강조할 이유는 없다,"《서울신문》, 2009년 6월 3일; 김충렬, "북한 핵 위협, 한국의 핵무장은 필요하고 가능한가?,"《Break News》, 2024년 7월 17일.
22 신지혜, "핵무장론은 정치공방⋯비확산 규범 지켜야,"《KBS》, 2022년 10월 25일.
23 위성락, "[중앙시평] 확장억제 합의의 함의와 할 일,"《중앙일보》, 2023년 5월 10일; 위성락, "[중앙시평] 핵무장 여론, 이대로 좋은가,"《중앙일보》, 2023년 2월 15일.
24 조문정, "韓, 핵무장보다는 사회적 합의 복원하고 '우라늄 농축 권한' 확보해야,"《뉴데일리》, 2023년 6월 21일.
25 이현식. "[뉴스쉽] 자체 핵무장? 그 전에 생각해봐야 할 것들,"《SBS》, 2022년 10월 22일; 김경진, "안보 불안에 고개 드는 '핵무장론'⋯가능한지 따져봤습니다,"《KBS》, 2024년 6월 25일.
26 정욱식, "문정인 연세대 명예교수 인터뷰: 한반도 위기, 진단과 해법,"《한겨레》, 2024년 1월 22일; 문정인, "[칼럼]무엇을, 누구를 위한 '독자 핵무장론'인가,"《한겨레》, 2023년 2월 26일; 문정인, "[칼럼]우크라이나사태와 동북아 핵 도미노,"《한겨레》, 2022년 5월 1일.
27 정욱식·김종대,『진짜안보』(파주: 서해문집, 2014), pp. 137-139.
28 한동인, "트럼프 집권 땐 한국 자체 핵보유?,"《뉴스토마토》, 2024년 2월 14일.

29 정성장 (2023), pp. 186-188.

30 핵비확산조약(NPT) 제10조 1항은 "각 당사국은, 당사국의 주권을 행사함에 있어서 본 조약상의 문제에 관련되는 비상사태가 자국의 지상이익을 위태롭게 하고 있음을 결정하는 경우에는 본 조약으로부터 탈퇴할 수 있는 권리를 가진다. 각 당사국은 동 탈퇴 통고를 3개월 전에 모든 조약 당사국과 국제연합 안전보장이사회에 행한다. 동 통고에는 동 국가의 지상이익을 위태롭게 하고 있는 것으로 그 국가가 간주하는 비상사태에 관한 설명이 포함되어야 한다"라고 명시돼 있다. 자료: 법제처 국가법령정보센터(https://www.law.go.kr/LSW/trtyInfoP.do?trtySeq=2390) (검색일: 2025. 3. 31.).

31 정성장 (2023), pp. 175-176.

32 Charles D. Ferguson, "How South Korea Could Acquire and Deploy Nuclear Weapon" (2015).

33 로버트 아인혼, "한국은 핵무기를 보유해야 하는가?," 2022 한미핵전략포럼 발표논문 (2022.12.17.); 조은정, "[VOA 워싱턴 톡 특별대담] '미국이 한국 핵무장 용인할 수도' vs '미한동맹에 부담'," 《VOA》, 2023년 2월 3일; 이민석, "北 비핵화 안 할 것 세계가 아는데…한국 핵 보유 열망 막기 쉽겠나," 《조선일보》, 2023년 5월 14일.

34 이현식, "[뉴스쉼] 자체 핵무장? 그 전에 생각해봐야 할 것들," 《SBS》, 2022년 10월 22일; 정우진, "갈수록 고조되는 北核 위기감…한국 '독자 핵 개발' 가능성은?," 《국민일보》, 2023년 4월 17일.

35 조문정, "韓, 핵무장보다는 사회적 합의 복원하고 '우라늄 농축 권한' 확보해야," 《뉴데일리》, 2023년 6월 21일.

36 이만석·김선홍·함형필, "북한의 핵 강압 전략과 한국의 대응방안," 『국방정책연구』, 제141호 (2023), pp. 51-52.

37 김영호, "동북아외교안보포럼, '대한민국 안보의 미래, 핵이 답이다' 토론회 개최," 《브릿지경제》, 2023년 1월 10일.

38 Glenn H. Snyder, "The Balance of Power and the Balance of Terror," in Paul Seabury(Ed.) The Balance of Power (San Francisco, CA: Chandler, 1965), pp. 185-187.

39 정욱식, "문정인 연세대 명예교수 인터뷰: 한반도 위기, 진단과 해법," 《한겨레》, 2024년 1월 22일.

40 천영우, "[칼럼]독자 핵무장이 만병통치약일까," 《조선일보》, 2024년 8월 30일; 정진황, "천영우, 우리 자체 핵무장 땐 경제 무너져…우라늄 농축기술 확보는 필요," 《한국일보》, 2024년 3월 14일.

41 정성장 (2023), pp. 194-202.

42 이경훈, "한국의 핵무장 가능한가: '6개월 내 핵무기 제조 가능' 주장에 대한 반론," 《월간조선》, 2024년 8월호.

43 한동인, "트럼프 집권 땐 한국 자체 핵 보유?,"《뉴스토마토》, 2024년 2월 14일.

44 정욱식, "[한겨레S]주장만 넘치는 한국 핵무장, 불가능하고 비효율적이다,"《한겨레》, 2022년 10월 31일.

45 정욱식, "[칼럼]2년 안에 핵폭탄 100개"? 망국의 길,"《프레시안》, 2015년 5월 28일.

46 정욱식, "주장만 넘치는 한국 핵무장, 불가능하고 비효율적이다,"《한겨레S》, 2022년 10월 31일.

47 김해창 외,『핵, 이젠 안녕』(무산: 해성, 2017), pp. 98-100.

48 차두현, "[한반도 포커스] 美 대선 변수 최소화하려면,"《국민일보》, 2024년 2월 26일; 김경진, "안보 불안에 고개 드는 '핵무장론'…가능한지 따져봤습니다,"《KBS》, 2024년 6월 25일; 신율, "[신율의 뉴스 정면승부] "북 체제 특성상 반체제 활동 의심할 수 있는 단계 왔다,"《YTN 라디오》, 2023년 8월 11일; 차두현, "[시론] 한국형 확장억제, 최선의 길을 선택했다,"《국민일보》, 2023년 5월 16일; 이현식, "[뉴스쉽] 자체 핵무장? 그 전에 생각해봐야 할 것들,"《SBS》, 2022년 10월 22일.

49 김영호, "동북아외교안보포럼, '대한민국 안보의 미래, 핵이 답이다' 토론회 개최,"《브릿지경제》, 2023년 1월 10일.

50 김수한, "서울서 테러·전쟁 일어나면…,"《헤럴드경제》, 2023년 11월 4일.

51 한용섭, "[포럼] '한국형 핵 공유'체제 상설화 필요성,"《문화일보》, 2023년 4월 26일.

52 천영우, "[칼럼] 워싱턴선언을 넘어 핵잠재력 확보에 나서자,"《조선일보》, 2023년 5월 10일; 유용원, "[유용원의 밀리터리 시크릿] "천영우 전 청와대 수석이 던진 북핵 대책 등 세 가지 안보 화두,"《조선일보》, 2022년 6월 28일; 천영우,『대통령의 외교안보 어젠다; 한반도 운명 바꿀 5대 과제』(서울: 박영사, 2022), p. 98.

53 신지혜, "핵무장론은 정치공방…비확산 규범지켜야,"《KBS》, 2022년 10월 25일.

54 위성락, "[중앙시평] 핵무장 여론, 이대로 좋은가,"《중앙일보》, 2023년 2월 15일.

55 정욱식, "문정인 연세대 명예교수 인터뷰: 한반도 위기, 진단과 해법,"《한겨레》, 2024년 1월 22일; 문정인, "[칼럼]무엇을, 누구를 위한 '독자 핵무장론'인가,"《한겨레》, 2023년 2월 26일; 문정인, "[칼럼]우크라이나사태와 동북아 핵 도미노,"《한겨레》, 2022년 5월 1일.

56 양무진, "[맞짱토론] 북한 3차 핵실험…한국도 핵무장 해야 하나,"《한국경제》, 2013년 2월 23일.

57 정욱식, "주장만 넘치는 한국 핵무장, 불가능하고 비효율적이다,"《한겨레S》, 2022년 10월 31일.

58 박재홍, "[열린 인터뷰] 김종대, 한반도 평화는 초당적 과제, 정치가 외교 망치는 우 범하지 말아야,"《노컷뉴스》, 2021년 9월 27일.

59 김영교, "한국 지식인 3명 중 1명만 자체 핵무장 찬성…미국 대외정책 따라 찬성 늘 수도,"《VOA》, 2024년 4월 30일.

60 박수찬, "트럼프 못믿겠다"…불붙는 한국 자체 핵무장론, 실현 가능할까,"《세계

일보》, 2024년 8월 30일.

61 정영교·박현주, "한국 자체 핵무장해야 59% → 71%", "트럼프 포비아에…미국 핵우산 불충분 26→ 47% 급증," 《중앙일보》, 2024년 10월 8일.

62 김영교, "한국 지식인 3명 중 1명만 자체 핵무장 찬성…미국 대외정책 따라 찬성 늘 수도," 《VOA》, 2024년 4월 30일.

25장

드골 프랑스 대통령의 핵무장 결단 이유와
대외·대국민 설득 전략

정한용

1. 문제 제기

트럼프 2기 행정부가 출범하여 그동안 추진해 온 미국의 핵우산, 즉 한국에 대한 미국의 확장 핵억제(extended nuclear deterrence)[1]가 흔들릴 가능성이 있다. 우선 북한은 향후 미국 본토를 핵무기로 공격할 수 있는 능력을 갖추게 될 것이고, 미국은 현재의 경제적 쇠퇴[2]가 계속된다면 트럼프 2기 행정부부터 본격적으로 역외 균형(offshore balancing) 전략을 선택할 것이다.

역외 균형 전략이란 미국 하버드 대학의 현실주의 국제정치학자 스티븐 월트가 주창한 것으로 그동안 미국이 자유주의 패권 전략에 따라 세계 전역에서 체제 전환을 위한 전쟁을 벌이는 것을 중단하고 유럽과 동아시아, 걸프 등 3대 전략 지역에만 집중하는 것을 말한다. 이들 지역에서 미국과 동맹국들의 안보와 국익이 위기에 처할 경우에만 파병해 지역 위기를 해결하는 역외 균형이야말로 미국에겐 최고의 대전략이라는 것이 그의 주장이다. 또한 역외 균형 전략을 추진하게 되면 미국으로서는 중국의 패권 도전에 더 집중해서 대응할 수 있는 장점이 있다.

역외 균형전략이 주목받게 된 배경에는 녹록지 않은 미국의 경제 상황도 한몫 했다. 2023년 현재, 미국의 부채는 지난 20세기 동안 그 어느 때보다도 현재 가장 많다. 또한 미국의 연간 예산 적자는 2023년 현재, 미국 GDP의 5.8%에 달한다. 이는 지난 50년간 미국의 재정적자가 GDP 대비 평균 3.6%였던 것에 비하면 상당히 높은 수준이다. 앞으로도 미국의 재정적자는 계속 증가할 것으로 예상되며, 새로운 전쟁이나 새로운 경제 위기가 발생하지 않더라도 10년 후에는 미국의 연간 재정적자가 GDP의 6.8%에 달할 것으로 예상된다.[3]

역사는 유추를 통해 가르쳐주며, 현재와 비교 가능한 상황들을 통해 현재에 있을 법한 결과에 대한 실마리를 던져준다. 그렇다면 지금 한국이 처한 핵위기 상황과 가장 가까운 역사의 실마리를 어디서 찾을 수 있을까. 이는 과거 프랑스가 핵을 보유하려 했던 시기에서 찾을 수 있다. 우선, 현재 미 행정부가 한국의 자체 핵 보유를 막기 위해 한국에 약속하는 것들은 1960년대 초 미국이 프랑스의 핵 개발을 중단시키기 위해 약속했던 것들과 매우 흡사하다.

1961년 5월 말 파리를 방문한 케네디 미국 대통령에게 드골 프랑스 대통령은, 소련이 프랑스를 향해 핵무기를 사용할 경우 미국이 핵으로 프랑스를 방어할 의지가 있는지를 물었다. 이에 케네디는 '미국은 서유럽이 소련의 손아귀에 떨어지는 것을 좌시하느니 차라리 핵무기를 사용해서라도 이를 저지할 것'이라고 밝혔다. 그러나 드골 대통령이 더 구체적으로 질문했을 때, 즉 소련의 침략이 어디까지 뻗어오면 언제 어느 목표물(소련 내의 지점인가 또는 그 이외의 지점인가)에 미사일을 발사할지에 대해 물었을 때, 케네디 대통령은 대답하지 못했다. 드골은 이전부터 핵우산의 태생적 한계를 꿰뚫고 있었지만, 이를 계기로 미국의 핵우산 정책에 더욱 의구심을 갖게 되었다. 미국은 지금도 북한이 한국을 핵무기로 공격할 경우 미국이 가지고 있는 어떤 핵무기로 북한에 어떻게 보복할 것인지 한국과 구체적으로 협의하지 않고 있는 것으로 알려져 있다. 이것은 미국의 핵 사용은 어디까지나 북한이 핵을 사용했을 때, 미국 대통령의 판단과 결심에 전적으로 좌우될 수밖에 없다는 것을 보여 준다.

또한 1949년 유럽에서 북대서양조약기구(NATO, 이하 나토)라는 집단방위기구가 창설되었음에도 드골 대통령이 자체 핵무장을 추진했던 데는 자국의 안보를 나토에 크게 의존하는 한 미국에의 외교적 종속에서 벗어나기 어렵다는 점이 또 하나의 중요한 배경으로 작용했다.[4] 나아가 드골 대통령이 프랑스 핵무장에 성공한 후 소련 및 동유럽 국가들과 관계를 개선하고 미국과 소련의 긴장 완화를 위해 적극적으로 나설 수 있었던 것도 핵무장을 결단한 중요한 배경이 되었다는 것에 주목할 필요가 있다.

이 글은 드골 대통령의 핵무장 결단이 이루어진 배경과 그에 대한 대외·대국민 설득 전략을 정치적 리더십의 관점에서 평가하는 데 목적이 있다. 나아가, 이를 통해 현재와 미래의 한국 지도자 및 국민들에게 핵무장이 단순한 억제 수단을 넘어 전략적 자율성과 국가 위상을 반영하는 글로벌 선도국가(Leading Global Nation)로 자리매김하는 데 영감을 주고자 한다. 따라서 이 글은 역사적 배경과 사례를 중심으로 연대기적(Chronological) 서술과 시대적(Contextual) 분석을 결합하여 다음과 같이 전개된다. 제2장에서는 드골의 핵무장 결단 배경과 그 이유를 살펴보고, 제3장에서는 당시 초강대국인 미국과 소련, 그리고 영원한 경쟁자인 독일을 상대로 프랑스 핵무장의 당위성을 어떻게 설득했는지를 분석한다. 제4장에서는 프랑스 국민을 어떻게 설득했으며, 제5장에서는 드골이 보여준 핵무장의 본질과 한국에 주는 시사점을 제시한다.

물론, 드골이 보여준 프랑스의 핵무장에 관한 정치적 리더십이 완벽하거나 우리에게 구체적인 모범 답안을 제시하는 것은 아니다. 그러나 리더십의 유산은 원칙과 영감을 제공해야 한다는 점에서 드골의 사례는 매우 독보적이다. 요컨대, 드골의 정치적 리더십은 위대한 지도자가 미래 핵안보 환경을 주도하고 역사를 만들어가는 방식을 보여주는 중요한 사례가 되며, 향후 한국의 핵안보 전략 추진에도 큰 시사점을 줄 것이다.

2. 드골의 핵무장 결단 배경 및 이유

프랑스의 핵무기 개발 과정은 그리 간단하지 않으며 매우 독특하다. 외부의 개입 없이 독자적인 기술개발로만 수직적 계열화(원료의 생산에서부터 폐기까지의 핵기술 전체를 의미)를 이루었다. 주로 민간이 주도하는 미국, 영국, 독일의 원자력 운용 체제와 달리 '국가주의', '중앙집권주의', '민족주의'의 3대 요소가 긴밀하게 결합 된 프랑스만의 독특한 스타일을 가지고 있다. 또한 프랑스의 핵개발은 전시나 패권 경쟁이 아닌, 국내·국제 정치의 역학관계 안에서 어떻게 이루어졌는가에 대한 사례를 제공한다. 그리고 패권국이 아닌 소위 2급(second tier) 국가로서의 핵확산의 첫 사례일 뿐 아니라, 이후 핵확산의 선례로서 중요한 시사점이 있다.[5]

프랑스의 핵무기 개발 추진 노력은 드골의 재집권(1958년) 이전부터 존재하고 있었다. 제2차 세계대전 직후 프랑스는 원자력 개발연구을 위한 원자력 위원회(1945년 10월)를 창설하여 핵에너지에 대한 기초적인 연구를 이미 개시하였다. 제4공화국 시절인 1954년에는 피에르 망데스 프랑스(Pierre Mendes France) 총리, 르네 플레벵(Rene Pleven) 국방장관, 샤쌩(Chassin) 장군, 아이에레(Aileret) 대령 등이 핵무기 개발위원회를 조직, 핵무기 및 핵 잠수함 제조를 결정하였다. 그리고 제4공화국 말기인 1958년 4월, 원자력 위원회는 1960년 상반기에 사하라의 레강 지역에서 첫 번째 핵실험을 하기로 하였다.

그러나 드골의 재집권 이후에나 핵실험(1960년 2월)과 수소폭탄 실험(1969년)에 성공, 핵무기를 실용화할 수 있는 기술을 얻는다. 그리고 드골은 운반수단으로 다소(Dassault)가 제작한 미라주 IV를 선택한다. 이후 1967년에 이르러 60킬로톤의 핵폭탄을 운반할 수 있는 미라주 폭격기 62대로 핵억제력을 유지하게 된다. 또한 미라주 폭격기와 함께 핵억제력의 한 축을 담당할 탄도미사일개발에 착수하여 1971년에 성공을 거두게 된다.

드골은 1960년 핵잠수함 건조에도 착수하여 1967년 3월 강력한 전략핵잠수함 르두타블(Le Redoubtable)[6]의 취항에 성공하게 된다. 이 핵잠수함은 1971년 실전 배치되면서 2,500킬로미터에서 3,000킬로미터의 사거리와 500킬로톤의 핵탄두를 가진 16기의 탄도미사일이 탑재되었다. 이러한 프랑스의 전략핵잠수함 실전배치가 의미하는 바는 컸다. 이전 미국이 주도하는 대서양 함대의 일원에 불과했던 프랑스의 해군력이 독자적인 핵억제력을 바탕으로 독립적 방어력을 가지게 된 것이며, 지휘권 또한 독자적으로 행사하게 된 것이다.[7]

그렇다면 전후 이후부터 제4공화국으로 이어지는 핵개발 과정을 이어받은 드골이 이렇게 강력하게 핵무장을 추진한 이유는 무엇일까. 이 글은 프랑스의 핵개발 과정 중에서 두드러지게 드러난 드골의 핵무장 결단 이유를 역사적 사례 중심으로 상황과 연대순으로 설명하고자 한다.

1945년, 히로시마와 나가사키 원자폭탄 투하로, 원자력 산업[8]이 정치적 목적을 달성하는 군사용 무기와 동시에 미래의 에너지임을 깨닫다

1944년 8월, 드골을 수반으로 하는 공화국 임시정부가 수립되면서 프랑스의 원자력 연구가 본격적으로 시작되었다. 제2차 세계대전으로 프랑스 경제와 산업이 큰 타격을 입었으며, 이를 회복하기 위해 새로운 에너지원이 절실했다. 당시 도시재건부 장관 라울 도트리는 원자력이 국가 재건과 국방에 필수적임을 강조했고, 이에 드골은 도트리와 국립과학연구센터(CNRS) 총책임자 졸리오-퀴리에게 원자력 산업의 조직화를 맡겼다.

드골이 핵무기 개발의 필요성을 확신하게 된 계기는 1945년 8월 6일과 9일, 히로시마와 나가사키에 대한 원자폭탄 투하였다. 그는 원자력이 산업과 에너지 분야뿐만 아니라 국가 안보 측면에서도 결정적인 요소가 될 것이라 판단했으며, 특히 핵무기가 국제질서를 좌우하는 핵심 요소임을 깨닫고 프랑스의 독자적인 핵 기술 개발을 추진하기 시작했다.

1945년 10월 18일, 마침내 원자력청(Commissariat à l'énergie atomique, CEA, 이하 CEA로 표기)이 창설되면서 졸리오-퀴리는 과학기술 최고위원에, 도트리는 행정 및 재정을 총책임질 청장에 임명되었다. CEA의 창설 목적은 행정명령에 "CEA는 과학, 산업, 그리고 국방의 다방면에 걸쳐 원자력 이용을 위한 과학기술 연구를 시행한다"라고 나와 있듯이 원자력의 군사적 활용을 위한 연구를 진행하기 위해서였다. CEA의 집행부

구조가 최고위원인 과학자와 총괄 관리자인 행정가에 의해 관리되는 이원체제를 취했다는 점에서 CEA는 '과학과 정치의 결합'이 낳은 산물로 볼 수 있다. 초기 CEA는 총리가 주재하는 7명의 '원자력에너지위원회'와 과학자 9명으로 구성된 '과학위원회'를 중심으로 운영되었다. 당시 CEA가 핵무기 개발연구에 얼마나 큰 비중을 뒀는지는 첫 모집한 175명의 과학자와 엔지니어 중 75명이 우라늄 광석 연구 및 개발을 담당했다는 점에서 엿볼 수 있다.

CEA는 처음부터 핵무기 개발이라는 군사적 목적을 우선했기 때문에 의회와 대중에게 알리지 않고 조용히 출범했다. 그런데도 1946년 1월 16일에 실시한 여론조사 결과가 보여주듯이 핵무기 개발에 대한 국민의 관심은 컸다. '앞으로의 전쟁에서 핵무기가 사용될 것인가?'라는 첫 번째 질문에서 51%가 '그렇다', 30%가 '그렇지 않다'로 응답했고, '프랑스는 독자적인 핵무기를 가져야 하는가?'라는 두 번째 질문에서는 56%가 '그렇다', 32%가 '그렇지 않다'고 응답했다. 또 앞으로 전쟁에서 핵무기가 사용될 것이라고 답한 프랑스인들 중 77%가 프랑스가 핵무기를 가져야 한다고 응답했다.

1946년, 드골 사임 이후에도 군사적으로 활용하기 위한 원자력 기술 개발을 우선하는 원자력 정책의 기저는 제4공화국 시기에도 고스란히 이어졌다. 전후(戰後) 프랑스 원자력 산업의 역사에서 드골의 압도적인 위업에 가려 제대로 평가받지 못한 제4공화국의 역할과 성취에도 주목할 필요가 있다. 핵무기가 국가 안보와 국제적 지위를 보장해 주는 효과적 수단이 될 것이라는 결론에 도달한 제4공화국은 CEA를 중심으로 군사용 원자력 개발에 박차를 가했다. 그 결과 1948년 프랑스 최초의 연구용 원자로 ZOE[9]가 핵분열을 시작했고, 마침내 1956년, 농축 우라늄 없이도 가스흑연로 G1[10]에서 첫 플루토늄을 생산했다.

* 출처: 챗GPT가 구현한 프랑스 핵무기 개발의 상징인 드골과 핵 연구소 배경 이미지.

또한 전후 에너지 소비가 엄청나게 급증하여 석탄, 가스, 석유를 수입해야 하는 상황에서 드골의 가장 큰 관심은 미래의 에너지 문제였다. 에너지 문제는 전후 재건을 위한 경제 현대화에 필수 요소였을 뿐 아니라, 2차대전 시 대독 협력 기업가들에 대한 경제적 숙청을 원활히 시행하기 위해서라도 당시 일부 자본에 독점되었던 전력-가스 부문의 구조조정은 불가피한 선택이었다. 1944년 이래 드골은 산업의 '국유화'에 대해 여러 차례 지지 연설을 한 바 있었으며, 프랑스의 대표 정당들도 국유화를 둘러싼 노조의 지지에 힘입어 3당 합의를 이끌어 내어 마침내 1946년 4월, 법에 따라 2,378개 전력회사와 264개의 가스회사를 국유화했고, 프랑스전력공사(EDF)와 프랑스가스공사(GDF)를 창설했다. 중앙집권적 전력-가스개발 체계를 갖춘 EDF와 GDF는 국가 재건과 산업 성장의 엔진으로서 중요한 발판이 되었다.

1959년, 대통령이 된 드골은 에너지는 국가안보와도 직결되어 있는 산업경쟁력의 기초이자 국민 경제 및 국토개발의 혈류라는 점에 유의하여 원자력이란 첨단과학을 적극적으로 개발했다. 특히, 전력 분야에서 국제경쟁력을 강화시킬 수 있었던 것은 난립 되어 있었던 전력 산업체를 부문별로 전문화시켰기 때문이다. 예컨대, 원자로 제작회사는 프라마톰, 터빈발전기제작은 알스톰, 핵연료는 프라제마, 폐기물처분은 고준위인 경우 코제마, 저준위인 경우 앙그라 등으로 계열화하여 전력회사인 프랑스전력공사로 하여금 값싼 양질의 전력을 공급할 수 있게 한 것이다. 이러한 적극적인 원전 사업에 대한 정부의 개입은 프랑스 국내 산업화의 원동력을 제공하여 프랑스의 재건을 실현시키는데 큰 역할을 했다.

이 결과, 2024년 현재, 프랑스는 유럽 원전 동맹을 이끌며 56기의 원전을 가동 중인 세계 2위 원전 강국이다.[11] 또한 포브스(Forbes) 역시 "프랑스는 원자력 덕분에 세계의 청정에너지 선도국이지만, 독일은 (에너지전환과정에서) 가장 더러운 갈탄을 포함한 화석연료 의존을 유지하고 있다"라고 했다.[12]

정리하면, 1945년 드골의 행정명령에 따라 창설된 CEA와 EDF는 궁극적으로 핵무기 개발이라는 군사용 원자력 프로그램의 개발연구에 박차를 가해 가스흑연로로 대표되는 독자적 원자로 기술을 개발함으로써 국가의 원자력 기술 자주권을 획득하는 데 기여했다. 1959년 재집권 이후, 드골은 핵무기 개발은 물론 적극적인 원전 사업으로 미래 에너지 산업의 기초를 다지는 중요한 역할을 했다.[13]

핵무기를 소련의 위협에 대응하는 국가안보 차원의 억지력으로 판단하다[14]

드골은 1957년에 소련의 스푸트니크(Sputnik)[15]라는 최초 인공위성 발사를 보고, 소련이 미국 본토에 대한 대륙간탄도미사일 공격 능력을 갖추게 된 점에 주목했다. 다시 말해 미국과 소련 두 나라가 각각 상대방을 파멸시킬 수 있는 가공의 핵무기를 갖춘 이상, 소련의 위협으로부터 미국이 프랑스를 보호할 것임을 신뢰하지 못하게 된 것이다.

그의 회고록 내용을 잠깐 보자.

> 1958년에 나는 세계의 정세가 NATO 창설 당시와 비교해 볼 때 전연 다른 양상을 띠고 있다고 생각했다. … 서유럽에서도 12년의 세월이 흐르는 사이에 군사적 안보 조건이 크게 변해 있었다. 미국과 소련이 각각 상대방을 파멸시킬 수 있는 가공할 무기를 갖춘 이상 어느 쪽도 전쟁을 터뜨릴 수 없게 된 것이다. 그렇다고 미·소 두 나라가 그들의 중간 지대인 중부 유럽이나 서부 유럽에 폭탄을 투하한다면 이것을 막을 수단이 있을 것인가? 서유럽인에게 나토는 더 이상 보호자의 역할을 하지 못한다. 이런 상황에서 누가 자기의 운명을 보호자에게 맡길 것인가?[16]

드골이 이렇게 정세 판단을 한 이후 60년이 지나 국제체제에 구조적 변화가 발생했음에도 불구하고 프랑스는 여전히 핵무기가 오늘날 자국 안보와 방위 정책에 불가결한 요소라고 믿고 있다. 2013년에 프랑수아 올랑드 대통령은 다음과 같이 말하였다.

> 세계적인 안보위협이 유럽대륙에서 유일한 핵보유국인 프랑스에 핵무기가 불가결한 것으로 만들었다. … 핵무기는 모든 위협에 대한 보호를 제공하고 세계무대에서 큰 역할을 수행할 수 있게 하는 억제력이다.

특히, 핵무기는 유럽에서 새롭게 중요한 위협이 출현할 때를 대비하고 대량살상무기로 무장한 다른 국가로부터의 협박이나 강요를 방지하기 위한 필수적인 보험으로 인식된다. 테트라이스(Bruno Tertrais)의 "프랑스 핵프로그램의 최초 이유는 여전히 유효한 것으로 인식된다. 프랑스의 관점에서 본다면 유럽안보에 잠재적인 전략적 위협이 소멸되지 않았고, 나토를 통한 유럽의 보장이 과거보다 더욱 신뢰할 수 있다고 인식되지도 않는다"[17]라는 언급이 이러한 인식을 잘 보여준다.

핵무기를 미국으로부터 정치적·군사적 자주성을 보장받는 수단으로 보다

드골이 재집권한 1950년 말은 미소 냉전이 한창이던 시점이었다. 미국이 구상한 유럽과의 동반자 관계는 영국과 프랑스 그리고 서독을 대서양 진영에 편입시키는 미국 중심의 동반자 관계였다. 결국 영국과 서독은 미국의 구상을 따름으로써 미국의 충실한 동반자가 되었지만, 드골은 이를 거부하고 독자노선을 택했다. 드골은 미국이 대서양동맹의 틀 안에서 영국과 프랑스를 나토의 다자적 핵 군사기구에 통합하여 통제하려 한다고 인식했다.

사실 미국에 대한 드골의 이러한 비판적 인식은 역사적으로 뿌리 깊은 것으로 2차 세계대전을 거치면서 더욱 확고하게 자리 잡았다. 드골은 일찍부터 미국의 물질적 힘에 의한 지배와 주요 유럽 국가들 사이의 힘의 상대적 결핍은 프랑스가 세계 열강에 들어서는 것을 어렵게 할 것이라 생각했기에 미국 산업사회의 물질적 가치를 비판하였다. 드골의 이러한 인식 때문에, 그를 믿을 수 없는 연합국의 일원으로 취급했던 루스벨트 대통령은 2차 세계대전 당시 북아프리카 공격에서 프랑스 드골의 참여를 배제시켰고, 이는 양자 사이의 긴장을 초래한 바 있었다.

루스벨트의 평화 전략은 미국이 주도하는 평화 질서를 구축하는 것이었으며, 패전국들은 미국 중심의 국제 질서(국제연합, 대서양 중심 동맹)에 편입되어야 한다는 원칙을 따랐다. 따라서 프랑스 역시 미국을 구원자이자 중재자로 인정해야 한다는 입장이었다.

그러나 드골은 프랑스를 미국 주도의 전후 질서에 종속시키려는 전략을 거부했다. 특히, 미국과 영국이 프랑스를 독립된 강대국이 아닌, 미국이 중재하는 질서의 일부로 편입하려는 움직임을 받아들이지 않았다.

이에 루스벨트도 미국과 영국 군대가 프랑스 저항운동의 지원을 받지 못하고, 남부 프랑스 공격에서 프랑스 군대를 활용하지 못할 가능성을 우려하며, 드골에 대해 유화적인 태도를 보일 수밖에 없었다.

결국, 드골은 제2차 세계대전 동안에도 프랑스의 영광과 위대성에 집착하며, '자유 프랑스'의 위상을 손상시키지 않으려 했다. 그는 전시 외교에서도 골리즘(드골의 정치사상)을 견지하며 프랑스의 독립적 위상을 지키려 한 것이다.

1958년, 재집권한 드골은 제4공화국 시기에 추진된 외교정책에 많은 문제가 있다고 판단했다. 우선 자신이 이전부터 꾸준히 추진하였던 유럽방위공동체[18]를 4공화국 정부가 비준하지 못했던 사실과 디엔비엔푸[19]에서의 패배 등이 그러하였고, 특히, 1956년 수에즈 사태[20]를 거치면서 미국과의 관계는 더욱 긴장되었다.[21]

이렇게 국제적으로 프랑스의 외교적 입지가 상당히 좁아진 상황에서, 드골은 1958년 9월 17일, 미국의 아이젠하워 대통령과 영국의 맥밀런 수상에게 바람직한 NATO 체계에 관한 자신의 의견이 담긴 각서를 전달했다. 그는 대서양 동맹 내에 미국, 영국, 프랑스의 정부 수반으로 구성된 정치이사회(Political Directorate)를 설치하자고 제안했다. 이사회는 주기적으로 회합하며, 공동 참모진을 설치하고, 공동 전략을 구상하면서 특히 나토 외부 지역의 위기와 관련한 전략을 수립하기로 되어 있었다.

> 세계적으로 중요한 정치적, 전략적 문제는 미국과 영국, 프랑스로 구성된 새로운 기구에 맡겨져야 한다. 이 기구는 세계안보에 영향을 주는 모든 정치적 문제에 공동으로 결정을 내리고, 특히 핵무기의 사용을 수반하는 계획을 포함한 전략적 계획을 구상하며, 필요할 경우 실행하는 책임을 맡아야 한다. 아울러 이 기구는 북극과 대서양, 태평양, 인도양 등과 같은 개별 작전 지역들 중 적절한 곳에서 방위를 조직하는 책임을 져야 한다. 이러한 지역들은 필요하다면 더 세분화할 수도 있다.[22]

쉽게 얘기해서 드골은 미국과 영국 간의 특별한 관계와 동등한 지위를 프랑스에 달라고 요구한 것이었고, 미국, 영국과 더불어 프랑스가 소련을 대체해서 경찰관이 되겠다는 것이었다.

이에 아이젠하워와 맥밀런은 공식적으로 얼버무리듯이 응답했다. 이들은 상대적으로 유순하면서 자주 바뀌었던 프랑스 제4공화국의 총리들에게[23] 익숙해져 있었기 때문에 시간이 지나면 드골의 제안도 시들해질 것이라고 기대하면서 본질적으로 관료적인 계획안을 제시하면서 대응했다. 이들은 정례적 협의의 원칙은 수락했지만, 정부 수반보다 낮은 급으로 한정해서 협의하려고 했으며, 회담 의제도 군사적 사안에만 국한하기를 원한다고 밝혔다.

이렇게 3국(미·영·불) 중심 체제와 나토 재편 제안을 미국과 영국이 거부하자 드골은 바로 핵무장을 결심하여 행동으로 옮겼는데, 이런 드골의 결심 배경에는 프랑스의 군사 주권이 크게 작용했다고 볼 수 있다. 드골은 프랑스가 자국의 안보를 외국 군대에 맡긴다는 것은 "여러 세대의 영혼과 삶을 망치는 일"[24]이라고까지 생각했다.

드골은 자신에게 다른 옵션이 실제로 있다는 것을 상대가 실감하게 하는 자신만의 독특한 전술에 의지했다. 1959년 3월, 드골은 나토 연합군에서 프랑스의 지중해 함대를 철수시켰다. 그해 6월에는 프랑스 영내 미국의 핵무기를 제거하라고 명령하고, 1960년 2월에는 프랑스가 알제리 사막에서 첫 핵실험을 단행했다. 또한 영공 방위와 프랑스 공중감시 권한을 프랑스의 통제로 환수하였다. 가장 중요한 결정은 1966년 2월에 모든 프랑스군을 나토의 연합통제체제에서 철수시키고, 프랑스 내 모든 외국군 기지의 철수, 혹은 이들에 대한 프랑스의 통제권을 요구했다. 1966년 7월 1일, 프랑스는 나토의 군사 조직에서 모든 대표들을 철수시켰고, 1967년 4월 1일, 미국 및 캐나다군은 프랑스에서 철수하였다. 프랑스가 군사 주권을 회복한 것이다.[25]

여기서 1966년 드골이 나토로부터 프랑스군을 탈퇴시킨 이유에 주목할 필요가 있다. 프랑스가 자체 핵무장을 하지 않고는 현실적으로 나토 탈퇴가 불가능하였기 때문이다. 드골이 나토 탈퇴 결정을 한 요인은 첫째, 동유럽 국가들의 반소(反蘇) 정서(헝가리 혁명, 티토주의 확산)와 공산권 내부의 균열(중국-소련의 분쟁)로 인해 소련의 위협이 감소하여 동유럽 국가 간 관계 개선의 가능성이 증가하고 있다고 판단했다. 둘째, 소련이 미국을 직접 강타할 수 있게 됨에 따라 미국의 핵전략도 대량보복전략에서 유연반응전략[26]으로 전환한 상황이었다. 이는 유럽에서 전쟁이 발생해도 미국이 핵무기를 사용할지 불확실하여 프랑스가 미국의 핵전략 변화에 따라 방치되어 미국이 반드시 프랑스를 보호한다는 보장이 없다고 보았다. 셋째, 미국이 유럽의 분쟁에 참여하게 되면 나토의 전력이 미국의 지휘를 받게 되고 유럽 국가들은 행동반경이 줄어듦에 따라 위험이 증가될 수 있을 것이라고 판단했다. 즉 나토 통합군 체제에서는 미국이 최종적인 군사 지휘권을 행사하기 때문에 프랑스 등 나토 가입국들은 전략적 자율성을 상실하고 미국의 군사적 의사결정에 종속될 가능성이 크다고 판단했다. 또한 미국이 나토 작전을 주도하여 서유럽에서 전투가 벌어질 경우, 제한된 핵무기 사용 가능성을 내포하고 있어 오히려 프랑스 영토를 핵전쟁의 전쟁터로 전락할 위험이 있다고 판단했다.[27]

독자적 핵무기 프로그램은 프랑스의 국제적 역할을 확대하고 국가 위신의 원천임을 생각하다

드골은 프랑스의 국제적 역할은 제4공화국이 행했던 나토에 대한 순종을 배격하는 것이라고 생각했다. 즉, 프랑스는 유럽과 세계 무대 위에서 자기 뜻에 따라 행동할 수 있어야 하고, 이것은 '위대한 프랑스'와 프랑스가 이끄는 '유럽중심의 유럽'을 건설하기 위해 반드시 필요한 동력으로 생각했다. 이러한 독립성은 안보를 위해 필요한 억제 수단을 갖는다는 것을 전제 조건으로 한다는 것이다. 모란(Matthew Moran)과 코티(Matthew Cottee)가 "프랑스의 핵보유국 지위가 프랑스의 민족 서사에 깊게 각인되어 있는 위신과 위상을 위한 염원을 충족시켰다"라고 지적하듯이, 프랑스가 핵을 보유하는 것은 세계 속 프랑스의 구실이라는 가장 중대한 요소와 닿아 있었다. 다시 말해, 프랑스의 운명에 영향을 미치는 결정들에 대한 통제력을 유지하려는 결정은 드골이 펼치는 핵전략의 핵심이었다.[28]

드골은 핵무기 개발로 유럽 지역 정치 속에서 주도권을 확보하여 유럽 내 강대국으로 발돋움하려는 외교 노선을 추구했다. 그 대상은 자유민주주의 진영에만 국한된 것이 아니라 소련과 공산권, 그리고 프랑스와 적대관계의 유산을 가지고 있는 독일도 포함하는 것이었다. 드골은 제2차 세계대전 후의 유럽을 '함께 뭉친 유럽', 또는 '단결한 유럽'으로 만들고자 하였다. 구체적으로 소련과 공산권의 안보 위협으로부터 자유로운 유럽, 소련 및 공산권에 대한 안보가 확립되면 미국의 영향력으로부터 자율성을 획득하여 유럽인에 의해 좌우되는 독립적인 유럽, 이렇게 프랑스의 강력한 지도력에 의해 주도되는 유럽을 만들기 위해서는 꼭 필요한 것이 핵무장이었던 것이다.[29]

그러나 여기서 간과해서는 안 될 것은 드골이 핵무기를 가지려 했던 것은 이를 통해 프랑스의 국제적 역할을 확대하고 광범위한 국가 위신을 확보하기 위해서였지만, 단순히 국가 위신 확보에 그치는 것이 아니라, 지속적으로 최신 기술개발, 연구, 산업, 가치 창조라는 국력신장을 위한 진정한 수단들을 프랑스 자체에 부여하려는 것이 훨씬 더 큰 이유였을 수도 있다. 독자적 핵무기를 가진 국가는 언제나 첨단 기술 분야의 선두를 유지하고, 세계의 흐름에 맞추어 스스로 변화하고 혁신하는 것 외에는 다른 선택지가 없기 때문이다. 드골의 재집권 시절 첨단 기술의 선두에 섰던 대표적인 예로 핵미사일을 장착한 잠수함(Le Redoutable), 콩코드(Concorde) 초음속기의 개발, 컬러 TV 기술개발, 컴퓨터 생산계획 등의 여러 과학기술적 혁신을 달성했다.[30]

3. 대외 설득 전략: 미국·독일·소련

드골의 핵무장에 관한 대외 설득 전략은 그의 자주외교정책과 밀접한 관련이 있다. 그의 자주외교정책의 핵심은 무엇보다 상호 의존성이 밀접해져 가고 있는 국제상황에서, 프랑스의 국가 안보에 위기 증대 시 아무런 제약 없이 대처할 행동의 자유를 확보하는 것이다. 또한 국가 이익에 따라 행동하고 외교·군사적 결정에서 자율성(autonomy)을 확보하는 것이다. 이 같은 기능을 실현하기 위해서 자주성에 필요한 조건 중의 하나가 외부의 침략에 대처하고 국방을 자신의 수단에 의해 수행하는 능력을 의미한다. 결국 드골이 프랑스의 핵무장을 미국, 독일, 소련을 대상으로 설득할 수 있었던 배경에는 이러한 자주외교정책의 기조가 뚜렷이 있었기 때문이었다.[31]

* 출처: 챗GPT가 구현한 드골이 주요 강대국 지도자들과 대화하는 이미지.

물론 키신저가 얘기했듯이 드골의 자주외교정책은 한 세대에 걸친 전쟁과 수십 년간의 굴욕에 시달린 국가를 통치하면서 실용적 기준이 아니라 프랑스의 자존심을 되살리는 데 기여할 수 있는지 여부를 놓고 정책을 평가한 결과였다.[32]

가. 대미(對美) 설득 전략

드골은 1958년 재집권 후 미국을 상대로 다음과 같은 외교 전략을 추진했다. 첫째, 프랑스가 세계적인 강대국으로 인정받도록 하는 것이었다. 그는 제2차 세계대전 당시 영·미가 자유 프랑스를 부당하게 취급했던 경험을 바탕으로, 현재의 프랑스가 강대국 지위를 확보해야 한다고 확신했다. 대표적인 사례로, 1940년 나치 독일이 프랑스를 점령한 후 드골은 영국 런던에서 자유 프랑스를 조직했지만, 특히 미국은 드골을 프랑스의 정당한 대표로 인정하지 않고 대신 비시 정부(페탱 정부)와 외교 관계를 유지했다. 또한, 연합군의 북아프리카 상륙작전에서도 드골을 배제한 바 있다. 둘째, 군사적으로 프랑스가 나토나 미국에 의존하게 되면 자율성을 상실하므로 독자적인 핵능력을 보유한다. 셋째, 나토의 운영 방식을 수정하여 미·영과 함께 세계적·지역적인 문제의 해결 과정에 참여할 지위를 획득한다. 넷째, 나토와 서유럽 대륙에서 미국의 우위를 허용하지 않을 목적으로 미국의 세계 전략을 견제한다. 다섯째, 동서의 긴장 관계가 상대적인 완화기에 접어들게 됨에 따라 소련에 접근하여 이를 발판으로 유럽의 안정을 도모한다. 여섯째, 적절한 세력을 보유하여 독일을 견제한다.[33]

이상의 프랑스 대미 외교 전략은 보다 거시적인 동맹 외교의 큰 틀에서 구상된 것으로, 드골은 다음과 같은 동맹전략을 고려하고 있었다. 첫째, 영국과는 미·소에 대항하는 독립 진영을 구축한다. 둘째, 소련과는 독일에 대항하여 프랑스의 우월성을 유지하기 위해 동맹한다. 셋째, 통일되고 군사화되어 강력해지는 독일에 대항하기 위해서는 누구와도 동맹할 수 있다. 넷째, 독일과 다른 유럽 국가들과는 제3의 독립 진영을 구축하여 세력균형의 변화에 대처한다.

그러나 프랑스는 나토 가입 이후 독자적 전략의 여지가 줄어든 상태에 있었고, 수평적으로 동등한 동맹 파트너 간의 관계를 재정립하려는 노력이 새롭게 필요한 처지에 있었다. 드골은 미·소 초강대국 중심의 국제질서를 비판적으로 인식하고 있었고, 이를 극복하기 위해서는 독자적 외교정책의 여지를 확보해야 했으며, 그러기 위해서는 핵무기의 소유가 가장 절실하다고 판단했다. 그리고 이를 위해서는 먼저 미국을 설득해야만 했다.[34]

미국의 핵우산으로는 운명을 같이 할 수 없다는 논리로 아이젠하워 대통령을 설득하다

드골은 그의 회고록에 아이젠하워에 대해 다음과 같이 적었다.

> 아이젠하워 장군이 제2차 세계대전 당시 연합군 총사령관으로 있을 때, 존경했던 사람으로, 그는 높은 양식을 가진 인물로서 무슨 일이든 신중히 숙고한 다음에야 결심을 했으며, 어떤 결정을 내리려면 반드시 사전에 담당고문들과 상의했다. 그는 현명한 사람이었으며, 위험한 투기를 싫어하여 어떤 사태가 과속으로 진행된다고 생각하면 언제나 브레이크를 걸었다. 그는 언제나 충돌을 피하고 위기에서 벗어나려는 조정자이기도 했다. 무릇 국가원수란 자기의 직권을 지배하는 방향으로 행사하기 마련이고 막대한 권력을 쥐고 있으며 대중의 인기를 의식하는데도 말이다. 그렇다고 그는 박력없이 신중하기만 하지는 않았고, 가끔 강경한 태도를 취했다.[35]

흥미로운 사실은 드골과 아이젠하워 두 사람 모두 1890년생으로 나이가 같으며 각각 프랑스와 미국의 육군사관학교를 졸업했다. 2차 세계대전 시 서로 프랑스와 미국을 대표하는 장군으로서, 나치에 대항하여 연합군의 전쟁 승리를 목표로 함께 싸웠던 전우[36]이기도 했다.

1959년 9월, 아이젠하워 대통령은 드골 대통령의 초청으로 프랑스에 국빈으로 방문했다. 이때 아이젠하워 대통령의 관심사는 미국과 소련의 관계에만 집중되어 있었다고 드골은 회고했다. 즉 아이젠하워는 자유세계의 모든 문제들, 그것이 안보에 관한 것이든 경제문제이든 화폐 문제이든 과학에 관한 것이든 모두가 오직 미국의 힘에 매달려 있는 게 사실이 아니냐는 태도였다. 드골은 아이젠하워에게 동서 관계는 단순히 이데올로기와 국가 간의 경쟁이라는 관점에서만 고려되어서는 안 된다는 점을 설명했다.

> 국제긴장 완화에 관해 이것이 현실적인 것이 되려면 각국의 국가적 현실에 입각하지 않으면 안 된다. 하나의 유럽국가(서유럽)가 또 하나의 유럽국가(동유럽)와 기정사실을 인정한 가운데 경제적, 문화적, 기술적, 관광적인 목적으로 시작하여 두 세계의 접근을 시도하면, 철의 장막을 한 조각 한 조각씩 찢어낼 수 있고, 광란적인 무기 경쟁을 무의미하게 할 수 있으며, 결과적으로 그들의 전체주의적 엄격성을 완화시킬 수 있는 것이라는 것이다. 이러한 협상에 프랑스는 하나의 모범이 될 수 있다. 프랑스는 소련 국민들에게서 아무것도 뺏어 온 적도 뺏어 올 것도 없으며, 동유럽 블록의 국민들에게도 마찬가지이다. 이들 소련이나 다른 인접국가 국민들은 수세기에 걸쳐 프랑스에 각별한 호감을 가졌기 때문에 프랑스는 화해의 시범을 보여주어야 했고, 또 그럴 수도 있었다. 프랑스가 하고자 의도한 점이 바로 그 점이다.[37]

아이젠하워는 드골과의 회담에서 자주 나토에 관해 말하면서 나토에 대한 프랑스의 태도에 관해서도 논했다. 그가 가장 염려했던 문제는 프랑스가 핵무기를 갖기로 한 결정이었다. 특히 그는 드골에게 동맹 내 국가별로 존재하는 다양한 핵전력을 어떻게 단일한 군사 계획으로 통합할 수 있을지를 문의했다. 그 당시 프랑스는 핵개발 프로그램을 이미 발표했지만, 아직 핵무기를 실험하지 못한 상황이었다. 그러나 드골에게 핵전력의 통합은 기술적 문제가 아닌 정치적 문제였다. 다시 말해 아이젠하워는 전략적 옵션을 확보하려고 했고, 드골은 정치적 옵션을 추구했다. 아이젠하워는 전시에 대비한 효율적인 지휘 체계에 관심이 많았다. 반면 드골은 전면전 수행 계획보다 어떤 전쟁이건 발발하기 전에 프랑스가 행동의 자유를 유지함으로써 외교적 옵션을 늘리는 데 관심이 컸다.[38] 드골은 왜 프랑스는 핵무장을 해야만 하는가에 대해 다음과 같이 말했다.

> 우리가 바라는 것은 우리가 우리 핵폭탄을 우리의 폭탄으로 보유하는 것이다. 만일 소련이 우리를 공격하면 우리와 당신은 한편이 될 것이다. 그러나 우리는 이 같은 가상 상황에서도 핵공격의 희생이 될지 안 될지의 운명을 우리 스스로 결정하고 싶다. 우리는 적의 어떠한 공격이든 멈추게 할 수 있는 수단을 보유해야만 한다. 이런 목적을 이루기 위해서는 우리가 적을 공격할 수 있는 능력이 있어야 하며, 우리가 외국의 허가를 받지 않고도, 침략자를 강타할 수 있는 능력을 가지고 있음을 적에게 확실히 알도록 해야 하는 것이다. … 소련이나 미국이나 서로 핵무기를 보유함으로써 주는 위협을 핵 억제력이라고 하자. 그러나 양대 동맹국에게는 이 같은 억제력이 존재하지 않는다. 미국이나 소련이 유럽이 전쟁터로 되었을 때, 이를 황폐화시키지 않도록 예방할 수 있는 수단은 무엇인가. 나토는 그와 같은 상황에 대비하지 못하고 있지 않은가. 만일 그런 상황이 초래하면 프랑스는 과거의 세계대전처럼 지리, 정치 및 전략적 이유 때문에 제일 먼저 당하게 될 것이다.

이에 아이젠하워는 이렇게 물었다. "미국은 유럽의 운명이 곧 자신의 운명이라고 생각하고 있다. 당신은 왜 이 점을 의심하려 드는가?"
몇 년 전 수에즈 위기(1956) 때 영국과 프랑스를 상대한 워싱턴의 행동을 생각해 보면 이상한 질문이었지만, 드골은 수에즈 이야기를 꺼내고 싶은 유혹을 억누른 채 다음과 같이 대답했다.

> 지난 양차 세계대전 중 미국은 프랑스의 동맹국이었고, 우리는 당신들에게서 입은 은혜를 잊지 않고 있다. 그러나 프랑스는 1차 세계대전 때 미국이 3년이라는 길고 고통스러운 시일이 지난 뒤에야 도움의 손길을 뻗쳤음을 또한 잊지 않고 있다. 2차 세계대전 때도 당신들이 개입하기 전에 먼저 프랑스가 붕괴됐던 것이다. 내가 당신을 비난하려고 이런 말을 한다고 믿지 말아 달라. 한 나라가 다른 나라를 도울 수는 있지만 자기 나라와 다른 나라를 동일시 할 수는 없다. 이런 점이 바로 프랑스가 우리의 동맹 관계에 충실하려고 하면서도 나토의 테두리 안에 통합되는 것을 거부하는 이유다.

그러나 아이젠하워는 이의를 제기했다. "프랑스가 소련의 핵무장 수준에 도달하자면 막대한 비용 때문에 불가능하다. 그렇다면 당신들의 핵 억제력이 무슨 가치가 있겠는가?" 이에 드골은 다음과 같이 말했다.

> 당신도 알다시피 메가톤[39] 규모의 전쟁에서 어떤 나라든 불과 몇 차례의 폭격으로 파괴할 수가 있는 것이다. 가령 적이 우리를 열 번이나 죽일 수 있는 핵공격을 가할 수 있다 해도 우리가 적을 단 한 번 죽일 수 있는 능력만 있으면 핵 저지 효과는 충분한 것이다.[40]

그 후 프랑스가 독자적으로 핵무장을 하고 또 나토 통합에서 벗어나기 위해 취한 여러 조치 때문에 미국으로부터 굉장한 비난과 욕설을 들어야 했지만, 그렇다고 양국 관계가 단절되거나 사이가 악화되지는 않았다고 드골은 회고했다.

미국의 모호한 핵전략으로는 프랑스가 신뢰할 수 없다는 논리로 케네디 대통령을 설득하다

케네디[41] 행정부는 여전히 가장 우세한 군사 독트린이었던 대량 보복이 초래할 대재앙과 같은 결과를 우려했다. 그래서 재래식 전력을 더욱 강조했으며, 차별적인 핵무기 사용 방안을 모색했다. 소련의 핵무기 공격에 미국이 갈수록 취약해지면서 소위 유연반응전략(strategy of flexible response)이 생겨났다. 유연반응전략의 지휘 체계와 다양한 옵션은 적의 대응 수준에 따라 미국이 유럽에서 어떤 무기를 어떻게 사용해서 전쟁하고, 어떤 조건으로 전쟁을 마무리할지 결정할 수 있도록 고안되었다.

하지만 이러한 전략이 효과를 발휘하려면 유럽에 배치된 전술핵무기를 중앙에서, 즉 미국이 직접 통제해야 했다. 케네디는 프랑스의 핵 프로그램이 나토에 "해롭다"라고 언급했으며, 맥나마라 국방장관은 영국을 비롯한 유럽의 핵전력 구상을 혹평하면서 "위험하고", "비싸고", "구식이 되기 쉽고", "신뢰성이 없다"라는 등의 신랄한 수식어를 곁들였다. 조지 볼(George Ball) 국무부 차관도 "핵확산으로 가는 길은 논리적 결말이 없다"라면서 이런 주장에 무게를 실어줬다.

따라서 케네디 행정부는 모든 나토 핵전력의 통합을 촉구했고, 이 목표를 달성하기 위해 나토 다국적군(MLF: Multilateral Force)이라는 구상을 제시했다. 이 구상에 따르면, 2,400킬로미터에서 3,200킬로미터에 달하는 수백 개의 중거리 미사일이 나토 사령부 소속 군함에 탑재되도록 했다. 이 군대가 지닌 동맹의 성격을 강조하고자 참여국 장병으로 군함 승조원을 구성하도록 했다. 하지만 미국이 거부권을 보유했기 때문에 결국 나토 다국적군은 나토의 기본적인 핵 딜레마를 해결하지 못했다.[42]

드골은 미국이 이전의 대량보복전략에서 유연반응전략으로 변화하는 것을 보면서, 유연반응전략의 실질적인 결과는 미국이 전쟁 개시 결정에 관한 더 큰 정치적 선택권을 갖게 되는 것이라고 보았다. 또한 유럽을 다양한 전쟁의 전장으로 변화시킬 수 있는 가능성을 열어놓았다고 판단하였다. 이러한 미국의 변화된 전략 때문에, 프랑스가 동등한 군사 파트너라기 보다는 소련의 서진을 막는 재래식 혹은 저강도 핵전쟁의 전장으로 변할 것이라는 우려까지 갖게 된 것이다. 따라서 대량보복전략하에서도 자신들에 대한 공격이 미국의 보복을 이끌어 내리라는 확신을 갖지 못했던 드골은 미국의 유연반응전략에서도 독자적인 핵능력 강화로 대응할 수밖에 없었다.[43]

1961년 5월 31일, 케네디 대통령은 드골 대통령의 초청으로 프랑스에 도착했다. 드골은 케네디와의 회담에서 미국이 프랑스를 대하는 태도가 확실히 달라졌다는 것을 알게 되었다고 회고했다. 지난날의 워싱턴은 파리를 나토, SEATO(동남아시아 조약기구), 또는 IMF(국제통화기구) 등 집단 기구 내에서의 한 회원국에 불과한, 미국의 피보호국 정도로 취급해 왔다. 그러나 이제는 미국이 프랑스의 독자성과 주체성을 인정하고 프랑스에게 직접 개별적으로 상의해 오는 것이었다.

그러나 케네디는 아직 미국의 세력이 절대적으로 우위에 있으니 매사 미국이 제안한 것을 프랑스가 동의 해주기를 바라는 생각을 갖고 있었다고 드골은 회고했다. 특히 핵무기 사용 가능성에 대해서도 케네디 대통령의 주장은 다음과 같았다. 미국은 서부 유럽이 소련의 손아귀에 떨어지도록 내버려두느니, 차라리 핵무기를 사용해서라도 이를 저지할 결심이라는 것이었다. 그러나 드골은 다음과 같이 구체적인 질문을 케네디에게 했다.

> 소련의 침략이 어디로 뻗어 올 때, 언제 또 어느 목표물에 -그것은 소련 내에 존재하는 지점인가 또는 그 외의 지점인가- 어느 곳에 미사일을 발사시킬 것인가? … 귀하가 대답 안 한다고 놀라지는 않습니다. 나를 굉장히 신뢰하고, 나 또한 상당할 정도로 높이 평가하고 있는 나토 사령관 노스타드 장군도 바로 이 점에 관해서는 내게 확실히 말하지 못하더군요. 우리나라에게는 이 구체적인 문제가 가장 중대한 문제입니다.

이에 케네디 대통령은 프랑스가 핵폭탄을 제조하지 말아 주었으면 하는 희망에서, 폴라리스 핵잠수함을 나토에 편입시키자고 제의했다. 케네디 대통령의 논리에 따르면 신형 핵잠수함인 폴라리스만 나토가 갖추게 되면 유럽 방위만을 위한 순수한 억제력으로 쓸 수 있다는 것이었다. 미국은 스카이볼트 미사일의 생산을 일방적으로 중단하고,[44] 폴라리스 미사일의 공급을 결정하였는데, 드골 입장에서 보면 이 또한 유럽 국가들이 나토의 핵전략에 통합되고, 핵무기 사용 역시 미국 대통령의 결정에 종속된다는 것을 전제로 한 것이었다. 이에 드골은 다음과 같이 말하면서 프랑스가 핵보유국이 되고자 하는 의지를 재확인시켜 주었다.

> 남을 죽이려 하는 자는 결국 자기마저 자폭하고 만다는 진리를 깨닫게 해줄 방법은 핵을 보유하는 수밖엔 없다. 폴라리스 핵 잠수함을 나토가 몇 척 보유하게 된다 하더라도 그건 이쪽에 있는 미국 사령부에서 다른 미국 사령부로 이양시키는 것에 불과할 것이다. 어쨌든 그 사용 결정권은 미국 대통령의 손에만 달려 있기 때문이다.[45]

그 결과로 초래된 프랑스와 미국 간의 갈등도 있었다. 미국 지도자들은 가식은 없었지만, 자신들의 실용적인 처방을 지나치게 자신만만하게 여기는 경향이 있었다. 반면, 드골은 프랑스의 미국에 대한 뿌리 깊은 불안감을 오만하고 심지어 고압적인 태도로 보완할 필요가 있다고 느꼈다. 요컨대 미국 대통령들의 개인적 겸허함과 역사적 오만이 드골 대통령의 개인적 오만과 역사적 겸허함과 상호 작용하면서 미국과 프랑스 간의 심리적 격차가 분명하게 드러났던 것이다.[46]

여기서 한가지 짚고 넘어갈 점은 상호 존경과 호의라는 작은 대가만으로도 국가 간의 관계에 큰 역할을 할 수 있다는 간단한 진리이다. 1960년대 미·불 관계가 악화될 수밖에 없었던 이유 중 하나는 상호 존경과 호의라는 작은 대가만으로도 국가 간의 관계에 큰 역할을 할 수 있다는 간단한 진리를 미국의 정책 입안자들이 가볍게 보아 넘겼기 때문이다. 즉, 1960년대 미국의 정책 입안자들은 드골을 이기적 프랑스 지도자라고 희화화하고 적대적으로 대하면서 드골의 정책이 지독할 만큼 미국의 목표와 반대된다고 보았다.[47] 이점은 한국도 외교정책을 추진하는 데 있어 상호 존경과 호의 같은 인간적인 유대관계가 국가 간의 관계에서 매우 중요하다는 것을 유념할 필요가 있다.

나. 대독(對獨) 설득 전략

1962년 7월, 케네디가 미합중국과 통합된 유럽 간 상호의존 선언 (Declaration of Interdependence between the United States and a United Europe)을 발표했다. 이 선언은 정치적·경제적으로 통합된 유럽이 미국의 동등한 파트너가 되어 세계 리더십의 부담과 의무를 공유하자는 것이었다. 그러나 드골은 이러한 미국의 '대서양 중심주의'에 맞서 프랑스가 이끄는

'유럽 중심주의'를 꿈꾸었다. 리슐리외[48]를 신봉했던 드골은 초국가주의보다는 기나긴 역사에서 비롯된 유럽 각 국가의 주권을 보장하고 국익을 조화시키는 유럽식 접근법을 지향했다.

따라서 드골은 유럽대륙과 이 대륙이 내포한 문제의 핵심은 독일이라고 생각했고, 독일 문제를 해결하지 않고서는 유럽은 건설될 수 없으며, 독일의 지원을 받는다면 프랑스가 이끄는 '유럽 중심주의'를 이룰 수 있다고 판단했다. 특히 드골은 독일이 자체 핵무기를 제조 확보하는 것을 포기하겠다고 선언하긴 했지만, 이 문제에 있어서만은 어떤 대가를 치르더라도 반드시 독일이 핵무기를 제조하고 소유해서는 안 된다고 생각했다. 이를 위해 독일이 유럽대륙의 여러 나라로 구성된 협력체제 내의 회원국으로 가담하는 것은 필요하다고 생각했다. 그렇게 되면 대서양에서 우랄산맥까지의 모든 국가의 안전은 보장될 것이고, 세 쪽으로 갈라진 독일 민족을 재통합할 수 있는 어떤 기회가 올 수도 있다는 것이다.[49]

그렇다면 프랑스는 핵무장하고, 독일은 하지 못하게 한 드골의 설득 전략은 무엇이었을까? 드골은 프랑스가 일등국의 위치에서 세계적인 역할과 책임을 짊어지기 위해서는 독일과의 동반자 관계를 맺는 것을 중요하게 보았다. 그래서 드골은 몇 세기 동안 이어진 정책을 뒤집고 프랑스와 독일과의 화해를 시도하기 시작했다.

더 폭넓은 과업을 위한 힘을 만들고, 유럽 자치로 이어질 수도 있는 블록을 형성하기 위해 드골은 1958년 9월 14일, 그의 자택 라부아스리[50]에 아데나워 독일 수상을 초대해 하룻밤 머무르게 했다. 드골은 '늙은 프랑스인(당시 드골 68세)과 더 늙은 독일인(당시 아데나워 82세)'이 두 민족이 대표로서 만나는 데는 화려한 궁전보다는 소박한 분위기가 더 어울린다는 판단하에 자신의 사저인 라부아스리에서 정상회담을 실시했던 것이다.

그날은 일요일이었다. 천주교 신도인 두 사람은 출생지(릴과 쾰른)도 라인강 주변의 역사와 문화를 공유하는 관계여서 그날 대화는 영혼과 영혼의 교감으로 이어졌다. 아데나워는 라인강 문화권인 쾰른에서 태어나 쾰른 시장을 지냈고 히틀러 시절엔 정계에서 밀려나 투옥, 연금(軟禁) 등 고초를 겪었으며 이 경력이 그를 전후 독일의 지도자로 만들었다. 드골은 그와 아데나워가 역사적·문명적 공감대를 갖고 있다고 보았다. 이 만남은 그 뒤의 불·독 화해는 물론이고 유럽 통합의 길을 내는 데 결정적인 의미를 갖게 되었다고 평가받는다.

특히 드골은 직접 안내에 나서는 등 아데나워에게 예우를 갖췄는데, 이는 그가 이 새로운 관계를 얼마나 중요하게 생각했는지를 상징적으로 보여준다고 할 수 있다. 아데나워에게만 보인 또 다른 제스처로는 보좌관 없이 대부분 독일어로 논의를 진행했다는 점이 있다.[51] 사실상 이 만남의 의전은 처음부터 끝까지 아데나워의 심리에 호소하는 한편 19세기에 태어나 나이 지긋한 두 사람이 전통적인 예의범절을 따르며 서로 편안하게 대할 수 있도록 잘 짜여 있었다.[52]

이날 아데나워는 현재 독일은 좌절된 상태이고, 강대국에 저당 잡혀 있는 형편이므로 프랑스에 도움을 청하지 않을 수 없다고 했다. 그는 프랑스가 독일을 국제적으로 위신과 신용을 회복할 수 있도록 도와주고, 소련과의 관계에 있어 독일의 안전에 기여하고 위기의 국면, 특히 베를린에 깃들인 위기의 기운을 걷어 주며, 그리고 독일이 재통일할 수 있는 권리를 인정해 주도록 힘써 달라고 요청하였다. 이에 대해 드골은 이렇게 답했다.

> 수상은 우리에게 많은 요청을 했지만, 우리 프랑스는 독일에 대해 국토 통일, 국가의 안전, 국제적 지위 등에 관한 한 아무것도

요구할 것이 없다. 그러나 세기적 침략자였던 독일이 재건할 수 있도록 노력할 것이다. 두 국민 간의 이해를 키워나가기 위해서, 유럽의 평화와 통합과 균형을 구축하기 위해 노력할 것이다.

하지만 드골은 프랑스의 지지를 받기 위해서 독일 측에서 몇 가지 조건을 먼저 수행해야 한다고 말했다.

첫째, 현 국경선을 기정사실로 인정하고 동유럽과의 관계에서 우호적인 태도를 보여야 한다. 독일은 오스트리아와 체코슬로바키아의 독립과 통합은 물론 독일과 폴란드를 분리하는 오데르·나이세 국경선이 이대로 결정적인 국경선이 되어야 한다.

체코슬로바키아에 대한 과거 독일 측의 어떠한 주장도 있을 수 없으며, 어떠한 형태로든 또 다른 병합이 이루어져서는 안 된다는 것이다. 즉 드골은 2차 세계대전 후 독일에 주어진 국경선을 사실상의 국경선으로 간주하지 않는다면, 이는 부당하고 위험한 일일 것이라고 생각했다. 만약 아데나워 수상이 국경선 수정 문제를 들고 나오면 소련과 폴란드인들이 경악과 분노를 종전의 몇 배나 더 표현할 테고, 서방측으로부터도 불안에 찬 비난만을 자아낼 것이라는 것이다. 이에 아데나워는 공산주의에 대해 더 말할 나위 없는 적대감을 가지고 있고, 모스크바 제국주의가 그에게 공포를 심어주고 있다 하더라도 잠정적 현상 유지를 지켜야 한다는 전망을 전혀 배제하지 않는다고 말했다.

둘째, 독일은 핵무기를 소유하겠다는 생각은 완전히 버려야 한다.

드골은 독일은 핵무기를 제조 확보하는 것을 포기하겠다고 선언하기는 했지만, 이 문제에 있어서만은 어떤 대가를 치르더라도 기필코 독일이 핵무기를 제조하고 보유해서는 안 된다고 주장하였다. 그렇기 때문에 독일이 유럽대륙의 여러 나라로 구성된 협력체제 내의 회원국으로 가담하는 것이 필요하다고 생각하였다. 그렇게 되면 대서양에서 우랄산맥[53]까지의 모든 유럽국가의 안전은 보장될 것이라고 여겼다. 그리고 드골은 아데나워에게 독일이 핵무장을 해선 안 된다는 점을 분명히 하면서 프랑스가 장래에 살아남기 위해서는 핵무기 보유를 통해서 정치적 독립을 이루어야 한다고 강조했는데 그 이유가 흥미롭다.

> 프랑스는 수세기 동안 유럽에서 대국의 역할을 했다. 프랑스는 자기 스스로가 위대하다는 믿음을 가지고 있으며, 책임감도 지니고 있다. 그 때문에 프랑스는 통합을 유지한다. 사실 이 땅을 골족(Gauls)이 차지한 이래 내부 분열과 환상도 항구적으로 일어났다. 그런데 2차 세계대전 후 프랑스가 구제되고 강력한 정치체제를 갖춰 세계사의 잉태기를 마주하고 있는 오늘날, 프랑스는 스스로 국제적 사명감을 되찾을 기회를 갖게 되었다고 생각한다. 이러한 사명감을 되찾지 못했다면, 프랑스 국민들은 자신에 대한 관심을 버리고 와해됐을 것이다. 프랑스의 쇠락은 독일을 포함한 세계의 모든 나라에 많은 손실은 물론 중대한 위험이 될 것이다.

드골은 유일하게 핵무기를 보유한 진정한 유럽 국가는 프랑스[54]이기 때문에 프랑스의 핵 억제력은 대륙적 지도 국가로서의 지위를 공고히 할 수 있다는 신념을 갖고 있었다. 결론적으로 프랑스는 핵을 보유한 위대성을 추구해야 존립이 가능하다는 것이다.

시간이 지나 1963년 수상직에서 물러날 때 아데나워는 드골에게 이렇게 털어놓았다고 한다. "특히 프랑스가 핵과 관련해 노력을 게을리해서는 안 된다. 장군, 당신의 견해는 훌륭하고 옳다. 나는 무조건 그

것에 공감한다. 미국인들이 미 해군의 미사일에도, 다국적 힘에도 너무 믿도록 해서는 안 된다. 정치적인 이유들 때문에 나는 이 다국적 힘을 받아들여야 한다고 생각하지만, 나는 그것을 신뢰하지 않는다. … 유럽에서 독일과 프랑스 이외의 다른 실체는 없으며 이 두 실체가 모든 분야에서 하나가 되지 않는다면 우리는 침몰될 것이다."[55]

셋째, 독일의 통일문제에 있어서는 어떤 시련도 겪을 수 있는 인내심을 가져야 한다.

드골은 세 쪽으로 갈라진 독일 민족(서독, 동독, 체코슬로바키아 등 독일계 주민 거주 지역)을 재통일할 수 있는 어떤 기회를 잡으려면 독일은 핵무기 제조와 보유를 포기하고, 유럽대륙의 여러 나라로 구성된 협력체제 내의 회원국으로 가담하여 유럽 공동체 내에서 중요한 역할을 해야 하며, 경우에 따라서는 유럽 공동체 각국과 정치적으로 협력해야 한다고 생각했다. 또한 드골은 전통적인 민주국가 신봉자들의 당수이며, 가톨릭을 믿는 레나니 지방 출신의 아데나워 수상으로부터, 어느 때든 현 독일연방공화국은 시련을 겪어야 한다는 데서 생긴 근심을 간파할 수 있었다. 즉 독일은 양분된 영토 중의 한 부분인 프러시아, 프로테스탄트 및 사회주의의 블록과 하나가 된다는 데 어떤 불안감을 가지고 있었다는 것이다.[56] 드골은 통일이 독일이 포기할 수 없는 목표라 한다면 기한에 제한을 둘 필요가 없는 것이라고 생각했다. 드골의 회고록에 의하면, 프랑스는 게르만 민족의 불행을 이용하고 싶지 않으며, 독일의 통일이 자유 속에 이루어진다면 그것을 자연적인 것으로 받아들일 수 있다고 하였다.

마음과 영혼을 열어놓고 한 대화였다. 아데나워는 회고록에 드골에 대한 인상을 남겼다. 언론을 통해 들었던 것과는 딴판이었다고 했다. 젊은 사람의 기백을 가지고 있고, 세계 정세에 정통했으며 그의 애국심은 공격적이지 않았고 소박성과 자연스러운 태도에 놀랐다는 것이다. 이날의 공감대에 기초하여 두 나라는 화해 협력의 길을 달려갔고, 9세기 이후 1100년 동안 샤를마뉴, 카를 5세, 나폴레옹, 히틀러가 무력으로 시도하였다가 실패한 유럽 통합이 성공할 수 있었다.[57]

다. 대소(對蘇) 설득 전략

기본적으로 드골의 대소 접근방법은 유연성, 설득 및 방문외교 등이었다. 그의 유럽 전반에 관한 개념을 들여다보면, 결국 그의 외교가 성공한 데에는 미국과의 협력도 중요했지만 소련과의 협력도 중요하게 작용하였다. 그가 창조하고자 했던 유럽적인 유럽의 절반은 소련이 점유하고 있었기 때문이다. 그리고 프랑스에게 소련은 유럽적인 유럽을 실현하는 데 중요한 장애물이 되었을 뿐만 아니라 소련의 핵위협에 직면해 있었던 드골은 소련에 대해 사용할 수 있었던 고유한 수단이 부족했다. 그래서 그는 소련에 대해서 설득 위주의 외교를 전개했었다. 즉, 드골은 큰 틀에서 프랑스와 러시아가 안보의 보호자 역할을 하게 될 통일된 유럽은 미·소로 분할된 유럽보다 장기적으로 모스크바에 더욱 이로울 것이라고 소련을 설득하였다. 동시에 소련의 핵무기 증강을 포기하지 않을 것이라는 점을 이용하여 프랑스도 자체 핵무장의 필요성을 우회적으로 납득시키는 전략을 추진하였다.[58]

1960년 3월, 흐루쇼프 서기장은 프랑스를 방문했다. 그는 프랑스에서 맞이한 최초의 소련 수상이었다. 곧이어 드골과 흐루쇼프는 회담에 들어갔는데, 드골은 문제의 핵심을 파고들어 "아마 귀하는 평화를 원하겠지요. 미국 또한 평화를 바란다고 말하고 있습니다. 그러면서도 두 나라는 가공할 만한 양의 무기를 계속 증강시키고 있습니다. 이 같은 이중 위험이 세계를 덮고 있는 한 어떻게 평화 기운이 싹트리라고 보장하겠습니까?"라고 말했다.

이에 흐루쇼프는 그의 정부가 그동안 주장해 온 모든 핵무기를 파괴하자고 제안한 것을 열성적으로 설명했다. 그러나 흐루쇼프는 핵무기는 파괴하자면서도 핵무기 사찰은 반대했다. 사찰할 수 없다면 핵무기 금지도 사실상 아무 소용이 없는 것이다. 드골이 보기에 흐루쇼프는 쉴 새 없이 핵무기에 대해 비난을 퍼부으면서도, 그 무기를 버릴 생각은 전혀 없었다. 그 점에서 있어서는 미국의 태도도 거의 비슷했다. 드골은 흐루쇼프에게 프랑스는 속아 넘어가지 않는다고 말했다. 그러면서 다음과 같이 말했다. "무조건 핵보유나 생산을 금지하고, 그러기 위해 철저한 국제 감시단을 구성하는 것이 필요하다. 만일 이와 같은 완전한 해결책이 없다면 최소한 폭탄을 운반할 미사일만이라도 파괴하도록 하자."

아울러 드골은 회담 분위기를 부드럽게 하기 위해 흐루쇼프에게 농담조로 다음과 같이 물어보기도 했다. "귀하는 도대체 언제 일을 합니까? 항상 국내외로 여행을 한다는 소식이니 말입니다. 신문을 보면 언제나 귀하가 각계각층의 인사들과 장시간의 회담을 했다는 기사더군요. 행정 업무에 손을 쓸 시간이 있습니까?" 이에 흐루쇼프는 "나는 일하지 않습니다. 우리 당중앙위원회의 규정에 의하면 65세가 넘은 사람은 하루 6시간씩 1주일에 4일만 일하게 되어 있어요. 그런데 내 나이 66세거든. 그러니까 여행이나 접견 정도로 충분합니다"라고 드골에게 대답했다.

그러자 드골은 "그럼 국정은 누가 맡습니까?"하고 반문했다. 그러자 흐루쇼프는 "그런 거야, 내가 없어도 다 처리되지요. 경제 계획이라는 것이 사전에 모든 절차를 마련해 놓은 셈이니까요"라고 대답했다. 드골은 흐루쇼프의 이런 대답이 진정 농담이었는지 아니면 소련 정부 내의 불투명한 갈등을 나타낸 것이었는지 의문이 들기도 했다.

회담이 끝나고 모스크바로 돌아간 흐루쇼프 서기장은 공개적으로 드골 대통령의 군비 축소 개념은 곧 소련의 개념과 일치한다고까지 발표했지만, 더 이상의 진전은 없었다. 미국과 소련은 그들만이 폭탄과 운송수단을 갖춰서 압도적인 우세를 결사적으로 유지하려고 했었고, 다른 나라들이 핵무기를 소유하지 못하도록 하기로 의견을 모았기 때문이다.

사실 이 회담 한 달 전에 아이젠하워 미국 대통령에게 시도했었던 것처럼 흐루쇼프에게 프랑스는 그들만의 놀음에 놀아나지 않고 독자적으로 핵무장을 하겠다는 점을 이해시키려 했다. 마침 그날은 사하라 사막에서 프랑스 핵실험의 성공에 관한 보고서가 보고된 날이었다. 드골은 이 사실을 흐루쇼프에게 알렸다. "귀하가 뉴스로 이 사실을 아는 것보다는 내가 직접 알리고 싶었습니다." 그러자 흐루쇼프는 아주 우아하고 점잖은 태도로 말했다. "생각해 줘서 고맙습니다. 귀하의 기쁨을 이해하지요. 우리도 얼마 전 똑같은 기쁨이 있었지요." 그러면서 이렇게 덧붙였다. "귀하도 잘 알겠지만 무척 비용이 많이 들 겁니다!"

요컨대, 드골은 소련에 대해 설득과 논리의 카드를 통해서 그의 유럽적인 유럽(소련과 함께 하는)이 분단된 독일과 미·소의 주둔 군대와 함께 분단된 유럽보다 더 바람직하다는 것을 소련에 납득시키면서 프랑스 핵무장을 설득하고 이해시켰다고 볼 수 있다.

4. 대국민 설득 전략

* 출처: 챗GPT가 구현한 드골이 프랑스 국민들에게 연설하는 이미지

드골은 그의 저서 『칼날』에서 "…지도자는 상황, 여론, 주권자와 같은 개념을 참작할 수 있어야 한다. … 특히, 정치 지도자들의 경우, 그들은 여론을 지배해야만 권력을 잡고 유지할 수 있는데, 여론이란 쉽게 변하기 때문이다. 여론을 얻기 위해서는 계속적으로 바뀌는 상황에 대한 철저한 파악과 뛰어난 조종 및 적응의 기술을 가져야 한다"라고 썼다.[59] 이렇듯 드골은 여론(언론)과의 관계 중요성을 누구보다도 잘 알고 있었으며, 그것을 예리하게 다룰 줄 아는 인물이었다. 특히, 알제리 전쟁을 해결하는 과정에서 드골은 모호한 수사(修辭)를 사용하여 정

부, 군, 여론(알제리 독립 찬반)이 다들 드골이 자기편일 것이라 희망을 품도록 심모원려(深謀遠慮)의 전형적인 표현, "나는 여러분의 뜻을 이해했습니다! 나는 알고 있습니다. … 바로 그 때문에 내가 여기에 있는 것입니다"라는 말로 유명하다.[60]

이렇게 여론의 중요성을 알고 충분히 활용할 줄 알았던 드골은 프랑스 자체 핵무장에 대한 대국민 설득을 재집권(1958년) 이전부터 꾸준히 진행해 왔다. 야인 시절인 1951년, 드골은 프랑스 국방, 안보 정책의 대강에 관해 다음과 같은 구상을 발표했다.

미국은 냉전기에 유럽을 방어할 수 있는 유일한 나라이기는 하지만, 유럽의 연합국들은 무엇보다 유럽을 자신들이 책임지면서 국방과 독립을 보존해야 한다. 즉, 유럽을 방위하기 위해서는 무국적의 군대를 만드는 대신에 민족국가에 기초하여 공동체제를 조직해야 한다는 것이다. 여기서 드골은 프랑스가 유럽에서 제1의 군사 강국이 되어야 한다는 전제를 포기하지 않았다. 프랑스가 초국가적인 형태의 유럽방위공동체 하에 들어가 최고통합사령부의 지휘를 받게 되는 상황을 거부했다.

1954년에 이르러서 드골은 이미 제5공화국의 외교정책과 군사정책의 기초를 천명하였다. 그의 정책 기조를 보면, 첫째, 국방 영역에서의 자율을 보장받기 위해 나토의 통합체제에서 프랑스를 떼어놓을 것, 둘째, 프랑스 국력에 적합한 수준의 핵무기로 새로운 힘을 창출할 것 등이다. 이 두 원칙은 후에 드골의 제5공화국의 기본적 정책 구상으로 나토와의 충돌, 대서양주의와 유럽 중심주의의 대립을 가져오는 중심 요소로 작용하게 된다.[61]

드골은 재집권 후 1959년 9월, 국방대학을 시찰하고, '국가방위'라는 주제로 방위능력, 국가보안의 원칙과 수단을 강조하는 연설을 했다.

프랑스의 방위는 프랑스인의 손으로 이루어져야 한다. 물론 프랑스의 방위는 경우에 따라서는 다른 나라의 방위와 상호 연관되어 있다. 그러나 우리는 자체의 문제와 관련하여 프랑스가 그 자신에 의해서 자신의 힘으로 독자적인 방법으로 스스로를 방위해야 한다는 것이 절대 필요한 것이다. 군대는 실제 전쟁터에서 스스로 국가의 운명을 책임질 때에만 국가와 군대의 이름으로 그 권위와 위엄과 특권을 향유할 수 있는 것이다. … 우리의 전략이 다른 나라의 전략과 결합되어 있어야 한다는 것은 두말할 필요가 없다. 왜냐하면 전쟁이 일어날 경우, 우리는 연합군과 손을 맞잡고 싸울 가능성이 크기 때문이다. 그러나 각 나라는 각자 자신의 몫을 담당해야 한다. … 우리는 앞으로 수년 후에 우리 자신의 이익에 따라 행동할 수 있는 군대, 즉 어느 시점이나 어느 지점에서도 출격할 준비가 되어 있는 공격력을 보유해야만 한다. 이 공격력의 핵심은 핵무기이다.[62]

그러나 드골은 외부의 위협에 대한 안보적 이유와 강대국의 대열에 합류하기 위해 핵을 가져야 한다고만 국민들에게 호소하지 않았다. 그는 국가의 미래를 위한 그의 비전을 두 단계로 나누어 국민들에게 호소했다. 앞서 설명한 강대국의 위신을 얻기 위해서 프랑스는 핵무장의 견제 시스템을 갖추어야 했고, 그러한 시스템을 채택할 때부터 국가는 계속 현대화를 추진하는 과정에 참여해야 한다는 것이었다. 그래서 그 과정에서 내부적으로 연구와 첨단산업의 특혜를 부여하여 수많은 첨단산업 분야에서 선도하게 했다. 이러한 노력들은 핵무장을 재정적으로 뒷받침하기 위해 필요한 집단적인 부(富)를 가져오고, 그것은 결정적으로 흑자를 낳는 사회와 경제를 창출하게 된다는 것이다.[63] 이것이 바로 핵무장을 통해 국력의 진정한 모태를 이루는 것으로 드골이 국민을 설득하는 주요 요인이었다.

또한 드골이 핵무장을 본격적으로 추진하는데 있어서 프랑스 국민들을 대상으로 한 핵무장 여론조사 결과는 많은 영향을 주었다. 다음 <표 1>과 같이 1946년, 1955년, 1956년, 1957년, 1960년에 실시된 동일한 질문, 즉 '프랑스는 원자력 과학연구를 하고는 있으나 핵무기는 제조하고 않습니다. 향후 프랑스가 핵무기를 개발해야 한다고 생각하십니까?'의 여론조사 결과에서 알 수 있듯이 제4공화국을 전후한 드골의 집권과 재집권 시기에 프랑스인들의 핵무기 개발에 대한 지지도가 훨씬 높았음을 알 수 있다.[64] 드골에게 있어 1960년 3월에 실시 한 여론조사의 67%에 달하는 찬성 여론은 프랑스 자체 핵무기 개발이 당위적 과제임을 증명하는 것이었다.

<표 1> 1946-1960년 핵무기 개발 관련 여론조사 결과[65]

응답여부	예(%)	아니오(%)	무응답(%)
1946년 1월	56	32	12
1955년 1월	33	49	18
1956년 7월	27	51	22
1957년 12월	41	28	31
1960년 3월	67	21	12

이렇듯 핵무장에 관해 국민들로부터 정치적 신뢰를 얻은 드골은 대통령 재임 간 특히 직접 관계하고 싶어한 것은 국민들과의 소통이었다. 이를 위해 그는 텔레비전이나 라디오 또는 국민과의 직접 접촉[66]을 많이 이용했다. 특히, 당시 텔레비전은 대국민 소통을 위한 매우 좋은 수단이었다. 드골은 대중 앞에서 연설할 때 텍스트를 보지 않았고, 반대로 방송국 스튜디오에서 이야기할 때는 노트를 읽는 습관이 있었다. 이때 연설문을 직접 정성스럽게 썼다고 한다. 이러한 방송을 통한 국민과의 소통은 큰 문제를 다루기에는 짧을 수밖에 없었기 때문에 기자회

견도 유용하게 활용했다. 기자회견이 있는 날에는 대부분의 국민들이 TV 앞에서 드골의 말을 경청하기 때문에 거리가 한산할 정도였다고 한다. 드골은 특유의 장엄한 프랑스 고전 문장을 정확하게 인용하곤 했기 때문에 르몽드 신문에서는 회견이 있는 날은 프랑스의 외국인 유학생들이 품격 있는 프랑스어 레슨을 받는다고 말하기도 했다.[67]

결국 미국의 반대에도 불구하고 드골은 1960년 2월 13일 알제리의 사하라 사막에서 최초의 원자폭탄 A(암호명 Gerboise bleue) 실험을 성공시키며 핵확산의 길을 열었다. 세계 4위의 핵무기 보유국의 반열에 오른 프랑스는 1960년 12월 8일 법을 통해 원자력청(CEA)에 원자력 추진 잠수함의 무기와 엔진 제작 책임을 부과했다.[68] 이 과정에서 특이한 점은 드골이 냉전이라는 특수 상황으로 인한 불협화음에도 불구하고 당시 프랑스 과학자, 민족주의자, 친원자력 세력 사이에 긴밀한 연대가 이루어지도록 하기 위해 이들의 유일한 연결고리인 '레지스탕스'를 활용했다는 점이다. 결국 원자력 프로그램에 대해 의사 결정권을 가진 주요 행위자들은 전후 드골주의자와 공산주의자들에서 사회당원, 급진당원, 우파로까지 확대되었다.[69]

1963년 4월 19일, 드골이 텔레비전 연설을 통해 이렇게 빨리 독자적 핵억제력을 확보한 다음과 같이 이유를 설명했다.

> 움직이지 않는 자들과 선동하는 자들은 언제나 우리를 단념시키려고 동시에 목소리를 냅니다. 어떤 이는 쓸모없다 하고, 다른 이는 너무 비싸다고 합니다. … 그러나 이번에는 조국에 침략을 부르는 판에 박힌 환상에 빠져서는 안 됩니다. 더욱이 지금 우리가 사는 이 긴박하고 위험한 세계 한복판에서 우리의 가장 중요한 의무는 더 강해지고 더 자립하는 것입니다.[70]

정리하면, 드골이 핵무장을 국민들에게 설득할 수 있었던 배경에는 알제리 전쟁을 평화적으로 해결하면서 얻은 정치적 안정과 국민들로부터의 받은 정치적 신뢰, 핵무장을 통해 국력의 진정한 모태를 이룰 수 있다는 국가의 비전 제시, 또 그만의 특유의 소통과 연설방식 등이 영향을 미쳤다고 볼 수 있다.

5. 드골 대통령이 보여준 핵무장의 본질 및 시사점

드골의 독자적 핵무장은 미국의 끈질긴 반대가 있었고, 대서양동맹의 균열 등이 우려되었다. 또한 냉전 시기, 초강대국이 아닌 소위 2급(second tier) 강대국[71]의 첫 핵 확산 사례일 뿐 아니라 이후 핵 확산의 중요한 선례가 되었다는 비판을 받았다. 이는 근거 없는 비판이 아니었다. 하지만 프랑스와 미국 간의 의견 충돌에서 한 가지 중요한 이슈가 있었다면 그것은 바로 핵무기 시대 군사전략에 대한 통제권이라 할 수 있다. 당시에는 이 논쟁을 완화할 수 있는 완충 장치도 없었다. 핵무기의 위력은 전례가 없는 것이었기 때문에 군사전략의 수립에 관해 역사로부터 신뢰할 만한 지침을 얻을 수도 없었다. 모든 정치인이 이 새로운 기술이 정책과 전략에 미치는 영향을 평가하려고 했지만 중구난방이었다. 학술적인 이론으로부터 결론이 나왔지만 실증적 경험과 데이터가 없었던 것이다.[72]

1960년대 위기의 시대에 프랑스는 새로운 유럽의 균형상태를 홀로 조직할 정도로 강력하지 못했지만, 드골은 프랑스가 미래 유럽에서 어떤 구실을 하려면 정치적 영혼부터 회복해야 한다고 판단했다. 프랑스의 자주외교 노선이 가능했던 것도 핵무장을 함으로써 스스로에 대한 억제 및 방어력은 물론, 주변국에 대한 군사적 영향력을 높일 수 있었던 것이 매우 중요한 요소로 작용했다. 나아가 프랑스 핵무장은 드골 자신이 프랑스와 유럽이 마주한 모든 주요 전략적 문제를 다룰 줄 아는 비범한 통찰과 자신의 직관을 믿고 행동할 용기의 수단이었다고 볼 수 있다. 게다가 그는 전쟁회고록에서 프랑스가 자국의 안보를 '외국군대'에게 맡긴다는 것은 '여러 세대의 영혼과 삶을 망치는 일'이라고 했을 정도로 군사 주권을 중요시했다.

집권하는 동안, 그는 프랑스를 부활시켰고, 프랑스의 제도를 재건했으며, 알제리 전쟁의 그림자를 없애고, 새로운 유럽 질서의 핵심 인물이 되었다. 그는 프랑스가 언짢은 국제 정책이 수립되지 않도록 막을 수 있는 위치에 오르게 했으며, 프랑스를 배제하고는 운영할 수 없는 일련의 합의를 만들었다. 17세기의 리슐리외가 이런 치국책을 처음 선보였다면, 20세기의 드골은 이를 부활시켰다.[73] 이러한 모든 성과는 그의 프랑스 독립과 자주에 대한 강한 의지와 신념, 프랑스 미래 역할에 대한 비전, 시대의 변화를 앞서 읽고 그에 따라 가능한 프랑스의 위상을 설정하는 정책 구상, 그리고 핵무기를 바탕으로 한 강력한 힘의 기반이 있었기에 가능한 것이었다.

이렇게 핵무장을 추진한 이후 60년이 지나며 국제체제에 구조적 변화가 발생했음에도 불구하고 (올랑드 대통령이 말한 것처럼) 프랑스의 핵무기가 오늘날 자국 안보와 방위 정책에 불가결한 요소이며, 세계 무대에서 큰 역할을 수행할 수 있는 억제력을 제공하고 있다. 이것은 드골의 핵무장이 그 당시 상황을 지배하고 역사를 만들어 가는 방식을 보여준 중요한 사례라고 할 수 있다.

드골은 원칙적으로 반미주의자는 아니었다. 그는 자국의 사활적 이익인 생존을 위해 동맹 체제을 완전히 믿지는 않았지만, 미국 중심의 대서양 동맹체제를 근본적으로 거부하지는 않았다. 일 예로 쿠바 미사일 위기 기간에 미국 당국자들은 어떠한 동맹국 지도자보다도 적극적이었던 드골의 전폭적인 지지에 크게 놀라기도 했다. 이처럼 그는 핵무장을 하는 과정이든 외교정책을 추진하든 간에 무조건 미국과 대립한 것이 아니고, 중요사안이 있을 때마다 정치적 동맹인 대서양동맹을 기초로 미국과의 공동이익을 위해 적절한 수준의 협력을 마다하지 않았다는 점이다.[74] 이 점이 바로 드골이 핵무장을 포함한 국가적 자원과 능력을 최대한 이용하여, '상황과 기회의 외교정책'을 시·공간에 맞추어 성공적으로 전개하였다고 평가받는 이유이다.

그렇다면 드골의 핵무장이 지금 대한민국에게 주는 함의는 무엇인가. 역사는 유추를 통해 가르쳐주며, 비교 가능한 상황들의 있을 법한 결과에 대한 실마리를 던져주지만, 개별 세대는 스스로 어떤 상황이 실제로 비교 가능한지 결정해야 한다. 지금 러시아·북한 신조약을 계기로 소위 크링크(CRINK, 중국·러시아·이란·북한)라는 용어가 새롭게 조명받고 있는 시점에서 이러한 권위주의 국가들의 핵위협은 냉전 종식 이후 한반도는 물론 세계에 전례없는 위협을 주고 있다.

한편 미국의 트럼프 대통령은 신고립주의를 내세워 미국 제일주의라는 구호 아래 동맹국의 가치보다는 부담분담(burden sharing)을 강하게 요구하고 있어 그동안 강화해 온 한·미 확장 핵억제의 추동력이 떨어질 가능성이 있다. 그래서 국내에서는 한국의 핵무장에 관한 담론이 활발해 지고 있다. 핵전쟁이 가능할지도 모르는 재앙의 발발 위협 앞에서 우리는 소망스러운 것(desirable)과 가능한 것(possible)을 어떻게 연결시키고, 어떤 선택을 할 것인가? 우리는 이러한 외부 상황을 선택할 수는 없지만, 어떻게 대응할지는 선택할 수 있다.

첫째, 대통령의 안보리더십이 없으면 핵안보는 흔들릴 수 밖에 없다. 드골은 대통령의 가장 중요한 임무를 '국가의 독립, 영토의 보존 및 조약의 준수를 보장하며, 재량에 의거 국가의 영속성과 권력의 정상적인 기능을 확보하는 것'이라고 했다.[75] 그리고 프랑스가 자국의 안보를 외국군대에게 맡긴다는 것은 여러 세대의 영혼과 삶을 망치는 일이라고 했다. 그래서 그는 이 임무를 위해 프랑스가 가장 어려운 위기의 시대에 동맹국인 미국은 물론 영국, 독일, 그리고 소련과도 싸우며 설득하고 협조하면서 핵무장을 했다. 요컨대 안보는 대통령의 최우선 책무인 것이다.

그러나 지금까지 한국에서는 대통령의 안보리더십이 이렇게 중요한 것임에도 불구하고 어떤 대통령은 안보에 대한 개념이 없었으며, 이러한 대통령의 리더십을 국민들은 제대로 평가하지 못했다. 그 이유는 교과서적인 민주주의를 신봉하거나 낭만적 민주주의에 빠져 북한을 제대로 보지 못하고 민주적 대통령이면 안보 무능도 용납했고, 반면 안보에 크게 기여했더라도 민주주의를 훼손한 대통령이면 독재자로 비난하며 그의 안보리더십 마저 전부 부정했기 때문이다.[76] 향후 한국 대통령의 안보리더십은 핵안보와 결부하여 국민들이 냉정하게 평가하는 것이 무엇보다도 중요하다.

둘째, 정치적 안정 없는 핵안보는 흔들릴 수밖에 없다. 드골은 제5공화국의 헌법을 만들고 국민의 동의를 얻어 안정적인 정치체제를 이루었다. 드골이 만든 제5공화국 정부 형태의 이론적 근거는 위대한 프랑스의 재건이었다. 그는 내적으로 국가의 권위를 확인시키고, 외적으로는 국가의 독립을 유지하는 것이 가장 국가의 시급한 과제라는 것을 끊임없는 정쟁으로 국력을 소모한 제4공화국의 헌정을 통해 몸소 체험했다.

제5공화국 헌법의 주요 특징은 많지만, 여기서는 대통령 선거의 방식인 '2차 결선투표제'를 언급하지 않을 수 없다. 요지는 대통령 선거에서 선출되려면 1차 투표에서 절대과반수 +1표를 획득해야 하지만, 이 경우가 아니면 2차 투표에서는 한 표라도 더 많은 표를 얻는 후보가 당선된다는 것이다. 프랑스는 선거의 2차 결선투표에서 승리하는 정당은 국민의 전체 의사를 대표함으로 소수파는 다수파의 정책을 방해하거나 막지 않는다는 의회주의 원칙을 준수한다. 1965년 드골도 대통령 선거 2차 결선투표에서 55%의 찬성표로 재선되어 정치적 안정 속에 핵안보전략을 강하게 추진할 수 있었다. 작금의 한국의 대통령 선출 방식도 프랑스의 결선투표제와 5년 또는 4년 연임이 가능한 정치체제를 반영하여 정치적 안정과 지속 속에 핵안보전략이 일관성 있게 추진할 필요가 있다.

셋째, 국민의 지지와 성원 없는 핵안보는 흔들릴 수 밖에 없다. 이렇게 북한의 핵위협이 고조된 적은 없었다. 한국은 자유민주주의 국가이다. 이제 국민들에게 핵무장에 대한 의견을 정확히 물어볼 필요가 있다. 헌법에 나와 있듯이 국민투표라는 방식을 통해 한국의 핵무장에 대한 국민들의 의견을 물어보고, 그 결과를 핵무장 추진 간 지렛대로 활용할 필요가 있다. 참고로 드골은 제5공화국 헌법을 만들어 국민투표에서 79.2%의 찬성을 얻어 가장 소중한 프랑스의 정치적 안정을 되찾아 주었으며, 끝이 보이지 않고 국론이 분열되었던 알제리 전쟁을 알제리의 민족자결에 관한 국민투표에서 75%의 찬성으로 평화적으로 해결한 바 있다. 드골은 알제리 전쟁을 해결하면서 알제리를 독립시켜서는 안 된다는 세력의 테러와 군부 쿠데타 등을 겪었지만, 국민이 드골을 지지한다는 것과 가치 있는 길을 꿋꿋이 걸어간다는 사실이 좋은 무기였다고 회고할 정도로 국민의 지지와 성원을 소중히 생각했다.

넷째, 유능한 참모를 오랫동안 보직하지 않으면 핵안보는 흔들릴 수 밖에 없다. 드골은 1958년 재집권하자마자 최초의 핵폭탄 제조와 실험을 하기 위해 원자력 위원회의 정부 측 사무총장이었던 기요마(Pierre Guillaumat)를 국방부 장관으로 임명하면서 핵무기 개발 노선을 분명히 했다. 뒤이어 뷔살레와 크레펭, 에유레 장군 등의 군부 인사들을 원자력 위원회의 군사 분야에 보직했다.[77]

드골이 제5공화국 대통령 시절(1959~1969) 인사 등용 방식을 살펴보면, 다음과 같다. 우선, 자신을 신뢰하고, 신념을 같이하는가, 그리고 개성이 있어 뜻을 일관하는가, 이어서 문제의 본질을 신속·단순·명쾌하게 파악하는가, 마지막으로 주의가 깊어 남의 이야기를 경청하고 기다릴 줄 아는가이다. 드골이 제일 중요하게 생각한 것은 자신을 신뢰하고, (정치적) 신념을 같이하는가에 역점을 두었다. 따라서 드골은 신념을 같이 한 사람을 버리지 않았다. 한 번 인사가 정해지면 각료들의 재임 기간이 길었고, 정권기간 내 해임되는 각료도 없었다.

또 중요한 것은 국가의 중요한 사업과 정세의 흐름에 따라 인사를 구분하여 적소에 배치하였다. 다시 말해 알제리 전쟁을 해결하는데 드브레 같은 뚝심과 신념, 법률적 지식, 경험이 있는 인사를 수상으로 임명하여 40개월 동안 재직하도록 했다. 하지만 알제리 전쟁이 해결된 후에는 안정된 정국 속에서 개혁(경제회복 등)을 추진할 적임자로 조르주 퐁피두를 수상으로 임명했다. 그는 퐁피두는 국회의원도 아니며 국회와 관계를 가진 사람도 아니지만, 그가 자격이 있다고 생각했다. 또한 드골은 의회의 역할, 즉 법을 토의하고 제정하며 내각을 감독하는 역할에 대해 경의를 표하지만, 의회와 행정부의 고유의 역할과 전문성 발휘 보장 차원에서 각료를 선발할 때 국회의원을 발탁하지 않았다.

마지막으로, 국가의 과거와 미래를 잇는 가교역할을 하는 지도자에게는 용기와 인격이 꼭 필요하다는 헨리 키신저의 말을 우리 국가지도자와 국민은 되새겨 볼 필요가 있다.

복잡하고 까다로운 상황에서 한 가지 방향을 선택할 용기가 있어야 하고, 이를 위해서는 정해진 길을 벗어나려는 의지가 필요하다. 또 선택의 순간에도 그에 따른 혜택과 위험을 완전히 파악할 수 없는 행동 방침을 계속 고수할 만큼 강인해야 한다. 용기는 결정의 순간에 미덕을 낳고, 인격은 오랫동안 빛날 지조를 강화한다.[78]

주

1 핵무장 국가가 핵무기를 갖고 있지 않은 다른 국가를 핵억제로 보호한다는 지원.
2 대릴 프레스, "동아시아의 지정학적 지형 변화: 한미일 협력에 대한 시사점," 세종연구소 2023 한미일핵전략포럼 발표 논문 (2023. 11. 30.), pp. 18-20.
3 이교관, 『패권충돌의 시대 한국의 대전략』 (서울: 김앤김북스, 2022), p. 9.
4 정성장, 『왜 우리는 핵보유국이 되어야 하는가』 (서울: 메디치미디어, 2023), p. 32, pp. 83-85.
5 오경환, "약자에서 강자에게로(du faible au fort): 냉전시기 프랑스 핵개발과 핵전략, 1945-1968,"『史叢』 90호 (2017), p. 253.
6 제원으로 길이(전장) 128.7m, 배수량 8,080톤, 속력 25노트.
7 전재성, "프랑스 드골 대통령의 자주외교연구,"『한국정치외교사논총』 제30집 1호 (2003), p. 91.
8 일반적으로 원자력 산업은 원자력발전과 같이 원자력을 평화적으로 이용하는 산업, 원자로의 제조나 핵연료의 생산 등에 관련된 산업, 원자력의 이용과 개발에 관련된 산업을 포함한다. 문지영, "프랑스 원자력 산업의 형성과 성장, 1945-1969,"『프랑스사 연구』 제36호 (2017), p. 96.
9 출력이 거의 없는 실험용 원자로로, 우라늄 산화물을 연료로 사용했으며, 중수(heavy water)를 감속재로 사용했다.
10 가스흑연로 G1은 프랑스 최초의 플루토늄 생산 원자로로, 천연우라늄을 연료로, 이산화탄소나 공기 같은 기체를 냉각재로, 흑연을 감속재로 사용한 원자로였다.
11 1989년에는 저렴한 발전원가를 최대한 활용, 1989년 기준 유럽 여러 나라에 429억kWh의 전력에너지를 수출함으로써 25억 달러의 판매수익을 남긴 바 있다. 허윤래, "드골 정신을 배우자,"『원자력 산업』 제11권 제9호 (1991), pp. 18-19.
12 설성인, "원전 버린 독일, 탄소배출 늘어 지구에 害 끼쳐,"《조선일보》, 2018년 9월 7일.
13 문지영 (2017), pp. 101-105, p. 122.
14 Jean-Loup Samaan·David Gompert, "French nuclear weapons, Euro-deterrence and NATO," Contemporary Security policy 30-3 (2009), p. 488; Andrew Futter 저, 고봉준 역, 『핵무기의 정치』 (서울: 명인출판사, 2016), pp. 158-159 재인용.
15 1957년 10월 4일, 소련이 세계 최초의 인공위성인 스푸트니크를 발사함으로써 촉발된 미·소간 우주개발 경쟁에서 미국의 케네디 대통령은 1961년 5월 25일, '국가의 긴급과제와 현상에 관한 특별 교서'를 발표했다. 여기에는 "60년대가 끝날

때까지 인간을 달에 착륙시켰다가 안전하게 지구로 귀환시키겠다"라는 아폴로 계획이 담겨 있었다. 우연찮게 스푸트니크는 러시아어로 '동반자'라는 뜻이다. 마치 태어날 때부터 이미 적수로서의 동반자를 이끌고 다닐 운명을 드러내는 듯하다. 어떤 이는 소련의 스푸트니크의 발사를 '제2의 진주만 습격'이라고 불렀다. 결국 미국은 1958년 10월, 우주센터의 대명사격인 미 항공우주국(NASA)이 설립되었고, 이후 말 그대로 천문학적 비용을 쏟아부으며 소련을 추격했다. 그 결과, 1969년 7월 20일 달에 착륙한 최초의 인간 닐 암스트롱은 달 표면에 첫발을 딛는 순간 "이것은 한 사람의 작은 발걸음이지만 인류를 위한 큰 걸음이다."고 말했다. 고중숙, "(사이언스크로키) 천의 얼굴, 우주계획," 《한겨레21》, 2020년 5월 3일, (검색일: 2024. 10. 1.).

16 샤를 드골 저, 심상필 역, 『드골, 희망의 기억』(서울: 은행나무, 2013), pp. 311-313.
17 Andrew Futter (2016), p. 159. 재인용.
18 1950년대 프랑스 정부에 의해 처음으로 제안된 공산진영의 위협에 대비하는 유럽국가(프랑스, 이탈리아, 네덜란드, 벨기에, 룩셈부르크, 서독)들의 공동방위군. 결국 프랑스 의회의 비준 거부로 현실화되지 못하였다.
19 라오스 국경 근처의 작은 분지. 1954년 베트남 인민전선과의 전투에서 프랑스군이 참패함으로써 유명해졌다.
20 제2차 중동전쟁. 1956년 이집트 나세르 대통령은 7월 수에즈 운하의 국유화를 단행하여 이스라엘로 향하는 선박의 통항을 거부하고 티란해협을 봉쇄하였다. 이로써 큰 타격을 입게 된 영국과 프랑스는 10월 29일 이스라엘이 시나이반도를 침공한 2일 후에 수에즈 운하를 공격하였다. 전세는 3국측에 유리하게 전개되었으나, 미국의 압력, 소련의 위협, 국제여론의 악화 등으로 영국과 프랑스는 정치적으로 매우 불리하게 되었다. 11월 14일, 유엔은 긴급특별총회를 소집하여 즉시 철수와 유엔군 파견 결의를 채택, 정전과 감시를 위한 유엔긴급군을 파견하였다. 이에 따라 영국과 프랑스는 연내에, 이스라엘은 1957년 3월에 점령지로부터 철수하였다. 이 사태를 보고, 야인으로 있던 드골은 다음과 같이 말했다. "영국군의 명령 하에 움직이는, 독자적인 작전능력이 없는 프랑스가 이집트를 공격하기로 한 것은 잘못된 결정이다. 그러나 일단 작전을 시작한 후 미국과 소련의 압력에 굴복하여 철수한 것은 더욱 잘못된 결정이다." 샤를 드골 (2013), p. 21; 정한용, 『프랑스의 이름으로 나는 명령한다』(서울: 21세기군사연구소, 2004), p. 159.
21 전재성, "프랑스 드골 대통령의 자주외교연구," 『한국정치외교사논총』 제30집 1호 (2003), pp. 74-75.
22 헨리 키신저 저, 김성훈 역, 『헨리 키신저의 외교』(서울: 김앤김북스, 2023) p. 637.
23 드골은 2차대전 중 루스벨트 대통령이 자기에게 다음과 같은 모욕적인 말을 했다고 적었다. "프랑스는 수상이 너무 자주 바뀌어서 그들 중 내가 기억하는 이름은 한 사람도 없습니다." 샤를 드골 (2013), p. 17.
24 헨리 키신저 (2023), p. 162. 재인용.
25 헨리 키신저 (2023), pp. 157-158.

26 대량보복전략은 소련이 서유럽을 공격하면 미국이 즉각 핵으로 보복하겠다는 전략이고, 유연반응전략은 국지적 분쟁에 대해 핵무기가 아닌 재래식 전력으로 대응 가능하다는 전략이었다.

27 전재성 (2003), p. 90.

28 샤를 드골 (2013), p. 313; Andrew Futter (2016), pp. 159-160. 재인용; 헨리 키신저 (2023), p. 158.

29 전재성 (2003), p. 81.

30 필리프 라트 저, 윤미연 역, 『드골 평전』 (서울: 바옴, 2022), p. 386; 문지영 (2017), p. 115.

31 허만, 『드골의 외교정책론』 (서울: 집문당, 2014), p. 202.

32 헨리 키신저 (2023), p. 629.

33 전재성 (2003), p. 76.

34 전재성 (2003), pp. 76-77.

35 샤를 드골 (2013), pp. 324-325.

36 대표적인 전우관계 사례로, 1944년 6월 6일, 연합군의 노르망디 상륙작전 후 파리 해방작전을 들 수 있다. 최초 미군은 파리를 점령하지 않고, 동서로 포위하여 고립시킨 후 독일군이 철수하기를 원했다. 그러나 드골장군은 아이젠하워 장군에게 파리를 해방시키고 파리 봉기를 일으킨 시민들을 구하기 위해 군사적으로 개입해 줄 것을 요청했다. 아이젠하워 장군은 여전히 파리 주변을 포위하길 원했기 때문에 망설였지만, 8월 22일, 드골의 압력과 파리 봉기로 일어난 여러 사건의 영향으로 아이젠하워 장군은 결국 프랑스 르클레르 장군이 지휘하는 2기갑사단에게 파리로 진격할 것을 명령했다. 정한용, "프랑스 드골의 변혁적 리더십 연구," 『정신전력연구』 제73호 (2023), pp. 257-258. 1945년 6월 6일, 드골은 1944년의 파리해방에 자유 프랑스군의 참전을 허락한 아이젠하워 장군에게 감사의 표시로 '해방의 십자가(로렌의 십자가)'를 수여했다. 수산 밴필드 저, 김기연 역, 『인물로 읽는 세계사(드골)』 (서울: 대현출판사, 1993), p. 102.

37 샤를 드골 (2013), pp. 327-329.

38 헨리 키신저 (2023), pp. 636-637.

39 재래식폭탄 100만 톤의 폭발력에 해당하는 측정단위.

40 샤를 드골 (2013), pp. 329-333; 비슷한 맥락에서 드골은 "십 년 안에 우리는 8,000만 명의 러시아인을 죽일 수 있는 능력을 갖게 된다. 8억 명의 프랑스인을 죽일 수 있는 능력이 있다 하더라도 8,000만 명의 러시아인을 죽일 수 있는 국가를 가볍게 공격할 수는 없다고 나는 진정으로 믿는다. 8억 명의 프랑스인이 있다는 전제하에"라고 언급하기도 했다. 오경환 (2017), pp. 271-272.

41 드골은 그의 회고록에 케네디에 대해 다음과 같이 적었다. "인간으로서의 그의 가치, 연령, 야심은 충분히 방대한 희망을 불어넣어 줄 수 있는 위인이었다. 그는

마치 거대한 날개를 펄럭이며 정상(頂上)에 오르는 새처럼 드높이 솟아오르려고 도약대 위에 서 있는 것처럼 보였다. … 만약 케네디 대통령이 암살당하지 않았더라면, 그 시대에 그의 이미지를 새겨 놓을 수 있는 시간과 수단을 갖췄을 것이다." 샤를 드골 (2013), pp. 397, 389.

42 헨리 키신저 (2023), p. 639.

43 오경환 (2017), p. 273.

44 스카이볼트 사건(Skybolt Affair)의 내막은 다음과 같다. 영국은 노후화되는 폭격기들의 수명을 연장하려고 당시 개발 중이던 준준거리 공중발사탄도미사일(ALBM)를 미국으로부터 구매하기로 결정했다. 그러나 케네디 행정부는 1962년 가을에 사전 경고도 없이 스카이볼트 개발을 취소했다. 기술적 이유로 취소가 결정되었다는 주장이 있었지만, 실제로는 미사일보다 취약하다고 여겨지는 비행기에 대한 의존을 줄이려는 것이었고, 그리고 거의 분명히 영국의 독자적 핵능력을 막으려는 의도가 있었다. 영국과의 사전 협의 없이 미국의 일방적인 결정으로 영국 폭격기들이 급속도로 퇴물이 될 운명이었다. 대신 케네디와 맥밀런은 나소(Nassau)에서 회동하여 영·미 핵파트너십 현대화에 동의했다. 미국은 스카이볼트에 대한 보상차원에서 영국에 폴라리스 미사일이 장착된 다섯 척의 잠수함을 판매하며, 영국은 이에 맞춰 독자적인 핵탄두를 개발하기로 했다. 핵전략의 중앙통제권 유지에 관한 미국의 우려를 해소하는 차원에서 영국은 이 잠수함들을 나토에 배속시키는 데 동의했고, 다만 최고의 국익이 걸려 있는 경우(supreme national interest was at stake)는 예외로 하기로 했다. 헨리 키신저 (2023), pp. 627-628.

45 샤를 드골 (2013), pp. 390-396.

46 헨리 키신저 (2023), p. 629.

47 리처드 닉슨 저, 박정기 역, 『20세기를 움직인 지도자들』 (을지서적, 1997), p. 148.

48 1585-1642, 루이 13세 치하의 프랑스 왕국 수석국무장관, 현실주의 대외정책의 선구자.

49 샤를 드골 (2013), pp. 266-268.

50 꼴롱베 레되제글리즈라는 상파뉴 지방의 마을에 위치한 드골의 마지막 주거지로서 드골의 회상·명상·상징의 장소이며, 현재 개선문과 짝을 이루는 기념물이기도 하다.

51 드골은 프랑스 생시르 사관학교(Saint-Cyr)에서 군사 교육을 받는 동안 독일어를 배웠으며, 제1차 세계대전 중 독일군의 포로가 되어 수용소 생활을 하면서도 독일어를 익힐 기회가 있었다. 특히 1958년 재집권 이후, 드골은 독일과의 협력 강화를 중요하게 생각했고, 1962년 아데나워와의 정상회담에서 보좌관 없이 직접 독일어로 논의를 진행하며 신뢰를 표현했다. 이는 프랑스와 독일 간의 화해를 강조하는 동시에, 아데나워가 편안함을 느끼도록 배려한 상징적인 제스처였다.

52 헨리 키신저 저, 서종민 역, 『헨리 키신저 리더십』 (파주: 민음사, 2023), p. 152.

53 '대서양에서 우랄산맥까지'라는 개념은 프랑스 중심의 유럽 독립을 추구한 골리즘 (De Gaulle's policy)의 핵심 전략 중 하나였다.
54 드골은 영국의 핵 억제력은 미국이 지닌 억제력의 연장일 뿐이라고 생각했다.
55 알렉상드르 뒤발 스탈라 저, 변광배·김웅권 역, 『말로와 드골』(서울: 연암서가, 2014), p. 315. 재인용.
56 서독은 자신들의 민주주의적이고 가톨릭적이며 자본주의적인 체제가 동독과의 통합을 통해 훼손될 것을 우려하였다. 특히, 서독 지도층(아데나워 포함)은 프러시아적 군국주의, 개신교적 전통, 사회주의적 요소가 강한 동독과 통일될 경우, 독일이 서방 세계에서 이탈할 가능성을 걱정하였다.
57 드골은 회고록에서 1958~1962년 사이, 두 사람이 40회에 걸쳐 편지를 주고받았으며, 15회 만났고, 100시간 이상 흉금(胸襟)을 털어놓는 대화의 시간을 가졌다고 밝혔다. 샤를 드골 (2013), pp. 272-273; 정한용, "프랑스 드골의 독일과의 화해의 조건-Ⅰ," 『월간군사저널』(2023), pp. 73-75.
58 허만, 『드골의 외교정책론』(서울: 집문당, 2014), p. 213.
59 허만 (2014), p. 21; 하명수, "알제리 폭동과 드골의 재집권," 『역사와 경계』 21 (1991), p. 182. 재인용.
60 드골은 이런 소통방식을 통하여 결국 알제리 전쟁을 민족자결주의 원칙하에 평화적으로 국민투표를 통해 해결하였다. 필리프 라트 (2022), p. 315. 이용재, "드골과 알제리 독립," 『프랑스사 연구』(2012), pp. 253-254. 재인용.
61 허만 (2014), pp. 197-198; 전재성 (2003), pp. 89-90.
62 샤를 드골 (2013), pp. 316-317.
63 필리프 라트 (2022), p. 575.
64 문지영 (2017), p. 114. 필자 견해로는 1955년 1월, 1956년 7월 실시한 핵무기 개발 찬성 여론이 33%, 27%으로 각각 그친 이유는 당시 디엔비엔프 전투에서의 참패(1954), 알제리 전쟁 시작(1954), 수에즈 위기(1956), 특히 지속되는 정치적 혼란에 따른 제4공화국 정부에 대한 국민들의 불신 등이 주요 요인으로 추정된다.
65 문지영 (2017), p. 114.
66 드골은 그의 회고록에서 대통령 임기 동안 해외순방을 제외하고 첫 3년 반 사이에 본토의 67개 도청소재지를 방문했고, 지방에서 4~5일 장기 체류하는 방문이 19차례 있었다. 70일 사이에는 1,200만 명의 프랑스인을 만났고, 40,000킬로미터를 다녔으며, 모임이나 회합에서 600여 차례의 연설을 했고, 400번은 연단에서 말했다고 밝혔다. 샤를 드골 (2013), pp. 444-445.
67 샤를 드골 (2013), pp. 440-442.
68 드골은 제5공화국 대통령 시절, 원자력 연구소의 활동 상황을 주의 깊게 관찰했다. 프랑시스 페렝 청장과 피에르 쿠튀르 사무국장, 그리고 핵무기를 총괄하는 엔지니어 자크 로베르는 연구 개발에서 생산되는 핵무기 전문가였는데, 그들로부터

직접 업무 결과를 보고 받았다. 샤를 드골 (2013), pp. 436-437.
69 문지영 (2017), pp. 115-116.
70 헨리 키신저 (2023), pp. 158-159.
71 1960년대 프랑스를 이급 강대국으로 분류하는 것은 프랑스의 독립적인 외교 정책, 핵무기 개발, 그리고 문화적 영향력 등 프랑스의 역사적 맥락과 국제적 기여를 간과했다는 의견도 있지만, 미국과 소련이 냉전 구도로 양분되면서 초강대국으로서 전 세계에 걸친 군사 및 경제적 영향력을 행사한 반면, 프랑스는 주로 유럽과 구 식민지 국가들에서 제한적인 영향력을 행사했다는 의견도 많다는 측면이다.
72 헨리 키신저 (2023), p. 633.
73 헨리 키신저 (2023), pp. 163-164.
74 드골은 소련이 1960년 U-2 정찰기 사건을 이용하고자 했을 때, 아이젠하워 대통령의 입장을 강력히 지지했고, 쿠바 미사일 사건 당시에도 미국의 정책을 지지하였다. 또한 나토 탈퇴 시에도 정치기구인 북대서양위원회(North Atlantic Council)로부터는 공식적으로 탈퇴하지 않았고, 군사위원회와의 연락은 지속하였으며, 나토의 군사기술 및 육·해군 전략회의에도 참여하였다. 전재성 (2003), pp. 79-80.
75 샤를 드골 (2013), pp. 418-419.
76 김충남, 『대통령의 안보리더십』 (서울: 플래닛미디어, 2022), p. 30.
77 오경환 (2017), p. 253.
78 헨리 키신저 (2023), p. 10.

26장

북유럽 국가들의
정치적 공조 모델과 한국적 시사점

최연혁

1. 서론

트럼프의 재집권 이후 국제질서가 재편되고 있는 상황에서 여야 정당들이 단기적인 이익과 집권을 위한 대립과 배제에서 벗어나 대화와 협력을 통해 국가적 난제들을 풀어야 한다는 당위적 요구가 꾸준히 제기되고 있다. 하지만 우리나라의 정치사를 통틀어 IMF 구제금융 때처럼 국민적 동참과 대타협으로 국가적 위기를 여야가 함께 극복한 사례는 드물다. 여야 공조 체제의 구축과 일상적 관행의 정립을 위해 필요한 것은 무엇일까? 우리나라와 같이 갈등비용을 줄이고 효율적 국가운영을 지향하는 국가들은 이미 안정적인 공조 체제를 구축하고 있는 국가들에 대한 관심이 크다. 시대적 갈등과 대립을 대화와 협력으로 풀어간 북 유럽 국가들의 경험이 국제적으로도 주목받는 이유다.

영국 이코노미스트지는 2008년 세계 재정위기 이후 진행된 각국의 대응과 회복력을 비교한 특집기사 "다음 시대의 수퍼모델(The Next Supermodel)"을 통해 "좌우정치인들은 북유럽을 배워라"라고 세계 정치인들에게 권고하고 있다.¹ 팬데믹 이후 북유럽국가들의 빠른 회복력을 목격하면서 2022년 다시 한 번 북유럽 4개국이 조명 받고 있다. 또한 이코노미스트지는 "북유럽 좌파의 복귀(The Nordic left is back in charge)"라는 특집 기사에서 여성 총리 4인이 펼치는 부드러운 카리스마와 통합의 정치를 강조하며 국가적 위기를 극복한 사례로 소개되고 있다.²

북유럽 사회의 독특한 문화를 학자들은 노르딕 모델이라 부른다.³ 세계 어느 국가에서도 찾을 수 없는 독특한 특징이 북유럽 국가 5개국에서 공통적으로 발견된다는 주장이다. 북유럽 국가들의 복지제도와 노사관계를 연구한 학자들은 북유럽국가들을 협력(Cooperation), 협의(Consensus), 그리고 타협(Compromise)라는 세 가지 키워드의 첫 자를 따 3C로 그 특징을 소개하고 있다.⁴ 이들 학자들은 북유럽 5개국에서 공통적으로 발견되는 높은 수준의 복지 및 의료제도, 낮은 정치 부패율, 정치제도와 시장 기능에 대한 높은 신뢰 등은 시장 주체 간의 타협과 협력에 기인한다고 진단한다.

3C는 경제와 노동, 그리고 복지 분야 뿐 아니라 정치 영역과 사회 생활에도 폭넓게 적용된다고 보는 것이 정치학자들의 인식이다. 아터(David Arter)와 같은 학자는 강한 야당이 있지만 국가적 위기와 사회적 혼란 시에 여당과 함께 공동으로 대처하는 전통은 정치적 3C의 가장 대표적 특징이라 지적하고 있다.⁵ 예를 들어 1991년 세계적 버블사태로 재정위기가 찾아왔을 때 여야 5개 정당이 동참해 함께 헤쳐 나간 스웨덴 사례, 2011년 극우테러범에 의해 자행된 정부 청사 폭발과 오슬로 외곽 우토야(Utøya) 섬의 대참사 이후 국민의 불안과 사회적 혼란이 가중되었을 때 여당의 대책과 위기 수습에 대해 전적으로 지지를 선언하고 나섰던 노르웨이 야당들의 사례 등이 대표적이다.

2020년 코로나 위기 때 스웨덴 정부가 야당 대표들과 함께 공동 대응책을 강구하고 끝날 때까지 정쟁을 중단한 사례와 코로나 피해 상황과 정부의 미흡한 대처를 공동으로 조사단을 꾸려 정부와 야당이 함께 운영한 사례 등은 정치적 3C의 전형적 모습이라 수 있다. 최근 트럼프가 덴마크령 그린란드를 손에 넣기 위해 무력까지 불사하겠다고 선언하자 덴마크 여야 대표들이 함께 모여 대국민 선언을 발표하고 공동으로 보여준 정치적 결의는 국가적 위기를 국민 분열 없이 보여준 3C를 바탕으로 한 정치 문화의 본보기라 할 수 있다.

이 글에서는 노르웨이, 덴마크, 스웨덴 3국을 중심으로 정치적 갈등의 요소가 내재 된 중요한 현안 문제를 북유럽 국가들이 어떻게 접근하고 해결했는지 살펴본다. 이를 위해 정부 주도와 야당의 참여를 통한 타협 사례, 국민 참여를 통한 국가 중대 이슈에 대한 결정사례, 자연재해나 안보 지형의 변화, 팬데믹과 같은 국가재앙 시 발휘되는 위기 관리형 대타협 사례 등 세 가지 위기 극복 상황을 분석할 것이다.

앞에서 소개한 3C 모델은 곧 세 가지 분석모델을 내포하고 있다. 첫 번째 모델은 정부 주도적 여야 협의형이다. 정치적으로 중요한 사안을 의회라는 정치적 공론장에서 논의를 거쳐 여야가 함께 합의를 이끌어내는 정치적 타협모델이다. 사례분석을 위해 1949년 덴마크와 노르웨이, 2023년 스웨덴의 나토 가입을 둘러싼 의회 합의와 여야 공조 과정을 살펴볼 것이다. 그리고 두 번째로는 다양한 의견이 대립되어 정치적으로 해결하기 어렵거나 조약 비준 등 최종적으로 국민의 의사를 바탕으로 정치적 결정을 하는 국민 참여형 모델인 국민투표제에 대해 3국의 사례를 중심으로 소개하기로 한다. 마지막으로 외교, 국방, 안보, 에너지, 연금, 팬데믹 등 국가 주요 의제를 위한 지속적이고 안정적인 위기 대응체제를 구축한 스웨덴의 국방 공조 사례도 살펴보기로 한다.

글의 말미에서는 북유럽의 사례를 바탕으로 우리나라가 앞으로 국방 및 안보 등 국론이 분열되고 갈등이 야기될 수 있는 상황에서 여야 간 간극을 좁히고 대타협으로 이르게 할 수 있는 방법이 무엇인지, 그리고 그 가능성은 있는지 모색해 보며 북유럽의 정치적 3C 모델을 우리나라에도 현실적으로 적용할 수 있는 몇 가지 대안을 제시하며 글을 맺고자 한다.

2. 북유럽 국가의 합의 모델별 사례분석

가. 정부와 야당 간의 대타협

야당의 협조는 유사시 국론분열과 사회적 혼란을 예방할 수 있다는 점에서 매우 중요한 국가통합 수단으로 인식된다. 하지만 야당의 협조는 그냥 얻어지는 것이 아니다. 여당이 야당의 협조를 이끌어내기 위한 적극적 노력을 전제로 한다. 이를 적극적으로 보여준 사례들이 북유럽 국가에서 발견된다. 공통적으로 2차대전 이후 복지개혁, 연금개혁, 에너지 개혁, 권력구조 개혁, 교육개혁, 세제개혁, 국방개혁, 주택개혁 등 중대한 국가개혁을 성공적으로 이끈 경험을 공유하고 있다.

북유럽 5개국의 정책결정 과정의 특징과 안정적 변화를 성공적으로 이끈 다양한 요인들을 분석한 델라포르트 등의 연구에 따르면 국가의 중대 이슈에 대한 논의를 정부가 이끌어 가지만 의회, 특히 야당의 동의를 얻어내기 위한 다양한 절차와 과정이 존재하고 있다는 점에서 다른 서구 국가와 큰 차이가 발견된다고 지적하고 있다.[6] 성평등 국가를 지향하면서 보여준 여야정당들 간의 경쟁과 타협 과정은 3C모델의 정석을 보여준다.[7] 정부가 이슈를 주도 하지만 야당에 대해서는 설득과 타협을 통해 안정적이고 평화적으로 정국을 이끌어 가는 모습이 공통적으로 발견된다는 것이다.

이 같은 모습은 국방정책 노선 선택을 놓고 전개된 3개국에서도 발견된다. 2차대전 당시 독일에 지배당한 경험이 있었던 덴마크, 중립 정책을 유지하며 끝내 침략을 막아낼 수 있었던 스웨덴, 그리고 덴마크처럼 독일의 점령을 겪었던 노르웨이 등 3개국이 공동으로 논의한 북유럽 방위동맹(Scandinavian Defence Union) 참여와 미국과 영국의 주도로 진행된 NATO 가입을 사이에 두고 저울질했던 덴마크와 노르웨이 정부가 어떻게 야당들과 대타협을 성공적으로 이끌어냈는지 이 장에서 소개한다.

1949년 4월 4일, 12개의 서방 국가가 북대서양 조약 기구에 가입했다. 그중에는 덴마크와 노르웨이가 포함되어 있었고 스웨덴만 중립국으로 남게 되었다. 하지만 스웨덴은 2022년 러우전쟁의 발발과 함께 현실로 다가온 러시아의 침략 위협에 대비해 200년 이상 유지해 온 중립 정책을 과감히 포기하고 나토에 가입하는 과정에서 나타난 여야의 협력 과정을 서술한다.

1) 덴마크의 나토 가입 논의

덴마크는 2차 대전 때 독일의 침공으로 쉽게 무너진 아픈 경험을 가지고 있다. 역사학자 타메란데르와 제테르링의 연구는 독일의 덴마크 침공을 다음과 같이 기술하고 있다.[8]

> 독일이 덴마크를 침공할 때 당시 덴마크의 무장 병력은 고작 12,700명에 불과했다. 함대는 장갑함 3척, 어뢰정 21척, 잠수함 11척으로 구성되었으며 병력은 1,450명에 지나지 않았다. 1940년 4월 9일 화요일 오전 4시 15분, 개시된 침공은 오전에 이미 상황

이 종료되었다. 훈련된 군인도 없었고, 저항할 무기가 존재하지 않았다. 독일군은 베저뤼봉 작전(Operation Weserübung)은 덴마크와 노르웨이를 동시에 공격해 함락시키는 것이었다. 독일군은 국경을 넘어 플렌스부르크(Flensburg)와 퇸더(Tönder)에 진입했고, 4월 9일 아침 해상 병사들은 독일 보조함 한세슈타트 단치히(Hansestadt Danzig)에서 코펜하겐에 바로 상륙했다. 새벽에 16명의 덴마크 군인이 사망했지만 덴마크 군대는 저항할 만한 것이 거의 없었다. 정부는 바로 항복선언을 하고 독일의 치하로 들어갔다. 노르웨이는 긴 해안선이 있어 두 달의 시간이 걸리기는 했으나 큰 타격을 주지 못하고 함락되었다.

타메란데르와 제테르링의 연구는 덴마크 정부의 두 가지 치명적인 실수를 지적한다. 그들은 1차 대전에서 패한 독일이 다시 재무장해 침공할 수 있는 능력이 완전히 와해되었다고 오판한 것이 첫 번째 실수라 보았다. 덴마크는 독일 재무장은 불가능하다고 보고 국방비를 1922년부터 대폭 삭감하기 시작했다는 것이다. 국방비를 줄이면 당연히 국방력은 약화될 수밖에 없다. 국방비를 줄여도 중립 외교정책을 채택하면 만약의 사태가 발생하더라도 침략 받지 않을 것이라는 전략적 오판까지 저질렀다. 이것이 두 번째 실수라 지적한다. 독일이 재무장하지 않을 것이라는 오판, 그리고 국방비를 줄이는 대신 중립 외교를 펼치면 전쟁에 참여하지 않을 것이라는 전략적 오판은 결정적이었다. 국방력이 뒷받침되지 않은 외교적 중립은 아무 쓸모가 없다는 것을 인식했을 때는 이미 국가를 잃은 뒤였다.

이 같은 두 가지 오판과 반성은 2차 대전 이후 덴마크 정부의 외교정책을 논하는 과정에서 제기되었다. 한센과 서렌센과 같은 덴마크 역사학자에 따르면 2차 대전 이후 집권한 사민당 정부는 전략적 오판으로 나치에 침략당한 아픈 경험으로 인해 강한 '무장중립 정책'을 원했다고 분석한다.[9] '무장중립 외교정책'으로 2차 대전 기간 동안 독일의 침략을 막아낼 수 있었던 스웨덴을 모범적 국가로 본 것이다. 무장중립 정책이란 외교적 중립을 취하면서 막강한 군사력으로 무장한다면 주변 국가들의 침략을 막아낼 수 있다는 전제조건에서 펼칠 수 있는 외교군사 전략의 일환이다.

2차 대전 당시 한손(Per Albin-Hansson) 스웨덴 총리가 독일의 전면적 영토침략을 막아낼 수 있었던 배경으로 확고한 무장중립과 유연한 외교정책이었다고 덴마크 정부는 판단했다고 두 역사학자는 분석한다. 전후 등장한 스웨덴 에르란데르(Tage Erlander) 총리의 제안으로 시작된 스칸디나비아 국방 동맹구축 논의에 덴마크가 큰 관심을 보였던 이유였다. 당시 스웨덴은 노르웨이를 포함한 3국 국방 협력을 통해 강력한 외교적 중립과 국방력을 바탕으로 공동 방어 능력을 유지하고 유틀란드반도와 스칸디나비아반도 전체를 평화지대로 구축하면 긴장을 완화하고 전쟁 위험에서 벗어날 수 있다고 설득했다.[10]

당시 사민당이 이끌던 덴마크 정부는 한스 헤토프트(Hans Hedtoft) 총리를 중심으로 외무부 장관이었던 라스무스 한센(Rasmus Hansen)과 함께 의회 정당들을 설득하고자 했다. 노르뷔와 페테르센 등의 연구에 따르면 보수당 대표였던 크투드 크리스트센(Knud Kristensen) 전 총리는 스웨덴 중심으로 이루어진 중립 군사동맹으로는 소련의 침략을 막아낼 수 없을 것이라는 의견으로 정부와 대척점을 이루고 있었다.[11] 보수당의 크리스트센은 좌파 헤토프트 정부의 중립적 비동맹 정책에 매우 회의적이었다. 중립 외교정책은 강력한 억지력이 뒷받침되어야 가능하다는 것을 2차 대전 이미 뼈저리게 경험했기 때문에 스웨덴의 국방력과 외교력을 지렛대 삼은 3국 동맹에 덴마크의 운명을 맡길 수 없다는 입장을 강력하게 견지했다. 당시 덴마크 외교부 자료에서도 정부의 중립정

책 노선은 야당의 반대로 교착상태에 있었음을 확인해 준다.[12]

회담 초기 때만 해도 2차 대전에서 성공적으로 독일의 침략을 피해 갈 수 있었던 스웨덴의 외교능력과 국방산업을 덴마크 총리와 외교부는 매우 높게 평가하고 있었음을 알 수 있다. 하지만 야당의 강한 반대에 부딪혀 3국 군사동맹설립을 재고할 수밖에 없는 상황에 처해 있었다. 스웨덴이 2차 대전 기간 동안 강력한 국방력과 외교력으로 중립 정책을 지켜낼 수 있었던 저력이 있었기 때문에 북유럽 3국이 힘을 합치면 소련이 쉽게 침략할 수 없다는 스웨덴의 강한 설득으로 무장중립 정책이 성공할 수 있을 것이라는 기대감이 컸던 것은 사실이지만, 야당의 강력한 반대에 부딪혀 결정을 하지 못하고 있던 상황이었다. 하지만 이 같은 외교정책 기조에 영향을 미친 것은 이웃 국가 노르웨이였다.

노르웨이 정부는 스웨덴과 덴마크와의 공동 국방정책과 군사동맹 설립 논의 초기에는 긍정적이었으나, 점차 부정적 시각으로 변화하고 있었다. 당시 노르웨이는 사민당 출신의 게르하르드센(Einar Gerhardsen) 총리도 스웨덴의 총리와의 개인적 친분이 두터워 처음 스웨덴이 북유럽 안보동맹창설을 주장했을 때 긍정적 입장을 공공연하게 피력하고 있었다. 노르웨이의 지방신문 로메리케스 블라드(Romerikes Blad)에 따르면 게르하르드센 총리가 북유럽 군사동맹에 적극 참여해 국방 문제를 해결하겠다는 의지가 워낙 강해 아무도 설득할 수 없었다고 전한다.[13] 하지만 하우게(Jens Christian Hauge) 국방장관과 랑에(Halvard Lange) 외교장관은 런던과 워싱턴에 심정적으로 더 가까운 사람들이었다. 랑게 외교장관과 하우게 국방장관은 게르하르센 총리가 대서양 조약을 지지하지 않을 경우 사임하겠다는 위협까지 가하며 압력을 넣었다. 두 사람의 집요한 설득 끝에 게르하르드센은 스웨덴이 제안한 북유럽방위군을 포기하고 나토 쪽으로 기울게 되었다. 랑에 외교부 장관이 나토로 기운 이유로는 미국 주재 노르웨이 대사와의 밀접한 관계를 들 수 있다.

"노르웨이 사람들은 무릎을 꿇고 천 년을 사는 것보다 내일 서서 죽는 것을 택할 것입니다." 2차 대전 때부터 1958년까지 16년간 주미대사를 지낸 모겐쉐르네(Wilhelm Munthe de Morgenstierne, 노르웨이 주미대사 1942-1958)의 독백이다. 노르웨이 주미 대사는 미국이 주도할 공동빙위체제가 다가올 소련과의 대치 상황에 가장 적합한 군사안보적 대안이 될 것이라는 믿음을 외교장관에게 강력하게 주장해 사민당 정부가 친미적 성향으로 기울게 하는데 성공했다.

2차 대전 이후의 전개된 유럽 상황도 스칸디나비아 방위동맹 안을 수용할 수 없는 상황으로 치닫게 했다. 1948년 2월 소련이 군사적으로 지원한 쿠데타가 체코슬로바키아를 전복시키자 노르웨이 국민들은 큰 충격에 휩싸였다. 2차 대전 후 독일의 침공을 받은 약소국으로 체코슬로바키아와 공동의 운명을 지니고 있었기 때문에 긴밀한 외교관계를 유지하고 있었는데 노르웨이는 소련의 군사적 타깃이 될 수 있을 것이라는 우려가 더 커질 수밖에 없었다. 소련과 맞닿은 국경선이 200km가 넘었던 노르웨이는 자국의 전선을 스웨덴과 함께 지킨다는 것이 거의 불가능하다는 입장이었다.

핀란드의 친소 중립 체결도 악재였다. 1948년 4월 소련의 압력으로 우호, 협력 및 상호 지원 조약에 서명한 핀란드를 보면서, 위협은 더욱 커졌다. 소련이 노르웨이 정부에 제안한 상호 불가침조약 서명의 압력은 큰 안보적 위협으로 받아들여졌다.[14] 2차 대전 때 독일과 소련이 맺은 상호 불가침조약(Molotov-Ribbentrop Pact, 1939)은 독일의 침공으로 무력화된 역사적 사례가 있어 국가 간의 조약은 무의미하다는 것을 이미 간파하고 있었던 셈이다. 결국 노르웨이는 의회에서 여야 간 합의를 거쳐 북대서양조약기구 가입을 결정했고, 공동지역 안보를 위해 아이슬란드와 덴마크가 창립 멤버로서 이에 동참하도록 설득하기 시작했다.

노르웨이가 이미 나토 가입 쪽으로 기운 상황에서 덴마크 정부의 입장도 흔들리기 시작했다. 덴마크 외교연구원의 연구와 외교부가 출판한 덴마크 안보정책 'Dansk sikkerhedspolitik 1948-1966' 문서 자료를 보면 당시 덴마크가 가장 우려했던 부분은 노르웨이와 마찬가지로 소련의 침략 가능성이었다.[15] 소련의 군사 침략 우려는 현실로 다가왔다.

당시 주미대사관 참사로 근무하고 있었던 포블 방-옌센(Povl Bang-Jensen)은 1948년 3월 중순 본국 방문 때 주요 정치인과 공무원들에게 '1949년 부활절 전후로 소련이 덴마크 영토를 침략할 가능성이 있다'는 미 외교가의 의견을 정리한 문서를 총리실에 전달했다. 덴마크가 공격을 받을 경우 강력한 저항력이 있을 때만 미국이 개입해 도와줄 수 있고 이는 군사적으로 북유럽 내에서 전개되고 있는 중립 국방연맹이 중단되어야 한다는 주미대사관 전속 무관의 의견을 담고 있었다.

코펜하겐에 도착하자마자 방-옌센은 덴마크에 대한 위협에 대한 설명이 적힌 비밀문서를 정부에 전달했다. 뱅-젠슨의 분석은 당시 대사관의 해군 무관 퀼센과 협력하여 이루어졌으며 덴마크가 갖고 있던 2가지 선택지의 장단점, 특히 스칸디나비아 동맹군의 문제점을 명확하게 제시하고 있었다.[16] 카우프만(Kauffmann) 덴마크 주미 대사는 국무부 고위 관리 2명과 이러한 대화를 나누었고, 이를 바탕으로 작성된 기밀문서를 귀국하던 참사를 통해 전달한 것이었다.

1948년 3월 13일, 구스타프 라스무센 외무장관은 유럽의 경제 재건을 위한 미국의 마셜 플랜에 관한 국제 정상회담에 참석하기 위해 파리를 방문했다. 이곳에서 라스무센 외교장관은 영국 외무장관 베빈 (Ernest Bevin)과 만나 미국 국무장관 마셜에게 보낸 미래의 대서양 동맹

체제에 대한 아이디어를 브리핑 받을 수 있었다. 그래서 덴마크가 최종적으로 나토를 선택하기 전 의회 내에서 논의된 선택지는 세 가지로 압축되고 있었다.

첫째, 유엔 회원국으로서 중립을 유지하면 소련의 공격을 받았을 때 유엔의 개입을 통해 덴마크의 안전을 지켜낼 수 있기 때문에 이 경우 나토나 북유럽 국방 연맹에는 참여하지 않는다. 하지만 유엔이 즉각적으로 개입해 덴마크 안보를 책임지지 못할 개연성이 클 것이다.

둘째, 덴마크는 소련의 공격에 대한 억제력을 확보하고 전면전이 발발할 경우 군사적 지원을 얻기 위해 NATO 동맹에 가입한다. 이 옵션은 국가의 약한 국방력을 강화하기 위한 나토의 무기 제공을 전제로 한다. 하지만 덴마크가 원치 않는 전면전에 개입될 수 있고, 덴마크에 대한 소련의 공격이 감행될 경우 즉각적인 군사적 지원이 어려울 수도 있다는 단점이 있다.

셋째, 덴마크는 노르웨이, 스웨덴과 함께 스칸디나비아 방위 연합에 가입한다. 이 옵션은 스웨덴의 강력한 군사적 역량을 바탕으로 할 경우 소련의 공격을 억제하고 3국이 함께 강력하게 대항할 수 있다. 스웨덴의 지원은 지리적 근접성 때문에 소련의 폭격이 개시되기 전 도착할 수 있는 장점이 있다. 스웨덴은 또한 덴마크뿐 아니라 소련과도 우호적 관계를 유지하고 있다.

냉전 시대 태동기의 덴마크 외교정책 형성 과정을 연구한 페테르센은 당시 덴마크 외교 정책의 세 파벌, 즉 사회 자유당(Social Liberals)의 "비둘기파", 자유당-보수당(Liberals and Conservative Party)의 "매파", 그리고 중간 위치에 있었던 사회민주당(Social Democrats)이 존재했다고 밝히고 있다.[17] 비둘기파였던 사회 자유당은 비 나토 혹은 반 나토 옵션을 선호했고, 자유당과 보수당은 적극적으로 나토 참여 옵션을 선호했다. 중립 입장을 취한 사회민주당은 1939년 4월 3일에 치러진 총선에서 42.3%를 획득해 단독 소수 정권을 수립한 상황이어서 안정적으로 다수를 확보하기 위해 자유당, 보수당과 협력을 모색했다. 한스 헤토프트 총리가 이끄는 덴마크 사회민주당은 스칸디나비아 방위 연맹 옵션을 훨씬 선호했지만, 노르웨이가 나토로 기울자 대체 옵션을 전적으로 지지하기 시작했다. 또한 부활절 즈음 소련의 침략을 예측한 주미 대사관의 정보 비밀문서와 영국외교부와의 교감은 친NATO 쪽으로 기울게 만든 결정적 계기가 되었다. 결국 중립을 포기하고 적극적으로 서방의 세계에 합류하는 옵션을 선택했다.

덴마크의 나토 가입을 둘러싼 의회 내 각 당의 입장을 잘 정리한 올레센 연구에 따르면 헤드토프트 총리는 1948년 초 외교상임위원회에서 "갈등 상황이 발생하면 덴마크를 갈등에서 제외하는 옵션을 채택해야 한다"라고 공언하며, 덴마크가 전쟁 시 개입하지 않는 방법을 선호한다는 입장을 밝혔다.[18] 사회민주당 내부에는 미국에 대한 강한 비호감을 가지고 있었고, 약소국이었기 때문에 미국의 이익에만 도움이 될 뿐 자신들은 이용만 당할 것이라는 인식이 강했다고 밝히고 있다. 여기에는 소련뿐 아니라 미국도 새로운 세계 대전을 일으킬 수 있다는 두려움을 가지고 있었기 때문에 사민당은 미국이 지배하는 나토에 가입할 경우 소련과의 전쟁을 피할 수 없을 것이라는 의심을 갖고 있었다. 하지만 노르웨이의 나토 가입 결정과 소련의 침략 위협, 그리고 친미적 성향을 가진 외교부의 설득은 친 스웨덴 중립정책을 포기하는데 결정적으로 작용했다.

결국 북유럽 군사동맹 설립 안은 제안 초기 덴마크와 노르웨이의 긍정적 입장에도 불구하고 1948년 가을 본격적으로 시작된 협상은 각국의 의견차만 확인하고 실패로 끝나고 말았다. 노르웨이가 먼저 나토 가입을 결정하면서 덴마크에게도 적극적으로 동참을 요구하자 당시 덴마크의 사민당 출신 헤드토프트(Hans Hedtoft) 총리도 어쩔 수 없이 북유럽 국방동맹을 포기할 수밖에 없는 상황이었다.

덴마크의 나토 가입 논의 과정에서는 세 가지의 옵션을 놓고 정부 여당인 사민당이 야당들과 긴밀한 협의와 토론을 이어 나간 점이 두드러진다. 의회 국방위뿐 아니라 당대표 간 만남을 통해 지속적인 교감을 이루어 나갔다. 함께 논의를 진행하던 노르웨이가 빠르게 나토 쪽으로 균형추가 기울면서 덴마크도 중립 정책을 버리고 나토로 선회할 수밖에 없었다. 그래서 야당의 폭넓은 지지를 얻어 국민 분열을 조기에 차단하고 국가 통합을 이끌어 낼 수 있는 대안을 찾아내어 택한 점을 들 수 있다. 의원내각제 특성상 의회의 긴밀한 협의를 이끌어 내 과반수를 확보한 사민당의 타협 능력이 돋보인다.

2) 스웨덴의 나토 가입을 둘러싼 정부와 야당의 공동 대응

러시아가 우크라이나 본토를 침공하기 시작한 2022년 2월 4일 이후 스웨덴에서도 나토 가입문제가 수면 위로 떠오르게 되었다. 당시 여당인 사민당은 1815년 이후 200년 이상 유지해 온 중립 정책을 포기하고 나토에 가입하는 것이 스웨덴이 안전을 보장할 수 있는 유일한 방법이라는 판단을 내렸다.[19] 당시 총리 안데르손(Magdalena Andersson)은 환경당과 연립정부를 이끌고 있었지만 환경당은 전통적으로 반 나토 노선을 걷고 있었기 때문에 야당인 보수당(The Moderate Party, Moderaterna)과 자유당(The Liberal Party, Liberalerna) 등 우파정당들과 협상을 진행할 수밖에 없는 상황이었다. 스웨덴이 처한 이러한 정치적 상황은 이웃 덴마크가 나토에 가입할 때와 비슷한 양상을 띠고 있었다. 두 나라 모두 보수당은 친미 노선과 친 서방 노선을 지지하고 있었기 때문에 좌파 정권의 입장에서 중립주의를 포기하고 나토에 가입하기 위해서는 우파의 지지가 절실했다. 당시 스웨덴 국방부 장관의 TV인터뷰는 스웨덴 앞에 놓인 2개의 대안을 잘 설명하고 있다.[20]

첫째, 중립 정책 유지. 이 외교 전략은 전쟁 상황에서 어느 한쪽에도 가담하지 않고 중립을 지키면 국가의 안전을 확보할 수 있을 것이라는 전제조건에만 가능한 노선이다. 이 정책은 좌익당(The Left Party)과 환경당이 지지하는 노선으로 미국 도움 없이 자국의 힘만으로도 중립을 지켜낼 수 있다고 보는 것과는 약간의 차이를 보인다. 스웨덴은 나토 회원국이 아니었지만, 옵서버 자격으로 나토에 참여하면서 군사훈련을 위해 경유하는 미국 정찰기의 착륙을 허락하는 등 친미적 중립노선을 걷고 있었기 때문에 나토에 가입하지 않더라도 실질적으로 나토의 우산 안에 들어와 있다고 보는 노선이다.

둘째, 빠른 시일 내 나토 가입. 이 노선은 3개 중도우파 정당들이 모두 긍정적이며 사민당도 지지하는 노선이다. 사민당의 노선은 전통적으로 중립 정책 유지와 강한 국방을 키우는 것이었지만, 장거리 미사일과 대량살상무기의 위협에 속수무책이고 스웨덴의 국방기술이 점차 강대국보다 낙후되어 강력한 자주국방의 기반이 와해되면서 나토 가입으로 돌아선 경우다.

2014년 러시아의 크림반도 복속과 영토 편입을 목격하고 러시아의 서진이 현실화될 것이라고 보면서 나토 가입의 필요성이 빠르게 부각되기 시작했다. 좌익당과 환경당의 경우 중립 정책의 포기는 곧 외국에 대한 의존 확대와 군사주권의 상실이라고 보았다. 하지만 우파의 경우 중립 정책의 기반은 오래 전 와해되었고 자력으로는 더 이상 국가안보와 국민 안전을 지켜낼 수 없을 것이라는 현실론에 뿌리를 두고 있다.

더욱이 1994년 이후 소련의 붕괴와 베를린 장벽의 제거로 냉전 시대가 끝나고 평화의 시대가 도래했다고 보고, 국방비 삭감과 모병제 도입을 바탕으로 평화 시 군사 안보 태세로 전환한 후 국방 개혁을 진행해 나간 국방 전략 패착은 큰 대가를 요구하고 있었다. 당시 집권당이었던 페손(Göran Persson) 정권은 베를린 장벽이 붕괴되어 냉전 시대는 영원히 끝났으며 더 이상 소련은 군사적 위협 국가가 아니고 서방세계로 편입될 것이라는 전략적 오판을 한 것이다. 덴마크가 1922년 범했던 실수를 스웨덴 사민당 정부도 되풀이한 셈이다.

2022년 2월 집권 여당인 사민당은 나토 가입에 긍정적인 자유당(The Liberal Party), 중앙당(The Center Party), 기독민주당(The Christian Democratic Party), 그리고 보수당과 함께 나토 가입을 추진하겠다고 천명했다. 같은 해 9월 총선이 예정되어 있었기 때문에 안데르손 총리는 나토 군사 훈련장 방문, 군 전략회의 등에 기회 때마다 제1야당인 보수당의 크리스테르손(Ulf Kristersson) 당대표를 동참하도록 독려했다. 2022년 3월 21일 노르웨이에서 진행되고 있는 나토 동계 훈련에 야당 대표를 함께 참관해 옵저버로 참가한 스웨덴군 관계자들을 격려하는 모습이 언론에 소개되기도 했다.[21] 2024년 내내 나토 가입을 두고 진행한 여당과 야당의 공조로 국내 여론도 나토 가입 쪽으로 기울게 만들었다.

아래 표에서 볼 수 있듯 스웨덴 국민들의 나토 가입 여론은 2014년 러시아의 크림반도 복속과 영토 편입 시기에 맞춰 역전을 했다가 다시 친 중립 정책 지지가 우세했다. 그러나 러시아-우크라이나 전쟁이 발발한 2022년 2월 이후 나토 가입 찬성 여론은 65%로 국민여론은 친나토 쪽으로 완전히 기울었다.[22]

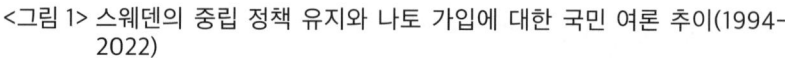

<그림 1> 스웨덴의 중립 정책 유지와 나토 가입에 대한 국민 여론 추이(1994-2022)

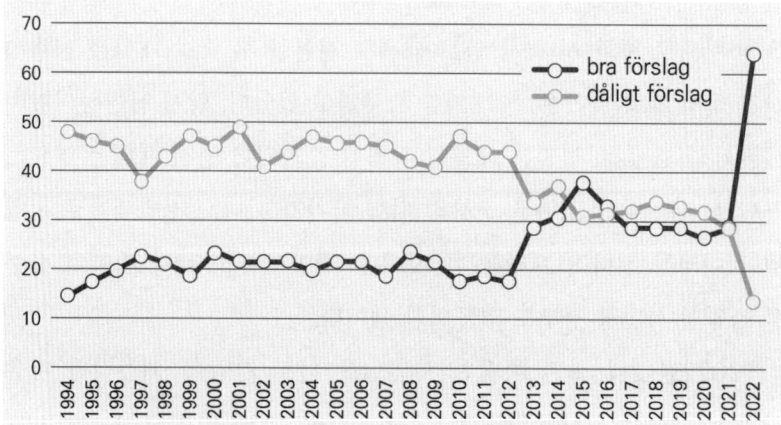

* 출처: SOM-undersökning, https://www.gu.se/nyheter/nato-storsta-opinionsforandringen-nagonsin. Bra förslag(좋은 제안), Dåligt förslag(나쁜 제안). 이 옵션의 질문은 "스웨덴은 나토에 가입해야한다. 귀하는 어떻게 생각하십니까?"이다.

여야의 공조는 튀르키예 정부가 스웨덴의 가입을 반대할 때 야당은 정부를 비판하지 않고 끝까지 한 목소리를 내 줌으로써 튀르키예 정부의 파상 공격을 막아낼 수 있었다. 이 같은 상황은 2022년 집권에 성공한 우파 연합이 사민당 전 정부가 구축한 외교 노선을 그대로 채택하고 사민당도 튀르키예가 지속적으로 나토 가입을 반대하는 상황에서 정부를 지지한다고 천명해 외교협상에 힘을 실어 주었다. 최근 우크라이나 종전 협상이 진행되면서 정부 여당이 평화유지군을 파견할 경우 야당이 적극적으로 지원하겠다는 메시지를 보내면서 다시 한 번 여야의 끈끈한 공조 체제를 확인할 수 있다.[23]

3) 여야 협의형 사례의 평가

나토 가입을 중심으로 살펴본 스칸디나비아 3국의 국내 논의 과정은 사뭇 다르면서도 비슷한 점도 발견된다. 우선 3개국이 모두 의원내각제를 채택한 국가로 정부가 국방 및 안보 아젠다를 주도하지만 야당들과의 긴밀한 협조 채널 유지와 타협 그리고 강력한 지지여론을 바탕으로 나토 가입을 결정한 독특한 사례를 보여준다. 특히 덴마크와 스웨덴의 경우 각 당익 다양한 차이를 극복하기 위해 각 지도부 간 논의를 진행해 나갔으며 이 과정에서 찬성과 반대의 목소리가 조금씩 좁혀지는 모습, 그리고 좌파 집권 여당이 러우 전쟁 발발에 따른 중립 정책의 한계에 대한 상황인식과 발 빠른 정책 변화를 통해 우파정당들과 정책 공조를 이루어가는 모습을 볼 수 있다. 덴마크의 경우 처음에는 좌파 계열 여당이 스웨덴과 함께 중립 정책을 추진하다가 포기한 이유는 전쟁이 발발할 경우 중립 정책으로는 스스로를 방어할 수 없다는 인식이 있었기 때문이다. 이는 소련의 침공 위협에 미국은 군사적으로 함께 하지 않는 국가는 보호할 수 없다는 의사를 외교적 채널을 통해 전달했던 것이 주효했다. 야당들이 강력하게 주장하고 있던 나토 가입 쪽으로 기운 이유다.

여기에서 주목할 것은 집권 여당의 정책적 변화와 야당과 인식차를 줄이기 위한 적극적 노력이다. 중립 정책으로 국가안보를 장담할 수 없을 것이라는 냉철한 현실 인식에 바탕을 두고 집권 좌파 정당들은 우파 야당들과 빠르게 인식 차를 좁혀가기 위해 당 지도부들과 공식 및 비공식 회의를 가졌다. 이를 위해 군사훈련에도 함께 참석하자는 제안을 하는 등 적극적으로 손을 내 밀었다. 좌파 집권 여당은 국익에 해가 된다고 생각할 때 과감히 우파 야당들과 손을 잡고 협력을 이끌어 내는 소통 능력과 국제정치를 읽는 혜안을 두 나라 집권 세력을 통해 엿볼 수 있다.

스웨덴의 나토 가입 사례에서 눈에 띄는 부분은 여야의 공조가 국민통합과 국가안보에 필수적이라는 사실이다. 전통적으로 군사동맹 가입에 부정적이었던 사민당이 우크라이나 침공 이후 러시아는 가상적이 아닌 현실이 되었다는 점과 1차 대전 이후 덴마크가 범한 평화 체제의 영속화에 대한 오판이 자주국방 현실을 더욱 비관적으로 판단하게 한 배경이 되었다는 점에서 유사하다. 국방정책 실수를 인정한 사민당은 바로 보수당에게 도움을 요청했다. 스웨덴의 자주국방 능력으로는 더 이상 200년 이상 고수했던 중립 정책을 더 이상 유지할 수 없고 러시아의 침략을 막아낼 수 없다는 우파정당들과의 합치된 안보관으로 여야 공동 노선 채택의 기반이 되었다는 점에서 의미가 크다.

나아가 정권 교체 기간에 보여준 여야 대표들의 나토 훈련장 방문은 공동보조를 넘어 정권교체라는 불확실한 상황 속에서도 끈끈한 여야 공조의 모습을 보여 나토 가입을 둘러싼 국민 갈등과 대립을 예방한다는 차원에서 우리나라와 같은 대통령제를 채택하고 있는 국가에서도 본받을 수 있는 사례라 할 수 있다. 정권은 교체되지만 여야 합의에 따라 진행한 정책은 유지되고 여야의 입장이 바뀐 상태에서도 공조 체제는 지속된다. 북유럽 3개국이 나토에 가입하면서 보여준 중요한 교훈이라 할 수 있다.

나. 국민 결정형 모델

민주주의의 근간인 주권재민은 정부 존립의 핵심이다. 민주국가에서 헌법에 보장된 국민의 주권을 제한하거나 일부 양도하는 국제기구 가입 시에는 반드시 국민에게 결정권을 주고, 헌법 개정의 최종 결정권을 국민에게 부여하는 것이 필수적 절차로 인식된다. 또한 탈퇴할 때도 마찬가지 절차를 밟는다. 브렉시트를 결정한 영국의 예에서도 알 수 있듯 최종 결정권은 국민에게 있다. 국민의 강력한 지지와 신뢰는 정부의 정당성 확보에 필수적이다. 이 점에 있어서는 북유럽 국가도 예외가 아니다.

주권재민의 또 다른 효용성은 국가가 중요한 현안 문제로 분열될 때 발휘된다. 국민을 분열시키는 정책은 정당들 간에도 합의를 이끌어 내기가 쉽지 않기 때문에 국민에게 결정권을 일임하는 주권재민의 적극적 형태라 할 수 있다. 원자력 발전소 폐기 문제, 핵개발 문제, 연금개혁 문제 등 민감한 정치 현안들에 대해 정치적 합의를 의회에서 이루어 내지 못할 때 국민적 갈등은 증폭될 수 있다. 북유럽 국가에서 보여준 몇 가지 역사적 경험은 갈등을 최소화하고 국민의 충분한 논의와 지지를 바탕으로 한 의회 결정은 절차적 민주화의 전형적 모습을 보여준다. 아래에서는 덴마크, 노르웨이 그리고 스웨덴 등 3국이 보여준 국민투표를 통한 정치 갈등 예방 사례를 소개한다.

1) 덴마크

덴마크는 헌법에 다양한 국민 투표 제도에 대한 규정을 갖고 있다. 헌법 제42조에 따라 의회에서 통과된 법안이라 하더라도 국회의원 3분의 1이 요구하는 경우에는 국민투표 절차를 거쳐 과반을 얻어야 최종 통과된 것으로 본다. 그리고 헌법 제20조에 따라 국제기구에 주권을 이양하는 법안이 국회의원 5/6 이상의 찬성을 얻지 못할 경우 국민투표 절차를 거친다. 또한 헌법 제29조에 따라 선거연령을 변경하는 경우 국민투표를 통해 국민에게 최종적 의사를 확인한다. 국회를 통과한 일반 법안도 의원 1/3의 요구로 국민투표에 회부할 수 있으며 국제기구 가입 및 탈퇴 시 5/6 이상의 절대적 지지로 의회 결정이 이루어지면 국민투표를 생략하지만 않지만 이를 충족하지 못할 때 국민에게 최종적인 결정권을 이양한다. 또한 투표연령 변경은 무조건 국민의 동의를 구한다.

덴마크는 20세기 이후 총 20번의 국민투표를 치렀으며, 그 중 국제기구 가입과 조약 체결 등을 위해 총 6번에 걸쳐 국민투표를 실시했다. 또한 영토 매각, 헌법개정, 선거연령 하향 조정 등의 사안으로 국민투표를 실시했다. 1953년 헌법개정, 1992년 마스트리히트 조약비준, 2000년 유로동맹 가입 등에 부결이 찬성보다 높은 경우를 제외하고는 모든 국민투표 안건이 과반의 찬성으로 통과되었다.

덴마크는 외교, 국제기구 가입 및 탈퇴, 그리고 선거연령 조정, 헌법개정 등에 이르기까지 주권과 관련되는 중대한 결정은 국민에게 위임하는 형식을 취한다. 국민의 반대로 인해 정부의 제안이 4번에 걸쳐 좌절을 맛보기도 했다. 지방 발전과 개발을 위한 결정 과정에서 국가보다 지방 주민의 의사가 우선한다고 인정한 헌법개정(1963), 선거연령 18세 하향 조정(1969), 마스트리드조약 비준 반대(1992), 유로화폐 동맹 가입 반대 국민투표(2000), EU 권리유보 조항의 철폐에 관한 2015년 선거 등 모두 국민들의 반대로 관철되지 못한 선거들이다. 덴마크에서 실시된 역대 국민투표는 다음과 같다.

<표 1> 덴마크의 역대 국민투표

안건	연도	결과	투표율
덴마크령 서인도 제도 매각	1916	찬성 64.2%	53.2%
헌법개정	1920	찬성 96.9%	49.0%
헌법개정	1939	찬성 91.9%	38.3%
선거연령 25세에서 23세 조정	1953	찬성 54.6%	55.0%
헌법개정	1953	찬성 78.8%	58.1%

안건	연도	결과	투표율
선거연령 23세에서 21세 조정	1961	찬성 55.0%	36.9%
헌법개정 (42장 내용개정 4건)	1963	4건 모두 반대	72.3%
선거연령 21세에서 18세 조정	1969	반대 78.6%	63.4%
선거연령 21세에서 20세 조정	1971	찬성 56.5%	83.9%
EC 가입여부	1972	찬성 63.3%	89.6%
선거연령 20세에서 18세 조정	1978	찬성 53.8%	63.2%
마스트리히트 조약 비준	1992	반대 50.7%	82.2%
마스트리히트 조약 II 비준 (4가지 유보조건 재협상)	1993	찬성 56.7%	85.6%
암스테르담 조약 비준	1998	찬성 55.1%	74.8%
EMU 유로동맹 가입	2000	반대 53.2%	86.6%
왕위계승법 (성별평등 계승권)	2009	찬성 85.4%	53.0%
EU 특허법원 가입	2014	찬성 62.5%	53.8%
EU 권리유보조항 폐지	2015	반대 53.1%	70.7%
EU 방위안보협력 유보폐지	2022	찬성 66.9%	64.9%

* 출처: Scocozza, Benito & Jensen, Grethe (2005). Politikens etbinds - Danmarks historie. Viborg: Politikens förlag.

2) 노르웨이

노르웨이 헌법에는 덴마크와 달리 국민투표에 대해 따로 규정이 되어 있지 않은 것이 특징이다. 노르웨이에서 국민투표는 헌법에 근거한 정치 행위가 아니며 여야가 의회에서 정치적 합의에 이르지 못하는 법안이 있을 때 여야의 합의에 의해서 국민투표 시행 여부가 결정된다. 1905년 스웨덴과의 연합 해체 결정을 위해 국민투표가 실시되었던 것을 시작으로 최근까지 총 여섯 번에 걸쳐 국민투표가 실시되었다.

노르웨이의 국민투표는 헌법에 규정되어 있지 않기 때문에 법적 구속력이 없다는 점에 유의할 필요가 있다. 즉 국민투표 결과는 자문 기능만 있을 뿐 최종 결정권은 의회에 귀속된다. 덴마크에 비해 국민투표로 결정되는 사안은 매우 제한적이며 지금까지 여섯 번에 걸쳐 국민투표가 실시되었을 뿐이다. 1905년 스웨덴-노르웨이 연방해체에 관한 투표와 동시에 입헌군주국 선택을 위해 국민투표를 실시했다. 이후 유럽경제공동체(EC)와 유럽연합(EU) 가입을 위해 국민투표에 부쳤으나 국민들은 경제주권을 잃는다는 이유로 반대했다. 두 번은 정치적으로 국론분열을 유발할 수 있는 민감한 사안에 대해 국민들의 의사를 확인한 후 의회에서 결정하는 협의적 사례라 할 수 있다.

미국에서 시작한 절제 운동과 금주운동이 전파되면서 전통적으로 알코올 문제로 건강과 수명이 위협받고 있었던 노르웨이는 알코올 제조와 판매를 금지하는 법안이 제출되었다. 국가교회가 이끌어온 절제 운동의 영향으로 정치적으로 진퇴양난에 빠진 정부는 국민에게 마지막으로 의사를 확인하기 위해 1919년 세계 최초로 알코올 금지에 대한 국민투표를 실시했다. 결과는 반대 의사가 더 높았지만 도시와 농촌 간의 대립은 더욱 심화되었다. 이에 대해 금주 운동과 음주 정책을 연구한 노르드룬드는 다음과 같이 분석한다. 1919년 국민투표의 결과 농촌지역에서는 찬성 의견이 압도적으로 높았지만 펍과 식당이 밀집한 오슬로에서는 21%로 저조한 수준의 지지를 받았다.[24] 제2 도시 베르겐도 찬성보다 반대가 훨씬 더 큰 비율로 금주 조치에 대해 부정적이었다. 오슬로 주변 지역에서도 비슷한 양상을 띠면서 도농 간의 갈등양상으로 전개되었다. 의회는 알코올 판매 금지가 시행된 1919년 이후 7년 만에 다시 국민투표로 결정하자고 제안한 이유다. 도농 간의 갈등이 국민분열로 치달을 수 있는 위험성을 예견한 것이다.[25] 이번에도 알코올 제조 및 판매 금지법에 대한 폐지를 주장하는 대도시 요식업체 및 주민들은 반대운동을 전국적으로 이끌어 이번에는 찬성이 반대를 누르고 과반을 차지했다. 7년만에 국민투표를 통해 분열을 봉합한 셈이다. 인접국가인 스웨덴도 이미 1922년 실시한 국민투표에서 반대로 결정되어 노르웨이의 국민투표에 영향을 미쳤다.

노르웨이에서 국민투표는 이렇듯 의회에서 정치적으로 합의를 보지 못하는 사안을 국민들에게 결정권을 넘겨주는 국민주권의 원칙에 따라 국민의 대립을 최소화하는 기능을 수행했다. 지금까지 노르웨이에서 실시된 국민투표는 다음과 같다.

> 1905년 스웨덴과의 연방제 해체 여부, 99.95% 찬성 (85.4% 투표율)
> 1905년 덴마크 칼 왕자(Prince Carl of Denmark) 새 입헌군주국 국왕추대, 78.9% 찬성 (75.3% 투표율)
> 1919년 주류판매금지, 61.6% 찬성
> 1926년 주류판매금지 폐지, 55.7% 찬성
> 1972년 EC 가입여부, 53.5% 반대 (79.2% 투표율)
> 1994년 EU 가입여부, 52.2% 반대 (89.0% 투표율)
>
> * 출처: https://sv.wikipedia.org/wiki/Kategori:Folkomr%C3%B6stningar_i_Norge; http://www.ssb.no/emner/historisk_statistikk/aarbok/ht-000130-004.html.

3) 스웨덴

스웨덴도 덴마크와 같이 국민투표제도가 헌법에 명시되어 있다. 헌법인 정부구성법(Regeringsformen) 8장 2절 5항은 '정책의 자문을 구하거나 헌법을 개정하기 위한 절차는 관련법에 따른다'고 규정하고 있다. 또한 같은 장 16절에는 국민투표는 국회의원 선거와 동시에 실시되어야 하며 헌법 개정안의 경우는 2번 연속으로 의회의 과반수를 얻어야 통과되는 안전장치가 마련되어 있다. 1900년대 이후 현재까지 6번의 국민투표를 치렀는데, 그중 4번은 정책 결정 사안 그리고 나머지 두 번은 유럽연합 가입과 유로화 도입 여부와 관련이 있다.

스웨덴에서도 음주 문제는 사회의 중요한 갈등 이슈 중 하나였다.

1920년대 도시 중산층의 지지를 받고 있었던 스웨덴 자유당 중심으로 알코올 판매금지법을 의회에 제출했으나 정치적으로 해결하지 못하고 결국 국민의 의사를 물어 결정하고자 시도했다. 결과적으로 국민의 반대로 이행되지는 못했지만, 이 사안으로 결국 자유당이 알코올 반대파와 찬성파는 분당되었다.[26] 스웨덴 사회에서 음주 문제가 얼마나 정치적으로 민감한 이슈였는지 짐작하게 한다. 이와 비슷한 사례로 차량 좌측 통행제를 미국과 중부 유럽 국가와 같이 우측 통행제로 바꾸기 위한 국민투표를 실시했다. 결과는 반대가 82.9%로 압도적으로 높았지만, 국제화의 흐름을 바꿀 수는 없었다. 1960년까지 의회 결정을 미루고 있다가 상원에서 4시간, 하원에서 9시간 동안 토론한 끝에 스웨덴의 우측통행에 대한 논란은 정치적으로 마무리되었다. 상원 찬성 119표, 반대 16표, 하원 찬성 175표, 반대 34표로 압도적 찬성에 힘입어 국민에게 다시 물어보지 않고 결정했다.[27] 국민투표는 절차적으로 협의적 성격을 갖기 때문에 나온 결과라 할 수 있다.

1957년에 치러진 연금제 개혁, 원자력 발전소 폐기 사안도 유사한 정치적 과정을 거치고 있다. 국민들의 뜻이 국민투표에서 과반을 넘지 못할 때 정치적 타협과 협상의 여지는 크다. 우측통행을 위한 국민투표 결과 국민의 압도적 지지를 받는 사안이라 4년이라는 시간이 지난 후에 의회에서 정치적으로 해결을 이룰 수 있었지만 국민이 분열되어 있을 경우 의회에서 더욱 빠르게 정치적 의사결정을 진행해 나간다. 결정의 시간이 길어질수록 국민의 갈등과 대립이 빠르게 진행되기 때문이다. 이전 예와 다르게 국제기구에 가입하는 사안은 최종 결정권이 국민에게 주어진다. 1994년 EU 가입을 위한 투표에서 찬성으로 가입을 결정했고, 유럽재정연합(EMU) 투표에서 반대로 참여하지 않았다. 지금까지 스웨덴에서 실시된 국민투표 사례는 다음과 같다.

<표 2> 스웨덴의 역대 국민투표

구분	날짜	결과	투표율
알코올 판매금지	1922. 8. 27.	찬성 49.0%, 반대 51.0%	55.1%
우측통행	1955. 10. 16.	반대 15.5%, 반대 82.9%, 기권 1.6%	53.2%
연금제개혁	1957. 10. 13.	1안: 45.8%, 2안: 15.0%, 3안: 35.3%, 기권 3.9%	72.4%
원자력발전소	1980. 3. 23.	1안: 18.9%, 2안: 39.1%, 3안: 38.7%, 기권 3.3%	75.6%
EU 가입여부	1994. 11. 13.	찬성 52.3%, 반대 46.8%, 기권 0.9%	83.3%
EMU 가입여부	2003. 9. 14.	찬성 42.0%, 반대 55.9%, 기권 2.1%	82.6%

* 출처: 스웨덴 통계청 스웨덴의 국민투표(SCB, Folkomröstningar, valresultat); 스웨덴 국회 (Riksdagen.se).

4) 소결: 국민 결정형 모델의 평가

국민 결정형은 의회가 정치적으로 합의를 보지 못하는 사안에 대해 국민에게 최종 결정권을 귀속시키는 모델이다. 덴마크와 스웨덴은 국민투표를 통한 결정 방식을 헌법에 규정하고 있지만, 노르웨이는 특정사안에 대해 의회 정당들이 합의하지 못할 때 여야 합의에 따라 국민에게 결정권을 이양하는 형식을 취한다. 국제기구 가입과 탈퇴, 국제조약 비준, 헌법 개정 등의 투표에서는 국민에게 결정권을 완전히 이양하지만, 타협이 어려운 특정 정책에 관한 투표에서는 국민의 의사를 확인한 후 그 결과를 다시 의회에서 의결을 거쳐 결정하는 등 국민투표에 두 가지 의미를 부여하고 있다. 전자의 경우 완전 귀속형으로 국민에게 최종 의사를 확인해 결정하는 방식이고, 후자의 경우 국민에게 의사를 확인한 후 의회에서 다시 과반의 지지로 확정 짓기 때문에 자문을 목적으로 한 국민투표라 할 수 있다. 즉 주권을 가진 국민에게 정책 의사를 확인하되 과반을 넘는 의회의 지지를 바탕으로 재의결하는 방식으로 민주적 절차의 정당성을 강화하는 기능을 갖는다.

대한민국도 헌법에 따라 헌법 개정과 주요한 정책에 대해 국민투표에 회부 하는 절차를 규정하고 있다. 130조 2항에 따라 헌법 개정안을 국회가 의결한 후 30일 이내에 국민투표에 붙이게 되어 있으며, 72조의 규정에 따라 대통령이 필요하다고 인정할 때 외교, 국방, 통일 기타 국가 안위에 관한 중요정책을 국민투표에 붙일 수 있다. 하지만 1948년 이후 지금까지 총 6번에 걸쳐 국민투표가 실시되었으나, 유신헌법에 대한 찬반 국민투표를 제외하고는 모두 헌법 개정과 관련이 있다. "대통령이 필요하다고 인정되는"이라는 전제조건이 달려 있어 해석의 여지가 남아 있기는 하지만 자체 핵무장과 같은 국가 안위의 중요한 사안에 대해 국민투표로 회부해 결정하게 하는 방식도 고려해 볼만 하다. 하지만 이 방식은 대통령의 긍정적 의지가 절대적 전제조건이 되기 때문에 대통령을 설득할 수 있는 다양한 방법이 논의되어야 가능하다. 이 경우 국민 여론의 향방이 가장 중요하기 때문에 국민이 절대적으로 지지할 경우 대통령도 전향적으로 검토할 수 있어 대 여론전도 매우 중요한 수단이라 할 수 있다. 하지만 국민 분열과 갈등을 예방하는 정치적 기능이 있어 앞으로 개헌과 함께 신중히 검토해야 할 사항임에는 의심의 여지가 없다.

다. 위기 대응형 모델

전쟁, 자연재해, 재정위기 등 다양한 국가적 위기가 도래했을 때 각국마다 대응하는 양상은 다르게 나타난다. 대통령제나 의원내각제의 여부와 관계없이 정부가 주도적으로 이끌어 가는 정부주도형은 이미 앞 장에서 살펴본 바 있다. 이 장은 국가적 위기와 재해 등으로 국가 기능이 위협을 받고 국민의 안전과 삶이 영향을 받을 경우 어떻게 대처하는지 3개국 중 가장 두드러지게 여야의 공조가 제도적 절차로 자리 잡고 있는 스웨덴의 대응 방식을 중심으로 살펴본다.

1976년과 1979년 국제유가 파동, 1991년 재정위기, 2020년 초 팬데믹 위기, 1993년 이후 진행된 연금개혁, 2020년 국방개혁, 2022년 러시아의 우크라이나 침략으로 시작한 전쟁 등 국가적 위기에 직면할 때 스웨덴의 여야 정당들이 함께 보여준 공조 체제는 사회가 분열되고 대립하는 국가에 많은 시사점을 준다. 그중 최근 러시아가 우크라이나를 침공하면서 시작된 러-우 전쟁으로 국가의 안보와 국방에 대한 국론분열을 조기에 차단하고 여야가 정치적으로 민첩하게 대응하면서 함께 이뤄낸 타협정치는 매우 인상적이다. 이를 짧게 소개하고자 한다.

1) 군사 위협에 대한 스웨덴의 초당적 협력 사례

2022년 2월 23일 전쟁이 발발한 후 3월 16일 안데르손(Magdalena Andersson) 총리가 안보 현안을 논의하기 위한 공동대응회의에 초청한 여야 당 대표들은 국방 및 민방위 강화를 위해 다음과 같은 합의문에 서명했다.

> 군사 및 민방위에 관한 합의
> 스웨덴 인근 지역의 안보 정책 상황은 시간이 지남에 따라 악화되고 있다. 스웨덴에 대한 무력 공격도 배제할 수 없다. 러시아의 우크라이나 침공으로 상황이 더욱 악화되었다.
> 이러한 이유로 스웨덴의 방어력은 강화되어야 하며, 재무장은 더 빠른 속도로 이루어져야 한다.
> 정부와 국방위원회의 심의 끝에 사회민주당, 보수당, 스웨덴민주당, 중도당, 좌파당, 기독민주당, 자유당, 녹색당이 합의에 참여했다. 재정 조건의 변화, 스웨덴 군대, 군대 재료 작업장 및 군대 무선 연구소에는 2022년과 2023년에 10%의 보조금 공제와

관련하여 변경된 재정 조건이 제공되어야 하며 정부는 이미 계획된 조치를 추진하고 악화되는 글로벌 상황에 따라 운영을 조정할 수 있는 유연성을 높이기 위해 2022년에 최대 10%의 예산 절감 필요성을 테스트할 계획이다.

조치의 예는 다음과 같다.
- 고틀란드의 역량강화,
- 군무원 고용증대,
- 연료 및 탄약에 대한 접근성을 개선해 보급품 조달 및 차량 등 자재 조달을 획기적으로 개선함

2022년 금융 추가 및 확장 주문 승인

단기적으로 국방 역량을 더욱 강화하기 위해 2022년 국방 예산을 20억 SEK까지 확대한다. 군수장비 지원을 위해 SEK 309억을 증액한다. 이를 위해서는 향후 예산 지출에 상응하는 증가가 필요하며, 이는 향후 군사 국방 예산을 GDP의 2%로 늘린다. 자세한 내용은 아래에 기술된다.

추가 연료, 식량, 의료 장비, 예비 부품, 차량 및 구경 탄약을 조기 조달한다. 이후 지속적으로 추가로 구매도 가능하다.

대전차 무기, 대공 미사일, 전투기 미사일 등 적격 탄약을 조기에 조달한다. 또한, 전쟁조직의 이동성과 방호력, 행동능력을 더욱 높이기 위해 궤도차량, 파편방어차량, 유탄발사기 궤도차량, 사단포병, 시위대, 본토방위용 암흑장비 등 군수품을 조달한다. 향상된 해안 방어미사일 능력. 그리고 군사비 인상액은 인력 및 개인 장비에 사용된다. 또한 인프라 및 유지 관리에 결정된 투자로 인해 SEK 41억에 달하는 결과적인 비용이 발생하며 이에 상응하는 향후 예산을 추가가 증액한다. 국방통신위성국의 활동도 강화된다. 언급된 조치의 세부 내용은 본 협정의 비밀부속서에 명시되어 있다.

정부는 2022년 3월 추가 예산안에서 위에서 언급한 조치와 관련하여 스웨덴 의회에 특별법안을 제출할 예정이며, 2022년 4월 스웨덴 의회에서 결정한다.

민방위

춘계예산안에 정부는 2022년 민방위 역량 강화를 위한 대책 제안서를 제출할 예정이다. 이는 2022년 관련 예산이 약 8억 SEK 증가한다는 내용을 담는다.

해당 조치는 다음을 기반으로 해야 합니다.

스웨덴 위기재난청(MSB)이 작성한 보고서는 민방위를 강학하기 위해 어떤 조치를 취해야 하는지 평가하는 임무를 갖는다.

정부는 관련 당국과 협의하여 2023년 예산안에서 이미 계획된 조치를 추진하고 민방위를 강화하기 위해 취할 수 있는 추가 조치를 모두 제안하는 임무를 MSB에 부여한다. 이 임무는 정부에 보고한다. 정부는 또한 MSB가 관련 당국과 협의하여 장기적으로 민방위 조치와 우선순위에 대한 제안을 제출해야 한다는 임무를 2024년 이후까지 부여할 계획이다. 이 임무는 2022년 11월 1일까지 보고되어야 하며 2022년 선거 이 후 국방위원회에서 논의될 예정이다.

지속적 작업

군사방어에 관한 지속적인 업무

정부는 2022년 3월 국방예산이 도달할 수 있도록 재정적 계단을 제안하는 과제를 국방당국에 맡길 예정이다.

실질적으로 가능한 한 빨리 GDP의 2%, 즉 증가를 방어 능력 강화로 효과적으로 변환할 수 있는 경우이다. 정부는 이후 국방위원회에 새로운 지침을 마련할 예정이다. 목표는 GDP의 2%에 도달하는 경제적 사다리에 동의하는 것이다. 2022년 4월 중 즉시 준비작업이 시작된다.

정부는 이어 2023년 예산안의 기초가 되는 추경 예산서를 제출하도록 군과 관계 당국에 과제를 줄 예정이다.

또한, 정부는 새로운 경제 계획 프레임워크(해당 연도 GDP의 2%), 2023년 통제국과의 국방위원회 작업 및 2025년 국방 결정에 대한 문서를 준비한다.

이 문서는 2022년 11월 1일에 보고되어야 한다. 이 부분에 대한 국방위원회의 작업은 2022년 선거 이후부터 효력이 발생된다.

(8개 정당 대표 일동)

합의문에서 볼 수 있듯 8개 정당은 전쟁이 발발하고 난 후 채 한 달도 되기 전 여야 회담에 참여했다. 총리가 거국적 협조를 요청했고 야당 대표들이 응해 성사되었다. 러시아가 우크라이나를 침략해 시작된 전쟁이 진행되는 상황에서 우크라이나 정부에 대한 군사지원 및 난민에 대한 지원 등 중요한 현안들이 촌각을 다투는 상황에서 여야대표들의 국제정세에 대한 상황인식과 대응 방안 마련에 대한 공통된 위기의식이 느껴진다.

국방 및 안보위기 상황에 대한 인식은 의회의 국가안보국방상임위에서 자연스럽게 공유되고 논의가 시작된다. 하지만 국가적 차원에서 대내외적으로 알리고 실행하기 위한 합의문이나 실천 계획 등이 없기 때문에 국민에게 정확히 국가의 이익이 되는 정책이 무엇인지 밝힐 필요가 있다. 러시아가 2014년 크림반도를 기습 복속할 때도 정부와 3개의 야당이 2015년 4월 국방 강화 협약을 발표했던 신속하고 명확한 공조의 모습을 보여준 전례가 있다.[28]

정부의 빠른 대응은 여론이 분열하고 대립하는 것을 예방하기 위한 장기적 포석이다. 발표한 여야 합의안은 2016-2020년 기간 동안 102억 크로네(한화 4조 원)을 투자해 군의 현대화를 앞당기는 계기가 되었다. 또한 9월에 치러진 스웨덴 총선에서 어떤 정당이 정부에 들어서더라도 여야 간의 합의문은 그대로 이행한다는 내용까지 담고 있어 정치적 지속성을 보장하는 중요한 근거로 사용되고 있다.

의회의 총 8개 정당이 참여해 신속하게 도출한 여야 협약에 따라

군 장비의 현대화, GDP 2%의 국방 예산 조기 확보, 민방위의 재건과 위기 재난청의 역할 재정비, 의회 군사위원회와 긴밀한 공조 체제를 구축하고 국민들에게 적극 홍보하는 모습은 국가 위기 시 어떻게 여야가 대처해야 할지 잘 보여주는 좋은 본보기이다.

2) 소결: 위기 대응형 모델의 평가

러시아의 우크라이나 침공으로 시작된 전쟁으로 유럽 국가들의 안보 현실은 비상 상황이라고 해도 과언이 아니다. 이런 상황 속에서 스웨덴 정부가 야당 대표들과 함께 이끌어낸 국가안보 전략에 대한 합의문은 국민들의 불안을 일시에 잠재움과 동시에 러시아에도 명확한 의지를 보여주었다는 점에서 의미가 크다. 2014년 러시아가 크림반도를 점령한 후 맺은 여야간 정치적 대타협 상황보다 더 진일보한 정책 합의라 할 만하다.

트럼프가 출범하기 전부터 시작된 덴마크령 그린란드에 대한 소유권 이전 압력에서 보여준 덴마크 여야의 공조 체제도 매우 인상적이다. 2019년 1기 행정부 시절에 이미 그린란드를 구입하겠다는 의사를 밝혀 예정된 국빈 방문을 하루 전에 취소하여 외교적 결례를 자초했던 트럼프가 당선 후 필요하다면 파나마운하의 점령과 그린란드를 침략할 수 있다고 해 큰 파장을 일으켰다.[29]

그린란드 침공가능성을 언급한 트럼프의 발언 후 3일 만에 메테 프레데릭센 덴마크 총리는 여야 대표들과의 대책협의를 위한 비상정치대표 회의를 소집했다. 그런데 공교롭게도 2019년 당시 국빈 방문을 취소할 때 외교적으로 맹비난을 취했던 총리는 동일한 프레데릭센 총리였다. 아마도 그 당시의 아픈 추억을 떠올리며 문제의 심각성을 인식했을 것으로 보인다.

이미 1946년 해리 투르먼 대통령 시절에 유럽 재건을 위한 경제 복구 계획을 세우며 그린란드의 전략적 중요성을 인식한 마샬 국무장관의 건의로 미국 정부가 진지하게 그린란드 구입을 제안할 것을 검토해본 적이 있어 트럼프의 저의가 단지 일과성 압력이 아닐지도 모른다는 스웨덴 국제학자인 얀 할렌베리(Jan Hallenberg) 교수의 지적도 덴마크를 긴장하게 하는 요소이기도 하다.[30]

덴마크의 메테 프레데릭센 총리는 페이스북에 '그린란드 국민 스스로 자신의 미래를 결정한다'고 적고 있다. 덴마크는 그 과정에 반대하지 않을 것이라는 입장이다. 결국 그린란드 정부와 국민이 원한다면 어쩔 수 없이 자치국으로 되어 있는 그린란드를 넘겨줄 수밖에 없는 상황이기 때문에 그렇게 되는 상황이 되기 전까지 국민의 지지를 받아 국론 통일을 통해 일관되고 강력한 국가적 대응을 준비하기 위한 방법으로 가장 유용한 것이 여야정당들의 동의와 참여다. 국가적 협상 과정에서 가장 강력한 무기는 바로 국민적 동의와 정치적 합의라는 점에서 트럼프는 쉽게 국제적 규범과 국제법을 무시하고 무모하게 군대를 동원해 점령하는 무모한 행동을 실행으로 옮길 것으로는 예상할 수 없다.

이제 국제정치는 힘의 논리와 자국 우선주의를 내세운 트럼프 2기의 출범 이후 국제정세가 어떻게 전개될지 예측할 수 없는 상황에서 위기 극복을 위한 여야의 긴밀한 공조와 협력은 국론분열을 사전에 예방하고 적극적 대응 전략을 펼쳐가기 위해 대한민국이 갖춰야 할 필수적 요소라 할 수 있다.

3. 결론 및 시사점

대통령제를 채택하고 있는 대한민국은 의원내각제를 근간으로 하는 북유럽과 정치 문화와 제도 그리고 타협과 협력의 역사적 배경이 완전히 다름에도 불구하고 북유럽의 정치적 공조 모델이 우리에게 시사하는 점은 무엇일까? 지금까지 논의된 북유럽의 세 가지 협력유형을 대한민국의 상황과 연계해 평가해 보면 다음과 같은 쟁점과 시사점을 논의해 볼 수 있다.

첫째, 의회주도형 즉 국회 주도형의 핵심 질문은 여야 합의로 핵보유 정책의 채택이 가능할 것인가이다. 여당이 주도하고 야당이 동의하는 공동결의문 도출과 이에 상응하는 정책 전개를 위해 여야가 지속적으로 협력하는 관계를 구축할 수 있느냐가 관건일 것으로 보인다. 대통령 중심제를 채택하고 있는 대한민국의 상황에서 국회 중심의 정책 타협보다는 대통령과 여야 대표들이 참여하는 여야 영수회담을 통한 국민 대타협이 가능성 높은 모델일 것으로 판단된다. 하지만 이는 대통령의 의지와 함께 야당 대표들의 동참과 결단이 필요하다는 측면에서 현실성은 매우 희박하지만 그래도 북한이 핵무기를 사용한다고 위협하는 상황과 미국 핵우산의 불확실성, 그리고 혼란스러운 국제정세 속에서 국론을 분열시키지 않으며 정치적으로 신속하고 능동적으로 대처하기 위해서 충분히 고려해 볼 수 있는 대안이다.

두 번째, 국민 결정형이다. 국가의 중대한 외교, 국방, 통일 등에 관한 사안은 국민투표로 결정할 수 있도록 헌법에서 보장되어 있다. 헌법 130조 2항의 '헌법개정안은 국회가 의결한 후 30일 이내에 국민투표에 붙여 국회의원선거권자 과반수의 투표와 투표자 과반수의 찬성을 얻어야 한다'는 규정에 따라 헌법 개정은 자동적으로 국민투표에 회부된다. 또한 72조에 "대통령은 필요하다고 인정할 때에는 외교·국방·통일 기타 국가안위에 관한 중요정책을 국민투표에 붙일 수 있다"라고 명시된 국민투표 절차에 따라 국민에게 최종 결정권을 주는 방식은 국민의 뜻을 모아 위기를 해결할 수 있는 방식이다. 이 방안은 여당이 야당의 협조를 얻어 실행할 수 있기 때문에 국민의 지지를 이끌어내는 노력이 가장 중요하다.

다만 여야가 함께 합의하지 않으면 국론분열과 대립을 국제사회에 알리는 격이 되기 때문에 NPT 탈퇴 상황에서 불리하게 작용할 수 있어 매우 신중하게 접근할 필요가 있다. 야당과의 허심탄회 한 대화와 국론의 통일을 먼저 이끌어 내어야 활용할 수 있는 방식이라 평가된다. 그렇지 않으면 국민의 분열을 대내외적으로 알리게 됨으로써 상황을 더욱 악화시킬 수 있기 때문이다. 그럼에도 불구하고 이 대안이 갖고 있는 의미와 그 효용성은 크다. 정치적 대립의 골이 깊어 입법부와 대통령이 극도로 대립할 때 국민에게 최종적으로 결정권을 이양하는 방식은 민주적 방식이자 주권재민의 헌법정신을 실천하는 가장 효율적인 방법이라는 점에서 여전히 유효하다고 할 수 있다.

마지막으로 위기 대응형 모델이다. 이 대안은 평상시 정치적 대립과 경쟁은 어쩔 수 없지만 적어도 급격한 대내외적 여건의 변화에 따라 발생하는 국가의 존립 위기, 혹은 대규모의 지진, 화산 폭발, 전국을 휩쓰는 태풍과 홍수 등의 국가 재난 시에는 정부의 주도만으로는 위기의 파고를 넘는다는 것이 불가능하다. 설령 가까스로 국가 위기를 넘긴다고 해도 정부 주도의 대처와 대응만으로 국민 대다수의 지지와 동참을 얻어낸다는 것은 대의 정치적 여건에서 불가능에 가깝다. 따라서 정치가 정상적으로 복원되면 대통령과 야당 대표들과의 정례 영수회담 혹은 모든 여야 대표의 참여로 이루어지는 국가 비상시 여야 합동 대응을 위한 결의안과 관련법을 공동 발의해 대비하는 것도 좋은 방법이다.

이를 위해 평상시 위기에 대비한 정부의 다양한 국내외 위기 진단을 여야가 공유하는 시스템을 구축할 필요가 있다. 예를 들어 공동 핵전략위원회(상시체제), 미래에너지위원회 등 불확실한 미래에 대비하기 위한 위기 대응 연합체의 설립은 국가를 안정적으로 운영되고 있다는 것을 대내외적으로 알릴 수 있는 가장 효율적인 대응책이라 할 수 있다. 여야가 극도로 대립하고 탄핵 이후 전개된 정치적 소용돌이라는 상황에서 가능성이 희박한 모델처럼 보이지만, 그럴수록 이 모델이 갖고 지니는 함의성은 크다. 불확실한 국가 미래와 세계정치의 대혼란 등이 야기될 수 있는 상황에서 가칭 '국가전략회의'를 발족시켜 여와 야, 정부와 전문가, 시민 대표들이 참여하는 국민대회의 형식도 제안해 볼만하다. 이를 위한 정치적 논의와 제안을 핵안보포럼 차원에서 지속적으로 요구할 필요가 있다.

트럼프 2기의 출범과 함께 북한을 핵무기 보유국으로 점차 인정하는 상황에서 이제는 세 모델 모두를 진지하게 대안으로 만들 수 있는 혜안을 모아야 할 것으로 보인다.

이 같은 논의를 바탕으로 대한민국이 바로 도입하면 실질적으로 도움이 될 수 있는 몇 가지 실천 모델을 제시해 본다.

- 북유럽 3개국처럼 여야 간 정권 교체의 영향을 받지 않는 정책의 연속성 확보를 위해 국회 단위의 여야 상설 위기대응국을 만들어 볼 것을 제안한다. 여야 상설 위기대응국이 실현되면 정권 교체의 영향을 받지 않고 지속적인 자료의 축적과 협의의 틀을 만들 수 있을 것이다. 스웨덴의 경우 정권 교체와 관계없이 작동되었던 연금개혁위원회, 미래에너지협의체 등은 시사하는 바가 크다.

위원회별 각 당의 대표 간 핫라인은 언제든 열려 있고, 정기적 만남이 확정되어 있어 만남 전 사전 조율을 통해 의제를 설정하며, 합의안은 언론에 발표해 투명성과 예측성을 더해 준다. 이렇게 여야가 함께 움직이는 방식은 주요 정책분야에서 다양한 협력 구조를 구축해 나갈 수 있을 것이다.

- 국민의 안전과 생존에 위협을 가하는 국가 위기, 예를 들어 팬데믹과 같은 대재앙 상황에서 여야 공동으로 예산 수립과 대응책을 모색하고 있는 북유럽의 예처럼 대한민국도 여야가 공동으로 위기에 대응하는 정치 관례를 만들어 볼 것을 제안한다. 정부가 먼저 제안하고 야당이 참여하는 위기 대응형 여야정 협의체를 상설화하는 것도 방법일 것이다. 여야가 함께 대화합의 모습을 보여주면 정당과 국회, 그리고 정치인에 대한 국민적 신뢰는 서서히 회복되고 치유의 정치가 시작될 수 있을 것으로 확신한다.

- 국방 안보 위기에 신속하게 여야가 함께 대처한 스웨덴과 덴마크 사례는 국가 위기와 도전을 슬기롭게 대처하는 좋은 본보기가 된다. 우크라이나가 러시아에 의해 침략당한 지 20여 일 만에 여야의 모든 의회정당들이 참여해 이끌어낸 공동 합의문은 내적인 결속뿐 아니라 외부적으로 명징한 의지를 표명한 것이라 할 수 있다. 트럼프가 그린란드를 손에 넣기 위해 벌이고 있는 외교적 압력 속에서 덴마크 여야가 보여준 공조 체제와 국민 결속은 강력한 협상 무기가 된다는 점에서 큰 의미를 갖는다. 국민적 지지를 바탕으로 여야가 함께 신속하고 단호하게 대응하는 국가는 장기전으로 치닫는 현대 하이브리드 전에서 쉽게 공략할 수 없는 상대라

는 판단을 내리게 하는데 큰 영향을 끼칠 수 있기 때문에 국론통합과 여야 합의는 기선제압용으로도 매우 중요한 요소가 된다.

- 이 글에서 다루지는 않았지만, 2021년 스웨덴의 방폐장 건설부지 선정 과정에서 보여준 정부와 지방자치단체와의 공조 체제를 벤치마킹해 지역이기주의의 한 형태인 NIMBY(Not In My Backyard) 현상을 적극적 유치 전략인 PIMBY(Please In My Backyard)로 대체할 수 있는 긍정적 인센티브와 투명, 안전, 공동 번영이라는 가치를 만들어내어 공유할 수 있도록 정부, 여야, 그리고 지방(자치) 단체 간의 범국민타협모델을 제안한다.[31]

  스웨덴 동남부에 위치한 오스카스함(Oscarshamn)시는 외스트함마르(Östhammar) 시와의 경쟁에서 이겨 2048년까지 30년간 1800만 리터 분의 핵폐기물을 지하에 저장하기 위한 최종 허가를 받고 공사를 2025년부터 진행하고 있다.[32] 방폐장 건설은 일반적으로 혐오시설로 지역주민들이 극도로 반대하는 국가사업이지만 스웨덴에서 서로 유치하기 위해 두 도시가 치열한 경쟁을 벌였던 사례는 우리나라에도 매우 유용한 사례라 할 수 있다. 정치의 비타협과 대립뿐 아니라 지역 협조도 핵안보와 직결되어 있기 때문에 이 부분에 대한 연구는 심층적으로 진행해 나가야 한다고 본다.

- 1년에 한 번씩 정례적으로 관훈클럽이나 핵안보포럼 등과 같은 민간단체가 단독 혹은 공동으로 여야 대표들을 초청해 핵자강에 대한 대국민 토론회를 개최할 것도 효과적인 방안일 것이다. 여당과 야당과의 격의 없는 토론을 여과 없이 국민에게 보여줄 수 있는 기회가 될 것이다. 국가안보에 대한 국민의 인식에도 긍정

적 영향력을 발휘함과 동시에 정책 학습에도 도움이 될 것이다. 이를 통해 핵안보 이슈에 있어서도 평화적 토론 문화를 정착시키고 더 좋은 정책으로 경쟁하는 모습을 대내외에 천명할 수 있는 좋은 계기가 될 것으로 보인다.

국민 여론의 대립, 언론 기관들의 상호 비방과 국민 여론 편 가르기, 군 시설을 혐오시설로 여겨 극렬하게 반대하는 님비(NIMBY: Not in my back yard)와 같은 지역이기주의, 정당 간 공방과 책임 전가 등은 군의 전투 수행 능력과 군 장비가 아무리 뛰어나더라도 한 국가를 쉽게 붕괴시킬 수 있는 주요 원인이 된다는 점을 인식하는 것이 중요하다. 북핵 위협과 미국의 동맹 정책의 변화 요구에 따른 대응책으로서 북유럽 국가들의 타협, 공조, 국민의 참여 등 다양한 위기 대응 방식은 다양한 장애와 도전을 극복해야 하는 대한민국의 현실에서 매우 시사하는 바가 크다.

주

1 *Economist*, 2013. 2. 2.
2 *Economist*, 2022. 1. 22.
3 Arter, David, *Scandinavian Poltics Today*, 3rd ed. (Manchester University Press, 2015); Esping-Andersen, 1990; Hilson, 2008.
4 Arter (2015); Bergqvist, C., Borchorst, A., Christensen, A.-D., Ramstedt-Silén, V., Raaum, N. C., *Equal Democracies? Gender and politics in Nordic Countries* (Oslo: Scandinavian University Press, 1999); Hilson, Mary, "Scandinavia since 1945," *Scandinavian Studies*, LXIX /3 (1997), pp. 322-45; Hilson, Mary, *Nordic Model. Scandinavia since 1945* (London: Reaction Books, 2008); Esping-Andersen, Gøsta, "Jämlikhet, effektivitet och makt," Per Thullberg & Kjell Östberg (eds.). *Den svenska modellen* (Lund: Studentlitteratur, 1994); Thullberg, Per & Östberg, Kjell (eds), *Den svenska modellen* (Lund: Studentlitteratur, 1994).
5 Arter (2015).
6 Del La Porte, Caroline, Dal, Gudny Bjork, Kauko, Jaakko, Nohrstedt, Daniel, 'T Hart, Paul & Tranoy, Bent Sofus, *Successful Public Policy in the Nordic Countries. Cases, Lessons, Challenges* (Oxford: Oxford University Press, 2022).
7 Bergqvist, et al. (1999); Bergqvist, Christina, Ann-Cathrine Jungar, Per Adman, *Kön ochpolitik* (Stockholm: SNS Bokförlag, 2008).
8 Tamelander, Michael och Zetterling, Niklas, *Den nionde april: Nazitysklands invasion av Norge 1940*, (Historiska media, 2004).
9 Hansen & Sørensen, 2000.
10 Möller, Tommy, *Svensk politisk historia: strid och samverkan under tvåhundra år*, 4 ed (Malm: Studentlitteratur AB, 2019).
11 Hansen & Sørensen, 2000, p. 41-51; Nørby, Søren, *Det danske forsvar - Opgaver, udstyr og mandskab idet nye årtusind*, E-pub (2005), p. 222-228; Petersen, Nikolaj, "Påskekrisen 1948," Bertel Heurlin & Christian Thune (red.): Danmark og det internationale system: Festskrift til Ole Karup Pedersen, s. 223-243 (København: Politiske Studier, 1989).
12 Udenrigsministeriet, *Dansk sikkerhedspolitik 1948-1966* (København: Udenrigsministeriet, 1968), p. 22.

13 https://www.rb.no/da-gerhardsen-gjemte-seg-bort/o/5-43-2231280 (검색일: 2025. 2. 15.).

14 Jahre, Hans-Petter m.fl. "Rapport til Stortinget fra kommisjonen som ble oppnevnt av Stortinget for å granske påstander om ulovlig overvåkning av norske borgere (《Lund-rapporten》)," Dokument nr.15 (Oslo: Stortinget, 1995/1996).

15 Dansk Institut for Internationale Studier (DIIS). 2005. *Danmark under den kolde krig - Den sikkerhedspolitiske situation 1945-1991*, bind 1: 1945-1962 (København: DIIS, 2005); Udenrigsministeriet (1968), p. 23-24.

16 Udenrigsministeriet (1968), p. 23-24; Petersen (1989), p. 231-233.

17 Petersen (1989).

18 Olesen, Mikkel Runge, "To Balance or Not to Balance: How Denmark Almost Stayed out of NATO, 1948-1949," *Journal of Cold War Studies*. Vol. 20, No. 2 (Spring, 2018), pp. 63-98.

19 Socialdemokraterna, "Försvar och krisberedskap-ett starkt Totalförsvar," Socialdemokraterna (september 7, 2023), at https://www.socialdemokraterna.se/var-politik/a-till-o/forsvar-och-krisberedskap (검색일: 2023. 12. 18.).

20 Sveriges televesion dalarna, "Exakt då svängde Hultqvist (S) i Nato-frågan: "Jag skrev det på ett papper"," Sveriges television (May 16, 2022), at https://www.svt.se/nyheter/lokalt/dalarna/exakt-da-svangde-hultqvist-s-i-natofragan-jag-skrev-detpa-ett-papper (검색일: 2023. 12. 18.).

21 DN, https://www.dn.se/sverige/andersson-bjod-med-kristersson-pa-norskledd-natoovning/; SVT, https://www.svt.se/nyheter/inrikes/andersson-och-kristersson-besoker-nato-ovning-i-norge (검색일: 2025. 3. 20.).

22 SOM-instiutet, "Nato: största opinionsförändringen någonsin," Göteborgs universitet (May 12, 2023), at https://www.gu.se/nyheter/nato-storsta-opinionsforandringen-nagonsin (검색일: 2023. 12. 18.).

23 SVT, https://www.svt.se/nyheter/inrikes/kristersson-och-andersson-haller-presstraff-om-nato (검색일: 2025. 2. 20.).

24 Nordlund, S, *Lokale ølmonopolvirkninger på drikkevanene* (Oslo: Universitetsforlaget, 1978).

25 Saglie, Jo. 1996. "Attitude Change and Policy Decisions: The Case of Norwegian Alcohol Policy," *Scandinavian Political Studies*, Bind 19 (New Series), 4 (1996).

26 O'Hagan, Lauren Alex, "Alcohol is Humanity's enemy!" Propaganda Posters and the 1922 Swedish Prohibition Referendum," *Scandinavian Journal of History* Vol. 48:2 (2023), pp. 179-205; Möller, Tommy, *Svensk*

politisk historia: strid och samverkan under tvåhundra år, 4 ed. (Malm: Studentlitteratur AB, 2019).

27 Nationalencyklopedin band 9, Högertrafikomröstningen (Höganäs: Bokförlaget Bra Böcker AB, 1992).

28 Försvarsmakten, https://www.forsvarsmakten.se/sv/aktuellt/2015/04/forsvarsmakten-kommenterar-forsvarsoverenskommelsen/ (검색일: 2025. 3. 20.).

29 DN, https://www.svt.se/nyheter/utrikes/trump-staller-in-resa-till-danmark (검색일: 2025. 3. 20.).

30 SVT, https://www.svt.se/nyheter/utrikes/statsvetaren-kan-inte-utesluta-att-usa-far-makt-over-gronland (검색일: 2025. 3. 6.).

31 스웨덴 방폐장 건설에 대한 논의는 다음을 참조할 것. https://www.tn.se/hallbarhet/12004/besked-om-slutforvar-i-januari/ (검색일: 2025. 3. 6.).

32 스웨덴 방사능안전청 자료 참조. https://www.stralsakerhetsmyndigheten.se/aktuellt/nyheter/2024/oskarshamns-karnkraftverk-har-fatt-tillstand-att-slutforvara-lagaktivt-karnavfall/ (검색일: 2025. 3. 6.).

저자소개

노병렬
미국 Temple 대학교 정치학 박사
현) 대진대학교 국제지역학과 교수, 대진대학교 북방연구소 소장
전) 탄소중립센터 센터장
주요 논문: "국제사회의 핵통제사례를 통해 본 북핵문제 해결방안: 통제된 핵확산의 필요성," 『국가전략』 제12권 3호(2006), "한반도 비핵화를 위한 전제조건 모색: 북한 핵무장화 원인 해결 방안과의 연계성을 중심으로," 『한국과 국제정치』 제22권 4호(2006), "한국 핵무장론의 안보정책화 가능성," 『평화학연구』 18권 4호(2017) 외 다수

이창위
게이오(慶應)대학교 법학 박사(국제법)
현) 서울시립대학교 법학전문대학원 명예교수
전) 국제해양법학회 회장, 세계국제법협회(ILA) 한국본부 회장, 외교부, 국방부, 동북아역사재단 정책자문위원
주요 저서: 『기로에 선 북핵 위기: 환상과 현실의 이중주』(2025), 『토착왜구와 죽창부대의 사이에서: 국제법과 국제정치로 본 한일관계사』(2023), 『북핵 앞에 선 우리의 선택』(2019), 『우리의 눈으로 본 일본제국 흥망사』(2005)
주요 논문: "NWFZ Treaty Regime and Denuclearization of the Korean Peninsula"(2024), "Regime of Warship's Passage in the Areas between Korea and Japan"(2023), "The North Korean Nuclear Crisis and Its Implications for South Korea's Policy Choice"(2020), "China's Position on the Territorial Sea Regime in Terms of the South China Sea Disputes"(2018)

심규상
미국 로체스터 대학교 정치학 박사
현) University of Texas at Dallas 정치학과 교수
전) Texas A&M University 부시스쿨DC 교수
주요 연구: "The Restraining Effects of FDI on Armed Conflict: How Foreign-owned Mines Shape the Conflict Location"(2024), "Human Security in Northeast Asia: Searching for Regional Cooperation"(2023), "Heterogeneity in How Investors Respond to Disputes: Greenfield FDI and Co-Industrial Disputes"(2021), "The Effect of Norm Dynamics on the Relationship between Foreign Direct Investment and Environmental Regulation"(2019), "Preventive Restriction of FDI Outflow: The Relative Gains Problem in FDI Dyads"(2018)
연구 분야: 국제정치경제, 지경학, 경제안보, 국제공급망, 해외직접투자

로버트 E. 켈리
오하이오주립대학교 정치학 박사
현) 부산대학교 정치외교학과 교수
주요 논문: "The Roots of South Korea's Political Crisis"(2025), "Why South Korea Should Go Nuclear"(2024), "Emerging Competition with China: Persistent and Probably Unavoidable"(2023), "Another ROK-North Korea Summit Won't Make a Difference"(2021), "Trump's North Korean Nuclear Theatrics"(2018), "An Agenda for South Korea's New Leader"(2017), "Using Analytical Eclecticism for Improved Policy Relevance: Is There a Case for South Korean Support of Abenomics?"(2016), "The 'Pivot' and Its Problems: American Foreign Policy in Northeast Asia"(2014), "A 'Confucian Long Peace' in pre-Western East Asia?"(2011), "American Dual Containment in Asia"(2010), "Security Theory in the New Regionalism"(2007)
연구 분야: 국제안보, 국제정치경제, 동아시아 안보, 미국 외교정책, 핵문제

이대한
현) 한국핵안보전략포럼 연구원
주요 논문: "인구절벽 문제와 한국의 자체 핵무장 옵션"(2025), "동맹 내 핵확산에 대한 미국의 설득과 강압 및 수용: 핵무장 예방을 위한 미국의 대(對)한국 강압 가능성 검토"(공저, 2024), "Is South Korean Nuclear Proliferation Inevitable?"(2022), "The Case for A South Korean Nuclear Bomb"(2022), "The KSLV-II Nuri Rocket – A Gateway to ICBM Capabilities?"(2022), "The World of Nuclear Proliferation and Non-proliferation Treaty Regime"(2021)

안드레이 란코프
레닌그라드 국립대학교 역사학 박사
현) 국민대학교 교양대학 교수
전) 호주국립대학교 아시아대학 교수
주요 저서: *From Stalin to Kim Il Sung: The Formation of North Korea, 1945-1960* (2003), *Crisis in North Korea: The Failure of De-Stalinization, 1956* (2004), *North of the DMZ: Essays on Daily Life in North Korea*(2008), *The Real North Korea: Life and Politics in the Failed Stalinist Utopia* (2013)
주요 논문: "Staying Alive: Why North Korea Will Not Change"(2008), "North Korea's Second Chance? How Trump Could Bring Kim Back to the Negotiating Table"(2025)

리소테츠
일본 죠치(소피아)대학교 신문학 박사
현) 류코쿠대학교 사회학부 교수
주요 저서: 『만주에 있어서의 일본인경영 신문의 역사』(2000), 『한자문화의 회로 동아시아란 무엇이냐』(2004), 『김정일 전기』(2016), 『지금의 일본이 걱정이다』(2025), 『지금 한반도에서 일어나고 있는 진짜 일들』(2025)
기타: "일본만 비핵국가여도 정말 괜찮은가"(2024.3.), "한국의 핵무장론은 어디까지 왔는가"(2025. 5.) 등 에세이와 칼럼 다수

김흥규

미국 University of Michigan 정치학 박사

현) 아주대학교 교수 겸 미중정책연구소 소장, (사)플라자프로젝트 이사장, 경향신문 <김흥규의 외교萬事> 칼럼니스트

전) 국립외교원, 성신여대 교수, 청와대 외교수석실, 국가안보실, 외교부, 국방부, 통일부, 국회, 기획재정부 등 다수의 정부기관에서 정책자문

주요 저서와 논문: 『중국 패권전략』(2025), 『미중 갈등 시대에 대외 여건의 구조 변화와 대응 방안』(2022). Between the Eagle & the Dragon(공저, 2022), 『신국제질서와 한국외교전략』(공저, 2021), 『미국 바이든 행정부 시대 미중 전략경쟁과 한국의 선택 연구』(공저, 2021) 등 미중관계, 동북아 외교안보, 중국 외교안보 등 분야에서 300여 편의 글과 저서가 있음

딜런 모틴

강원대학교 정치학 박사

현) Pacific Forum의 Non-resident Kelly Fellow

주요 저서: Bandwagoning in International Relations: China, Russia, and Their Neighbors(2024), Territorial Expansion and Great Power Behavior During the Cold War: A Theory of Armed Emergence(2025), How Louis XIV Survived His Hegemonic Bid: The Lessons of the Sun King's War Termination(2025)

이백순

버지니아 주립대학교 국제관계학 석사

현) 법무법인 율촌 고문, 연세대 국제 대학원 초빙교수

전) 외교부 인사기획관, 북미국장, 주 미얀마. 주 호주 대사, 국방 대학원

주요 저서: 『신세계 질서와 한국』(2007), 『대변환 시대의 한국 외교』(2020), 『격변기 외교 새길 찾기』(2025)

임명수
연세대학교 통일학 박사, 해군사관학교 졸업(예. 대령)
현) 이화여자대학교 특임교수
전) 연세대학교 통일연구원 전문연구원, 해군사관학교 북한학 강사, 국방정신전력원 행정부장, 해군본부 정신전력과장, 국방부 대변인실 공보기획담당
주요 저서: 『잠들지 않는 바다』(편저, 2011), 『명치 37, 38년 해전사: 일·러전쟁 해전사』(번역, 2006)
주요 논문: "북한 핵 위협에 대한 한국 해군의 억제력 수준 분석"(2023), "한반도 평화체제 구축에 관한 고찰"(2007)
연구 분야: 군사, 안보, 남북관계, 전후 평화프로세스

정한용
충남대학교 군사학 박사
현) 대전대학교 군사학과 대우교수, 한국핵안보전략포럼 운영위원 / 편집기획부위원장
전) 맹호부대 26여단장(예비역 육군대령)
주요 저서: 『샤를 드골 위대한 대한민국을 향하다』(2022), 『21C의 힘 탁월한 리더십 드골』(2005), 『프랑스의 이름으로 나는 명령한다』(2004)
주요 논문: "CIP 리더십 이론을 적용한 샤를 드골과 드와이트 아이젠하워 장군의 리더십 비교분석 연구"(2024) 등 4건
주요 칼럼: 「월간군사저널」, 「국방일보」, 「샌드타임즈」 등 총 46회 칼럼 기고
연구 분야: 핵안보전략/국제외교, 정치/군사지도자 리더십, 군사전략 및 대전략, 전쟁사

최연혁
스웨덴 예테보리 대학교 정치학 박사
현) 스웨덴 린네대학교 정치학과 교수
주요 저서: 『스웨덴 패러독스』(2023), 『민주주의가 왜 좋을까』(2019), 『알메달렌, 축제의 정치를 만나다』(2018), 『좋은 국가는 어떻게 만들어지는가』(2016), 『우리가 만나야 할 미래』(2012) 등

왜 우리는 핵보유국이 되어야 하는가

정성장 지음 | 300쪽 | 20,000원

한반도 안보전략 대전환의 시기,
중도적·초당적 핵자강론을 제안한다

우리는 오랫동안 '비핵·평화' 정책을 추구하며 북한을 압박해 왔지만 끝내 북한의 핵과 미사일 능력의 고도화를 막지 못했다. 북한은 사실상 세계 아홉 번째 핵보유국이고, 핵탄두와 미사일의 숫자는 해마다 늘어나고 있다. 한반도 안보 환경의 달라진 모습이다. 이 책의 저자 정성장 박사는 세계 10위권의 산업화된 민주국가가 북핵의 위협에 고스란히 노출돼 있는 현실을 극복하기 위해 정부와 정치권의 숙고와 큰 결단, 학계와 산업계의 새로운 길 모색을 제안한다.

늦은 대응은 대가가 비싸다. 일본이 핵무장을 결정할 때 동북아에서 한국만 비핵국가로 남는 최악의 시나리오를 피하려면, 한국 정부가 지금부터 적극적인 대미 설득을 통해 반드시 조기에 일본과 같은 수준의 핵잠재력을 확보해야 한다. 무엇보다 정파와 진영을 뛰어넘는 대결단과 대연합이 필요하다. 정권이 교체될 때마다 외교·안보·대북 정책이 180도 바뀐다면 우리는 적에게도 우방에게도 신뢰받기 어려울 것이다. 따라서 여야가 국내 정치에 대해서는 치열하게 논쟁하더라도 외교·안보·대북 정책에 대해서만은 긴밀하게 협의하는 전통을 반드시 수립해야 한다. 언제까지 핵을 머리에 이고 북한의 핵 위협하에서 살 것인가. 지금이 바로 외교·안보·대북 정책의 대전환과 정치의 대변혁을 추구해야 할 시점이다.